SENSATIONEN DES ALLTAGS

MEISTERWERKE DES ÖSTERREICHISCHEN JOURNALISMUS

Herausgegeben
von
Wolfgang R. Langenbucher
unter Mitarbeit
von
Hannes Haas
Fritz Hausjell
Gian-Luca Wallisch

Ueberreuter

Die Deutsche Bibliothek – CIP-Einheitsaufnahme

Sensationen des Alltags : Meisterwerke des österr. Journalismus /
Wolfgang R. Langenbucher (Hrsg.) – Wien : Ueberreuter 1992
ISBN 3-8000-3467-0
NE: Langenbucher, Wolfgang R. [Hrsg.]

AU 252/1

Umschlag von Beate Dorfinger

Druck und Bindung: Ueberreuter Buchproduktion, Korneuburg
Printed in Austria

III. *»Der Gestank der Tatsachen . . .«*

IV. *»Dort hinten aber residierte das Feuilleton . . .«*

V. *»Schriftsteller ohne Schreibtisch«*

Epilog

Anhang

VORWORT

Am 28. Juli 1922 schreibt Egon Erwin Kisch an seinen Bruder Paul: »Ich bin augenblicklich im Auftrage eines Verlages mit der Herausgabe eines Riesenwerkes des Titels ›Klassischer Journalismus‹ beschäftigt, das bloß verstorbene Autoren (seit Martin Luther) umfaßt, bloß markante Zeitungsartikel hervorragender Männer. Wenn es Dich interessiert, schicke ich Dir das Exposé. Ich möchte gern von Dir einen *politischen* Artikel Hebbels angegeben erhalten, mit Angabe des Bandes und Seitenzahl. Auch sonst wäre ich Dir für Anregungen dankbar, obwohl die Sache schon sehr sorgfältig angelegt ist. Was ist der berühmteste Zeitungsartikel (nicht anonym), den Du kennst?«

Im Sommer 1923 erscheint der Band im Berliner Rudolf Kämmerer Verlag und ist 763 Druckseiten lang. Paul Kisch, von seinem Bruder um seine Meinung befragt, schreibt an Egon Erwin Kisch: »Es ist ein ausgezeichnetes Buch: Die Männer, die darin versammelt sind, hatten etwas zu sagen und haben es zu sagen verstanden. Für den Sammler und Herausgeber ist es ein ehrendes Denkmal seines Fleißes und Wissens, seiner Findigkeit und Geschicklichkeit.« Aber: »Die Einleitungen sind schlampert geschrieben, die Fülle von Fremdworten wirkt protzig, Flüchtigkeiten, die den Conversationslexikonkonfektionär verraten . . .«

Hermann Bahr schrieb in seiner Rezension des Bandes unter dem Titel »Journalismus« (in der »Neuen Freien Presse«, Nr. 21236, Wien, 23. Oktober 1923, Morgenblatt): »Ein gutes Buch zeigt seine produktive Kraft auch darin, daß man unwillkürlich Lust kriegt, es noch einmal zu machen und besser.« Bahr fehlte vor allem Michel Montaigne, es fehlten ihm Francis Bacon, Adalbert Stifter, Daniel Defoe, es fehlten ihm die Italiener, vor allem Dante, Petrarca, Boccaccio, und viele andere. Und er führt weiter aus: »Aber Kisch wird antworten, er käme dann ja unter zwölf Bänden nicht aus! Wir können ihm und uns nur wünschen, daß er sie schreibt.«

Der Wunsch wurde uns nicht erfüllt, und dafür mag es eine Reihe von durchaus triftigen Gründen geben.

Unser Buch verdankt so ziemlich alles dem genialischen Wurf von Egon Erwin Kisch, dem von ihm herausgegebenen Sammelband »Klassischer Journalismus. Meisterwerke der Zeitung«. Idee, Zugriff auf das Material, die zugrundeliegende »Theorie des Journalismus«: das alles ist hier – zur Nachahmung dringend empfohlen – vorgeformt. Auch ist in der Vorrede schon von einer »analogen Arbeit, etwa des Titels ›Zeitgenössische Publizistik‹« die Rede. Ob Egon Erwin Kisch wirklich an ihr gearbeitet hat, ist unbekannt.
Seitdem sind fast siebzig Jahre vergangen. Kischs Anthologie blieb unerklärlicherweise ein Unikat. Und auch die zuständigen Wissenschaften haben seine originellen historischen und theoretischen Überlegungen in den Einleitungen zu den von ihm gesammelten Texten nie als Anregung systematisch aufgegriffen.
So ist der Journalismus, als Produkt, als Beruf und als gesellschaftliche Funktion, in der deutschsprachigen Welt bis heute die »unerkannte Kulturmacht« (wie Otto Groth anfangs der sechziger Jahre ein siebenbändiges Werk über die Presse betitelte) geblieben. Für die Produkte will dieses Buch einen Anfang machen. Es setzt genau dort ein, wo Egon Erwin Kisch aufhörte. Er entschloß sich, »keinen Autor unter den Begriff des klassischen Journalismus zu subsummieren, der noch in aktueller Diskussion steht, also noch unter den physisch Lebenden weilt.« Die jüngsten Namen sind deshalb etwa Theodor Herzl, Peter Altenberg oder Ludwig Speidel – um drei Österreicher zu nennen. Ansonsten aber war Kischs Journalismusbegriff weiter, v. a. ganz international. Vielleicht mußte die von ihm angekündigte Fortsetzung für seine Gegenwart notwendig scheitern, weil nun, für das beginnende 20. Jahrhundert, die Voraussetzungen für eine solche Arbeit ganz andere waren: Die zu sichtende Stoffülle war ins gänzlich Unübersehbare gewachsen, und ein »journalistischer Kanon« war nirgends erkennbar. Dies gilt auch aus dem großen zeitlichen Abstand von heute, sogar wenn man sich mit deutschsprachigem Journalismus bescheidet. Selbst diese Hoffnung mußten wir nach vielen Anläufen aufgeben.

Was hier nun vorgelegt wird, ist ein Ausschnitt. Wir beschränken uns auf Österreich, um von der Fülle und dem Anspruch des modernen Journalismus mehr als nur eine vordergründige Blütenlese geben zu können. Zugleich aber – dies demonstriert der Band hoffentlich nachhaltig – bewegen wir uns damit in einer intellektuellen und sozialen Landschaft, der der moderne Journalismus mehr Kreationen, Innovationen und – endlich – »Meisterwerke« verdankt als irgendeinem anderen Gebiet deutscher Sprache.

Was für Egon Erwin Kisch 1923 »zeitgenössisch« war, nennen wir »modern«. Damit wird ein weitreichender Anspruch postuliert und der Journalismus als Teil einer größeren kulturellen und intellektuellen Bewegung gesehen, die nach allgemeiner kulturgeschichtlicher Auffassung von Wien ihren Ausgang nahm. In seinem schon klassisch gewordenen Buch über dieses Wien im Fin de siècle gibt Carl Schorske eine Diagnose der Modernität, die auch auf den Journalismus übertragbar ist: »In den letzten hundert Jahren jedoch hat ›modern‹ sich dazu entwickelt, unsere Wahrnehmung unseres Lebens und unserer Zeit von allem Vorherigen, von der ganzen Geschichte überhaupt zu unterscheiden. Moderne Architektur, moderne Musik, moderne Philosophie, moderne Wissenschaft – sie alle bestimmen sich selbst nicht aus dem Vergangenen, auch kaum gegen das Vergangene, sondern unabhängig von ihm.«

Auf vielen Gebieten sind damals Neuerungen entstanden, die man häufig als »Wiener Schulen« bezeichnete. Es könnte ein durchaus erwünschter Effekt dieses Lesebuches sein, auch eine »Wiener Schule« des modernen Journalismus zu identifizieren. Wenn dieses Etikett zu Recht vergeben wird, so jedenfalls auch, weil diese journalistische Schule aus der Kritik und Verwandlung von Traditionen entstand, die sich im 19. Jahrhundert in Wien entwickelt hatten. In kaum einer anderen Stadt hatte es das Feuilleton als eine eigenständige journalistische Darstellungsform ebenso zu einer ästhetischen Hochblüte wie zu einem peinlichen Niedergang gebracht. In seinem berühmt-berüchtigten Pamphlet über Heinrich Heine brachte Karl Kraus dies alles auf den kritischen Begriff. Diese Neuerungen entstanden in einer lebendigen Kommunikationskultur. Nicht zuletzt stieg die Zahl der hauptberuflichen Schriftsteller und auch der Gelegenheitsschreiber in dieser Zeit sehr stark an. Aber dazu mußte auch eine rezipierende Gesellschaftsschicht kommen. Darin sieht Carl Schorske den eigentlichen Grund für die Entstehung einer Moderne: »Der gesellschaftlich umschriebene Charakter der kulturellen Elite Wiens mit ihrer ungewöhnlichen Verbindung von Provinzialismus und Weltbürgertum, von Traditionalismus und Modernität schuf einen dichteren

Zusammenhang für die Untersuchung der geistigen Entwicklung des frühen 20. Jahrhunderts als die meisten anderen Weltstädte. In London, Paris oder Berlin (. . .) kannten die Intellektuellen in den verschiedenen Bereichen der Kultur, Wissenschaft und Kunst, Journalismus und Literatur, Politik und Geist, einander kaum. Sie lebten in vergleichsweise abgeschlossenen beruflichen Gruppen. Im Unterschied dazu war in Wien bis etwa 1900 der Zusammenhalt der gesamten Elite stark. Der Salon und das Café bewahrten ihre Lebensfähigkeit als Institutionen, wo Intellektuelle verschiedener Art gemeinsame Ideen und Werte hatten und sich noch mit einer Elite der Geschäftswelt und der Universität mischten, die stolz war auf ihre Allgemeinbildung und künstlerische Kultur.«

Eine engere, kommunikationsgeschichtliche Deutung gibt Leon Botstein diesem Modernismus. Er sieht ihn sozusagen in einer Demokratisierung der Sprache, die nun unter dem Einfluß des Zeitungswesens um 1900 sich auch in der Literatur verbreitet und damit immer größere Schnittmengen zwischen Literatur und Journalismus herbeiführt – nicht selten ganz konkret im Werk des einzelnen Schriftstellers. Vorgebildet war diese Wechselwirkung zwischen Literatur und Journalismus in der Biedermeierzeit, aber nun wird sie zum Kennzeichen einer modernen Entwicklung. Vor allem Joseph Roth und Egon Erwin Kisch haben aus dieser Gleichbewertung von Literatur und Journalismus ihr Selbstbewußtsein – als Journalisten – bezogen.

War das, was da in Wien entstand, auch tatsächlich schulbildend? Auf den ersten Blick spricht dafür nicht zuletzt die Tatsache, daß gerade Egon Erwin Kisch und Joseph Roth in den zwanziger Jahren nach Berlin wechselten, für deutsche Zeitungen schrieben und in deutschen Verlagen veröffentlichten. Ähnliches gilt für andere Journalisten aus Wien. Wie weit diese »Wiener Schule« tatsächlich stilbildend wirkte, ist mangels entsprechender Untersuchungen kommunikationsgeschichtlich heute kaum zu beantworten. Immerhin gab es in Berlin solche Koryphäen wie Maximilian Harden, Theodor Wolff oder Kurt Tucholsky, aber eine mit Wien vergleichbare Konzentration und Konstellation der Geister läßt sich wohl weder im München, Zürich noch Berlin dieser Zeit beobachten.

Auf dem Urnenhain des Prager Friedhofs Strašnice ist das akademische Scheinproblem, ob bestimmte Arbeiten aufgrund ihrer Qualität zur Literatur oder aufgrund ihrer Periodizität zum Journalismus zählen sollten, ein für allemal gelöst. Auf dem Grabstein steht geschrieben:

Egon Erwin Kisch
19. 4. 1885
31. 3. 1948
Schriftsteller
und
Journalist

In der Geschichte des Journalismus waren es vor allem im 19. Jahrhundert immer die zwischen Literatur und Journalismus pendelnden Wanderexistenzen, die dafür sorgten, die Mitarbeiter des Tagesschrifttums aus ihrer Anonymität zu heben. Sie waren es, die ihre Beiträge mit Namen zeichneten.

Wer sich die Mühe macht, die alten Zeitungsbände durchzublättern, die etwa vor dem Ersten Weltkrieg erschienen waren, der wird feststellen, daß Artikel mit Namenssetzung vor allem bei den Leitartikeln, im Feuilleton, im Kulturteil, sonst aber kaum an irgendeinem Platz in der Zeitung vorkamen. Das änderte sich erst nach dem Aufstieg der Massenpresse bzw. mit der damit verbundenen Herausbildung eines klar definierten Berufsbildes der Journalisten. In den zwanziger Jahren setzte sich der Zug zur Personalisierung der journalistischen Leistung dann langsam durch.

In die Zeit der zwanziger Jahre fiel auch die erste wirklich ernstzunehmende Journalismusdiskussion. Egon Erwin Kisch hatte sie wesentlich mitinitiiert. Ihr Inhalt war damals vor allem die Beziehung des Berichterstatters zur Wirklichkeit: Das meint, in erster Linie den Zugang zu bestimmten Themen zu finden, durch entsprechende Recherchen sich der darzustellenden Wirklichkeit anzunähern und schließlich sie in entsprechender, nach Kischs Postulat fast literarischer Weise, stilistisch einwandfrei jedenfalls, umzusetzen.

Mit der Diskussion um ein Genre, eben die Reportage, setzte sich die selbstkritische Diskussion im Journalismus überhaupt durch. Karl Kraus publizierte 1910 seinen Vernichtungsessay »Heine und die Folgen«, in dem er besonders hart mit dem sogenannten »Wiener Feuilletonismus« ins Gericht ging. Es war aber vor allem der ästheti-

sche Diskurs der zwanziger Jahre, der dieser Diskussion neue Impulse verlieh: Da waren einerseits die »Neuen Sachlichen«, die auf den Gebieten der Malerei, der Fotografie, des Designs und natürlich auch der Literatur und damit zusammenhängend des Journalismus die Frage nach dem Verhältnis des Dargestellten, also des Abbilds, zur eigentlichen Wirklichkeit problematisierten. Die künstlerische Avantgarde definierte damals für sich das Prinzip des Konstruktivismus, eine analytische Haltung, deren zentrales Postulat hieß, daß die soziale Wirklichkeit niemals im vollen Umfang adäquat darzustellen wäre, sondern alle Versuche dahingehend beim bloßen Konstrukt, also bei dem Unternehmen, möglichst viele Bausteine in möglichst logischer Ordnung aufzubauen, um dadurch eine Annäherung an die Wirklichkeit zu erzielen, stehenbleiben mußte. Auf der anderen Seite agierten die Abbildtheoretiker, die davon ausgingen, daß sich Wirklichkeit, in welchem Medium auch immer, bei entsprechender Bemühung auch adäquater darstellen und umsetzen lassen müßte. Wichtige Impulse erfuhr diese Diskussion durch die immense Genauigkeit und das große Vertrauen, das man in die Abbildqualität der Fotografie setzte. In den zwanziger Jahren wurde die sogenannte »Fotometapher«, also die Forderung, daß Journalismus der Genauigkeit der Fotografie, ihrer Tiefenschärfe und ihrer Abbildqualität folgen müsse, geprägt.
Das entscheidende Ergebnis dieser Diskussion war jedenfalls ein institutionalisiertes Mißtrauen gegenüber Journalismus und seinen Leistungen, auf der anderen Seite schuf aber gerade dieses Mißtrauen die Basis für eine entsprechende Würdigung herausragender Leistungen auf diesem Gebiet.

Juden haben die österreichische Presse groß gemacht – so darf man wohl den auf die deutsche Presse gemünzten Satz von Joseph Roth abwandeln, den er im Schlußwort zu seinem Werk »Der Segen des ewigen Juden« im Jahre 1934 formulierte. Auch unser Buch dokumentiert diesen Sachverhalt auf so nachdrückliche Weise, daß er erklärungsbedürftig ist. In den biographischen Notizen zu den 18 von uns hier versammelten Journalistinnen und Journalisten geht es uns wie Hilde Spiel in ihrem bewegenden Wien-Buch:
»Es wäre mir lieber gewesen, in diesem Bericht über eine große Kulturepoche nicht in jedem einzelnen Fall hinzufügen zu müssen, welche der Männer und Frauen, die sie mitbewirkt hatten, jüdischer

Herkunft waren. Sie selbst hätten vorgezogen, ganz einfach als österreichische Dichter, Maler, Komponisten oder Wissenschaftler angesehen zu werden. Das war und ist immer noch ein utopischer Wunsch. Deshalb mag es nötig sein, der kollektiven Erinnerung aufzuhelfen und ausdrücklich hervorzuheben, daß Wiens Glanzzeit einem einzigartigen Augenblick der Geschichte, einer unwiederholbaren Symbiose zu verdanken war. Im Rückblick aus ihr Gewinn zu ziehen, wie die Stadt dies jetzt tut, sollte deren Bürger dazu verpflichten, dem Andenken der vertriebenen oder ermordeten Juden mehr als Lippendienst zu erweisen und die wenigen noch übriggebliebenen dieses Glaubens zu achten, die den Wienern trotz allem so sehr vertrauen, daß ihnen ein Weiterleben in deren Mitte wieder möglich erscheint.«

Das Thema Judentum und Journalismus ist notorisch schwierig, und man sucht in der Literatur vergeblich nach gründlichen theoretischen oder historischen Studien. Das hat seine Gründe, auf die Marcel Reich-Ranicki in seinem Buch über die »Juden in der deutschen Literatur« verweist. Was er hier für Schriftsteller sagt, läßt sich bruchlos übertragen auf Journalisten, wie die entsprechenden Abwandlungen in den folgenden Sätzen aus der Vorbemerkung dieses Buches zeigen: »Auf die Rolle und auf die Funktion der *Journalisten* jüdischer Herkunft in der Geschichte des deutschen (österreichischen) *Journalismus* haben in der Vergangenheit am häufigsten die Feinde der Juden hingewiesen. Von den Antisemiten zu militanten Zwecken akzentuiert, konnte die Besonderheit dieser *Journalisten* nur in ein bösartig irreführendes und völlig falsches Licht geraten. Doch ändert dies nichts an der Tatsache, daß es eine solche Besonderheit gibt und geben mußte.«

Was Reich-Ranicki damit meint, entwickelt er zunächst an Börne und Heine: »Börne und Heine konnten der deutschen Literatur ihrer Epoche geben, wovon sie nie zuviel hatte und was sie dringend benötigte: Weltläufigkeit und Urbanität, Witz und Esprit, Charme und Leichtigkeit. Wie aus Heines Poesie die Engagiertheit des Zeitkritikers spricht, so zeugt die zeitkritische Publizistik beider von poetischer Kraft. Große deutsche Prosa ohne eine Spur von Provinzialismus und große deutsche Lyrik ohne eine Spur von Weltfremdheit – das ist es, was wir ihnen vor allem zu verdanken haben. Auch sollte man nicht vergessen, daß beide die Möglichkeiten der modernen Presse entdeckten und erprobten und daß sie von diesen Möglichkeiten sogleich meisterhaft

Gebrauch zu machen wußten. Sie waren und blieben bis zum Ende ihres Lebens leidenschaftliche Journalisten.
Zugleich sind im Werk Börnes und Heines einige der wichtigsten Motive und Aspekte vorgezeichnet, die wir später bei vielen deutschen Schriftstellern jüdischer Herkunft wiederfinden. Schon hier haben wir die so charakteristische Verbindung von luzider Skepsis mit dem Vertrauen zur Vernunft und zur Logik. Bereits hier fällt das eigentümlich, ambivalente Verhältnis zu Deutschland auf und jene Sicht, die auf maximale Intimität schließen läßt, doch gleichzeitig von der Entfernung profitiert, die den Horizont erweitert und den Überblick ermöglicht.«
Im Wien der Jahrzehnte vor und nach 1900 kulminierte diese Entwicklung. In seiner Autobiographie »Die Welt von gestern« schrieb Stefan Zweig dazu: »Neun Zehntel von dem, was die Welt als Wiener Kultur des 19. Jahrhunderts feierte, war eine vom Wiener Judentum geförderte, genährte, oder sogar schon selbstgeschaffene Kultur.« Zahlreiche Ausstellungen und Bücher haben gerade in den achtziger Jahren belegt, daß hier eine glückliche, einzigartige und unwiederholbare Symbiose zustande gekommen war, von der Stefan Zweig freilich sagte, daß dieses Wiener Judentum keineswegs in einer spezifisch jüdischen Weise »produktiv« geworden sei, »sondern indem es durch ein Wunder der Einfühlung dem Österreichischen, dem Wienerischen den intensivsten Ausdruck gab«.
Wie läßt sich ein solcher Sachverhalt erklären? Sigmund Freud bot dafür eine Interpretation an, die mit der besonderen sozialen Rolle zu tun hat, die die Gesellschaft des ausgehenden 19. Jahrhunderts den Juden gewährt: »Weil ich Jude war, fand ich mich frei von vielen Vorurteilen, die andere im Gebrauch ihres Intellekts beschränkten. Als Jude war ich darauf vorbereitet, in die Opposition zu gehen und auf das Einvernehmen mit der ›kompakten Mehrheit‹ zu verzichten.« Theodor Herzl gab im gleichen Zusammenhang zu bedenken, daß die Generation der Juden, die vor allem als Händler tätig war, für ihre Kinder eine andere berufliche Karriere und soziale Stellung angestrebt hatten. Deshalb ließen die meisten jüdischen Kaufleute ihre Söhne studieren, woraus sich der hohe Anteil von Menschen jüdischer Herkunft oder jüdischen Glaubens in allen akademischen und intellektuellen Berufen erkläre. Dazu zählte natürlich gerade der Journalismus. Faktenreich geht diesen Fragen der Kunsthistoriker Hans Tietze in

seinem schon 1933 erstmals erschienenen Buch »Die Juden Wiens. Geschichte – Wirtschaft – Kultur« nach. Daß es unter den intellektuellen Berufen gerade der Journalismus war, in dem so viele Juden erfolgreich wurden, erklärt er sich damit, daß »auf dem Gebiet literarischer Tätigkeit die jüdische Lehrzeit am weitesten zurückreichte«. Auf den letzten Seiten seines Buches formulierte er in wenigen Sätzen, welch eine Welt in den folgenden Jahren unterging: »Völker leben gegeneinander, füreinander, ineinander. Das Wiener Judentum ist vom Überfluß der schönsten und kulturell reichsten deutschen Stadt gewachsen; es hat hier die größte Fruchtbarkeit entwickelt, die irgendeinem westlichen Judentum beschieden war. Es hat genommen und gegeben, zersetzt und geformt; es hat gelebt und leben geholfen, so daß es ein Teil von Wiens Vergangenheit und damit von Wiens Gegenwart geworden ist. Ohne Juden wäre Wien nicht, was es ist...« Diese Sätze gelten gerade auch, weil Wien die »Hauptstadt der modernen antisemitischen Bewegung war« und hier trotzdem der »Fortschritt der Juden durch Assimilation eindrucksvoll und ununterbrochen« ablaufen konnte (Botstein). Das Mittel dieses Assimilationsprozesses war die deutsche Sprache und die deutschösterreichische Kultur. In diesem kulturellen Klima konnten sich jüdische Journalisten, Schriftsteller und überhaupt Intellektuelle emanzipieren und sich in der sie umgebenden Mehrheitsgesellschaft etablieren bzw. sich in diese integrieren. Für den Kulturhistoriker Botstein werden sie so zur Signatur der Moderne: »In dieser Hinsicht war der assimilierte Jude ein Symbol des Sieges der Rationalität und der Wissenschaft über traditionelle Lebensformen. Der Jude war Träger eines skeptischen Standpunktes gegenüber dem traditionellen Glauben und doch war er auch ein extremes Beispiel der Macht meritokratischer Ideale. (...) In der europäischen Kultur des 19. Jahrhunderts wurde der Jude zum Vertreter des breiten Kulturpublikums. Der assimilierte Jude war der Vorkämpfer der Demokratisierung der Kultur.« Moderne, Journalismus und Demokratie verbinden sich zu einer in die Zukunft weisenden kulturellen Leistung.

Wer journalistische Texte sammelt, der kämpft zunächst einmal gegen das Vergessen. Auch wenn alle Einwände dagegen noch so konzise und profund formuliert und begründet werden, so bleibt doch: Journalismus ist eine Kunst für den Tag. Entkleidet man dieses

klassische Vorurteil ein wenig seiner Stereotypen, so wird man nicht umhin kommen, dieses Urteil zunächst einmal ohne weitere Wertung auch für künstlerische Produkte gelten zu lassen.
Denn auch diese sind erst einmal Produkte für den Tag, Äußerungen, die die jeweilige Gegenwart betreffen. Ja, es ist kaum etwas Peinlicheres vorzustellen, als Literatur, Malerei, Fotografie etc., die sich den Rezeptionsbedingungen der Gegenwart entzieht und apodiktisch von sich behauptet, für spätere Generationen, für die Geschichte, ja für die Ewigkeit erarbeitet worden zu sein.
Diese erste Relativierung hilft weiter: Denn vergleicht man den Journalismus mit den angegebenen Kunstsparten, so haben diese vor allem eines gemein: die einfachere, hochstrukturierte und somit mögliche spätere einfache Konsumption. Die Zeitung von gestern ist wirklich alt, sie wird abgelegt. Bilder werden aufgehängt oder zumindest in einem verfügbaren Depot gehalten, und Bücher stehen jederzeit zugriffsbereit im Regal, auch wenn sie Jahre, viele Jahre alt sind.
An dieser Stelle muß natürlich der übliche Einwand von der minderen Qualität des Tagesjournalismus folgen. Er ist quantitativ berechtigt, weil es sicher mehr Veröffentlichungen schlechten Journalismus als veröffentlichte schlechte Bücher, aufgehängte schlechte Bilder usw. gibt. Aber qualitativ trifft er nicht zu. Und wenn man bereit ist, dieser Argumentation so weit zu folgen, dann muß man auch zugeben, daß Journalismus gerade auf dem Gebiet der Erhaltbarkeit anderen Kulturprodukten gegenüber tatsächlich benachteiligt ist.
Vielleicht einigen wir uns darauf: Es gibt – wie ja wohl auch in anderen kulturellen Bereichen – schlechten, guten und hervorragenden Journalismus. Vor allem in den populären Erfolgsblättern waren die Mitarbeiter in der Regel – aus Gründen der »Rücksicht« auf ihre Leser – nicht unbedingt die moralischen und stilistischen Spitzenjournalisten. Ihr manischer Rezensent war Karl Kraus; seine Einschätzungen, die er in der »Fackel« traf, haben nichts von ihrer Gültigkeit verloren.
Niemand aber wird bestreiten, daß es zu jeder Zeit und vermutlich in fast jedem Medium auch Spitzenleistungen auf dem Gebiet des Journalismus gab. Sie dem Vergessen zu entreißen, in würdiger (Buch-)Form zu präsentieren und in kurzen Einleitungen auf die besondere Qualität der jeweiligen Texte aufmerksam zu machen, haben wir uns als Aufgabe gestellt. Unser Ziel war es dabei nicht –

und konnte es auch nicht sein – sogenannte journalistische »Tausend-Gulden-Schüsse«, also einmalige, von dem jeweiligen Verfasser, der jeweiligen Verfasserin nicht mehr wiederholte Einzelleistungen herauszustellen, sondern wir wollten bei unserer Auswahl in besonderem Maße auf die qualitative Kontinuität eines journalistischen Werkes Rücksicht nehmen.
Deshalb finden sich unter den Autorinnen und Autoren, deren Texte wir gesammelt haben, eine Reihe prominenter Namen, die gelegentlich der Literatur oder der Politik zugezählt werden, die aber kaum mehr als die genialen Journalisten, die sie waren, in Erinnerung geblieben sind.
Daneben gibt es nicht wenige sogenannte »Entdeckungen«. Von Kisch unterscheiden wir uns bei unserer Auswahl vor allem dadurch, daß Frauen in die Sammlung aufgenommen wurden, und zwar in einem höheren Anteil, als dies der tatsächlichen Verteilung in unserem vorgegebenen Zeitrahmen entspricht. Eine solche Schwerpunktsetzung ist beabsichtigt und durchaus politisch programmatisch.
Dieses Buch dokumentiert nämlich nicht mit irgendeinem Vollständigkeitsanspruch, was in der bearbeiteten Epoche »Journalismus« genannt werden kann, weil es die formalen Voraussetzungen dafür erfüllt: nämlich in Zeitungen oder Zeitschriften erschienen und auf die Zeit bezogen gewesen zu sein. Unser Ziel ist es vielmehr, einen journalistischen Kanon zu komponieren, der ganz dezidiert Stimmen hervorhebt und Akzente betont. Diese Sammlung repräsentiert in keiner Weise den Durchschnitt des Journalismus der Jahre 1890 bis 1930, sie ist das Ergebnis einer entschiedenen Suche nach Qualität, nach professioneller Exzellenz.
Journalismus, wie wir ihn meinen, Journalismus, wie ihn auch Egon Erwin Kisch 1923 gemeint hat, hat zu tun mit Demokratie, mit Humanität, mit Pazifismus, und nicht zuletzt: er ist ein Teil des – bis heute – unvollendeten Projektes der Aufklärung. Und dieses Projekt der Aufklärung ist die ideelle Basis dessen, was als Leitmotiv unserer Suche galt: Meisterwerke des Journalismus der Moderne zu finden, die im Erkennen der wichtigen Themen der Zeit, in phantasievollen und profunden Recherchemethoden sowie in glücklichen, sprachlich-stilistischen Präsentationsformen jene einsame Mischung darstellen aus sensibler Annäherung an ihre Zeit und deren Probleme einerseits und professionellem Können andererseits. Zeugnisse also

eines Journalismus, der nicht zuletzt als geniales Produkt der frühen Moderne Vorbildcharakter für modernen, also zeitgenössischen Journalismus unserer Tage bereitzustellen vermag.
Jenes gehobenen Journalismus, der früher oder später in Buchform erscheint.

Nur wenige der von uns ausgewählten Texte konnten aus Bucheditionen übernommen werden. In den meisten Fällen mußten wir auf die Originalquellen – Zeitungen und Zeitschriften – zurückgreifen. Bei dieser archivarischen Arbeit haben uns vor allem Dr. Eckart Früh (vom »Tagblatt«-Archiv der Wiener Arbeiterkammer) und Herbert Exenberger (vom Dokumentationsarchiv des österreichischen Widerstandes, Wien) großzügig unterstützt. Dafür danken Verlag und Herausgeber. Ebenso verdient eine dankbare Erwähnung, daß alle Rechteinhaber – soweit überhaupt ermittelbar – einem Nachdruck der von uns ausgewählten journalistischen Werke zugestimmt haben.

Wien, Juli 1992

Literatur:

Leon Botstein: Judentum und Modernität. Essays zur Rolle der Juden in der deutschen und österreichischen Kultur 1848 bis 1938. Wien-Köln 1991.

Wolfgang Duchkowitsch: »Aber ich vergieße darüber keine Tränen.« Journalisten, Kultur- und Gesellschaftskritiker jüdischer Herkunft. Von der »Aufklärung« über die Revolution zur Resignation. In: Österreichisch-jüdisches Geistes- und Kulturleben. Bd. 2, hrsg. von der Liga der Freunde des Judentums. Wien 1988. S. 62–104.

Klaus Haupt / Harald Wessel: Kisch war hier. Reportagen über den »rasenden Reporter«. Berlin 1985.

Egon Erwin Kisch (Hrsg.): Klassischer Journalismus. Die Meisterwerke der Zeitung. Berlin 1923, Neuauflage München 1974.

Johann Kronberger: Egon Erwin Kisch. Seine politische und publizistische Entwicklung vom bürgerlichen Journalisten zum Schöpfer der literarischen sozialistischen Reportage. Unveröff. Diss., Wien 1979.

Marcel Reich-Ranicki: Über Ruhestörer. Juden in der deutschen Literatur. Stuttgart 1989.

Carl E. Schorske: Wien. Geist und Gesellschaft im Fin de Siècle. Frankfurt/M. 1982.

Hilde Spiel: Glanz und Untergang. Wien 1866–1938. Wien 1987.

Hans Tietze: Die Juden Wiens. Geschichte – Wirtschaft – Kultur. Leipzig-Wien 1933, Neuauflage Wien 1987.

I.

»In einem langen und mörderischen Kampf mit den steinharten Tatsachen dieser Welt . . .«

Daniel Spitzer
DIE DUMMHEIT STRIKT
(1889)

Daniel Spitzer schrieb das Feuilleton im Jahre 1889, drei Jahre vor seinem Tod und fast vierundzwanzig Jahre nach seinen ersten »Wiener Spaziergängen«. Er war längst schon zu einer unangreifbaren Institution geworden. Sammlungen seiner Arbeiten erschienen mit mehreren Auflagen und Übersetzungen in Buchform. »Wiener Spaziergänge« war mehr als die Überschrift einer regelmäßigen Kolumne, in der sich neben dem klassischen Feuilleton vor allem lokalpolitische Berichte, Theaterkritiken, Reiseschilderungen, sozialreportageähnliche Produkte, politische Polemiken und kritische Satiren auf die Zeit und ihre Repräsentanten fanden. Der Spaziergänger hatte eine Haltung internalisiert, wie man sie von den Pariser Flaneuren kennt. Sie beruht auf der »Lektüre der Straße« als einer Form der Recherche, die zu Themen führt, die nicht die Tagesaktualität, sondern die Alltagsbedeutung für die Leser diktiert. Darum sind bei Spitzers Texten die »Impressionen des Augenblicks«, die Beobachtung des Volkes und die Inspiration durch selbstgeführte und mitgehörte Kaffeehausgespräche auch so wichtig.
Der Text ist typisch für Daniel Spitzer, weil er viele dieser Facetten enthält. Beim Spazierengehen kommt man ganz schön herum: Im leichten Plauderton folgt man den sommerfrischlerischen Sehnsüchten ins Salzkammergut, lächelt etwas sarkastisch bei den Causerien über die schönwetterbedingte Defensive der Dummheit. Doch ehe man sich mit diesem Wechsel vertraut gemacht hat, folgen weitere in rascher Abfolge und satirischer Ausrichtung: Da geht es kritisch um das Verhältnis zwischen Staat und Medien, die Zensurpraxis, die Zeitungssteuer und nur in Nebensätzen, aber ausführlich genug für den, der es verstehen will, um Antisemitismus, Schulreform, Finanz, Sozialismus, Kirche und ganz am Ende noch kurz um Spitzer selbst.
Die Aufgabe des Feuilletonisten sah Daniel Spitzer darin, der »Woche den Puls zu fühlen«, ihr »Geschichtsschreiber« zu sein. Tatsächlich begnüge man sich aber damit, daß der »philosophierende Verstand höchstens dem letzten Grunde der Heiserkeit des Fräulein Gallmeyer nachzuforschen hat«. Und 1886 schrieb er: »Der Feuilletonist kann nie die Rolle des Mannes des Leitartikels, des kleinen Kapitalisten, des Rezensenten spielen, aber er kann alle Rollen zugleich spielen;

sobald sich über eine Sache nichts sagen läßt, fängt seine Wirksamkeit an, er ist unter den Journalisten der Journalist ohne Portefeuille.«
So mancher Leitartikler hätte gewiß liebend gerne sein Portefeuille abgelegt und mit der Spitzerschen Wirkung getauscht...

O herrliche Frühlingszeit! Jedes Schwarzplattl, das in seinem Käfig vor den Fenstern trillert, ruft die Wanderlust in dem Städter wach, und es zieht ihn nach den schönen Seen Oberösterreichs oder nach der grünen Steiermark, vor deren Gastfreundlichkeit freilich, obwohl sie Prinz Liechtenstein im heurigen Winter so verführerisch zu schildern wußte, das Sterzbäuchlein, das der Bildhauer des Albrechtsbrunnens der steierischen Mur gegeben hat, auf das eindringlichste warnt.
Der freundliche Leser, der meinen Spaziergängen so lange teilnehmend gefolgt ist, weiß jedoch längst, daß er in diesen der Störung der Sonntagsruhe gewidmeten Spalten, ungeachtet der schönen Frühlingstage, die uns erquicken, keine schmeichelhaften Bemerkungen über unsere Zustände zu erwarten hat. Nur legt mir glücklicherweise mein Pessimismus nicht die kleinste Verpflichtung auf, schlechter Laune zu sein, zu der ich allerdings hinreichenden Grund hätte, wenn ich erwäge, daß die Dummheits-Raccolta lange nicht so ergiebig zu werden verspricht, wie ich gehofft hatte. Die zuverlässigsten öffentlichen Tröpfe, die einen sonst nie im Stiche lassen, lustwandeln, verlockt durch das schöne Wetter, statt die Tribüne zu besteigen und abgeschmacktes Zeug über die Gefährlichkeit der neuen Schule, der Aufklärung und Freiheit zu schwatzen, auf der Ringstraße und im Prater und verschweigen ihre schönsten dummen Gedanken, die so der Welt und dem zeitgenössischen Geschichtsschreiber verlorengehen. Wenn ich daran denke, daß diese neuesten, mit Selbstbewußtsein wattierten öffentlichen Charaktere striken und frische Luft schöpfen, anstatt der lieben Borniertheit, die ihnen aus dem Gesichte schaut, beredten Ausdruck zu geben, dann berechne ich die schweren Verluste, die ich in meinem feuilletonistischen Berufe erleide, und flehe: Herr, gib mir unsere tägliche Dummheit und führe den Mann nicht in Versuchung, daß er spazierengeht, statt sich öffentlich zu blamieren.
Selbst unseren neuen Justizminister Grafen Schönborn scheint diese rührende Magerkeit der ihrem baldigen Ende entgegengehenden

Saison weicher gestimmt zu haben, denn er hat in einem Erlasse die Staatsanwälte gebeten, doch um des Himmels willen nicht so viele Zeitungsartikel zu konfiszieren wie bisher. Diese warme Teilnahme Sr. Exzellenz für eine größere Freiheit der Meinungsäußerung ist um so entschuldbarer, wenn man bedenkt, daß man den Zeitungen schon lange durch deren höchst ausgiebige Besteuerung einen ehrenvollen Platz unter den unerschöpflichen Hilfsquellen Österreichs eingeräumt hat. Man besteuert sie als Brauereien der öffentlichen Meinung gleich anderen Bierbrauereien, hat sie aber allerdings durch das Vorrecht, den doppelköpfigen Adler über dem ersten Leitartikel zu führen, finanziell ausgezeichnet, eine kleine Titelvignette, die offenbar eine sinnige allegorische Bedeutung haben und darauf hinweisen soll, daß dem Adlerauge der Finanzbehörde nichts Steuerbares entgeht. Mit Genugtuung konnte der Minister darauf hinweisen, daß seit der Hinausgabe des erwähnten Erlasses nur mehr hundertvierzig inländische Druckschriften konfisziert worden seien, also eine Zahl, die höchstens für die Zusammenstellung einer bescheidenen Handbibliothek ausreichen würde. Die Verfasser schlechter Stücke haben bekanntlich die Theorie aufgestellt, daß es leichter sei, über ein schlechtes Stück eine gute Kritik zu schreiben, als ein schlechtes Stück zu verfassen; vielleicht ist es ebenfalls leichter, schlechte Regierungen zu kritisieren, als schlecht zu regieren; aber darüber kann kein Zweifel sein, daß es noch leichter ist, einen guten Zeitungsartikel zu konfiszieren, als einen solchen zu schreiben. Und da der Artikel eines geistvollen Journalisten wirkungsvoller ist als der eines talentlosen und daher gefährlicher erschien, so traf die Konfiskation bisher jene am häufigsten. Das objektive Verfahren wirkte also manchmal geradezu wie eine Art Prohibitiv-System gegen den Geist zugunsten der Dummheit.

Der Abgeordnete Dr. Menger, einer der schlagfertigsten Redner unseres Parlaments, hat unter anderen Beispielen, die er gegen die Objektivität des objektiven Verfahrens vorbrachte, Stellen aus dem Artikel eines antisemitischen Blattes gegen die Juden und eines liberalen Blattes gegen einen feudalen Antisemitenführer vorgelesen. Der Artikel gegen die Juden, in welchem es von Redensarten wie: stinkender Kerl, Schweinpelz, Mist, orientalisches Jauchengift usw. wimmelte, wurde nicht konfisziert, offenbar weil man annahm, daß durch den starken Ammoniakgehalt seines Essays mehr die Nasen der Abonnenten des Antisemitenblattes gereizt würden als die anderen unedleren Organe derselben. Der Artikel gegen den antisemitischen Feudalen dagegen, in welchem in der Sprache der Gebildeten darauf hingewiesen wurde, daß das Organ desselben früher mit der Verteilung der Güter kokettiert habe, und da die Arbeiter diesen Geruch einer ehrbaren Annäherung zurückwiesen, den Antisemitismus für seine Zwecke auszunützen beginnt, wurde konfisziert. Aber das »Vaterland« hat ja in der Tat einige Zeit die sozialdemokratischen Bestrebungen mit mehreren Leitartikeln auf das großmütigste unterstützt. Ich selbst wurde dadurch irregeführt, und ich kann dem Leser im Vertrauen mitteilen, daß ich mir bereits ein fürstliches Palais notiert hatte, und wenn es zur allgemeinen Teilung gekommen wäre, hätte sich der Bruder Durchlaucht die Hälfte meines Feuilletons nehmen können, während ich mich mit dem halben Palais vorläufig zufriedengestellt haben würde.

Dieser Artikel also wurde konfisziert, obwohl doch die Mächtigen nicht so sehr des Schutzes bedürfen wie die Schwachen, ein Privatmann überdies auch die Zeitung, die ihn angegriffen hat, klagen kann, und diese, wenn sie die Butter des Liberalismus auf dem Haupte hat, sich nicht der Sonne eines Presseprozesses aussetzen wird. Wenn heute Galilei sich vermessen würde, in eine Zeitung ein pikantes Feuilleton darüber zu schreiben, daß sich die Erde um die Sonne bewege, so würde derselbe bei den humanen Anschauungen unserer Justiz nicht mehr gezwungen werden, diese freche Behauptung abzuschwören. Dagegen aber brauchte etwa unser höchster geistlicher Würdenträger dem Journal nur mit einem Presseprozesse zu drohen und könnte so die Redaktion desselben zwingen, zu erklären, daß sie mit dem Artikel ihres geschätzten Mitarbeiters Galilei eine Beleidigung gegen den alttestamentarischen Generalstabschef Josua, der die Bewegung der Sonne mit seiner Offiziersparole verbürgt, nicht beabsichtigt habe.

Ich habe, dem Himmel sei Dank, nicht die gefährliche Aufgabe, in den mir zugewiesenen Spalten astronomische Wahrheiten zu verfechten, und ich hoffe daher, daß ich auch fernerhin wegen des gestirnten Himmels keine Fatalitäten mit der irdischen Gerechtigkeit haben werde.

Moriz Benedikt
EIN GESPRÄCH MIT DEM FÜRSTEN BISMARCK
(1892)

Otto von Bismarck (1815–1898), seit 1862 preußischer Ministerpräsident, 1890 wegen persönlicher und sachlicher Gegensätze von Kaiser Wilhelm II. entlassen, besuchte im Juni 1892 Wien anläßlich der Heirat seines ältesten Sohnes Herbert mit einer Komtesse Hoyos.
»Wochen vorher schon berichten die Journale von den Vorbereitungen zum großen Familienfest, nicht einmal die ihres seriösen Tons bewußte ›Neue Freie Presse‹ kann über die Hochzeit und was damit zusammenhängt, hinweggehen ... Das Morgenblatt der ›Neuen Freien Presse‹ vom Freitag, 24. Juni, wird den ganzen Tag über und auch noch Tage später von so gut wie allen an der Politik Interessierten in diesem Land – und in der Nachbarschaft – gelesen. Es bringt eine Sensation auf der Titelseite, und zu einer echten Sensation wiederum gehört, daß sie sich in der kürzesten Frist in einer Stadt, in einem Land, in diesem Fall sogar auf einem ganzen Kontinent herumspricht.
Klein und gar nicht marktschreierisch, mindestens eine Schrifttype kleiner als der ständige Vermerk ›Morgenblatt‹ und leicht zu übersehen steht da, links oben, gleich unter der üblichen Zeitungsnummer, sie hält bei 9997, klein und gar nicht marktschreierisch also steht da: ›Ein Gespräch mit dem Fürsten Bismarck‹ ... und dann ein Artikel, der ohne Unterschrift oder Chiffre sechs Spalten faßt. Nur das Feuilleton . . . wird traditionsgemäß auf der ersten und zweiten Seite eingerückt, unter dem Strichpunkt. Sonst sind die beiden Seiten ausschließlich diesem Artikel gewidmet. Er stammt von Moriz Benedikt, einem der drei Herausgeber des Blattes.
Man kennt den Ausdruck ›Interview‹ zu dieser Zeit kaum, doch was man da in der ›Neuen Freien Presse‹ liest, ist keineswegs nur der hervorragende journalistische Bericht vom Besuch eines Zeitungsherausgebers bei einem der bedeutendsten Männer seiner Zeit, mit allen Beobachtungen, die man von einem exzellenten Journalisten erwarten darf, es ist eben auch ein Interview. Und zwar ein eminent politisches, das heißt, der Inhalt ist dazu geeignet, Aufsehen in allen einschlägigen Kreisen zu verursachen. Beide Gesprächspartner wissen dies, vom ersten Moment der Begegnung an.
Später einmal wird derlei öfter geschehen und nicht mehr derart aufregend sein, Staatsmänner werden, wenn sie Nachrichten an die

Öffentlichkeit geben wollen, sich zu einem Gespräch bitten lassen ... 1892 aber ist dergleichen kaum je geschehen, ein Interview wie dieses ist den Zeitungsleuten nicht bekannt, das Gespräch mit dem Fürsten Bismarck ist das erste in einer glanzvollen Reihe ...
Der letzte Satz: ›Ich verließ ihn, mit dem Eindruck, als hätte ich der Geschichte selbst ins Auge gesehen.‹ Der letzte Satz klingt bedeutend, aber auch plastisch, er ergreift. Wie das ganze Interview ist er ein Höhepunkt im Leben dieses Moriz Benedikt.
Die Folgen dieses ›Gespräches‹ sind durchaus nicht geringzuschätzen ... Man schreibt, etwa in der Schweiz, es habe sich dabei recht eigentlich ›um eine an das europäische Publikum gehaltene Rede gehandelt‹, und in ihrer Ausgabe Nr. 10002 hat die ›Neue Freie Presse‹ noch einmal zu diesem Thema zu schreiben und deutlich dafür einzutreten, daß auch ein gestürzter Minister seine Meinung kundtun darf ... Und Moriz Benedikt, der immer bestimmender die Geschicke des Blattes in die Hände nimmt, wird bis an sein Lebensende nicht vergessen, daß er aus dem Stegreif ein Gespräch führte, über das dann die ganze Welt zu reden hatte« (Franz Endler: Österreich zwischen den Zeilen. Die Verwandlung von Land und Volk seit 1848 im Spiegel der »Presse«. Wien 1985, S. 106–114).

Fürst Bismarck hatte den Wunsch, eine Danksagung in unserem Blatte zu veröffentlichen, und dieser Umstand verschaffte einem der Herausgeber der »Neuen Freien Presse« die Ehre, heute vormittags von dem großen Staatsmanne empfangen zu werden. Der folgende Bericht soll das Gespräch, welches bei dieser Gelegenheit geführt wurde, mit der möglichsten Treue wiedergeben:
Ich war ein wenig befangen, als Professor Schweninger in das Parterrezimmer des Palais Palffy trat, um mich zum Fürsten Bismarck zu geleiten. Ein Gespräch mit dem Fürsten Bismarck ist ein Ereignis, welches eine Erinnerung für das ganze Leben bildet, und in dem Augenblicke, wo ich dem Manne gegenüberstehen sollte, welcher durch seinen Geist unserer Zeit den politischen Inhalt gegeben hat, bemächtigte sich meiner ein eigentümliches Gefühl, welches nur unvollkommen als Scheu und Verwirrung bezeichnet werden kann und der Erregung gleicht, die uns auf Berghöhen überfällt. Professor Schweninger führte mich über eine ziemlich schmale Treppe in den ersten Stock, ich folgte schweigend bis zum letzten Stufenabsatze, wo sich rechts der Speisesaal befindet und links eine

weiße Tür den Eingang zu den Gemächern, welche Fürst Bismarck hier bewohnt, verschließt. Das alles war so jäh gekommen, daß ich mich kaum gesammelt hatte, als ich schon vor dem Fürsten Bismarck stand. Eine breite, kräftige und doch nicht unedel geschnittene Hand streckte sich mir entgegen und wies mir dann einen Sitz an. Das Gespräch hatte noch keine Minute gedauert, und alle Befangenheit war von mir gewichen. Fürst Bismarck empfing mich in einem mäßig großen Zimmer mit bescheidener, aber bequemer Einrichtung, er hatte sich auf einem Sofa niedergelassen, und ich saß an seiner Seite in einem Fauteuil. Ich hatte ihn schon früher wiederholt auf der Gasse gesehen, aber ich fand, daß alle Vorstellungen, die man sich von ihm macht, falsch sind. Fürst Bismarck ist sehr groß und hat einen mächtigen Körperbau, aber in dem schwarzen Anzuge mit dem weißen Gilet, welchen er trug, erschien er mir durchaus proportioniert, schlank und geradezu elegant. Ich merkte keine Spur von Schwerfälligkeit oder Schwäche, er bewegte sich so frisch und gewandt, daß es fast wie eine Koketterie klingt, wenn er mit einer gewissen Vorliebe auf sein Alter hinweist. Auf dem hochaufgeschossenen Körper sitzt ein Kopf, der im Verhältnisse klein ist, den aber niemand vergessen kann, der ihn je gesehen hat. Energie, Klugheit, Hang zur Lebensfreudigkeit, Humor, Würde und Ernst, das alles läßt sich rasch ablesen und wird durch ein lebhaftes Mienenspiel versinnlicht, das gleichsam einseitig je nach der Wendung des Gespräches bald diesen und bald jenen Charakterzug stärker ins Gesicht prägt. Das Schönste ist aber das offen geschnittene, etwas hervortretende, große glänzende Auge mit seiner stahlblauen Farbe. Dieses Auge muß das wichtigste Werkzeug des Fürsten Bismarck gewesen sein, denn der Besucher fühlt, wie es sich prüfend einbohrt, das Ganze der Persönlichkeit zu ergründen sucht, am Körper von oben bis unten mit dem Blicke niedergleitet und nach dem Aufschlage auch das Urteil kundgibt. Fürst Bismarck selbst sprach von seinen Augen, indem er lächelnd bemerkte: »Ich lese so oft, daß mir die Tränen über die Wangen liefen und daß ich geweint habe. Dieses Tränen der Augen ist eine Eigentümlichkeit, welche schon mein Vater und, wie ich glaube, auch mein Großvater hatte, und nun schreibt man, was doch nur Schwäche der Augen ist, einer Schwäche der Empfindung zu.« In der Nähe des Fürsten Bismarck muß die Befangenheit schwinden. Er ist nicht liebenswürdig im Sinne der Herablassung oder der sichtbaren Lust, zu gefallen, er ist einfach, natürlich, menschlich, offen, ohne die Spur einer Affektation. Man hat als Publizist sofort die Vorstellung einer Art von entfernter Berufsgemeinschaft auf dem Boden der Politik, er versetzt den Besucher in eine angenehme, bequeme und im Gleichgewichte ruhende Stimmung, und in die Spannung des Hörers mengt sich das Vergnügen, wenn er vernimmt, wie die feine Stimme mit einem leisen norddeutschen Akzent, aber fast frei von wirklichem Dialekt, die Sätze bald fließend, bald stokkend, da ein Wort suchend und dort ein gebrauchtes verbessernd aus dem Munde holt und wie sich alles ohne jeden Zwang zur Pointe zuspitzt, die brillant und überraschend zugleich plötzlich hervorbricht. Dann hat wohl der Fürst selbst zuweilen einen Gefallen daran, er lacht mit dem Munde, den Augen und dem ganzen Gesichte, er schlürft das Wort wie ein Feinschmecker nach und sucht zu erforschen, ob der Hörer auch wirklich bis in die letzte Feinheit mit eingedrungen ist. Dabei hat er die Eigentümlichkeit, daß er vor jeder wichtigen Wendung tief aufatmet und sich räuspert, daß es wie ein dumpfes Rollen klingt, als wollte er die Zeit gewinnen, den Ausdruck für den Gedanken zu formen und die Aufmerksamkeit seines Hörers zu wecken. Ein solches Gespräch ist ein geistiger Genuß, dem sich nichts vergleichen läßt.

Doch nun zu dem höchst bedeutsamen Inhalte dieses Gespräches. Zunächst handelte es sich um den Text der Danksagung, dessen Entwurf der Sekretär Dr. Chrysander vorlegte und an dem Fürst Bismarck mit seinem langen, einem kleinen Spazierstocke gleichenden Bleistift einige Verbesserungen vornahm.

»Man kann doch«, sagte er, »von einer ›Teilnahme‹ auch bei einem freudigen Anlasse sprechen?«

»Gewiß, Durchlaucht!«

Es war mir interessant, als Zeuge dieser Arbeit der Abfassung eines Schriftstückes beiwohnen zu können, wobei Fürst Bismarck mich mehr durch Gebärden als durch Worte ins Gespräch zog. Fürst Bismarck drückte den Wunsch aus, daß diese Danksagung in unserem Blatte veröffentlicht werde. Er habe auch das Bedürfnis, der Wiener Bevölkerung für die sympathische Aufnahme den Dank auszusprechen. Fürst Bismarck fuhr dann fort:

»Ich habe mich in Wien sehr wohl gefühlt. Es freut mich besonders, daß man in Österreich mehr Erinnerung hat für jene Tätigkeit, bei welcher es mir vergönnt war, mit Österreich zu gehen und Österreich zu nützen, als für jene Tätigkeit, durch welche ich gezwungen war, gegen Österreich zu gehen. Ich habe eben als Staatsmann meines Landes gehandelt, die Politik meines Landes geführt, das Interesse meines Landes vertreten, und das war doch natürlich und selbstverständlich. Seither ist ein Umschwung eingetreten, das Bündnis wurde geschlossen, welches dem gemeinsamen Interesse dient.«

»Durchlaucht, wir betrachten heute das Vergangene im versöhnlichen Lichte der Geschichte, welche unabänderliche Tatsachen schafft, aber ich gestehe offen, daß sich die Deutschen in Österreich besonders hart getroffen fühlen, wenn Eure Durchlaucht . . .«

Der Fürst fiel mir ins Wort: »Wenn ich eine Phrase gebrauche, die für anti-österreichisch gilt. Nun sehen Sie, das ist so. Ich habe gewiß nichts gegen Österreich. Man darf mir auch nicht alles in die Schuhe schieben, was die ›Hamburger Nachrichten‹ bringen. Dieses Blatt hat zu einer Zeit, wo sich alle Welt von mir zurückgezogen hat, den Mut gefunden, für mich einzutreten und sich mir anzuschließen. Das wäre ja doch undankbar, wenn ich das nicht anerkennen würde. Aber Zeitungen zu schreiben oder zu redigieren, dazu habe ich weder die Zeit, da mich meine Korrespondenzen sehr stark in Anspruch nehmen, noch die Arbeitsfähigkeit, noch bei meinem hohen Alter die Lust. Ich empfange hie und da einen Herrn aus Hamburg, der sich mit mir über Politik unterhält, das ist aber auch alles. Man darf mir nicht alles in die Schuhe schieben, was in den Zeitungen steht unter der Formel: ›Wie das Organ des Fürsten Bismarck sagt‹ oder ›Wie von der Bismarck-Seite gemeldet wird‹ und was dergleichen mehr ist. Das gilt auch von der ›Münchener Allgemeinen Zeitung‹ und von der ›Westdeutschen Zeitung‹. Mein Standpunkt war, daß ich den *Handelsvertrag mit Österreich* als unseren landwirtschaftlichen Interessen widersprechend gefunden habe. Dies gilt noch viel mehr von dem Vertrage mit der Schweiz, welcher übrigens auch für Sie, für Österreich, nicht besonders günstig ist, und außerdem von dem italienischen Vertrage, für welchen unser Weinbau die größten Opfer zu bringen hat. Beim österreichischen Vertrag beanstandete ich eben die landwirtschaftlichen Konzessionen und die Zugeständnisse für einige Industrie-Produkte. Aber einen Vorwurf kann ich Ihren Staatsmännern daraus nicht machen, wenn sie mit Geschicklichkeit die Schwäche und Unzulänglichkeit unserer Unterhändler auszunützen suchten. Da bin ich doch zu lange in der Politik, um dies nicht selbstverständlich zu finden. Ich habe es dem Grafen Kalnoky, den ich besuchte und nicht traf, und mit dem ich hierauf bei seinem Gegenbesuche längere Zeit gesprochen hatte, ausdrücklich gesagt, daß ich es für ganz natürlich finde, wenn Österreich die Schwäche und Unzulänglichkeit unserer Unterhändler zu seinem Vorteile benützt hat. Das ist doch die Pflicht Ihrer Staatsmänner und Ihrer Regierung. Ich hätte es nicht anders gemacht, und auch die Schweiz hat darin recht. Und wenn ich dagegen unseren Standpunkt verteidigte, so kann man daraus nicht schließen, daß ich eine gegen Österreich gerichtete Gesinnung hätte. Dieses Resultat ist dadurch eingetreten, *daß bei uns Männer in den Vordergrund gekommen sind, welche ich früher im Dunklen hielt, weil eben alles geändert und gewendet werden mußte*.«

Das Gespräch nahm nun von selbst eine rein politische Wendung, und Fürst Bismarck sagte:

»Mein Standpunkt war, daß wir nach dem Jahre 1871 alles erreicht hatten, was wir zur Selbständigkeit und zu einer anständigen nationalen Existenz brauchten. Deutschland kann unmöglich die Vermehrung seines Gebietes anstreben, nach keiner Richtung, sei es nun an der französischen, holländischen, belgischen oder russischen Grenze. Was sollen wir denn auch wünschen? Wir sind gesättigt, und der Zustand Deutschlands erinnert mich an eine Äußerung des Grafen *Andrassy,* welcher sagte: ›Das Schiff Ungarns ist so voll, daß ein Pfund mehr, sei es nun Dreck oder Gold, es zum Scheitern bringen könnte.‹ Wir haben ohnehin nichtdeutsche Elemente genug, und ein Krieg ist keine Kleinigkeit. Ich habe selbst Kriege mitgemacht. Der böhmische, der war weniger bedeutend, aber der französische, der war viel mehr. Ich schrecke vor einem notwendigen Kriege nicht zurück und selbst nicht vor einem anständigen Untergang. Aber was soll ein Krieg, der kein Ziel hat und der, wenn uns Gott den Erfolg gibt, gar keinen Gewinn bringt? Sollen wir einen Raubzug nach Rußland unternehmen, um dort Geld zu holen? Das wäre schwer«, sagte der Fürst lachend. »Oder soll Rußland ähnliches in Deutschland tun? Auch Rußland kann keinen Wunsch haben, sein Gebiet auf unsere Kosten zu vermehren, denn es wird mit den Deutschen in den baltischen Provinzen ohnehin schwer fertig. Deshalb war mein Gedanke, bei der Schaffung des österreichischen Bündnisses gerade im österreichischen Interesse und damit wir die österreichische Politik wirksamer unterstützen und fördern könnten, den Zusammenhang mit Rußland nicht zu verlieren und uns immer die Möglichkeit zu erhalten, mit der russischen Politik in Fühlung zu bleiben. Das liegt ja im österreichischen Interesse, denn was will Österreich? Österreich will den Frieden, und ich denke, *Österreich hat ›Bosnier‹ wohl genug*. Nicht wahr«, wiederholte der Fürst, »Sie haben genug Bosnier und wünschen sich keine Vermehrung?«

»Und hat sich dieser Zustand seit der Demission Eurer Durchlaucht geändert?«

Der Fürst antwortete mit einer raschen Wendung des Kopfes sehr energisch: »Ja! Ja!«

»Wodurch?«

»Dadurch, daß wir keinen Einfluß mehr auf die russische Politik besitzen, daß wir nicht mehr in die Lage kommen, Rußland zu raten. Was kann denn ein Staatsmann tun? Er muß die Kriegsgefahr kommen sehen und sie verhüten. Es ist wie bei der Steeplechase. Man muß wissen, wie das Terrain ist, auf dem man sich bewegt, ob man auf Sumpf- oder auf festen Boden kommt. Man muß die Erfahrung haben, ob man die Kraft hat, ein Hindernis zu nehmen, und ob der Graben nicht zu breit ist, um über ihn hinwegzusetzen. Nicht wahr, Sie verstehen mein Gleichnis?«

»Gewiß, Durchlaucht, aber durch welche Tatsachen sind die Veränderungen in den Beziehungen zu Rußland nach der Demission Eurer Durchlaucht eingetreten?«

Fürst Bismarck antwortete: »Diese Tatsachen sind das Schwinden des persönlichen Vertrauens und somit des persönlichen Einflusses auf den Kaiser von Rußland. Ich hatte durch das Vertrauen, welches man mir schenkte, Einfluß auf den russischen Botschafter in Berlin. In der letzten *Unterredung,* die ich mit dem *Kaiser von Rußland vor meiner Demission hatte,* sagte er mir, nachdem ich ihm meine politischen Anschauungen dargelegt hatte: ›Ja, Ihnen glaube ich, und in Sie setze ich Vertrauen, aber sind Sie auch *sicher, daß Sie im Amte bleiben?*‹ Ich sah den Kaiser von Rußland erstaunt an und sagte ihm: ›Gewiß, Majestät, ich bin dessen ganz sicher, ich werde *mein Leben lang Minister* bleiben‹; denn ich hatte keine Ahnung davon, daß eine Änderung bevorstehe, während der Zar selbst, wie die Frage zeigt, von der Wandlung, die sich vollziehen sollte, bereits unterrichtet sein mochte. Diese persönliche Autorität und das Vertrauen fehlen bisher meinem Nachfolger. Und daraus, daß ein solcher Faktor fehlt, welcher auf die russische Politik Einfluß zu nehmen vermag, erklärt sich die Veränderung, welche seit meiner Demission in der politischen Situation Europas eingetreten ist.«

»Und halten Eure Durchlaucht diese Veränderung für eine Verschlimmerung?«

Fürst Bismarck sagte mit großer Entschiedenheit: »Ja! Der Draht ist abgerissen, welcher uns mit Rußland verbunden hat. Ich betrachte als das Hauptziel der Politik die Erhaltung des Friedens. Und wohin würde es kommen, wenn wir nach einem glücklichen Kriege mit Rußland zwei Nachbarn hätten, die uns mit ihren Revanchegedanken immer bedrohen würden, einer vom Westen und einer vom Osten? Der Krieg mit Frankreich mag unausweichlich sein. Es handelt sich da immer darum, *daß der Mann sich dort finde, welcher das Pulver in das Wasser*« – der Fürst wies dabei auf sein Glas – »*schüttet, damit es aufschäumt*. Das ist eine Frage, der wir im Laufe der Jahre kaum ausweichen werden. Anders ist es jedoch mit Rußland. Deutschland hat nicht das geringste Interesse daran, einen Krieg mit Rußland zu führen, und umgekehrt. Zwischen uns liegt nicht der geringste Gegensatz der Interessen. Wir haben voneinander nichts zu wünschen und voneinander nichts zu gewinnen. Auch Österreich ist ein friedfertiger Staat, und gerade Österreich könnten wir dienen, wenn der Draht, der uns mit Rußland verband, nicht abgerissen wäre.«

»Durchlaucht, hat sich die Lage auch durch politische Tatsachen verschlimmert?«

»Wie gesagt, in erster Reihe durch die Schwächung des deutschen Einflusses auf die russische Politik. Der deutsche Botschafter in Petersburg hat jetzt viel weniger Einfluß als früher. Dazu treten noch andere Umstände, insbesondere die Wandlung in der *polnischen Politik Preußens*. Man hat einen Polen zum Erzbischof gemacht und ihm eine Stelle gegeben, welche im Interesse der deutschen Politik einem deutschen Katholiken gebührt hätte. Gewiß hat dieser polnische Bischof in Elbing eine staatstreue Rede gehalten, und er hat bezüglich der deutschen Nation besser gesprochen, als ein Pole es sonst tut, aber doch wieder den Gegensatz zu Rußland ziemlich deutlich hervorschimmern lassen. Die Politik gegenüber den Polen in Posen hat das Vertrauen, welches unsere Regierung früher in

Rußland genoß, geschwächt und unseren Einfluß ebenfalls herabgemindert.«

»Und ist, angesichts dieser Bedenken, welche Eure Durchlaucht gegen die jetzige deutsche Politik hegen, nicht bei Ihnen das Bedürfnis vorhanden, wieder die Leitung zu übernehmen?«

»Das ist ganz aussichtslos. Ich bin in diesem Jahre nicht *in den Reichstag gegangen,* nicht weil ich mich körperlich nicht rüstig fühle, im Gegenteil. Ich war beinahe ein ganzes Jahr vor meiner Demission nicht in Berlin gewesen, habe mich sehr wohl gefühlt, was ich immer daran erkenne, wie es mir mit dem Reiten geht. Ich wäre sehr gut imstande gewesen, kraft meiner schon früher gewonnenen Autorität im gleichen Geleise den Wagen fortzuziehen. Die Politik ist keine Wissenschaft, wohl aber eine Kunst, zu deren Ausübung Erfahrung gehört. Aber jetzt – wer weiß, ob ich in Rußland das alte Vertrauen, welches ich früher genossen, wiederfände, und wer weiß, ob in Österreich? Das letztere glaube ich wohl. Ich bin aber nicht in den Reichstag gegangen, weil ich, wenn ich dort erscheinen würde, die Regierung en visière ouverte angreifen müßte, gewissermaßen als Chef der Opposition. Das würde mich in zahlreiche persönliche Gegensätze bringen. Allerdings habe ich gar keine persönlichen Verpflichtungen mehr gegen die jetzigen Persönlichkeiten und gegen meinen Nachfolger. Alle Brücken sind abgebrochen. Man hat davon gesprochen, mich zum *Präsidenten des Staatsrates zu machen.* Warum nicht lieber zum General-Adjutanten, da ich doch die Uniform trage. Dann könnte ich die Minister gegen den Kaiser oder den Kaiser gegen die Minister stützen, und die *Camarilla* wäre fertig. Auf solche Dinge gehe ich nicht ein« – und hier lachte der Fürst herzlich und sagte – »dazu fehlt mir doch die christliche Demut.«

»Und haben Eure Durchlaucht den Plan, in den Reichstag zu gehen, aufgegeben?«

»Gewiß nicht, das hängt von den Umständen ab.«

»Und konnte nicht eine äußere Notwendigkeit Sie dazu veranlassen, die politische Bühne wieder zu betreten?«

»Ich glaube nicht. Das ist vorüber. Der Fehler der jetzigen Politik besteht darin, daß eben der Draht, welcher uns mit Rußland verknüpfte, abgerissen wurde. Und ob er wieder anzuknüpfen ist, vermag ich nicht zu sagen. Wenn einmal ein falsches Geleise eingeschlagen ist, dann ist die Lage schwierig. Fortwährend mich auf Nebengeleisen zu bewegen und immer auszuweichen ist überhaupt nicht meine Sache. Das ist wohl für immer vorüber. Freilich eine Kritik des heimatlichen Zustandes kann man einem so alten Politiker nicht verwehren. Dieses Recht kann ich mir für die wenigen Jahre meines Lebens nicht nehmen lassen, und ich habe nur unsere Regierung, welche unsere handelspolitische Situation nicht genügend gewahrt hat, getadelt, aber nicht die Ihre, welche von dieser Situation mit Recht Gebrauch machte.«

Der Fürst kam dann wieder auf Wien zu sprechen und sagte: »Es klingt ein wenig wie Überhebung, wenn ich von meiner Popularität in Wien spreche, aber ich finde kein anderes Wort, und diese Popularität hat mich sehr gefreut. Ich war nie ein grundsätzlicher Gegner Österreichs, sondern immer nur der Wahrer unserer eigenen Interessen, was man mir als vaterländischem Staatsmann nicht übelnehmen kann. Ich würde am liebsten wie ein einfacher Privatmann durch die Straßen Wiens spazierengehen, wenn ich nicht«, wie der Fürst lächelnd hinzufügte, »fürchten müßte, daß dann die Polizei wieder Arbeit bekommt. Ich lege den größten Wert darauf, daß meine Dankbarkeit für die Aufnahme in Wien der Bevölkerung bekanntgegeben wird.«

Fürst Bismarck erzählte hierauf, er sei gestern in die Ausstellung gegangen, weil seine Gemahlin die Zigeunermusik hören wollte, für welche sie stets eine große Vorliebe gezeigt habe. Durch einen Irrtum sei jedoch das fürstliche Paar nach »Alt-Wien« geführt worden, und da die Fürstin Bismarck an Asthma leide und nicht gerne zu Fuß gehe, mußte um die Erlaubnis angesucht werden, den Wagen in den Ausstellungspark fahren zu lassen. Der Fürst und die Fürstin hätten mit Vergnügen der Musik gelauscht, er selbst aber habe weniger gut geschlafen als in den früheren Nächten.

Fürst Bismarck hatte mit großer Lebhaftigkeit gesprochen, die Unterredung schien ihn selbst zu interessieren, denn er wurde ungeduldig, wenn ein Diener ins Zimmer trat und eine Störung verursachte. Das Gespräch hatte nahezu drei Viertelstunden gedauert, die Gräfin Hoyos wurde gemeldet, und ich erhob mich unter dem mächtigen Eindruck des Gehörten und einer so bedeutenden und doch so anziehenden Persönlichkeit. Fürst Bismarck bat mich, seine Danksagung noch einmal durchzugehen, er drückte mir zweimal mit Herzlichkeit die Hand und verabschiedete mich. Ich habe in dem ganzen Gespräche kein Ausweichen wahrgenommen. Der Fürst sprach wie ein freier Privatmann, dem seine Vergangenheit den Anspruch gibt, ein Mahner und Rater seines Volkes zu sein. Der Aufenthalt in Wien hat einen sonnigen Schimmer über sein ganzes Wesen gebreitet. Er scherzte über die Zumutung, welche der Aufnahmsfähigkeit seines Magens gemacht worden sei, und meinte, er habe sich oft über die Souveräne gewundert, welche bei festlichen Gelegenheiten genötigt seien, drei- oder viermal am Tage zu speisen. Fürst Bismarck zeigt nicht die Merkmale der Verbitterung, der heitere Untergrund seines Gemütes bricht stets im Gespräche hervor, welches sich wie mit einem Zaubermantel bis zu den steilsten Gipfeln der Politik erhob. Ich verließ ihn mit dem Eindrucke, als hätte ich der Geschichte selbst ins Angesicht gesehen.

Theodor Herzl
DIE BRÜCKE VON NEUVILLE
(1893)

Theodor Herzl lebte *für* die Idee des Zionismus und *von* der Praxis des Journalismus. So liest es sich in der einschlägigen Forschung, und auch in Herzls Tagebüchern finden sich – gelegentlich – Hinweise auf den ungeliebten Brotberuf.

Die Lektüre seiner journalistischen Arbeiten verunsichert dann nachhaltig. So – wie etwa im vorliegenden Text – soll einer recherchieren und schreiben, dem es bloß um ein gesichertes Einkommen geht? Warum agiert der Paris-Korrespondent Herzl nicht ähnlich farblos wie seine Kollegen, die die »Neue Freie Presse« von Rom, Berlin oder London aus beliefern?

Für einen Hintergrundbericht (!) über die französischen Wahlen begibt er sich in die Provinz, in das kleine Städtchen Neuville (vermutlich aux Bois, ein beschwerlich weites Stück südlich von Paris), um an der Wahlversammlung eines Kreisdeputierten teilzunehmen und so vor Ort die Stimmung im Lande und den französischen Parlamentarismus von der Basis her kennenzulernen. Ein teilnehmender Beobachter, der eine empirische »Stichprobe im Volke« (Herzl) ziehen will.

Dabei interessiert ihn die Frage: »Was für ein Mensch ist ein Wähler?«, deren Beantwortung ungleich aufwendiger und anspruchsvoller ausfällt als die sonst übliche Übermittlung von Wahlprozenten und Mandatsverteilungen nach Wien.

Das wäre die Korrespondentenpflicht gewesen, aber Herzl widmete sich der Kür. Die Recherche über das Land führt ihn zu den Menschen, die Wähler sind. Er befragt sie, wohnt der Wahlveranstaltung bei, schildert die Szenerie und reflektiert auch seine eigene Rolle als Journalist dabei.

Daß er – quasi nebenher – mit wenigen Worten, in kurzen, komprimierten Passagen die Landschaft, die Leute und das Leben in Neuville skizziert, ist ein Zusatznutzen des Textes. Ebenso die literarischen Qualitäten dieser Reportage: ihr wunderbarer Erzählrhythmus, die gelungenen Tempo- und Perspektivenwechsel, die pointierte und spannende Sprache.

Der Schwenk von der »großen Politik« hin zu den »kleinen Leuten« erweist sich als besonders instruktiv. Bei aller professioneller Neugier ist das echte Interesse für diese Menschen nachvollziehbar. Alles ist wichtig, und die kleinen Beobachtungen sind oft Chiffren für die großen Zustände.

Eine Stunde mit der Bahn. Dann eine Stunde über Land. Ich fahre im hohen, zweirädrigen Gabelwagen eines Wählers, der Fuhrmann ist – oder umgekehrt. Als er hörte, daß ich nach Neuville wollte, hielt er mich zuerst für einen Freund des Marquis, der dort begütert ist. Dann, als ich ihm sagte, daß ich zur Wählerversammlung des Deputierten reise, für einen besonders treuen Freund des letzteren. Daß ein Mensch von Paris kommt, um die sogenannten Mitbürger von Neuville zu sehen und zu hören, hätte er gewiß nicht verstanden. Darum bemühte ich mich nicht erst, ihm zu erklären, daß ich Stichproben im Volke machen wolle, um den französischen Parlamentarismus in seinen Grundlagen kennenzulernen.
Man versucht ja die Beschaffenheit einer vertretbaren Sache zu erforschen, indem man da und dort in dic Masse hineingreift. So greift man in den Weizenhaufen und läßt die Körner durch die Finger gleiten. Wähler sind etwas Vertretbares. Ich denke an den Ausdruck des Juristen: Es gibt aber Sachen, bei denen ihrer Natur nach die Spezies gleichgültig sind, *quae communi specie continentur,* bei denen es nur auf Quantität oder Qualität ankommt, *res quae pondere, numero, mensura valent* oder *consistunt* . . . Und solche Personen gibt es: *qui numero valent* oder *consistunt*. Man spricht von ihnen immer, als wären sie etwas Einheitliches – die Gemeinde, der Bezirk, das Departement, die Nation. Ist in diesem Zusammenfassen ein Irrtum, und welcher? Die Politik kümmert sich nur um den Wähler, der ein willkürlicher Begriff ist. Was für ein Mensch ist der Wähler? Ist er überall derselbe, oder besteht eine wunderbare, unermessene Verschiedenheit von Kreis zu Kreis, von Stadt zu Stadt oder zwischen Stadt und Land?
Von meinem Fuhrherrn war über die Lage im Wahlbezirke nicht viel herauszubekommen. Meine Fragen nach der Beliebtheit des bisherigen Abgeordneten und seines Nebenbuhlers, eines »Ralliierten«, beantwortete er ausweichend und mit unbestimmtem Lächeln in seinem feisten, sonnverbrannten Gesicht. Ich glaube, weniger aus Furcht vor den Kandidaten, die jetzt von ihm ein bißchen abhängen, als um mir nicht zu mißfallen. Er hatte die klingendsten Gründe, mich

bei guter Laune zu erhalten, und da er nicht genau einsah, was ich eigentlich da suchte, schwieg er vorsichtig. Er nannte mir nur die Namen der gleichgültigen Ortschaften, durch die wir rasselten ... Alle am hellen Mittag wie ausgestorben. Kein Kind auf der Gasse. Kein Köter bellt. Es ist etwas Beklemmendes in dieser Stille. Hat die ungeheure Stadt, die mir eben unter dem Gesichtskreise verschwunden, alles Leben an sich gezogen? Dennoch sind diese toten Dörfer nicht arm. Ein kerniger Schlag von Ackerbauern bewohnt sie. Aber wie weit ich über die Felder zu beiden Seiten des Weges schaue, nirgends ein Mensch. Der Blick wandert durch eine leere Landschaft, an gelben Garben vorbei, und verliert sich im Endlosen. Die Arbeiter sitzen jetzt wohl überall beim Mittagstisch hinter den verschlossenen Fenstern der einstöckigen kleinen Häuser.

Ja, eine nichtssagende Landschaft. Nur die Ufer des Flusses, der sich unten windet – wir fahren auf einem mäßigen Hügel hin –, sind nicht ohne Anmut. Saubere, große Frachtbarken ruhen auf dem matt glänzenden Gewässer ... Die Straße senkt sich. Hinter Bäumen wieder eine Ortschaft: Neuville. An der Hügellehne der Friedhof. Ein wohlhabender Friedhof. Hier liegen Tote, die zu leben hatten. Die Gräber sind reinlich gepflegt wie die Felder. Zuoberst an der Mauer ein stattliches Grabmal. Mein Fuhrmann scherzt: »Das ist das Schloß des alten Marquis« ... Wir kommen an eine Parkmauer, die sehr lang ist, sich durch ganz Neuville zieht, bis an den Fluß. Beim Torgitter sehe ich hinein in den feinen Schloßhof. Auch hier niemand zu sehen. Wir jagen durch die Dorfstraße vor das Wirtshaus. Am Fenster ein roter Anschlagzettel, wie ihn die reisenden Sänger oder Taschenspieler ankleben. Ein Teil der Anzeige ist gedruckt, und was nur für diesen Ort gilt, mit großen Buchstaben geschrieben. »Im Saal ... Vortrag des Deputierten.« Aus dem Kreisblatte weiß ich, daß er heute – nein, täglich – drei abhält. Heute mittags in Neuville den ersten, um 7 Uhr abends in Vauréal den zweiten und den dritten um halb 9 Uhr in Jouy-le-Moutier.

Ich trete ein. Die Schenke ist leer. Nur zwei alte triefäugige Bauern sitzen vor ihren Stengelgläsern und trinken schwarzen Kaffee. Wäre das seine ganze Zuhörerschaft? Es ist offenbar noch zu früh. Ich habe noch Zeit zu essen. Der Kutscher sagt mir, daß ich außerhalb des Ortes, am anderen Ufer der Oise, leidlich frühstücken könnte. Aber man müßte über die Brücke! Nun, und? ... Wir fahren. An der kurzen

Kettenbrücke werden wir angehalten. Es ist Maut zu zahlen, 70 Centimes für den Einspänner. Welch eine Belästigung. Man muß sich fügen. Die Brücke gehört dem Marquis, an dessen Park sie grenzt, und er will auf seine Kosten kommen.
Das Wirtshaus am Ufer ist schmuck und öde. Drei Hunde bellen uns höchst erstaunt entgegen. Der Gast mag hier selten sein. Der Wirt empfängt mich mit mäßiger Höflichkeit. Er hält sich stramm, hat einen Reiterschnauzbart, kühne Augen, frühgraues kurzes Haar. Während für mich gekocht wird, gehe ich in den Garten. Zwei Männer spielen unter den Bäumen Karten, ein alter und ein junger; Kleinstädter, die auch noch die stumpfe Leidenschaft der Angelfischerei haben. Am Garten der Fluß. Es liegt an dem sonnenlosen Tage eine leere Traurigkeit auf der kleinen Wasserlandschaft. Vielleicht könnte man dieses arme Bild dennoch liebgewinnen, wenn man es lange betrachtete, sehr lange, und dabei die Träume langsam den Fluß hinunterziehen ließe . . .
Beim Mittagsmahle versuche ich den Brückenwirt auszuholen. Er antwortet ernst, gesammelt, fertig, wie ein Mann, der nachzudenken gewohnt ist. Ob er auch zum Vortrage gehe? – Nein. – Ob er dem bisherigen Abgeordneten seine Stimme geben werde? – Das weiß er noch nicht! Und blickt mich fest an. – Warum? Weil der Deputierte zugunsten der ländlichen Branntweinbrenner stimmte. In zwei Worten entwickelt er mir die Wahllage. Früher hielt er zu diesem Abgeordneten gegen den Marquis, der drüben seinen Park hat, dem die Brücke gehört und der kein übler Nachbar ist. Nun hat sich der Deputierte von den Schnapsbrennern herumkriegen lassen, so daß die Getränkesteuer nicht umgewandelt wird, sondern bleibt, wie sie seit 1816 war. Der Wirt muß die Abgaben zahlen, diese Brenner aber können steuerfreien Branntwein verkaufen. Das geht doch nicht an. Alle Verhältnisse haben sich geändert, und das alte Steuerunrecht soll bleiben? . . . Das alles sagt er klar, ernst und entschieden, ohne Zorn. Ich höre ihm mit Achtung zu, diesem einsamen Brückenwirte, der eine für ihn praktische Frage so besonnen und im Zusammenhange mit der politischen Lage des Landes, ja nicht ohne geschichtliches Verständnis beurteilt.
Über die Kettenbrücke zurück ins Dorf. In der Schenke sitzen jetzt vier Leute, plaudern schläfrig. Vom Kandidaten noch keine Spur. Die Schenke ist ein bißchen jämmerlich. Rissige braune Tapeten, ein

altertümliches Billard, eine Kredenz mit vielen Branntweinflaschen, unsichere Holztische, harte, schmale Stühle ... Jetzt kommen noch einige Bauern herein. Sie sind nicht bäuerlich angezogen, haben nämlich keine historischen Kleider. Sie tragen lange Hosen und Ärmelwesten oder Blusen wie Stadtarbeiter, und wäre nicht die Feldbräune ihrer Gesichter, man hielte sie nicht für Ackersleute. Kleider sagen immer etwas. Unsere Bauern nähen nach wie vor ihre Silberzwanziger an die altväterischen Röcke. Die hier tragen jeden Knopf in die Sparkasse oder – nach Panama. Die da hängen nicht an ihren alten Einrichtungen, tragen nicht mehr die Dreimaster ihrer Vorfahren auf dem Kopfe, sondern dieselben Schirmmützen wie die Pariser Arbeiter, lesen dieselben Zeitungen und wählen einen radikalen Abgeordneten.

Da ist er. Tritt mit einem sehr dicken, großen, älteren Mann ein, der offenbar der reichste Bauer des Ortes ist, der Maire. Die Anwesenden – mit mir sind es zwölf – empfangen ihren Abgeordneten ohne Begeisterung. Sie sahen ihn wohl seit der letzten Wahl nicht. Zwei, drei rücken an ihrer Mütze, nur einer steht unwillkürlich auf. Der Abgeordnete bestellt sich ein Glas Kaffee und setzt sich. Eine neue Gestalt taucht auf: der fahrende Krämer, der mit seinem großen Trödelwagen von Ort zu Ort kutschiert. Dieser Händler lümmelt sich witzelnd vor zwei Bauern hin, versucht sie aufzuziehen, aber sie lassen ihn hart abfallen. Nun geht er täppisch auf den Abgeordneten zu, streckt ihm vertraulich die Hand hin. Der mißt den Aufdringlichen zuerst erstaunt, schüttelt ihm dann ruhig lächelnd die Hand und läßt sich anschwatzen. Auch ein Wähler! ... Noch einige kommen langsam herein, schweren Schrittes, bestellen Schnaps und Kaffee, reden halblaut, ihr ganzes Gehaben schüchtern und mutwillig, obwohl es lauter gesetzte Leute sind. Die halbwüchsigen Jungen drängen sich außen an der Tür oder drücken sich die Nasen an den Fensterscheiben platt.

Im Saale sind dreißig oder vierzig Männer. Der Abgeordnete steht auf, geht an den Billardtisch:

»Wir wollen einen Vorsitzenden wählen. Ja? Ich schlage den Maire vor. Wer ihn als Präsidenten unserer Versammlung haben will, möge die Hand erheben.« (Fünf, sechs heben die Hände.) »So! Jetzt lassen Sie die Hände sinken!« (Geschieht.) »Wir wollen noch einen Beisitzer wählen.« (Der Maire nennt einen Namen.) »Wer ihn als Beisitzer haben will, möge die Hand erheben!« (Das halbe Dutzend tut wie vorhin.) »So! Jetzt lassen Sie die Hände wieder sinken! Wir wollen noch einen zweiten Beisitzer wählen.« (Geschieht in der früheren Weise.)

Alle diese Formsachen mit Blitzesschnelle vorgebracht, erledigt. Niemand spricht, nur der Abgeordnete, der alle Handgriffe in Übung hat. Wozu ein Vorsitzender? Ah, wahrscheinlich um die Versammlung aufzulösen, wenn sie unangenehm werden sollte. Aber die Beisitzer? Wohl um die Funktionsnarren zu erobern. Die Beisitzer fühlen sich geschmeichelt. Sie halten das für eine Begebenheit. So gliedert sich die Gesellschaft, und die Ordnung erhält Stützen.

Der Abgeordnete wendet sich zum Maire: »Herr Präsident, wollen Sie mir das Wort erteilen?« Und er beginnt zu sprechen, ohne die selbstverständliche Antwort abzuwarten. An den Billardtisch gelehnt, redet er, leichtflüssig, schwindlig schnell; ich habe alle Mühe, ihm zu folgen. Wie erst die Bauern? . . . Und plötzlich fällt mir der Zauberkünstler im Dorfwirtshause ein. Da der höfliche Herr im abgenützten, schwarzen, langen Leibrock, dürftig feierlich gekleidet und die Worte hastig hervorsprudelnd, daß man verblüfft ist, und rings der Kranz von schwerfälligen, dummverschmitzten Bauern, die mißtrauisch ernst lauschen! Ich erwarte immer, er werde jetzt und jetzt dem nächsten aus der Nase eine goldene Uhr herausziehen oder eine gebratene Taube, die sich flugs in ein rotseidenes Taschentuch verwandeln wird.

Das ist nur der äußere Eindruck. So geschwind der Redner auch haspelt, er sagt nichts, was er nicht auch in der Kammer verträte. Ich habe ihn ja an der »Arbeit« gesehen; wahrhaftig, ich könnte für ihn Zeugenschaft ablegen. Er sagt eben seinen eingelernten Vortrag auf. Während er spricht, habe ich nur den einen unmöglichen Wunsch, auch seinen anderen Vorträgen beizuwohnen, um 7 Uhr in Vauréal, um halb neun in Jouy-le-Moutier und morgen um zwölf, um sieben, um halb neun und übermorgen und alle folgenden Tage bis zur Wahl. Ob er da immer dasselbe sagen wird, so höflich, so ganz ergebenst und so schnell?

Wahrscheinlich. Denn was er vorbringt, kenne ich als sein wirkliches Programm. Er erzählt ihnen keine Unwahrheiten. Nur manchmal scheint er vorsichtig zu tasten und mitten im Wirbel seiner Worte zu lauern. So, wenn er die Trennung der Kirche vom Staate behutsam erörtert. Ich habe sie ihn schon grimmiger verlangen hören. Kein Zweifel, er verlangt sie auch heute, hier, überall, in Vauréal, in Jouy-le-Moutier. Doch er schildert die Vorteile, welche die Trennung auch für die Katholischen hätte: der Staat dürfte ihnen nichts mehr vorschreiben! Es ist ein Hauch, eine Abstufung, fein, vielleicht zu fein für diese Zuhörer. Es ist noch dasselbe und doch nicht mehr.

Die Bauern horchen auf. Faßt ihr an langsamere Arbeit gewöhntes Gehirn all diese überstürzten Operationen mit politischen Begriffen? Sie geben kein merkliches Zeichen. Erst als er von der Bank von Frankreich spricht, die ein wenig zu schröpfen sei, und von den Finanzgesellschaften, ruft einer in der Ecke:

»Et le Panama?«

Ah! ... Der Herr Abgeordnete, der tatsächlich mit Panama nichts zu schaffen hatte und ein redlicher, ich glaube sogar, ein armer Mann ist, scheint einen Augenblick betroffen. Er faßt sich rasch:

»Ich werde Ihnen gleich antworten, mein lieber Mitbürger!«

Aber man hat schadenfroh gelacht. Es ist jetzt klar: Gegen den Geschwindredner herrscht hier ein dumpfes Mißtrauen. Man ist eigentlich gekommen, um ihn in Verlegenheit zu bringen und zu necken, wenn irgend möglich.

Er wirbelt weiter. Und als er zu den Leistungen kommt, die er für den Bezirk und die Gemeinden vollbrachte, wirft ein anderer spöttelnd ein:

»Ja, die Brücke von Neuville!«

Großer, allgemeiner, anhaltender Beifall. Diese Brücke, an der man Maut entrichten muß, ärgert sie alle. Der Herr Abgeordnete ist übrigens rasch derselben Ansicht. Die Brücke sollte frei sein ... Das ist der unverhoffte Kern des Vortrages. Die Brücke von Neuville interessiert die Mannen da unvergleichlich mehr als Staat und Kirche, Finanzen, Schule und Heer und Verwaltung und Panama ... Ja, sagt der Abgeordnete, alle Brücken müssen frei sein, gleich den Straßen. Und auf den Eisenbahnen sollte man um einen Pappenstiel fahren können.

Wieder steht ein Spötter auf: »Na, die Abgeordneten fahren schon jetzt umsonst!«

Das ist ein Jubelgelächter. Alle platzen mit ihrer schadenfrohen Heiterkeit heraus. So gut hat man sich in Neuville wohl schon lange nicht unterhalten. Der Dorffahrer hält sich mit der Rechten den

Hinterkopf, klätschelt sich mit der Linken das Knie, lacht, daß ihm die Tränen über die Backen laufen, und schreit: »Ein Tausendsassa!«
Nur hat der Abgeordnete darauf eine gute Antwort. Es sei ein Irrtum, daß die Deputierten frei führen. Man zieht jedem von den Diäten jährlich 120 Francs für die Eisenbahn ab. Das ist also ein Abonnement. Wie gut wäre es, wenn jeder im Lande solch ein Abonnement nähme. Die Bahnen würden daraus so große Vorteile ziehen wie der einzelne, der nahezu umsonst reiste. Denn – hm – die einen zahlten für die anderen ... Der Dorffahrer ist von der Aufklärung begeistert. Er sieht sich schon unentgeltlich herumbefördert und jauchzt wieder: »Ein Tausendsassa!« ... Diesmal gilt es dem Abgeordneten.
Ah, der weiß sich herauszureden, hat für alles eine Erklärung. Nehmen wir die Grundsteuer-Entlastung. Er setzt sie auseinander. Aber der Bauer, der vorhin die Brücke von Neuville erwähnte, ruft dazwischen: »Und wie werden Sie den Ausfall im Budget decken?«
Mit diesen Bauern ist wirklich nicht zu spaßen. Sie hören ganz gescheit zu und fragen vernünftig. Der Abgeordnete sagt nun, wen er mit dem Ausfall belasten wolle. Von den Äckern soll die Steuer auf die Parks gewälzt werden, auf die Ziergärten, Jagden, mit einem Worte: auf den Marquis!
Man hört es gern ... Auch die Panamafrage wird erledigt. Der Redner war einer der ersten, welche die Verfolgung der Schuldigen wünschten. Er beantragte in der Kammer dieses und in der Kommission jenes. Er war einer der ersten, die gegen Kornelius Herz auftraten – Kornelius, den auch hier jedes Kind kennt, den »jene Wälder kennen«, der berühmteste Mann unserer Zeit. Und ich muß daran denken, in wie viel Wahlkreisen Frankreichs zu dieser Stunde wakkere Kandidaten den Kornelius Herz brandmarken und verdammen, wie viele die ersten waren, welche die Verfolgung wünschten, und wie wenig dabei herausgekommen ist. Kornelius Herz! Was hat er eigentlich getan? Ich glaube, man weiß es nicht mehr. Man weiß nur, daß er ein großer, großer – was? ein Staatsmann, Räuber oder Genie war. Er tritt schon in die Legende ein. Die Unsterblichkeit ist ihm gewiß.
Der Herr Abgeordnete schließt. Einen Augenblick war er pathetisch. Jetzt geht er mit dem Ton herunter und sagt gleichgültig: »Es lebe Neuville! Es lebe die Republik!« Und verläßt den Billardtisch.
Einer der Mannen steht auf, stammelt verlegen und doch keck: »Ich

möchte nur fragen, ob der Herr Abgeordnete – weil er von der Kirchentrennung spricht –, ob er nicht beim Papst war?«
Wieder das Gekicher im Saale. Man stößt sich mit den Ellbogen. Einige legen sich mit dem Gesicht auf den Tisch, damit man ihr Lachen nicht sehe. Der Dorffahrer hält sich den Bauch. Das Lachen pflanzt sich auf die Gasse hinaus fort. Ganz Neuville ist außer sich vor Freude . . . Der Fragesteller ist blaß geworden; es ist keine Kleinigkeit, öffentlich zu reden. Er zittert, doch will er beherzt aussehen, wirft den Kopf in den Nacken und zwinkert mit den Augen: »Heh? Dem hab ich's gegeben!«
Der Herr Abgeordnete ist nämlich in Rom gewesen. Die Klerikalen hatten darüber gespöttelt, daß er den Papst besuchte, er, der Kirchenstürmer. Jetzt erzählt er seinen Wählern, wie es sich damit verhielt. Es ist ein gutes Stück volkstümlicher Beredsamkeit, das beste seines Vortrages, und quillt ungekünstelt hervor. Ja, er war in Rom, denn er reist gern, um sich zu belehren, fremde Völker und ihre Zustände zu erforschen. »In Rom steht der Vatikan, ein merkwürdiger Bau, in dem schöne Bilder zu sehen sind, von Raffael, von Michelangelo und anderen guten Malern. Und wie ich mit meinen Freunden durch die Säle wanderte, sahen wir von fern einen altertümlichen Aufzug vorüberschwanken. Ein Greis auf hohem Tragstuhl, man fächelte ihm mit riesigen Pfauenfedern Kühlung zu, und nebenher schritten Soldaten aus einer anderen Zeit, mit Pumphosen, den Degen am Bandelier, mit Federhüten und Hellebarden. Als wir uns nähern wollten, schlug man uns die Tür vor der Nase zu. So sah ich den Papst!«
Man unterhält sich bei dieser Schilderung prächtig. Es ist ihm verziehen . . . Aber was sind das für erstaunliche Bauern, die ihren Abgeordneten nicht einmal gestatten wollen, mit dem Oberhaupt der Christenheit zu reden.
»Übrigens«, fügt der Abgeordnete hinzu, »stand diese Aufklärung schon in einer Pariser Zeitung, und die will ich dem Bürger, der mich fragte, schicken, wenn er mir seinen Namen nennt. Da kann er es gedruckt lesen.«
Der Bürger Fragesteller fühlt sich geschmeichelt: »Ja, schicken Sie mir die Zeitung. Ich will sehen, ob es so ist. Und ich heiße Maillot. Den Namen haben Sie schon in Ihrer Jugend gekannt.« (*Maillot,* Windel.)
Allgemeine Heiterkeit, die noch ungeheuer wächst, als der Abgeord-

nete schlagfertig zurückkalauert: »Nun, so lade ich Sie ein, mit mir am Maillot-Tore zu frühstücken!«
Jubel, Entzücken. Das ist das Wort des Tages, das glückliche Wort. Wohl dem Redner, der es fand. Die derben Späße sind die besten. Dieser schauerliche Wortwitz erobert dem Kandidaten mehr Herzen als alles, was er bisher vorgebracht. Er fühlt auch seinen Erfolg und will ihn noch verstärken:
»Seht ihr, meine Freunde, wie angenehm es sich unter Freunden plaudert! Ach! Ich möchte ja so gern immer mit euch beisammen sein, meine lieben Mitbürger – das wäre eigentlich mein Traum! ...«
Na, na! »Traum« ist vielleicht viel gesagt. Aber in Neuville nimmt man es nicht so genau, besonders vor den Wahlen.
Dann gehen die Männer wieder schweren Schrittes und ohne zu grüßen hinaus, auf ihre Felder. Der Mandatswerber reist, redet, wirbt und wirbelt weiter. Für einen Mann, der sich achtet, mag es hart sein, um die zögernde Gunst dieser Landleute zu freien. Wie überzeugt muß er von der Richtigkeit und Ersprießlichkeit seines parlamentarischen Wirkens sein, wenn er sich dem zurückhaltenden Lächeln oder gar dem groben Lachen der »Mitbürger« aussetzt ...
Die Bauern hegen dumpfes Mißtrauen gegen ihren Vertreter. Warum? Vielleicht nur, weil er etwas von ihnen verlangt; ihre Stimmen nämlich. Sie können niemanden leiden, der etwas verlangt. Der Stimmzettel hat freilich keinen greifbaren Wert. Doch es wurmt sie, daß ein anderer aus dem, was sie hergeben, Vorteile ziehen soll, und wäre es auch nur die freie Fahrt. Wie ist diesem Übel abzuhelfen? Sie müssen eben trachten, aus dem Mandate, das sie verleihen, auch etwas herauszuschlagen. Halt, wie wäre es mit der Brückenfreiheit von Neuville?

Egon Erwin Kisch
EIN REPORTER WIRD SOLDAT
(1942)

Als Egon Erwin Kisch am 31. Juli 1914 in Pisek als Korporal einrückte und kurz danach mit dem Prager Korps an die serbische Front verlegt wurde, war er bereits ein weithin bekannter Journalist. Seit acht Jahren arbeitete er bei der Prager »Bohemia«, für die er etwa 1910 Karl May und 1911 Thomas Alva Edison interviewt hatte. 1912 war ein Band seiner Lokalreportagen »Aus Prager Gassen und Nächten« erschienen, ein Jahr später deckte er sensationell die Affäre um Oberst Alfred Redl auf, und knapp vor Kriegsausbruch publizierte er seinen ersten (und einzigen) Roman, »Der Mädchenhirt« (Erich Reiss Verlag, Berlin).

Als bestens etablierter Journalist hätte er den Weltkrieg in der sicheren Etappe der Propagandaquartiere verleben können. Aber Kisch entschied sich anders. Nach einer Reihe von Verwundungen und Beförderungen wird er 1917 als Oberleutnant ins Kriegspressequartier nach Wien abkommandiert. Dort schließt er sich illegalen linksradikalen Kriegsgegnern an und agitiert für ein rasches Ende der Kämpfe.

Die folgende Reportage erschien 1942, die beschriebenen Ereignisse spielen 1914. Auch wenn es Kisch sprachlich souverän gelingt, beklemmend nahe und unmittelbar das Geschehen zu berichten, lebt der Text doch von dieser zeitlichen Distanz. Anstelle einer erschütternden Kriegsreportage legte er eine perfekt komponierte Medien- und Journalismuskritik vor.

»Schreib das auf, Kisch«, sagen die Soldaten zum Reporter, der freiwillig einer von ihnen geworden ist. Und Kisch schreibt. Er notiert alles in sein Kriegstagebuch: die großen und die kleinen Ereignisse, die wichtigen und die weniger wichtigen. Aber eigentlich ist alles wichtig. Es geht nicht um den Sieg, es geht hier ums Überleben.

Dieser furchtbaren Realität stellt er Zitate aus Wiener oder Prager Zeitungen gegenüber: propagandistische Kriegsberichte, belanglose Alltagsmeldungen und entrückte Feuilletons. Er sieht das Blut und den Dreck und verachtet die Tinte. Nichts ist erregender als die Wirklichkeit, hat er später einmal geschrieben. Aber welche Wirklichkeit war das? Die der Beteiligten oder die verordnete der zensurierten Medien?

Diesen Widerspruch spitzt er mit den Mitteln der Zitatencollage zu. Und entlarvt dadurch mehr als durch die flammende Anklage. Gedruckte k. u. k. Normalität und erlebte Kriegswirklichkeit treffen aufeinander. Kischs Platz ist dabei auf der gefährlicheren Seite reserviert. Auch als Soldat bleibt er Reporter. Denn für ihn ist das mehr als ein Beruf: Es ist eine Haltung.

Der Journalismus, so sagt man, führt zu allem, wenn man ihn verläßt. Ich verließ den Journalismus 1914, um Soldat zu werden, und wohin führte er mich?

Zu Beginn des Weltkriegs, gleich mit den ersten Truppen, ging ich als Korporal der österreichisch-ungarischen Armee in die Schwarmlinie. Das wurde mir schwerer gemacht als jenen, die sich nicht dazu drängten, weil die mir vorgesetzten Kommandostellen in Heimat und Etappe mich als Historiographen (wie der Euphemismus für Reklamechef lautet) bei sich behalten wollten.

Mich jedoch verlangte es nach dem großen Abenteuer, und so lag und schoß und rannte ich vor dem Feind. Der Feind war zunächst das Königreich Serbien.

Ich hatte also einen neuen Beruf, wenn auch nur den zeitweiligen eines Soldaten. Zum erstenmal sah ich Begebenheiten von innen, die wichtiger waren als alle, die in der Presse erschienen. Daß nicht die wichtigen, sondern die belanglosen Begebenheiten in der Presse erschienen, war für mich selbst inmitten des unfaßbaren Grauens ein Stoff zum Nachdenken.

Meine Kompanie hatte Sturmangriff auf die Dammstraße von Kolubara gemacht. Die hundertfünfzig Schritte hatten mehr als die Hälfte unserer Leute gekostet, Burschen, mit denen ich Tag und Nacht beisammen gewesen war, von denen ich jeden Gedanken und jede Regung kannte. Mit manch einem hatte ich Freundschaft bis zum Tod geschlossen. Heute war der Termin abgelaufen.

Eine Landwehrkompanie hat uns abgelöst. Wir liegen wieder, reduziert, in unserer alten Stellung, die jetzt nicht mehr vorderste Linie, sondern Regimentsreserve ist. Noch immer bombardiert die feindliche Artillerie das hundertfünfzig Schritte breite Maisfeld, dessen Erwerbung uns so teuer zu stehen kam.

Mit dem Essen kommt auch Post zu uns, für mich eine Zeitung. Da ich sie aufschlage, wird Fähnrich Frank auf einer Bahre vorbeigetra-

gen, Bauchschuß. Ich trete auf ihn zu. »Grüß mir Prag.« – »Ich komme nicht mehr bis Prag«, stöhnt er.
Ich schaue in die Zeitung. »Heeresbericht nördlicher Kriegsschauplatz« . . . »südlicher Kriegsschauplatz« . . . Leitartikel: »Gegen die Flucht in die Sachwerte«.
Ich führe eine Patrouille zur linken Nachbarkompanie und frage dort einen Gefreiten, der abseits seine Notdurft verrichtet, nach dem Kompaniekommando. Er weist mit der Hand die Richtung.
Fast gleichzeitig bäumt sich die Erde auf, Schollen sausen mir in den Mund, in die Augen. Da ich wieder sehen kann, sehe ich den Rumpf des Gefreiten auf dem Boden, aus dem Hals spritzt Blut hoch. Die Granate fuhr durch seinen Kopf hindurch ins Erdreich, ein Blindgänger.
Ich bin wieder in meinem Unterstand, mir zittern noch die Glieder, ich bemerke, daß meine Hose mit Blut bespritzt ist. Schnell die Zeitung, nur vergessen, auf andere Gedanken kommen.
»Im Nachlaß des Barons Wladimir Schlichtner fand sich eine von Fragonard mit einem gewagten Bild geschmückte Tabatiere, die begreiflicherweise bei der gestrigen Auktion . . .« – »Dem sonntäglichen Wettspiel zwischen ›Sportbrüder‹ und ›Deutscher Fußballklub‹, die einander bei ihrem letzten Zusammentreffen nach erbittertem Kampf ein unentschiedenes Spiel lieferten, wird mit um so größerer Spannung entgegengesehen, als . . .«
Sanitäter tragen in einem Zeltblatt einen Verwundeten, vor unserem Unterstand legen sie ihn hin, um auszuruhen. Ich schaue in sein Gesicht: es ist fahl. Ich berühre seine Hand: sie ist kalt. Die Legitimationskapsel wird ihm abgenommen, seine Taschen geleert, und er wird hinter den Pflaumenbaum getragen, wo die Toten liegen.
Im Feuilleton: »Um die Firste der Dächer wob das Mondlicht einen silbern-bläulichen, zittrigen Schimmer und verwandelte die Landschaft in eine Fata Morgana, wie sie in den heißen Träumen des Wachens dem Sehnsüchtigen vor der Seele gaukelt.«
Ein Meldegänger der 12. Kompanie fordert von uns Blessiertenträger und Soldaten zum Fortschaffen von fünfzehn Toten und fünfundachtzig Verwundeten; die Schwarmlinie sei zu sehr geschwächt, als daß ihr Mannschaft entzogen werden könnte.
»Sechster Ziehungstag der 2. Österreichischen Klassenlotterie. Je 200 Kronen gewannen folgende Lose . . .«

Ein Soldat, aus dem Mund blutend, bittet um Wasser. Zum Glück ist noch ein wenig kalter Kaffee in der Feldflasche. Er trinkt, wankt weiter, wir wischen sein Blut vom Flaschenhals.

»Javazucker fest, 23,6 bezahlt; Silber: 24,62; Rotterdam (Öle und Fette) Umsatz 6500.« – Aus dem Gerichtssaal: »Das Muster einer braven Tochter scheint die vierundzwanzig Jahre alte Martha Planer aus Komotau ...«

Der Leichengeruch wird unerträglich. Gott weiß, wann die Pioniere kommen werden, um sie zu begraben.

»Eine Nachricht, die die Verehrerschar von Pauline Ulrich, der auch bei uns rühmlich bekannten Heroine des Dresdner Schauspielhauses, sicherlich hoch erfreuen wird, ist die Verleihung ...« – »Morgen wird zum 75. Male, fürwahr ein seltenes Jubiläum, die Operette ›Das Musikantenmädel‹ aufgeführt ...« – »In Fräulein Helene Winterfeld, bisher Breslau, scheinen wir nun endlich die Altistin gefunden zu haben, die die schmerzliche Lücke ausfüllen ...«

Ssss-wum – eine Granate schlägt beim Hilfsplatz ein, ssss-wum – eine zweite schon näher bei uns, ssss-wum – die dritte beseitigt unsere Latrine. Wir warten auf die vierte.

»Kreuzherrenplatz. Die blonde Dame im grauen Tailormade wird von sie verfolgendem, nicht unbemerkt gebliebenem Herrn dringendst ...«

Dort links kriecht jemand aus den Strünken des Kukuruzfelds, ich nehme das Gewehr in Anschlag. Ich erkenne, daß es der Hornist vom 3. Bataillon ist. Seine Uniform ist naß von Blut. Am frühen Morgen bekam er einen Schuß in den Rücken, blieb bewußtlos liegen, erwachte gegen Mittag, kroch stundenlang vorwärts, teils weil er nicht die Kraft hatte aufzustehen, teils weil ihm Kugeln um die Ohren pfiffen. Seine Wunde hatte er sich mit einer Wickelgamasche verbunden. Er beginnt zu schluchzen. »So allein war ich, so allein ...« Die Blessiertenträger erneuern seinen Verband, legen ihn auf ihre Trage. »So allein.«

Wir frieren, und einer sagt: »Schade, daß ich keinen Mantel erwischt hab.« Wir alle fühlen uns ertappt bei dem gleichen Gedanken: gäbe es doch mehr Tote, damit wir uns mit ihren Mänteln zudecken könnten.

»Eine Liebestragödie in der Weinberger Handelsschule« füllt die Lokalrubrik, hundert Zeilen, an Ort und Stelle recherchiert, sehr sentimental. Es handelt sich um den Selbstmordversuch zweier Schülerinnen aus Liebe zu einem Lehrer. »Eine Liebestragödie!« Wenn das Tragödie heißt, wie heißt denn das, was wir hier ununterbrochen erleben?

Das, was wir hier ununterbrochen erleben, heißt Krieg. Auch über den Krieg erscheinen Berichte in den Zeitungen, wahrlich genug. Aber alles ist falsch und entstellt. Mich beschäftigt die Frage: Hätte ich als Kriegsberichterstatter auch solche Geschichten geliefert?

Zwischen mich und meinen alten Beruf hat sich eine Distanz geschoben. Ich sehe jetzt anders. Mein journalistisches mit meinem soldatischen Auge vereint, ergeben ein plastisches Bild der Dinge.

Etwas Ähnliches wie die »Zeitung«, die ich als Kind für mich allein verfaßt und gedruckt hatte, ist jetzt mein Tagebuch. Jeden Tag stenographiere ich meine Lebensweise und meine Gedanken, die Lebensweise und Gedanken von Hunderttausenden. Stundenlang schreibe ich in mein Notizbuch. Die Kameraden spotten: »Schreib das auf, Kisch!« Der Satz wird zur ständigen Redensart. Auch wenn ich nicht dabei bin, unterstreichen die Soldaten ihre Witze, Flüche, Drohungen, Klagen mit einem »Schreib das auf, Kisch!« Kisch schreibt auf, wenn der letzte Hosenknopf abreißt, wenn das einzige Stück Seife in den Brunnen fällt, wenn Blut in den Eßnapf spritzt. Manches schreibe ich auf, was ich als Journalist nicht gewußt hätte. Manches hätte ich als Journalist auch dann nicht geschrieben, wenn ich es gewußt hätte, denn es wäre mir zu belanglos erschienen. Manches schreibe ich auf, was ich als Journalist nicht hätte schreiben dürfen, die Zeitung nicht gedruckt hätte. Mein Tagebuch weiß und darf. Welch ein Unterschied zwischen einem Spezialkorrespondenten und einem Soldaten, zwischen Zeitung und Notizbuch, zwischen einem Tag, den die Zeitung spiegelt, und einem Tag, im Schützengraben überlebt.

Der Heeresbericht meldete kurz und befriedigt: »Unsere Südarmee hat ihre Uferstellungen an der Drinamündung verstärkt.« Für uns sah das so aus: Am Morgen waren wir über die Drina in Serbien eingedrungen, und nachts wurden wir wieder zurückgezwungen in die »Uferstellungen«. Es war zwei Uhr nachts, als der Rückzug begann. Vom linken Flügel aus ging in Intervallen eine Kompanie nach der andern zurück. Das Zentrum und der rechte Flügel verstärkten inzwischen ihr Gewehrfeuer, damit die Serben das Manöver nicht merken, nicht unmittelbar die Verfolgung aufnehmen sollten.

Um drei Uhr bildete unsere Kompanie den linken Flügel. Wir zogen uns gegen die Drina zurück. Immerfort durch Gestrüpp, immerfort mußten wir uns zu Boden werfen, Artilleriegeschosse streiften unsere Kappen. Wir verloren die Richtung oder glaubten es wenigstens. »Hierher!« rief einer. »Nach rechts!« rief ein anderer. Bald war alles zerflattert, Gruppen rannten hierhin, Gruppen dorthin.
Wir kamen an einen Fluß, der durch Spiegelung des Mondlichts etwas Helle gab. Ist das die Save? Wenn es die Save ist, sind wir oberhalb oder unterhalb der Drinamündung? Einer will eine Streichholzschachtel ins Wasser werfen, um die Stromrichtung festzustellen. »Die Schachtel ist zu schade«, wehren die Freunde. – »Sie ist ja leer.« – Aber auch eine leere Streichholzschachtel ist ein Wertobjekt. So werfen wir eine Feldpostkarte in den Fluß. Sie schwimmt nach rechts, wir gehen nach links. Soldaten kriechen aus dem Uferschilf und schließen sich uns an, andere überholen uns, wieder andere kommen uns entgegen und beteuern, daß wir in falscher Richtung gehen. Allerdings, wenn der Fluß, in den wir die Postkarte warfen, nicht die Save, sondern die Drina war, entfernen wir uns von der Überschiffungsstelle. Aber bald hören wir, hören entsetzt, daß wir richtig gehen. Ein ungeheuerliches Gedränge saugt uns auf. Soldaten werfen Gewehre und Tornister von sich, ziehen ihre Stiefel aus. Hunderte stehen im Wasser, um sich in dem herüberkommenden Ponton einen Platz zu sichern, bevor er anlegt. Durch Gebrüll und durch Schwenken der Arme wollen sie den Ponton veranlassen, bei ihnen anzulegen.
Andere haben die Absicht, den Strom bis ans österreichische Ufer zu durchwaten. Mit den Armen das Gleichgewicht herstellend, stapfen sie vorwärts, eine geschlossene Gruppe. Ihr schließe ich mich an. Weil das Gewehr an meiner Schulter mich am Balancieren hindert, stecke ich den Kopf in den Gewehrriemen. Wir stolpern über Tornister, Brotsäcke und Gewehre, die im Flußbett liegen. Kaum ein Viertel der Strombreite haben wir zurückgelegt, als ein verstörter Haufe uns entgegenkommt: es geht nicht weiter, der Fluß ist zu tief, die Strömung wirft einen um.
Mit einemmal erhält das Schreien einen gemeinsamen Text: »Die Serben sind schon am Ufer!« Tatsächlich verdichtet sich das Pfeifen der Projektile, ein horizontaler Regen prasselt los, nicht über unsere Köpfe sausen jetzt die Schüsse, sondern ins Wasser. Ins Wasser, in dem wir sind.

Wir hasten nach rechts und zurück, denn nur links, so scheint es, sind die Serben. Wer kann, beginnt zu schwimmen. Fünf Schritte schräg vor mir schwimmt Oberleutnant Batek. Ich rufe seinen Namen, aber er hört mich nicht. Ich will ihn einholen, da taucht sein Kopf unter und kommt nicht mehr zum Vorschein.

Rings um mich Ertrinkende, gegen den Ertrinkungstod sich Wehrende, Jappende, Röchelnde. Der oder jener versucht, sich den Krallen des Wassers zu entreißen, springt hoch, um sich an dem Nichts emporzuziehen. Im gleichen Augenblick sinkt er zurück. Manchmal verliert einer den Boden, während sein Nachbar noch aufrecht steht; der reicht ihm die Hand und rettet ihn. Wenn sich Nichtschwimmer an Schwimmer klammern, werden sie verzweifelt abzuschütteln versucht. Gemeinsam schlagen sie um sich, gemeinsam sinken sie in die Tiefe.

Plötzlich geht eine Bewegung nach links durch die Massen, obwohl man links die serbischen Schützen vermutet. Aber von dort scheint auch Rettung zu winken. Links fahren drei unserer Pontons dem serbischen Ufer zu, um Soldaten aufzunehmen. Mitgerissen eile auch ich hin (soweit man eilen kann, wenn das Wasser fast bis zum Hals reicht). Einer der Pontons wird von den im Fluß Stehenden aufgehalten, bevor er ans Ufer kann. Der Ponton liegt quer. Während alle auf der ihnen zugekehrten Seite in den Kahn springen, stapfe ich zu der entfernteren, zu der dem österreichischen Ufer zugekehrten, und fasse den Bordrand. Noch ein zweiter ist so schlau gewesen und hängt schon dort.

Ich bitte einen im Kahn, mich hineinzuziehen. Er packt mich, vermag mich aber nicht über den Rand zu heben, so hoch ich mich auch emporziehe. Ein anderer Bootsinsasse bemüht sich, meinen Nachbar ins Innere zu zerren, gleichfalls vergeblich. »Hilf zuerst dem da und dann mir«, sage ich zu dem, der mit mir beschäftigt ist.

Er tut es, und mein Nachbar ist drinnen.

Der Ponton hat sich gefüllt, die Insassen verlangen: »Abstoßen, keinen mehr hereinlassen!« Ich rufe meinem Helfer zu, jetzt wieder mir zu helfen, aber der denkt nicht mehr daran, ebensowenig mein früherer Nachbar, der mir seinen Platz im Boot verdankt.

Unterdessen ist das ganze Fahrzeug einschließlich meiner privilegiert geglaubten Pontonseite von etwa sechzig verzweifelten Händen umsäumt. »So können wir nicht rudern«, schreien die Pioniere, und

das ist das Signal zu einem Angriff gegen die Hängenden. Mit Gewehrkolben schlägt man auf sie ein, bis sie loslassen. Sie fallen ins Wasser, tauchen auf und sinken wieder unter.
Der Aufgabe, mich vom Bootsrand abzuschütteln, unterzieht sich ein Bursch, dessen Gesicht ich niemals vergessen werde. Auf seiner Bluse trägt er die papageigrünen Aufschläge der Einundneunziger, eine golden glänzende Locke schwingt sich zum Auge hin; zu diesem Blond passen die Augen, hellblaue große Kugeln, gutmütige Augen, möchte man sagen. Diese Augen würdigen die meinen keines Blikkes, sind nur auf meine Finger gerichtet, die sich verzweifelt an die Brüstung klammern.
Im Boot kniend, beginnt er meine Hände vom Bootsrand zu lösen, so gleichmütig, als schäle er Nüsse. Es gelingt ihm, meine rechte Hand zu öffnen, und er macht sich an meine linke. Im gleichen Moment aber habe ich mich von neuem mit der rechten Hand festgekrallt.
So geht es also nicht. Einen Augenblick denkt er nach, wobei er seine Mütze in den Nacken schiebt, dann faßte er mit einer Hand meinen linken kleinen Finger, mit der anderen den rechten und versucht, sie zu brechen.
Während dieser Prozeduren bin ich keineswegs stumm. Zuerst flehe ich ihn an, verspreche ihm, ewig dankbar zu sein, appelliere an seine Kameradschaft, erkläre ihm, daß durch mich das Boot ja nicht umkippen werde.
Das alles berührt ihn kaum. Schon hat er meinen linken kleinen Finger in seiner Macht. »Du feiger Hund«, brülle ich, »ich kenne dich genau. Wenn ich hinüberkomme, zeige ich dich als Mörder an.«
Verfehlt ebenfalls jede Wirkung. Ich habe ihm den Finger wieder entwunden, er hebt seinen Fuß, um auf meine Hand zu treten, aber der Bootsrand ist zu hoch. Nur ein Fußstoß in die Fingerspitzen trifft mich.
Die im Boot sind wütend, daß ich mich geradezu dagegen auflehne, ertränkt zu werden. »Helft mir diesen da ins Wasser zu schmeißen«, ruft der Goldblonde.
Nun will ich nicht weiter lästig fallen, lasse mich los und plumpse hinab. Stehen kann ich nicht mehr, das Wasser ist zu tief. Ebensowenig vermag ich zu schwimmen. Bei jedem Tempo schiebt sich mein Gewehr hoch und gibt mir einen Nackenstoß. Den Gewehrriemen

über den Kopf zu zerren, um mich des Gewehres zu entledigen, gelingt nicht. Ich muß Wasser treten, aber die schweren Kommißstiefel zerren mich grundwärts.
Inzwischen hat sich der Ponton gedreht und Fahrt gewonnen. Er ist an einer so tiefen Stelle, daß er keinen weiteren Angriff von Fußgängern zu gewärtigen hat. Fast fährt er über mich hinweg. Mit letzter Kraft schnelle ich mich hoch und packe ihn am Heck. Mein Gesicht presse ich an die Bordwand, ich möchte nicht gesehen werden, am allerwenigsten von den blauen Kulleraugen.
In die Pfiffe der Projektile, in das Aufwimmern der Getroffenen, in die Schreie, Schreie, Schreie vom Ufer her mischen sich jetzt neue Töne, das tiefe Surren von Schrapnells. Ihre Füllkugeln dringen ins Wasser und ins Blut.
Ein Sprengstück – oder sind es mehrere? – saust in den Ponton. »Der Boden ist durch!« – »Zeltblätter, Mäntel hineinstopfen! Schnell, schnell! Rascher!!« Ich höre diese Rufe, ohne etwas zu sehen. Nebenan gleitet ein anderer Ponton, ein Artilleriegeschoß schlägt direkt hinein; der Ponton kippt um, ich schaue weg.
Der unsrige bewegt sich rasch, die Strömung treibt ihn ab, einige hundert Schritte nördlich von der Überschiffungsstelle kommt er nahe ans österreichische Ufer. Er landet nicht am Ufer, sondern einige Meter davon entfernt. Die Insassen springen heraus, helfen einander mit Stoßen und Ziehen über den lehmigen Flußgrund und die glatte Böschung. Bevor ich mich von der Hinterwand nach vorn gegriffen habe, ist der Ponton leer.
Ich versuche, an Land zu gehen, das Wasser reicht mir bis ans Kinn, die Strömung tut, was sie kann, mich umzuwerfen, ich rufe um Hilfe. Einer oder der andere wendet den Kopf, aber jeder ist froh, die Böschung erklommen zu haben; keiner kehrt zurück. Ich glaube einen Kompaniekameraden zu erkennen. »Neumaier!« schreie ich, »Neumaier!«, aus Leibeskräften. Neumaier fragt zurück: »Wer ruft mich?« – »Ich, der Kisch.« Er kommt herunter, streckt mir sein Gewehr entgegen, ich fasse es, er zieht mich an Land. Der Uferrand ist abschüssig und glitschig, an meinen Sohlen klebt der Lehm des Flußgrunds. Ich bin am Ende meiner Energie, meine Finger schmerzen vom Fußstoß des Kulleräugigen und meine Arme vom Festhalten am Boot. Ich verliere das Gleichgewicht, falle rücküber ins Wasser. Neumaier springt mir nach, richtet mich auf. Er stellt sich hinter

mich, packt mich bei den Hüften, stößt mich vorwärts und aufwärts über den Damm.
Boden, Boden unter den Füßen!
Eine jämmerliche Kolonne trabt längs der Böschung, noch jämmerlicher, noch zerlumpter als Falstaffs Lumpenpack; nackte Soldaten, Soldaten mit einem Zeltblatt über nacktem Körper; Soldaten im Hemd; Soldaten in Unterhosen und Soldaten in Uniformresten trotten apathisch und ziellos einher, naß und triefend, zähneklappernd vor überstandener Angst und vor nicht überstandener Kälte.
Am Straßenrand leere ich meinen Brotbeutel. Als flüssiger Brei liegt der Zwieback darin, dazwischen der Tabak meiner Zigaretten. Klaffend ist die Blechkapsel in meiner Hosentasche geöffnet, mein Name auf dem Legitimationsblättchen ist ein unleserlicher Fleck geworden. Egal, mag man mich als X oder Y begraben.
Mein Tagebuch war mit Tintenstift geschrieben, nun sind die Eintragungen verwischt, davongeschwemmt. Der Tintenstift selbst – er steckt zwischen den Seiten – ist unbrauchbar geworden, seine Mine hat sich in ein Liquid liquidiert.
Ich starre auf die violette Sauce, die gleichmäßig die Seiten des Tagebuchs bedeckt. Kein Wort zu lesen. »Schreib das auf, Kisch«, hatte mein gesellschaftlicher Auftrag gelautet. Ich hatte das aufgeschrieben, was kein Kriegsberichterstatter aufschrieb. Nun aber ist der Zensor gekommen, unbarmherzig hat er alles verlöscht, sogar den Tintenstift unschädlich gemacht für künftige Zensurwidrigkeiten.
Beim Gendarmeriehaus treffe ich Neumaier, der sich in Ertrinkungsgefahr begeben und alles aufgeboten hat, um mich zu retten. Rauchend sitzt er da. »Neumaier«, sage ich, »laß mich einen Zug aus der Zigarette machen.« Unwillig lehnt er ab.
Von unserer Division sind kaum tausend Mann übriggeblieben. Dreitausend sind vermißt – erschossen oder ertrunken binnen weniger Stunden auf einer winzigen Fläche. Das Erdbeben von Messina oder der Tribüneneinsturz bei der Krönung des Zaren waren harmlose Lokalfälle im Vergleich mit dem, was sich heute nacht ereignete. Es ist vielleicht die größte Katastrophe des Jahrhunderts.
Ich denke nach, wie ich das Zeitungstelegramm formulieren würde, wenn ich eins absenden dürfte. Auf die Idee komme ich nicht, auf die zur gleichen Stunde der Verfasser des Heeresberichts kommt: »Unsere Südarmee hat ihre Uferstellung an der Drinamündung verstärkt.«

Ein halbes Jahr später wurde ich an der russischen Front verwundet, lag im Hospital und kam eines Tages wieder ins Bärenhaus. Hier sang mir der kahlköpfige Gatte von Hannchen, genannt »Hanka Falschheit«, der blinde Methodius, die Elegie vom Übergang über die Drina. Sitzend, meinen Rücken auf Kissen gestützt, hörte ich die zwanzig Strophen des Liedes, zwanzig Strophen, die das Echo von Todesschreien ertrinkender Soldaten waren.
»Pure Erfindung«, bemerkte mein Bruder. »Kein Wort von so etwas stand in den Zeitungen.«

Alfred Polgar
DER KRIEGSBERICHTERSTATTER
(1919)

Ohne auch nur ein beleidigendes Wort, ohne jeglichen Wortradikalismus gelingt es Alfred Polgar, böse zu sein. Den österreichischen Kriegsberichterstatter des Ersten Weltkrieges stellt er Satz für Satz bloß als einen Nichtwissenden hin, als einen, der ständig über den Krieg schreibt, ohne ihn zu kennen.
Polgar läßt den Kriegsberichterstatter angstvoll aus der vermeintlichen Bedrohung des zivilen Lebens in die geschönte Frontwelt des Kinos flüchten. Dort stellt dieser selbstentwaffnend fest, daß Filme aus den Kampfgebieten »doch zu einiger Anschauung vom Kriege« verhalfen: »Man bekam immerhin ein beiläufiges Bild der Sache und konnte sich vorstellen, wie solch ein Feldzug in Wirklichkeit aussehen möge. Der Kriegsberichterstatter fühlte sich belehrt und angeregt.« Aus dieser Wirklichkeitserfahrung schöpft – so lautet die zentrale Unterstellung dieses Polgar-Textes – der Kriegsberichterstatter wiederum die von ihm vermittelten Scheinbilder vom Krieg.
Polgar richtet sich mit Texten wie diesen gegen die »erdrückende Mehrheit der verzückten Poeten, der Ruhmsprecher und Rechtfertiger des Krieges« (wie es Ulrich Weinzierl, Polgars Biograph, formulierte). Weinzierl charakterisiert Alfred Polgars Kritiken aus dem Zeitraum 1917/18 so: »Nicht vom Grauen der Kampfhandlungen, in die er ja keinen Einblick hatte, berichtete Polgar, sondern vom Elend im Hinterland, vom Leid der Hinterbliebenen, von der Sinnlosigkeit der Opfer, von Hunger und Not. Die kleinen Ereignisse kommentierte er, um an ihnen die Größe des Unheils in faßbaren Dimensionen zu demonstrieren, und korrigierte damit die bis zuletzt ausgegebenen, offiziellen heroischen Siegesmeldungen und -parolen« (Ulrich Weinzierl: Alfred Polgar. Eine Biographie. Wien, München 1985, S. 90).
Ein Jahrzehnt nach Ende des Ersten Weltkrieges fand es Alfred Polgar an der Zeit, seine Antikriegsskizzen noch einmal zu publizieren. Unter dem Titel »Das Gedächtnis zu stärken« hatte der Band »Schwarz auf Weiß« (Berlin 1928) bereits einiges dazu versammelt. 1929 folgte der Band »Hinterland«, in dem unter anderem der nachfolgende Text wiederabgedruckt wurde. Im Vorwort dazu betonte Polgar, er erzähle ganz bewußt nicht von blutigen Kämpfen, vom Schlachtgetöse, denn: »das Dämonische und das Gewaltige verfüh-

ren; und auch der Schrecken, ins Großartige gesteigert, hat seine Anziehungskraft. Vielleicht ist es zum Zweck des ›Nie wieder Krieg‹ besser, von der Erbärmlichkeit, der erstickenden Dummheit und Dumpfheit, der grenzenlosen, infernalischen Lächerlichkeit jener räudigen Zeit (die ›die große‹ genannt wurde) zu sprechen, als von ihren Greueln« (Vorwort. In: Alfred Polgar: Hinterland. Berlin 1929, S. 8).

Der Kriegsberichterstatter kam auf Urlaub nach Hause. Er trug einen fabelhaften, bis zu den Fußknöcheln reichenden Pelz. Zwei Revolver lasteten in zwei lichtgelben, ledernen, knirschenden Revolvertaschen, ein Dolchmesser mit Emailgriff und eingeschnittenem Monogramm stak im Gürtel, an den hohen juchtenen Stiefeln sangen Silbersporen martialische Lieder.

Der Kriegsberichterstatter fühlte sich nicht wohl daheim.

Die beständige Lebensgefahr durch vorbeisausende Autos, scheu gewordene Pferde und etwa herabfallende Ziegelsteine machten ihn nervös.

Auch der Lärm in der Stadt war ihm zuwider. Die Leute in den Gasthäusern hatten eine Manier, die Tür ins Schloß zu werfen, daß es förmlich knallte. Wie ein Pistolenschuß . . . alle Augenbicke schreckte man zusammen.

Auch redeten die Menschen immerfort vom Krieg. Und die Speisekarte des Restaurants und der Spielplan der Theater und die Texte der Gassenhauer und überhaupt das ganze städtische Leben war wie verseucht vom Kriege. Alles erinnerte an ihn. Das war peinlich.

Sympathisch berührten den Kriegsberichterstatter nur die Kinos. Er besuchte sie gern. Ihre Filme aus den Kampfgebieten verhalfen doch zu einiger Anschauung vom Kriege. Man bekam immerhin ein beiläufiges Bild der Sache und konnte sich vorstellen, wie solch ein Feldzug in Wirklichkeit aussehen möge. Der Kriegsberichterstatter fühlte sich belehrt und angeregt.

Hingegen verwirrte ihn der ungewohnte Anblick des Militärs, das, mit todbringenden Waffen bewehrt, durch die Straßen zog. So kriegerische Bilder hatten etwas Beunruhigendes für ihn. Auch der Anblick der Drahtverhaue an der Stadtperipherie verhalf dem Kriegsberichterstatter zu einem stärkeren Eindruck von der Wildheit dieser Tage, als seinem Gemüt lieb war.

Deshalb ginge er lieber heute als morgen ins Pressequartier zurück, hielte ihn hievon nicht die Angst vor der heißhungrigen Gier der Kollegen ab, die dort allsogleich auf den aus der Heimat Kommenden, Bleistift gespitzt, mit der Frage losstürmen würden: »Was gibt es Neues auf dem Kriegsschauplatz??«

Alfred Polgar
GERÄUSCHE
(1918)

Dieser Antikriegstext, der noch während des Ersten Weltkrieges erschien, ist aus zwei Gründen besonders bemerkenswert: Alfred Polgar läßt mit »Pierre«, einem französischen Frontsoldaten, den Kriegsgegner als Sympathieträger auftreten. Sein Kontrahent, »der Arzt«, der erst am Schluß – und zudem wenig – Platz bekommt, bleibt indes namenlos.
Polgar läßt Pierre die Schrecken des Krieges ausschließlich auf der Ebene akustischer Wahrnehmungen schildern. Auf diese Idee muß ein schreibender Journalist erst einmal kommen! Zugleich gelingt Polgar mit diesem Kunstgriff die Zeichnung eines sensitiven Kriegsgegners – ein zweifellos wirksames Mittel zur Destabilisierung der durch Hetzpropaganda aufgebauten Feindbilder.
Brillant ist Polgar auch der Schluß gelungen: Als der französische Kriegsgefangene klagt, er höre zwischen den traumatischen Kriegsgeräuschen immer wieder donnernd Gott auf französisch »Kain, wo ist dein Bruder?« rufen, reklamiert der deutsche Kriegsgefangenenlagerarzt diesen Gott prompt als Deutschen – oder zumindest deutsch Sprechenden ...

Als Pierre auf Urlaub nach Hause kam, erzählte er: »Das Stöhnen der Verwundeten und Sterbenden folgt dir Tag und Nacht. Man bringt es nicht aus dem Ohr, wenn man's einmal auf dem Schlachtfeld gehört hat.«
Er ging dann wieder ins Feld, und als er neuerdings nach Hause kam, erzählte er: »Man unterscheidet sie ganz genau. Die Gewehrkugeln machen ›Pffft, Pffft‹. Wenn sie auf Blätter treffen, klatscht es; wie eine kräftige Ohrfeige. Die 15-cm-Granaten heulen. Wenn die Granate aber sehr hoch fliegt, ist es wie das Greinen einer Katze oder wie das Wimmern eines kleinen Kindes.«
Er ging dann wiederum ins Feld, und als er, neuerdings heimgekehrt, vom Kriege erzählte, sagte er: »Ruhe gibt's keine. Die Kameraden fluchen oder singen oder geben noch üblere Geräusche von sich. Die Räder der schweren Wagen kreischen, daß man die schlimmsten

Rückenmarkschmerzen bekommt. Das Peitschenknallen hört nie auf. Der Magen knurrt, und die Vorgesetzten tun desgleichen. Bei Nacht sägt es und grölt es von allen Seiten: Wie ein müder Feldsoldat schnarchen kann, davon macht sich der, der's nicht erlebt hat, gar keine Vorstellung.«

Er zog dann zum vierten Male ins Feld, und als er nach langen Monaten wieder daheim war, erzählte er vom Morgen-Pieps-Konzert der flandrischen Sperlinge und vom Trommelwasser der unablässig herabrauschenden Regengüsse, vom Wiehern der Pferde im Schlafe, wenn böse Träume ihren Schlummer stören, vom Knacken der Eisdecke, wenn das Tauen beginnt, von den unendlichen chromatischen Skalen, die der Sturm im Schilfe pfeift, und von den geheimnisvollen Lauten, die über den nächtlichen Sumpf geistern.

Und noch einmal zog er ins Feld – der Krieg ist lang –, und noch einmal kam er heim – der Zufall schaltet wunderlich. »Das Jammern der Verwundeten« – erzählte er – »das fließt spurlos an den Nerven vorbei. Man ist stumpf dem gegenüber wie ein Chirurg. Die Kanonen, die hört man gar nicht mehr. Ihr obstinanter Baß würde dem Ohr fehlen, setzte er längere Zeit aus. Über die Lebensgeräusche der Kameraden wie über den ganzen Lärm der Kriegsmaschinerie hört man so hinweg wie daheim über das Rattern der Straßenbahn. Die Stimmen der Natur? – Ach, sie haben so was Dünnes, Machtloses! So was sachlich Gleichmütiges! Sie sagen dir nichts mehr. Ein Gewitter während Trommelfeuer wirkt geradezu lächerlich . . . Am geräuschvollsten sind die Viertelstündchen der Stille und Einsamkeit, die sich der geschickte Frontsoldat doch hie und da zu ergattern weiß. Da wachen innere Stimmen auf. Alles, was du nicht sagen, nicht denken darfst, ballt sich im Schädel zu einer schweren, beweglichen Kugel, die mit Tosen und Dröhnen durch das Hirn rollt. Es ist zum Verrücktwerden.«

Wiederum im Felde, geriet er in deutsche Gefangenschaft. Dort wurde er nervenkrank und beklagte sich sehr, daß er keine Ruhe finden könne. Immer läge ihm das Stöhnen der Verwundeten, das »Pffft, Pffft« der Gewehrkugeln, das Miauen der hochfliegenden Granaten, das Schnarchen der Kameraden und das Niederprasseln des unendlichen Regens im Ohr. Und dazwischen höre er die Stimme Gottes, die, alles überdonnernd, riefe: »Kaïn, où est ton frère? Où est . . .«

Der Arzt unterbrach ihn: »Wenn Sie ein besseres Zimmer haben wollen, so sagen Sie's, aber lassen Sie Gott aus dem Spiele. Übrigens spricht der liebe Gott deutsch! Verstanden?«

Anton Kuh
DAS HOFAUTO
(1921)

Dieses »Museum Altösterreich«, in dem Anton Kuh als eine der möglichen Denkwürdigkeiten das »letzte Hofauto des letzten Kaisers« aufstellt, war, als dieses Feuilleton geschrieben wurde, nur eine bizarre Idee. Erst in unserer Zeit wurde die verklärte Erinnerung an die Monarchie zur intellektuellen Mode. Worin sie ihre Substanz haben könnte, das macht ein solcher Text auf unnachahmliche Weise deutlich. Dürfen wir ihn als Reportage lesen? Die historischen Fakten darin lassen sich im Geschichtslexikon nachschlagen. Die an dieser kleinen Szene beteiligten Personen sind authentisch. Aber die Geschichte selbst, woher konnte Anton Kuh sie wissen? Und die Dialoge? Gewiß ist: So hätte es sein können. Anton Kuh war ein Meister dieser imaginierten Wahrheit der kleinen Form. Es war Helmut Qualtinger, der ihn durch seine Rezitationsabende und eine Schallplatte »Österreichisches Lesebuch« in den frühen sechziger Jahren wiederentdeckte.
Als die »Jahrtausendgeschichte« der Monarchie zu Ende ging, war Kuh noch keine 30 Jahre alt. Zwanzig Jahre später zwang ihn der Nationalsozialismus zur Emigration. Im Jahre 1941 starb er in New York. In der Welt zwischen Wien, Prag und Berlin wurde sein Werk vergessen.
Anton Kuh gilt heute allgemein als der typische »Kaffeehausliterat«. Er stammte aus einer der vielen deutschen, jüdischen Familien aus Prag, die um 1900 nach Wien zogen. Gestalten wie er bildeten eine ganz eigenartige und nirgends sonst entstandene Journalisten-Kultur, die von der jüdischen Mittel- und Oberschicht Wiens getragen war.
»Der Aufeinanderprall, oder, freundlicher gesagt, die Paarung von jüdischem Geist mit Wiener Gemüt, von intellektueller Subtilität mit seelischer Sensitivität, von uralter Leidensfähigkeit mit naiver Lebensfreude, und nicht zuletzt von Witz mit Humor, führte zu einer einzigartigen, unwiederholbaren Mischung« (Hilde Spiel: Glanz und Untergang. Wien 1866–1938. Wien 1987, S. 56).
Inspiriert wurde diese Tradition der Kaffeehausjournalisten der Zwischenkriegszeit von Peter Altenberg (1859–1919). Und zum Kaffeehaus gehört die Zeitung. Als 1918 die Drucker streiken und nur noch sporadisch Notausgaben erscheinen, ist für Anton Kuh die Zeit zum

Stillstand gebracht. »Wien gehört heute nicht zu Europa. Es ist ein kleines, verlassenes Alpendorf, in das nach Tagen vielleicht ein Reisender neue Kunde bringt« (Wien ohne Zeitung. In: Prager Tagblatt, Nr. 18 vom 20. Januar 1918, S. 2).
Berühmt war Anton Kuh für seine Stegreifvorträge, die ihn bei seinen Zeitgenossen mehr als Redner denn als Schreiber bekannt werden ließen. Dabei sind tatsächlich nahezu tausend Veröffentlichungen in Zeitungen und Zeitschriften nachgewiesen. Als Korrespondent für das »Prager Tagblatt« in Wien wurde er zum hellsichtigen politischen Journalisten. Rechtsradikalismus, Nationalsozialismus und Antisemitismus entlarvte er schon in den ersten Jahren der jungen Republik als schleichende Gefahr.

Gäbe es ein Museum »Altösterreich«, worin alle Gegenstände ausgestellt wären, an die sich k. k. oder k. u. k. Denkwürdigkeiten knüpfen, ich wünschte in ihm vor allem das letzte Hofauto des letzten Kaisers zu sehen. Warum? Weil dieses Auto nicht bloß das Sinnbild einer Jahrtausendgeschichte von netter Umgänglichkeit, sondern weil es ein Denkmal auf die einzig dastehende, liebenswürdige Form des österreichischen Zusammenbruches ist.
Hören Sie:
Es war in den Tagen der österreichischen Staatsagonie. Wilson hatte sein Manifest erlassen, Habsburger Völker zerstreuten sich – aber jetzt zum erstenmal nicht bloß im bildlichen Sinne.
Victor Adler, der bejahrte Führer der österreichischen Sozialdemokraten – und trotzdem oder deshalb: der letzte Altösterreicher! – war zum erstenmal, Aug in Aug, dem jungen Kaiser gegenübergestanden. (Damals trug sich jene historische Unterredung zu, an deren Ende Adler, vom Kaiser zur Vermittlung aufgefordert, achselzuckend die erschütternden Worte sprach: »Habsburg hat den Krieg begonnen, Habsburg soll den Krieg beenden!«)
Adler war zu dieser Zeit schwer krank; er litt an Herzschwäche, Asthma, Wassersucht, seine aufgeschwollenen Beine mußten mehrmals täglich bandagiert werden. Aber die Staatslage erlaubte ihm keine Ruhe; er mußte hierhin und dorthin, hatte bald eine Unterredung mit dem Grafen Andrassy im Ministerium des Äußeren, bald eine Besprechung im Parteiklub und wurde dazwischen wieder nach Schönbrunn zitiert.

Kaiser Karl, der mit Adler damals in ständiger Fühlung bleiben mußte, bot dem kranken Mann an einem dieser Tage zur Fahrt ins Ministerium, von wo er ihn wieder zurückerwartete, sein Auto an.
Adler steht unschlüssig, ein bißchen verlegen.
»Ja, warum denn nicht? . . . Was ist?«
»Majestät . . . heute kommt mein Bub aus Stein zurück . . . ich wollte ihn von der Bahn abholen . . .«
Der »Bub«: das war Friedrich Adler, Victor Adlers Sohn, der Attentäter des Grafen Stürgkh; er war zu lebenslänglichem Kerker verurteilt worden – der junge Kaiser hatte ihn ein paar Tage zuvor begnadigt.
»Aber das macht doch nichts«, sagt der Kaiser, »holen Sie ihn halt zuerst ab und fahren Sie dann zu mir!«
Und es geschah:
Daß Victor Adler im Auto Seiner Majestät Karl I. den wegen Ermordung von Seiner Majestät Franz Josef I. Ministerpräsidenten verurteilten Sohn vom Bahnhof abholte – ihn im Auto nach dem Ministerium des Äußeren mitnahm (um ihn gleich in die neuartigen und schwierigen Parteigeschäfte einzuführen) – und dann wieder ins Schloß Schönbrunn mit ihm zurückfuhr.
Und während Victor Adler oben mit dem Kaiser sprach, wartete unten Friedrich Adler im Hofauto.
Eine Woche später war Victor Adler tot und Karl I. nicht mehr Kaiser von Österreich.

Joseph Roth
LEBENDE KRIEGSDENKMÄLER
(1920)

Der nachfolgende Text entstand zu einem Zeitpunkt, als Joseph Roth – Wien verlassend – im Begriff war, sich seine Berliner Karriere aufzubauen. Noch gehörte Roth nicht zu den bestbezahlten Journalisten Deutschlands, dies gelang ihm erst Ende 1923 mit seiner Anstellung bei der »Frankfurter Zeitung«. Obgleich in Deutschland dann höchst erfolgreich, mochte er dieses Land nicht, kürzte er es verachtungsvoll mit »Dtschld.« ab. Aus dem eher linksstehenden und antimonarchistischen Journalisten in den unmittelbaren Nachkriegsjahren entwickelte sich Joseph Roth in den dreißiger Jahren – primär in Reaktion auf den bedrohlichen Nationalsozialismus – zu einem konservativ-monarchistischen Schriftsteller und Publizisten.

Roth wird von Ulrich Greiner »ein Meister der kurzen Form, des blitzenden Feuilletons, der pointierten Reportage« genannt. Er pflegte in seinen zeitkritischen Romanen und den journalistischen Arbeiten der zwanziger Jahre »den Gestus des mitleidlosen Beobachters. Seine Sprache ist schneidig und schneidend. Dann aber ganz plötzlich, wie in einem erschreckten Innehalten, mitleidvoll und voller Poesie« (Ulrich Greiner: Joseph Roth. In: Jochen Jung (Hrsg.): Österreichische Porträts. Leben und Werk bedeutender Persönlichkeiten von Maria Theresia bis Ingeborg Bachmann. Salzburg, Wien 1985, S. 369).

Der nachfolgende Text ist eine Art Bilanz des Krieges, von Joseph Roth nach knapp zwei Friedensjahren verfaßt. Es ist eine Bilanz wider das Vergessen, wider das Wegschieben der grauenvollen Kriegsfolgen, indem Roth schlicht einige Berliner Begebenheiten notiert. Er schließt seine Beobachtungen mit einer pädagogisch-politisch bemerkenswerten Anstiftung, die hier aber noch nicht verraten werden soll. Jedenfalls ist seine Idee noch notwendig; wer beispielsweise die Medienbilder vom Golfkrieg des Jahres 1991 aus dem Gedächtnis abruft, hält Roths Idee am Ende seines Textes aus dem Jahr 1920 möglicherweise für höchst dringlich: Die Fratzen des Krieges wurden uns vorenthalten. Entstellte Gesichter, ruinierte Körper der Kriegsopfer und Gesichtszüge voll Trauma und Angst bekamen wir in den Medien kaum zu sehen. Die Bilderverbote von damals existieren also noch?

2500!

Es gibt immer noch ungefähr *zwanzig* Verwundetenlazarette in Berlin. Und in den zwanzig Berliner Lazaretten leben, das heißt quälen sich, jammern etwa *zweitausendfünfhundert* Kriegsverwundete, sehnen sich fruchtlos nach Glück und Gesundheit, verlorenen Gliedern und nach der Zeit, wo es noch keine Felder der Ehren, sondern nur solche der Ähren gab, auf denen Brot wuchs und keine Grabkreuze erster und zweiter Klasse ...

Der Cutaway

Die Verwundeten erhalten Kleidung und freies Essen. Viele von ihnen haben so nachdrücklich Schaden genommen an der Großen Zeit, daß sie noch für lange Monate Anspruch erheben werden müssen auf Krankenkleidung und -nahrung. Aber hie und da kann doch noch einer halbgeheilt und mit soviel Prozenten Berufsunfähigkeit, als die Waffenfabrikanten Kriegsgewinn haben, das Lazarett verlassen. Und diese Entlassenen erhalten – einen Cutaway mit gestreifter Hose. *Beides ist aus Papierstoff.* Was soll ein Mensch, der in die Welt hinausgeht, um zu verdienen, mit einem papiernen Cutaway?

Der Krüppel als Steuerzahler

Außer dieser Ausrüstung bekommt der Mann, der meist ein Fragment von einem Mann ist, noch hundertfünfzig Mark mit auf den Weg. Eine Arbeitsvermittlung kann die amtliche Fürsorge in den seltensten Fällen schaffen. Wohl aber werden einzelne Patienten von den amtlichen Fürsorgestellen selbst verwendet: Die Verwundeten machen Botengänge. Dafür erhalten sie zwei Mark pro Stunde. Aber an jedem Wochenende meldet sich der Staat, derselbe Staat, für den die Patienten Patienten geworden, und knipst seine *zehn Prozent vom Wochenlohn* ab.

Fremde Valuta

Die Unterstützung für die Familien der Verwundeten beträgt in Berlin ungefähr siebzig Mark die Woche. Familien, die in der Provinz leben, erhalten erheblich weniger, und für Angehörige von Verwundeten, die zum Beispiel in Lothringen leben, sorgt der Staat überhaupt nicht. Nimmt er etwa an, daß *Frankreich* sich verpflichtet fühlt, eine

Familie zu erhalten, deren Oberhaupt im deutschen Heer gekämpft hat? Auch in den von den Polen okkupierten Gebieten Deutschlands leben Angehörige deutscher Invaliden. Und die Unterstützungsgelder, die diese Angehörigen vom deutschen Staat erhalten, werden drüben – in *polnischer Valuta* ausgezahlt. Daran ist natürlich die polnische Behörde schuld. Aber ist es etwa einer deutschen eingefallen, mit den polnischen maßgebenden Stellen über diese Frage zu verhandeln? Stehen uns gar keine Mittel zur Verfügung? Kommen nicht Geldsendungen aus Polen nach Deutschland? Und kann man nicht den in Deutschland lebenden polnischen Empfängern ein Viertel ihres Geldes auszahlen?

Wirtschaftliche Gründe

Es geht ihnen nicht gut, den Überbleibseln des Krieges! Auch die *Stadt Berlin* sündigt an ihnen. Die große Berliner Straßenbahn ist angeblich aus wirtschaftlichen Gründen nicht in der Lage, ihnen Freikarten zu gewähren. Auch nicht Fahrpreisermäßigungen. Was sind »wirtschaftliche Gründe«? In der Betrachtung eines Einbeinigen versunken, der unter zweibeinig Schiebenden auf dem Bürgersteig stolperte, dachte ich lange nach über die »wirtschaftlichen Gründe« der großen Berliner Straßenbahn. Und ich fand keine andere Deutung als die: Einmal gab es »Rückzug aus strategischen Gründen«. Analog zu diesen gibt es heute: Vorwärtshumpelungen aus wirtschaftlichen Gründen . . .
Soll ich von einzelnen Fällen erzählen? Ich weiß eine Menge einzelner Fälle, so viel, daß ich nach den eindringlichsten suche, um nur anzufangen. Ich glaube, daß es die folgenden sind:

Der Blinde

Ein Soldat, der an vollkommener nervöser Blindheit litt, wurde dank einem geschickten Arzt wieder fünfundneunzig Prozent sehfähig. Der Soldat war früher beim Maschinenbau gewesen. Auf Anraten seiner Ärzte sollte er jetzt Zahntechniker werden. Der Mann ging um Unterstützung bitten. Aus dem Garnisonslazarett Tempfelhof geradewegs in die amtliche Fürsorgestelle. Und brachte dort sein Anliegen vor. Es wurde abschlägig beschieden. Und der es abschlägig beschied, ein Ingenieur *Kurtz,* rief dem Mann nach: *»Der will 700 bis 800 Mark im Monat verdienen. Mehr als ich. Ich glaube, der ist ein Jüd.«* Dieses geschah in Anwesenheit anderer Invaliden, die sich

darüber empörten. Man beklagte sich über den Ingenieur. Und das Fürsorgeamt erwiderte: Was den Berufswechsel beträfe, so könne der Mann ja beim Maschinenbau bleiben. Und auf persönliche Beleidigungen wolle man lieber nicht eingehen. Jeder Orgesch-Organisator und Hakenkreuzbesitzer darf auf persönliche Beleidigungen eingehen. Ein Blindgewesener aber, der zwei Jahre lang die Welt nicht gesehen hatte, muß das Unglück haben, einen Ingenieur namens Kurtz zu erblicken, nachdem er kaum die Augen aufgeschlagen.
Was heute in den Fürsorgestellen mit Blinden und Nichtblinden, Lahmen und Zerfetzten, Juden und Heiden herumkommandiert, ist nicht Lazarettbewohner, sondern gesund und versorgt. Wie wäre es, wenn Invalide zu Invaliden sprächen? Jene, die um das Leiden wissen, zu jenen, die leiden?

Im offenen Viehwagen

Bei der Auflösung des Lazaretts *Tegel* wurden neun Kranke mit offener Tuberkulose nach dem Potsdamer Lazarett überführt. Die neun mit offener Tuberkolose fuhren von Tegel nach Potsdam von *8 Uhr früh bis 8 Uhr abends im Viehwagen.* Ohne ärztliche Begleitung. Ich wette, daß an demselben Tage, in der Zeit zwischen 8 Uhr morgens und 8 Uhr abends, eine Unzahl moderner und nichttuberkuloser Menschen in Eisenbahnkupees erster Klasse Gold, Valuten und wertvolle Waren über die Grenze schmuggelten.

»Vollständig geheilt«

Die *Treuenbrietzener Lungenheilanstalt* entließ eines Tages *hundert* Patienten als »vollständig geheilt«. Die Lungen dieser hundert kümmerten sich aber nicht um den Befund von Treuenbrietzen und blieben ungeheilt. Die hundert suchten um Aufnahme in der Lungenheilanstalt Biesenthal an. Und in Biesenthal wollte man die »vollständig Geheilten« nicht aufnehmen, weil sie – an *offener Tuberkulose* krankten und ihr Aufenthalt in Biesenthal den anderen Patienten zu gefährlich *ansteckend* geworden wäre . . .

Verhandlungen . . .

Für den 1. August dieses Jahres suchten die Lazarettbewohner um eine Unterredung im Arbeitsministerium an. Der Arbeitsminister erwiderte:

»Auf die Zuschrift vom 28. Juli 1920 teile ich Ihnen im Einverständnis mit dem Herren Reichsfinanzminister mit, daß ich am Dienstag, dem 3. August 1920, bereit bin, Vertreter des Reichsbundes der Kriegsbeschädigten, des Internationalen Bundes der Kriegsopfer und der Lazarette durch einen meiner Vertreter empfangen zu lassen, um die Wünsche der Kriegsbeschädigten entgegenzunehmen. Den Reichsfinanzminister habe ich gebeten, einen Vertreter zu entsenden. Ein Empfang am Sonntag, dem 1. August, ist nicht möglich.«

Am 3. empfing Ministerialdirektor *Dr. Ritter* die Deputation. Draußen warteten 1 000 Kriegsbeschädigte. Es kam zu keiner Verhandlung, weil im Amt das Gerücht laut wurde, daß sich Zusammenstöße zwischen der Sicherheitspolizei und den wartenden Kriegsbeschädigten ereignet hätten. Die Deputation ging hinaus. Nachdem sie für Ruhe gesorgt hatte, kam sie zurück und wurde – für Mittwoch bestellt.

Am Mittwoch erhielt sie ein Telegramm:

Fortsetzung der Besprechung über Wünsche der Lazarettinsassen nicht heute, sondern Freitag, 6. August, vormittags $10^1/_2$ Uhr.

Reichsarbeitsministerium, Abt. B. A.

Aber am Freitag war – der *»Deutsche Offizierbund«* als Vertreter der Interessen einer halbzerschossenen *Mannschaft* geladen. Daran scheiterten wieder die Verhandlungen . . .

Die Fratze der Großen Zeit

Ich war im Garnisonlazarett bei den »Kieferbeschädigten«. Wißt Ihr, was das sind: Kieferbeschädigte? Es sind Menschen, die Gott nach seinem Ebenbilde schuf und die dann der Krieg nach *seinem* Ebenbild umarbeitete. Hier siehst du die Fratze der Großen Zeit. So sah der Krieg aus:

Das Kinn ist weggeschossen und Nase und Oberlippen hängen frei in der Luft. Oder nur ein halbes Kinn fehlt. Und dafür eine Nasenhälfte der Länge nach. Oder quer durch das ganze Gesicht fuhr eine Granate spazieren, und ihr Führungsring blieb im Ebenbilde Gottes haften, im Antlitz eines weißen Menschen. Oder irgendeinem fehlt der Mund, die Lippen fehlen, die Lippen, mit denen er küssen, flüstern konnte. Die Lippen. Nur die Lippen . . .

Es ist den »Kieferbeschädigten« verboten, Photographien ihrer ei-

genen Entstelltheit zu besitzen. Es ist verboten, der Öffentlichkeit Kieferbeschädigungen bzw. deren Gipsabgüsse, die im Lazarett aufbewahrt sind, zu zeigen. Warum? In allen illustrierten Blättern der Welt, in allen Museen, an allen Litfaßsäulen sollten Kieferbeschädigungen zu sehen sein. Und das Kultusministerium sollte für die Dauer eines halben Jahres anordnen, daß in sämtlichen Kinotheatern Deutschlands vor dem Beginn der Meßterwoche und am Schluß des siebenundsiebzigsten Teils der »Vampire« *ein* Bild gezeigt werde: der Mann ohne Lippen.

Und ahmte man dieses Beispiel in der ganzen Welt nach, so käme bald ein Völkerbund zustande, dessen Vorsitzender der Soldat ohne Lippen wäre.

Dieser Völkerbund brauchte nämlich gar nicht viel Erklärungen zu reden . . .

Friedrich Austerlitz
KRIEGSSCHULD UND DOLCHSTOSS
(1924)

Wien war schon seit den achtziger Jahren des 19. Jahrhunderts neben Paris und Genf ein Zentrum des internationalen Pazifismus. Hier wirkten Bertha von Suttner, Hermann A. Fried, Heinrich Lammasch und Karl Kraus. Fried, Gründer der deutschen Friedensgesellschaft, erhielt 1911 als zweiter Österreicher nach Bertha von Suttner (1905) den Friedensnobelpreis. Bekannte antimilitaristische Zeitschriften wie »Die Waffen nieder!«, »Die Friedenswarte« und »Die Fackel« erschienen in Wien.

Wie es zum Ausbruch dieses europäischen Krieges 1914–1918 kommen konnte, das hat die Intellektuellen, die Historiker und die Politiker in allen daran beteiligten Ländern damals mit bohrender Intensität bewegt. Und auch heute ist diese Frage noch nicht wirklich entschieden. Friedrich Austerlitz geht die politisch-historische Legendenbildung, die sich schon sechs Jahre nach dem Ende dieses Krieges in Deutschland und Österreich in den Gehirnen der Menschen einzunisten beginnt, ganz frontal an. Nachdem sie vor dem »Weltgericht« verloren haben, werden die großen Herren nun vor dem »Bezirksgericht« mit ihren Memoiren vorstellig. Vor dem Gericht des Publizisten Austerlitz wird ihnen der Freispruch verweigert: »Kriegsschuld und Dolchstoß sind die zwei Lügen, mit denen sich der vernunftlose Nationalismus von der Verantwortung für den Weltkrieg wegschleichen möchte.«

Und an seinen sittlichen Maßstäben gemessen, würde auch ein glänzender Sieg an diesem Schuldspruch nichts ändern. Die Kriegsschuld wird durch den Sieg nicht getilgt. Diese pazifistische Sicht hindert Austerlitz auch daran, nun seinerseits die Schuld einseitig zu verteilen. Eine eindeutige Antwort ergibt sich freilich aus seiner weltanschaulich-politischen Position. Für ihn ist dieser Krieg nur aus dem Kapitalismus erklärbar. Diese Überzeugung steht allerdings der sorgfältigen historischen Analyse und Dokumentation der Fakten nicht im Wege. Seine Auseinandersetzung mit der Thematik geschieht jenseits der Parteipolitik und lebt vom moralischen Pathos dessen, der als Zeitgenosse etwas so Furchtbares erlebte, wie es vorher nicht vorstellbar war. Und darum postuliert er auch gegen die gängige Vergeßlichkeit, unter der genug Menschen auch heute noch leiden: »Für das

Verbrechen der Schuld an diesem Kriege gibt es kein Vergessen, hier verliert auch die Zeit ihre Macht.«
Indem Friedrich Austerlitz die damaligen Konstellationen und Optionen so genau und detailliert nachvollzieht, wird dieser Text auch zum Dokument einer österreichischen – und europäischen – Lerngeschichte. »Die serbischen Aspirationen« können heute zumindest nicht mehr so direkt wie damals den Frieden Europas bedrohen.
Vorher aber – und dies ging wohl über die Phantasie von Friedrich Austerlitz hinaus – mußten noch viel furchtbarere Ereignisse über Europa hinweggehen, weil ganz offensichtlich zu wenige Menschen den »unversöhnlichen Zorn« auf die Generäle und Politiker fanden, die dann erst nach dem Ende des Zweiten Weltkrieges als »Kriegsverbrecher« vor die Gerichte gestellt wurden.
Friedrich Austerlitz war Pazifist und trat für diese Überzeugung mit zahlreichen Texten vor und nach dem Ersten Weltkrieg ein. Nur einmal wich er davon ab: Als in Berlin die deutschen Sozialdemokraten am 4. August 1914 die Kriegskredite bewilligten, schrieb er am anderen Tag in der »Arbeiter-Zeitung« einen Leitartikel des Titels »Der Tag der deutschen Nation«. Schon nach dem Urteil vieler Zeitgenossen eine stilistische, politische und weltanschauliche Entgleisung, die sich auch die besten Kenner seiner Person nicht erklären konnten. Austerlitz' Pech war, daß man sich an diesen Leitartikel länger erinnerte als an seine vielen gegenteiligen Veröffentlichungen. Für ihn persönlich blieb das ein bitteres Erlebnis, gegen das er mit ungebrochener publizistischer Leidenschaft immer wieder anschrieb.

Ursprung und Ende des Krieges will niemand verantworten: so ist jene Kriegsschuldlegende entstanden, wonach Deutschland und Österreich an der Entfesselung des Weltkrieges keine Schuld tragen, und so die Dolchstoßlegende, wonach die glorreichen Heerführer den Weltkrieg ganz bestimmt gewonnen hätten, wenn ihnen nicht das eigene Volk in den Rücken gefallen, wenn nicht »die Armee von der Zivilbevölkerung von hinten erdolcht« worden wäre. Nachdem sie vor der Weltgeschichte, die doch manchesmal auch ein Weltgericht ist, den Prozeß verloren haben, möchten sie ihn beim Bezirksgericht anhängig machen: und so schreiben sie, die vor zehn Jahren noch die großen Herren der Welt gewesen sind, nun alle ihre Memoiren, in denen sie den Toren zu beweisen suchen, daß sie für »ihr« Volk immer das Beste gewollt, den frevlen Gedanken eines Krieges nie

gehabt haben und in ihn nur durch die Hoffart und Begehrlichkeit der Feinde verwickelt worden sind. So die Monarchen und Diplomaten; und die Generäle, die fünf Jahre lang den ganz gewissen, überhaupt nicht zu bezweifelnden Endsieg vorgeschwindelt haben, die beweisen wieder, daß sie groß und glänzend gesiegt und die reichste Beute in die Scheune gebracht hätten, wenn die Zivilbevölkerung, verdorben und aufgestachelt, versteht sich, von den Verrätern, das Werkzeug, mit dem sie endzusiegen im Begriffe waren, nicht geschwächt und zermürbt hätte, was nun eben als Dolchstoß benamset wird. Kriegsschuld und Dolchstoß sind die zwei Lügen, mit denen sich der vernunftlose Nationalismus von der Verantwortung für den Weltkrieg wegschleichen möchte. Sicherlich wächst die Kriegsschuld durch den furchtbaren Ausgang ins Unermeßliche, aber sittlich betrachtet – und an den Krieg auch heute noch einen anderen Maßstab zu legen als den der Sittlichkeit, wäre gegen jede Vernunft – würde die Schuld derjenigen, die ihn auf die Menschheit gewälzt haben, um kein Atom geringer sein, wenn sie ihn, statt mit der vernichtenden Niederlage, mit dem glänzendsten Siege abgeschlossen hätten. Wohl ist es den überlieferten Vorstellungen eingeboren gewesen, den Krieg durch den Sieg rehabilitiert zu erachten, aber die Erkenntnis hat die Menschheit aus dem Grauen der fünf Kriegsjahre doch wohl als Besitz heimgebracht, daß der Krieg eine Scheusäligkeit ist, die durch die Berufung auf den Erfolg noch eher gesteigert wird.
Soweit das Kriegsschuldgerede nicht ein bloßer Versuch zur Reinwaschung der Kriegsverbrecher ist, scheint ihm der Gedanke zugrunde zu liegen, daß die Härten und Ungerechtigkeiten des Versailler Vertrages ihre Begründung in Deutschlands Kriegsschuld haben, daß also mit der Widerlegung dieser Beschuldigung dem Vertrag die moralische Grundlage entzogen wäre, seine Revision danach unausweichlich würde. Diese Argumentation scheint wohl ihren Stützpunkt in der Mantelnote zu der Antwort der Alliierten an die deutsche Friedensdelegation, in dem Ultimatum zu suchen, mit dem die Entente die Annahme des Friedensvertrages erzwungen hat. Dort wird die »Verantwortlichkeit Deutschlands« festgestellt, »den Krieg gewollt und entfesselt zu haben«: »Die schreckliche Verantwortlichkeit, die auf Deutschland lastet, läßt sich in der Tatsache zusammenfassend zum Ausdruck bringen, daß wenigstens sieben Millionen Lebender durch ihre Wunden und Leiden von der Tatsache Zeugnis

ablegen, daß Deutschland durch den Krieg seine Leidenschaft für die Tyrannei hat befriedigen wollen.« Aus dieser Überzeugung der gegnerischen Mächte, daß der Krieg, der vor zehn Jahren zum Ausbruch gekommen ist, »das größte Verbrechen gegen die Menschheit und gegen die Freiheit der Völker gewesen ist, das eine sich für zivilisiert ausgebende Nation jemals mit Bewußtsein begangen hat«, haben sie, wie sie so schön sagen, auf »den bloßen Vorteil eines bequemen Friedens« verzichtet und den Frieden diktiert, von dem sie zu glauben vorspiegeln, daß er »seinem Grundwesen nach ein Rechtsfriede ist«, von dem aber nun wohl die ganze Welt weiß, daß er, und nicht anders die Verträge, die Österreich-Ungarn, Bulgarien und der Türkei auferlegt worden sind, nur die in Form eines »Vertrages« gebrachte Fortsetzung der Gewaltmoral des Krieges ist, die Infamie des Krieges durch die Friedensverträge nicht beendigt, sondern verewigt worden ist. Wenn trotzdem ernsthafte Leute, wie etwa der Professor Delbrück, von der Widerlegung der Kriegsschuld, nämlich der Widerlegung der Beschuldigung, daß Deutschland für die Entfesselung des Krieges nicht bloß verantwortlich sei, sondern *allein* verantwortlich wäre, die Wirkung erwarten, daß damit dem Gewaltfrieden die Berechtigung entzogen und für seine Revision der Weg freigemacht würde, so zeugt das nur von der Verkennung der Kräfte, die in der kapitalistischen Welt die bewegenden und die es sind, die sich in den Friedensverträgen ungehemmt ausgetobt haben. Ganz selbstverständlich hat ein Krieg, der fünf Jahre gedauert hat und dessen Grauen in der Geschichte der Menschheit ohne Beispiel ist, hat dieser Krieg, in dem die Endsieger Deutschlands Faust vier Jahre lang so schwer zu spüren hatten, den Entschluß hervorrufen müssen, die Gelegenheit, die der Sieg endlich gebracht hatte, restlos auszunützen, sich bei der Ausnützung des Sieges keine Schranken aufzuerlegen, alle Rechnungen von Deutschland und seinen Verbündeten, da nun die Möglichkeit vollauf gegeben war, ohne Mitleid und Sentimentalität einzufordern. Aber wie man beim Kriegführen mit Maschinengewehren und Kanonen nicht auskommt, zu der Kriegsausrüstung auch die Lüge gehört, vor allem die, daß man den Krieg nicht gewollt hat, daß ihn also die Feinde aufgezwungen haben und man sich nur gegen ihren Überfall wehrt, so ist die Lüge auch beim Friedenschließen unentbehrlich: Was sich als Gerechtigkeit verkleidet und als die reine Gerechtigkeit gelten will, ist natürlich nur der imperialistische

Profit, den zu realisieren der Kriegssieg ermöglicht hat. Imperialistischer Krieg und Gewaltfrieden sind voneinander nicht zu trennen, und so wie der imperialistische Krieg als ein gerechter Abwehrkrieg ausgegeben werden muß – denn daß kein Staat seinen Bürgern einen nackten Eroberungskrieg plausibel zu machen vermöchte, ist selbstverständlich –, so kann auch der nackte Gewaltfrieden darauf nicht verzichten, als Friede der Rechtserfüllung aufzutreten. Ein Krieg, der fünf Jahre lang währte und das Furchtbare in nie erschautem, vorher gar nicht vorstellbarem Maße ausstreute, der mußte auch das grausamste aller Worte in unerhörtem Maße bekräftigen: Wehe den Besiegten! Mit Gerechtigkeit hat das alles freilich nichts zu schaffen.

Ganz bestimmt ist die Behauptung, wie sie die Friedensverträge durchzieht, daß nämlich die Mittelmächte und ihre Verbündeten reißende Wölfe gewesen sind, die Mächte, die sich dann die alliierten und assoziierten benannt haben, aber Lämmer, eine Lüge. Aber nur insoweit, als sie die Unschuld der anderen beteuern; von der Schuld Deutschlands und Österreichs ist deshalb, weil eine gerechte Abwägung der Tatsachen auch die Schuld der anderen zutage fördert, nichts abzusplittern. Denn ohne Zweifel war vor zehn Jahren die internationale Lage in Europa so, daß in ihre Politik, in ihre Berechnungen und Hoffnungen, den Krieg *alle Mächte* aufgenommen hatten. Weshalb hat sich Frankreich, das eine Republik ist, mit Rußland, das ein Despotenstaat war, verbündet? Sicherlich weniger aus Furcht vor einem Überfall, der beiden bis auf die Zähne bewaffneten Militärstaaten von Deutschland gedroht haben sollte, sondern aus dem Wunsche, in einem Kriege mit Deutschland und Österreich stärker zu sein; es war ebenso ein Bündnis, um dem Überfall vorzubeugen, wie ein Bündnis, um in einem Überfall zu siegen. Wie hätte Großbritannien Vereinbarungen für den Kriegsfall schließen können, wenn es nicht bereit gewesen wäre, den Fall eines Krieges gegebenenfalls herbeizuführen? Und daß Italien in den Krieg zu Zwecken von Eroberungen eingetreten ist, braucht nicht dargetan zu werden, weil es diese Eroberungen als Beweggrund seines Eintretens in den Krieg selbst angegeben hat, wenngleich es, denn ohne Heuchelei geht es in der Welt des Kapitalismus und Imperialismus selbstverständlich nicht, die Eroberungen als Befreiung hingestellt hat. Und auch in dem Sinne sind all die Mächte, die den Krieg begonnen haben, daran schuldig, daß Krieg in die Welt gekommen ist, weil sie alle und weil jede von ihnen – das schuldlose Belgien vielleicht ausgenommen – in der Lage gewesen wären, den Krieg zu verhindern, bei keiner Macht, schlechthin bei keiner, aber der Entschluß vorhanden war, den Weltkrieg *wirklich* zu verhindern.

Der Weltkrieg ist entstanden aus dem Konflikt zwischen Österreich und Serbien. Hätte sich Österreich-Ungarn nicht mit der doch wirklich ausreichenden Genugtuung begnügen können, die ihm Serbien geboten hatte und die alle diejenigen Mächte, die dann an Seite Serbiens getreten sind, zu *verstärken* bereit waren? Auch wenn man jenen Konflikt nicht auf die diplomatische Aktion einschränkt, die sich an die Mordtat in Sarajevo geknüpft, nicht auf die Forderungen, die Österreich-Ungarn in dem berüchtigten Ultimatum erhoben hatte – seither hat man freilich ausreichend erfahren, daß diese Forderungen nur deshalb in so autrierter und herausfordernder Weise formuliert worden sind, damit sie Serbien nicht annehme und so der ersehnte Vorwand zum Krieg erlangt werde –, sondern die Sache so nimmt, wie sie von den Schwarzgelben – man denke an einen der Haupturheber des Krieges, den Herrn Conrad – nachträglich, zur Rechtfertigung ihrer verruchten Leichtfertigkeit, zurechtgekleistert wurde: daß nämlich Österreich-Ungarn, um sich vor den Aspirationen Serbiens auf seine südslawischen Gebiete zu retten, Serbien habe schwächen müssen, auch dann hätte Österreich-Ungarn mit einem diplomatischen Siege, der ja sehr umfassend hätte sein können, alles erreicht. Denn ohne Zweifel hatte sich die Stimmung in Europa damals gewendet, die Welt war dessen innegeworden, daß die serbischen Aspirationen nun ernstlich den Frieden Europas bedrohen; und Österreich-Ungarn würde, wenn es auf den Krieg verzichtet hätte, an Ansehen, an Sympathie in der Welt, auch in der Entente, sehr viel gewonnen haben.

Ohne also auch nur das bescheidenste seiner Lebensinteressen preiszugeben, hätte Österreich-Ungarn den Frieden retten können. Selbstverständlich auch Serbien; dazu war ja nur notwendig, daß es die österreichisch-ungarischen Forderungen annehme, und diese Annahme ging ihm keineswegs ans Leben. Wenn Rußland der Welt den Frieden hätte erhalten wollen, so hätte es Serbien nur zu sagen gebraucht, daß es wegen seiner Sache nicht in den Krieg ziehe; ganz selbstverständlich hätte sich dann Serbien gefügt. Frankreich brauchte nur Petersburg wissen zu lassen, daß es sich in einen Krieg wegen Serbien nicht verwickeln lasse, Rußland hätte dann unweigerlich einlenken müssen. Und weder Rußland noch Frankreich hätten sich in den Krieg begeben, wenn sie sich nicht der Unterstützung Großbritanniens sicher gewußt hätten; also wäre der Krieg auch verhindert worden, wenn ihm Großbritannien seine Unterstützung versagt, wenn es den französischen und russischen Machthabern erklärt hätte, daß an seine Beteiligung an dem Krieg nicht zu denken sei.

Das gleiche gilt aber auch von Deutschland, und von Deutschland im höchsten Maße: es hätte natürlich ausgereicht, daß die Berliner Regierer den Wiener Abenteurern deutlich gemacht hätten, daß sie sich wegen der Differenz zwischen dem Wiener Ultimatum und der Belgrader Antwort in einen Weltkrieg nicht werden verstricken lassen, und die Wiener Schufte hätten ihre verruchten Kriegsideen fahrenlassen müssen. Anstatt dessen haben die Berliner Regierer noch das Animiermädchen gespielt ... Das alles liegt so klar zutage, daß man der Vergleiche der unterschiedlichen diplomatischen Akten, mit denen papierene Historiker das Geheimnis des Weltkrieges auflösen wollen, gar nicht bedarf, davon ganz abgesehen, daß die Wahrheit auch der geheimsten Akten recht fragwürdig zu sein pflegt. Sie alle, die den Weltkrieg angefangen haben, waren durchaus in der Lage, ihn zu verhindern. Und der feste Entschluß bei nur *einem* dieser Schuldigen, von der Menschheit diese furchtbare Katastrophe fernzuhalten, hätte vollauf ausgereicht, den Krieg tatsächlich zu verhindern. Und keiner von ihnen kann sich darauf berufen, daß ihm ein solcher Entschluß unmöglich gewesen wäre, daß diesem, auch nur in vulgär-kapitalistischem Sinne, irgendeine Lebensnotwendigkeit im Wege gestanden sei. Sie alle, natürlich mit Ausnahme Österreich-Ungarns – denn an dessen bösen Vorsatz ist nicht zu zweifeln –, mögen den Krieg nicht gerade *gewollt* haben, aber sie alle wollten auch den Krieg nicht *verhindern;* das ist ihre Schuld, ihr Verbrechen, und angesichts dieser unzweifelhaften Gemeinschuld sind die Grade des Verschuldens der einzelnen nicht einmal erheblich, wenngleich sie unzweifelhaft vorhanden sind. Denn daß jeder von ihnen verlangt hat, der *andere* möge den Krieg verhindern, und sie alle für sich auf sozusagen höhere Gewalt plädieren, sich jeder von ihnen darauf beruft, daß just er nicht nachzugeben oder einzulenken gekonnt habe, wogegen es dem anderen ganz leichtgefallen wäre, das ändert an der

Schuld jedes von ihnen nichts. Die Wahrheit ist, daß der Krieg, was eben die kapitalistisch-imperialistische Moral ist, in die Ideologie der herrschenden Klassen als ein berechtigtes, geradezu als das naturgemäße Mittel der Entscheidung in Konflikten übergegangen war; weshalb die entsetzliche, uns heute schon kaum faßbare Tatsache, daß wegen der Differenz zwischen der österreichisch-ungarischen Forderung und der serbischen Antwort ein Krieg ausgebrochen ist, der den Planeten fünf Jahre lang verheert und über die gesamte Menschheit unermeßliches Unheil gebracht hat, nur sagt, wie es mit Sittlichkeit und Menschlichkeit in der Welt des Kapitalismus beschaffen ist.

Wir hören den Einwand, daß es doch höchst oberflächlich geurteilt wäre, wenn man ernstlich behaupten wollte, daß der Weltkrieg seinen Ursprung in dem serbischen Konflikt habe, der sich zum Schluß überdies auf eine Differenz in Phrasen reduziert hat. Ein billiger Einwand! Denn daß sich Rußland, Frankreich und England nicht in den Krieg gestürzt haben, um der serbischen Regierung einen Affront zu ersparen, ist selbstverständlich. Daß keine der Mächte, die den Weltkrieg angefangen haben, den Krieg verhindern wollte, beweist nur, daß jede von ihnen zu ihm ihren besonderen Antrieb hatte – der ja für jeden Beschuldigten so offen zutage liegt, daß er nicht analysiert werden muß. Aber wenn es auch wahr ist, daß Europa voll gefährlichen Zündstoffes war, daß, schon durch das beharrliche Wettrüsten, die Lage allmählich zum Reißen angespannt ward, daß die Besorgnisse und Rivalitäten zum Kriege drängten; so wäre es dennoch von Grund aus falsch, sich zu der Lässigkeit der Schlußfolgerung zu bekennen, daß der Krieg, der in der Luft lag, der sich als das Ergebnis der kapitalistisch-imperialistischen Gegensätze darstellt, daß er, wenn man ihn im Jahre 1914 verhindert hätte, eben, aus einem anderen nichtigen Anlaß, später ausgebrochen wäre, daß er also unvermeidlich gewesen sei. Das hieße vor allem die starken Kräfte übersehen, die auf der anderen Seite, auf der Seite des Friedens, vorhanden waren, und deren Wirkung in der Zeit ganz bestimmt immer stärker geworden wäre. Vor allem hätte sich die sichtbar gewordene *Kriegsgefahr* als eine solche Kraft erwiesen. Sicherlich haben damals auch Elende gelebt, die es bedauert hätten, wenn der Krieg, der sich schon am Horizont gezeigt hatte, im letzten Augenblick noch verhindert worden wäre. Zumal in Wien hat es solcher

Elende gar nicht wenig gegeben, und daß sie sich erdreisten können, nach dieser furchtbaren Desavouierung durch die Weltgeschichte, noch öffentlich agieren zu können, beweist nur, wie kurz das Gedächtnis der Menschen ist. Aber mit Ausnahme der Schwärzest-Gelbsten hatten die Menschen doch überall das Gefühl, mit der Kriegsgefahr das Antlitz der Medusa erblickt zu haben, plötzlich, nachdem sie mit dem frevlen Gedanken so lange leichtfertig gespielt hatten, innegeworden zu sein, daß aus dem Spiel Ernst werden kann. Und wenn die Kriegsgefahr, die die Welt erschreckte, noch gebannt worden wäre, wäre es eine Erlösung gewesen, und in der Welt hätte sich sicher der Entschluß verbreitet: ja nur nicht Krieg! Gewiß waren die Rivalitäten groß, aber die verbindenden Kräfte waren auch da. Trotz aller Gegensätze führte die Verflechtung der Wirtschaft, die Identität der wissenschaftlichen Tätigkeiten, die Zusammenhänge der Künste, und führte vor allem der internationale Zusammenschluß der proletarischen Bestrebungen dazu, daß es neben den Nationen und über den Staat *doch auch ein Europa gab.* Alle diese Kräfte mögen damals noch schwach gewesen sein, aber sie konnten immer stärker werden, wogegen sich die Tendenzen, die zum Kriege drängten, eher auf eine Abschwächung gefaßt machen mußten. Es war damals klar, daß, wenn der Krieg verhindert wird, wo so viel auf seinen Ausbruch hinwirkt, er *überhaupt* verhindert wird, daß man dann der Kriegshydra den Kopf abschlägt, der nicht mehr nachwächst. Deshalb gibt es kein törichteres Argument als das nicht selten vernommene, der Weltkrieg wäre, als das Resultat der kapitalistisch-imperialistischen Ordnung, unvermeidlich gewesen, ein Argument, das sich sehr tiefsinnig gebärdet, auf das sich aber zum Schluß die Kriegsverbrecher zu berufen vermöchten. Daß der Krieg seine Voraussetzung im Kapitalismus und Internationalismus hat, nimmt von der Schuld derjenigen, die den Weltkrieg entfesselt haben, auch nicht ein Atom weg. Und so soll man, wenn man vom Kriege redet, nie vergessen zu sagen, daß sie alle, die den Krieg verhindern konnten, ihn aber nicht verhindert haben, Verbrecher an der Menschheit sind. Und daß insbesondere die, die den Krieg am unschwersten verhindern hätten können, die deutschen Regierer, große und verabscheuungswürdige Verbrecher an der Menschheit sind. Und daß ganz insbesondere die damaligen Regierer in Wien, die den Krieg gewollt hatten, die ihn bewußt und vorsätzlich der Menschheit über den Kopf

geworfen haben, ganz nichtswürdige Schurken und Verbrecher sind, deren Name deshalb für immer geächtet und verflucht sein muß.
Das ungeheuerliche Verbrechen der bewußten Entfesselung des Weltkrieges möchten die schwarzgelben Patrioten bekanntlich damit rechtfertigen, daß sie nur den »lokalisierten« Krieg, den Krieg mit Serbien, zu verantworten haben, die Schuld des Weltkrieges nicht sie treffe, die sich auf den »lokalisierten« Krieg beschränken wollten, sondern diejenigen, die es bei dem Kriege mit Serbien nicht bewenden ließen. Aber konnten die Elenden des Ballhausplatzes ernstlich meinen, es werde sich der Krieg, einmal angefangen, begrenzen lassen? Und haben sie in ihrer Verstocktheit nicht beharrt, als es schon klar war, daß sich aus dem serbischen Konflikt, wie ein Verhängnis, das nicht aufzuhalten ist, der europäische entwickeln werde? Sie haben gesehen, wohin die Dinge treiben, kein Zweifel war mehr möglich, wo sie enden müssen, wenn nicht Einhalt getan wird: Und doch haben sie, obwohl ihnen – man erinnere sich nur an den letzten Vorschlag Greys – goldene Brücken gebaut wurden, auf den Krieg bestanden. Sie haben nicht bloß den »lokalisierten« Krieg gewollt, sondern den Weltkrieg herbeigeführt.
Und wofür? Ihr Argument ist hier, daß sie Österreich, daß sie die Großmacht verteidigt haben, verteidigen haben müssen, weil sie sonst den irredentistischen Tendenzen, die von allen Seiten gegen sie anstürmten, erlegen wäre. Mit dem Krieg, der das besonders aggressive Serbien zu Paaren treiben sollte, hätte aber die Großmacht ihre Lebensfähigkeit erwiesen, und folglich wäre, um ihrer Bewahrung willen, der Krieg notwendig gewesen. Aber was ist denn das eigentlich: ein Staat und eine Großmacht? Ist jenes Österreich, das sich vermessen hat, seine Existenz so hoch einzuschätzen, daß es, um sie zu behaupten, einen Weltkrieg nicht gescheut, ist dieses Österreich wirklich nicht mehr gewesen als das Patrimonium einer Familie? Hat denn dieser Staat wirklich nur den Sinn und die Bedeutung gehabt, das Bedürfnis zu erfüllen, daß aus einer lasterhaften Familie der gerade Zuständige immer wieder Kaiser wird, daß einem schwachsinnigen Greis ein unreifer Junge nachfolgt, der Backenbart vom Schnurrbart abgelöst wird? Mußte die Menschheit in das Entsetzen des Krieges gestürzt werden, damit jener Karl, der seiner intellektuellen Begabung nach für die Geschäfte eines Diurnisten unzulänglich gewesen wäre, ja in die Lage komme, »den Thron seiner Väter zu

besteigen«? War das für den Weltkrieg ein zureichender Grund? Denn wenn man die Großmacht nicht vom Standpunkt der Dynastie, sondern vom Standpunkt der Völker betrachtet, wie stellt sich da die Bilanz? Auf dem Gebiet des habsburgischen Imperiums hatten fünfundfünfzig Millionen Menschen gelebt: Wie viele von ihnen waren bereit, die Großmacht zu bejahen, in ihrem Dasein ihre Wünsche und Sehnsuchten beschlossen zu sehen? Wie viele also ohne Zwang, aus wirklicher Überzeugung, als freiem Entschluß, für die Großmacht »Gut und Blut zu opfern«? Welche Nationen betrachteten das habsburgische Erbgut als ihr *Vaterland?* Alle haßten es, die Tschechen, die Polen, die Ukrainer, die Slowenen und Kroaten, die Italiener, die Rumänen; zu Habsburg standen nur die zwei herrschenden Nationen, die Deutschen in Österreich und die Magyaren in Ungarn, und natürlich auch nur und insolange, als Habsburg zu ihnen stand. Aber auch von den zehn Millionen Deutschen, die in Österreich wohnten, wäre ein sehr beträchtlicher Teil, wären die Sozialdemokraten für den gottverdammten Einfall, die Menschheit um des Effektes willen, daß die Großmacht weitervegetiere, in den Krieg zu stürzen, natürlich nie zu haben gewesen. Gewiß hat sich gegen die Kriegserklärung kein Widerstand geregt, denn die Gewalt hätte ihn blutig erstickt. Aber schon als er begann, war der Krieg in Österreich verflucht; und was man dann Verrat und Dolchstoß genannt hat und als Unmoral brandmarken möchte, war die tiefsittliche Auflehnung gegen einen Krieg, den sich die Machthaber geleistet haben, ohne die Völker, die ihn mit ihrem Blute zu fundieren hatten, auch nur zu fragen. Der Krieg wurde begonnen, um der Großmacht, um der habsburgischen Herrschaft Dasein und Dauer zu gewinnen. Der »Verrat« war aber die *Antwort der Nationen:* daß sie die Großmacht und die habsburgische Herrschaft nicht wollen. Und was sie Dolchstoß nennen und wovon sie sich einbilden, daß die Bezichtigung jemandem Unruhe bereiten könnte, der sozialistische Kampf für den Frieden, der so berechtigt war, daß er jedes Mittel legitimierte, der war wieder die *Antwort des Proletariats* auf den Krieg, in den die Menschheit zu stürzen sich eine Handvoll von Verbrechern vermessen hatte.
Eine Handvoll von Verbrechern! Die furchtbare Tragik des Weltkrieges wird zur Groteske, wenn man sich vergegenwärtigt, wer eigentlich die Menschen waren, deren Wille die Weltkatastrophe herbeigeführt hat. Da ist erstens der Kaiser, ein seniler Thaddädel, dem die

Fähigkeit, die Dinge zu betrachten und die Menschen zu durchschauen, längst entwichen war. Man meint, Gott weiß, welche durchschlagende Entschuldigung vorgebracht zu haben, wenn man auf Franz Josefs Alter hinweist und für ihn die Befreiung von der Verantwortlichkeit heischt, weil wir alle dem Alter den Zoll zahlen müssen, und wenn wir so alt würden, wohl alle nicht anders dastünden. Aber ist es nicht die denkbar stärkste Satire auf die Einrichtung der Monarchie, namentlich der, wie sie in den Mittelmächten im Schwange war, daß sie die oberste Leitung eines großen Staates unter Umständen einem schwachsinnigen Greis vorbehält? Und war der famose Thronfolger, obwohl dem Alter nach ein Mann, eigentlich nicht ebenso senil? Wie er, selbst oben, gewertet wurde, ersieht man schon daraus, daß es in jenen Tagen keinem Menschen einfiel, den jungen Herrn zu fragen, obwohl es doch sozusagen um sein Reich ging, was zu dem Vorhaben, die gebrechliche Monarchie dem Sturm eines Weltkrieges auszusetzen, wohl er sage. Jeder wußte eben, daß da an eine Antwort nicht zu denken sei.

Und nun stelle man sich die Bande vor, die etwa in dem gemeinsamen Ministerrat vom 7. Juli 1914 versammelt war, in der der Krieg gegen Serbien beschlossen und die Möglichkeit, daß er zu dem großen Kriege führen könnte (Berchtold in seiner Eröffnungsrede: »Er sei sich klar darüber, daß ein Waffengang mit Serbien den Krieg mit Rußland zur Folge haben könnte«), als kein Grund erklärt worden ist, ihn zu unterlassen, stelle sich nur vor, wer da Weltgeschichte spielen konnte! Der einzige, der auch in seinem Lande etwas zu sagen hatte, war der Tisza; aber der war, wenigstens damals noch, ganz entschieden gegen den Krieg. Wer waren aber die anderen? Die Hauptperson, obwohl er dort gar nichts zu tun hatte, war selbstverständlich der Conrad. Er konnte schweigen, weil er den Berchtold mit den hirnrissigen Ideen von dem Krieg, die vorgefaßte Meinung von einer Genialität, die in dem Herrn, der den Krieg nicht erst am Ende, sondern schon gleich zu Beginn verloren hatte, wirkend sei, nicht aufgeben mögen, obwohl sie Conrads Memoirenwälzer über Art und Wesen dieser Genialität ausreichend belehren könnten. Dem kritischen Blick erweist sich aber Conrad mehr als ein Gamaschenknopf denn als Feldherr. Aber was hatte Conrad bis dahin geleistet? War er überhaupt etwas anderes als ein Geschöpf Franz Ferdinands? Die bescheidene Wahrheit über Conrads Kriegsfanatismus ist die, daß er aus dem Predigen der Notwendigkeit eines Krieges gegen Italien und Serbien eine Spezialität gemacht hatte und sich dieser Spezialität, die ihm den Ruf eines besonders besorgten Patrioten und eines gar weitblickenden Staatsmannes eintrug, ohne Gefahr hingeben konnte, weil er wußte, daß ihm die Probe auf das Exempel erspart bleiben wird. Daß er aber nach dem Ereignis von Sarajevo der Gefangene seiner Behauptungen geworden war und nun den Krieg wahrmachen mußte, den er so lange als Heilmittel gepredigt hatte. Aber Herr Conrad hatte den Katzenjammer schon damals im Leibe, und wenn er nicht ein so kleiner Mensch wäre, so hätte er, was er einen Monat später seinem Tagebuch anvertraute, sogleich öffentlich gesagt und bestätigt: daß dieser Krieg, rein vom Standpunkt der Großmacht betrachtet, ein Wahnsinn ist, der mit dem Untergang dessen enden muß, was er vor dem Untergang bewahren will. Wer war aber der Akteur und Regisseur bei der Vorbereitung des Krieges? Der Graf Berchtold, ein Lümplein ohne Moral, ein Schuftlein ohne Verstand, ein Kerlchen vom Jockeyklub her, der das ganze diplomatische Getue so etwa unter der Devise betrieb: Hab'mr unsern Spaß g'habt! Dann der Stürgkh, dem der Kriegsausbruch der große Glücksfall war: da gibt es kein Parlament mehr, keine innere Politik, da ist dem Kleber und Streber die Erhaltung der Pfründe sicher! Dann noch der skeptische Bilinski, aber auch längst ein Abgehauster: das waren sie, die im Dunkel einer verheimlichten Beratung über den Frieden der Welt entschieden!

Denn über die Sitzung, von deren Inhalt die Verschwörer wohl wußten, sie werde »in Tod und Todesnacht viel tausend Seelen reißen«, erzählten sie dann, der gemeinsame Ministerrat sei einberufen worden, »um sich mit der Beratung von Maßnahmen zu beschäftigen, welche in der inneren Verwaltung Bosniens und der Herzegowina zu ergreifen sein werden«. »Gleichzeitig hat der Ministerrat diese Gelegenheit zu Vorbesprechungen allgemeiner Natur über das nächstjährige gemeinsame Budget benützt, zu welchen auch der Chef des Generalstabes und der Vertreter des Marinekommandanten behufs Aufhellung über einige technische Fragen zugezogen wurden.« So wurde schon im Urbeginn das Volk belogen! Kann nun jemand diese Conrad, Berchtold, Stürgkh, Bilinski als Exponenten irgendeines Volkswillens ansehen? Nur mit dem Gefühl unsäglicher Schmach erinnert man sich an die Tatsache, die so deutlich beweist, daß auch dieser letzte Krieg Österreichs ein Krieg ausschließlich für die Hausmacht war, daß es *diese Leute* gewesen sind, die den Funken ins Pulverfaß geworfen haben, aus einem wahrhaft schurkischen Gleichmut heraus, der sich über nichts Gedanken macht, weil uns bekanntlich nichts geschehen kann. Und die Macht, in der ein paar Abenteurer über Krieg und Frieden entschieden haben, die sollte von der Verantwortung für das entfesselte Unheil befreit werden? Und wenn sie alle, die den Krieg angefangen haben, schuldig sind, und wenn insbesondere von der Schuld Deutschlands das, statt die Wiener Abenteurer zur Ordnung zu rufen, sie, wenigstens in einem langen, entscheidungsschweren Augenblick, eher noch ermunterte, aufgestachelt und vorwärtsgetrieben hat, keine Akten etwas wegnehmen werden, so ist und bleibt es doch, daß die Macht, die bewußt den Krieg *gewollt* hat und unter keinen Umständen, und würde darüber der ganze Erdball in Rauch und Feuer aufgehen, von ihm ablassen wollte, *die Habsburgermacht war,* wenn sie sich auch in ihrem letzten Ausklang in Gestalt der Conrad, Berchtold und Stürgkh präsentierte, also in Menschen ohne Halt, Charakter, Moral und Würde. Und daß die Weltgeschichte mit dem Vampir, der sich vom Blut *nähren* sollte, Schluß gemacht hat, ist wahrlich nur eine dürftige Erfüllung des Anspruches auf Gerechtigkeit.

Da nun die Dinge so stehen, so wäre das Unternehmen, das in nationalistischen Kreisen im Reiche zu einer Kardinalforderung erhoben wird, nämlich »die Frage der Schuld am Weltkrieg aufzurollen«, vorweg zur Unfruchtbarkeit verurteilt. Von Deutschland und von Österreich werden sich die Völker, die den Krieg der Mittelmächte so furchtbar erlitten haben, nicht beweisen lassen, daß die deutschen und die österreichischen Regierer ohne Schuld gewesen seien, denn auf die Mitschuld ihrer Regierungen müssen sie *selbst kommen.* Den edlen Geistern, die in Frankreich, die in England die Schuldfrage nicht ruhen lassen und mit Festigkeit darauf dringen, daß die Mitschuld der französischen und der englischen Machthaber klargestellt werde, ihnen gebührt der Dank der Welt. Aber die Klarheit über die französische, die britische, die russische Schuld am Kriegsausbruch darf nicht zur Entlastung der Schuldigen in Wien und Berlin benützt werden. Wie groß auch das Maß jener Verschuldung ist, an der Schuld derjenigen, die den Krieg *gewollt* hatten, ändert sie nichts. Die französischen und die englischen Friedensfreunde haben wohl guten Grund und reichlichen Anlaß, mit ihren Kriegsregierungen abzurechnen, in der Anklage gegen ihr Treiben nicht nachzulassen. Aber unsere Verpflichtung, in unversöhnlichem Zorn auf der Verurteilung der Kriegsverbrecher in Wien und in Berlin zu bestehen, mindert das nicht: es erhöht noch diese Verpflichtung. Nun sind zehn Jahre seit jenen unseligen Tagen verflossen, aber für das Verbrechen der Schuld an diesem Kriege gibt es kein Vergessen, hier verliert auch die Zeit ihre Macht. Todfeindschaft gegen die ganze kapitalistische Ordnung, die diesen Krieg gebar; Todfeindschaft allen jenen, die der allgemeinen Schuld die persönliche Niedertracht zugesellt haben.

Friedrich Austerlitz
DIE MÖRDER VON SCHATTENDORF FREIGESPROCHEN!
(1927)

Das Ziel des 1923 gegründeten »Republikanischen Schutzbundes«, der der österreichischen sozialdemokratischen Partei unterstellt war, bestand darin, die junge Republik vor monarchistischen Restaurationsversuchen und faschistischen Terrorgruppen – siehe die Ereignisse in Italien – zu schützen. Am 30. Januar 1927 kam es bei einem Aufmarsch des »Republikanischen Schutzbundes« im burgenländischen Schattendorf zu politisch motiviertem Mord. Offensichtlich vorsätzlich schossen aus dem Hinterhalt rechtsradikale »Frontkämpfer« in die Menge: Der kriegsinvalide Hilfsarbeiter Matthias Csmarits und ein achtjähriger Eisenbahnersohn starben, fünf weitere Menschen wurden verletzt. Diesem Angriff war eine Reihe ähnlicher Anschläge vorangegangen, die von der österreichischen Justiz nicht oder nur geringfügig geahndet worden waren.

Der Gerichtsprozeß gegen die Mordschützen endet am 14. Juli 1927 mit Freispruch. Eine Provokation. Friedrich Austerlitz, der damalige Chefredakteur der sozialdemokratischen Wiener »Arbeiter-Zeitung«, dessen journalistisches Engagement wesentlich geprägt ist durch vehementes und zähes Eintreten gegen Klassenjustiz und politisch motivierte Fehlurteile bei Gericht, reagiert in seinem Leitartikel entsprechend scharf.

Die aus ähnlichen Fehlurteilen bereits aufgestaute Empörung in der Wiener Arbeiterschaft führt am 15. Juli 1927 zu spontanen Arbeitsniederlegungen und Demonstrationen. Schließlich wird der Justizpalast gestürmt und in Brand gesetzt. Die Polizei schießt in die unbewaffnete Menge und richtet ein fürchterliches Blutbad an: 89 Tote und mehr als tausend Verwundete.

Die bürgerliche, der Regierung nahestehende Journalistik sucht daraufhin einen Sündenbock und stempelt Austerlitz zu diesem. Gleichwohl sein Leitartikel kein Aufruf zur Gewalt war, wurde Austerlitz unterstellt, er habe damit »die Massen förmlich aufgeputscht« und sei damit letztlich für das Blutbad am darauffolgenden Tag verantwortlich. Selbst Jahrzehnte später bemühten manche Journalisten noch diese Sichtweise, geriet die Behauptung beispielsweise 1963 in einer Biographie unüberprüft zur Bestimmtheit (vgl. Phil. Diss. von Mario Molin-Pradel, Wien 1963).

Der Beweis des Zusammenhangs wurde indes nie erbracht. Bei genauer Betrachtung fällt vielmehr auf, daß die Anschuldigungen der bürgerlichen Journalistik ein Ablenkungsmanöver und eine »Antwort« waren auf die Vorwürfe, die Austerlitz in seinem Leitartikel vom 15. Juli 1927 der Presse gemacht hatte: »... diese Schandtat, in lebendige Menschen wie in ein jagdbares Wild hineinzuschießen, haben die feilen Regierungsblätter immerzu entschuldigt, bemäntelt, gerechtfertigt; die Sühne für sie zu vereiteln war ihr bewußtes Bestreben!« Die von ihm kritisierte Presse sei mitschuldig am krassen Fehlurteil, indem sie die Geschworenen zum falschen Urteilsspruch angestiftet habe. Diese Vorwürfe sowie seine weiteren Ausführungen zum Zustandekommen des Urteils konnten von der gegnerischen Presse nicht einfach als bloß parteipolitische Erregung abgetan werden: Austerlitz war in Rechtsfragen eine Autorität, er hatte es immerhin zum Richter am Verfassungsgerichtshof gebracht. Der »Justizpalastbrand« ist allerdings nicht diesem engagierten Leitartikel anzulasten. Ursache dafür war vielmehr jenes krasse Fehlurteil der Justiz. Nach einem gemäßigteren Kommentar der »Arbeiter-Zeitung« wäre vermutlich dasselbe geschehen.

Nichts wird den drei Angeklagten, die am 30. Jänner in Schattendorf in eine Menschenmenge hineingeschossen, mit vollem Vorsatz die todbringenden Schüsse auf Menschen abgefeuert haben, die zwei Menschenleben vernichtet und fünf Menschen verletzt haben, nichts wird ihnen geschehen, kein Haar wird ihnen gekrümmt werden: die eidbrüchigen Gesellen auf der Geschwornenbank haben sie von allen Schuldfragen freigesprochen, und unter dem Siegesgeheul der angesammelten Frontkämpfer sind sie, die zwei Menschenleben auf dem Gewissen haben, sofort in Freiheit gesetzt worden. Eine Schurkerei ist diese Freisprechung, wie sie in den Annalen der Justiz wohl selten, vielleicht noch nie erlebt worden ist. Denn meine man ja nicht und sage nicht, daß es ein Verdikt der Milde sei, daß die Geschwornen, in einem Zweifel über die Schuld, lieber freigesprochen als verurteilt haben; wende auch nicht ein, daß Geschworne erst unlängst die Frau, die ihren Mann getötet hatte, freigesprochen haben. Denn Geschworne können noch schwanken, ob sie eine Frage auf Mord bejahen sollen, wenn die Möglichkeit nicht ausgeschlossen ist, daß der Mörder, als er die Tat verübte, einem Anfall von Sinnesverwirrung erlegen ist; hier aber, bei dem unmenschlichen Schießen in Menschen hinein, ist kein Zweifel über die Tat, über ihre Vorsätzlichkeit und Planmäßigkeit möglich. Diese drei Frontkämpfer haben schon am Vormittag die Waffen zusammengetragen; sie haben sich, wie der Staatsanwalt sagte, eine Festung eingerichtet, von der aus, verborgen und unerreichbar, sie die Jagdgewehre auf die angesammelten Schutzbündler gerichtet haben; sie haben auch keinen Angriff abzuwehren gehabt, in keiner Notwehr sich befunden, sie haben einfach ihren zügellosen Rachedurst befriedigen wollen. Und diese namenlose Schandtat bleibt ungesühnt!

Und man übersehe auch nicht, daß die Fragestellung des Gerichtshofes es den Geschwornen ermöglicht hat, auch nur eine geringere Schuld zu bejahen, also die allermildeste Verurteilung herbeizuführen. Die Geschwornen sind schließlich gefragt worden, ob die Angeklagten schuldig sind, mit ihrem Schießen in eine Menge von Menschen »eine Handlung unternommen zu haben, von welcher sie schon nach ihren natürlichen, für jedermann leicht erkennbaren Folgen einzusehen vermochten, daß sie geeignet sei, eine Gefahr für das Leben oder für die körperliche Sicherheit von Menschen herbeizuführen«. Die drei Frontkämpfer schießen in eine Menschenmenge hinein, schießen blindwütig auf angesammelte Menschen. Und sie sollen sich im unklaren darüber befunden haben, daß sie damit für die Menschen, auf die sie mit ihren Gewehren gezielt und geschossen haben, eine Gefahr für die körperliche Sicherheit dieser Menschen herbeiführen? Und selbst *diese* Frage ist von einem Teil der Geschwornen verneint worden, von so vielen Geschwornen verneint worden, daß die Freisprechung erfolgen mußte! Nach Ansicht dieser Geschwornen bedeutet es also gar nichts, auf Menschen zu schießen; das ist, wenn die Schießenden Frontkämpfer sind, wohl ein erlaubtes Jagdvergnügen! Die aber den Eid, den sie geleistet haben, so schnöde mit Füßen treten; die sich über Recht und Gerechtigkeit so frech hinwegsetzen, die sind keine Geschwornen, sind ehrlose Gesetzbrecher, denen für ihren schamlosen Freispruch Haß und Verachtung aller rechtlich denkenden Menschen gebührt. Diese Verdammung wird ihnen auch werden.

Denn die Wahrheit, die aus dieser Freisprechung, die die ganze Rechtsprechung schändet, so erschütternd und aufreizend hervorgeht, ist die, daß Hakenkreuzler und Frontkämpfer, wenn sie auf Arbeiter schießen, wenn sie Sozialdemokraten ermorden, der Freisprechung anscheinend immer gewiß sein können. Der Mord an Birnecker, der Mord an Still, der Mord an Kovarik, sie alle sind ungesühnt geblieben. Und so konnten die Frontkämpfer in Schattendorf schon annehmen, daß auch ihnen nichts passieren werde, wenn sie den bereits ermordeten Sozialdemokraten noch etliche zugesellen werden, was sie ganz offensichtlich dazu geführt hat, sich bei ihrer Schießerei ja keinen Zwang aufzuerlegen. Weshalb auch? Diese feine Justiz wird es sich vielleicht als eine besondere Pflichterfüllung anrechnen, daß gegen die Schattendorfer Mörder die Anklage erhoben worden ist, und mit Stolz auf ihre Unbeugsamkeit darauf hinweisen, daß sogar Frontkämpfer, Angehörige also der gehätschelten Leibgarde der Regierungsparteien, angeklagt werden, wenn sie Menschenblut vergießen, selbst dann angeklagt werden, wenn die von ihnen Erschossenen Sozialdemokraten sind. Aber was neben dem Verfahren im Gerichtssaal dazu getan werden konnte, um die Geschwornen zu verwirren, zu beeinflussen, ihnen indirekt die Überzeugung zu vermitteln, es sei im Grunde ein wohltätiges Werk, auf Schutzbündler zu schießen, das ist getan worden. Schon daß es den Frontkämpfern ermöglicht wurde, die ganze Verhandlung mit dem unverfrorenen Ausdruck ihres Beifalls und Mißfallens zu akkompagnieren und derart in dem Saale, in dem die Hoheit des Gesetzes walten soll, die richtige Hassesstimmung gegen den Republikanischen Schutzbund zu erzeugen, aus der heraus sich allmählich die Geschwornenbank in eine richtige Frontkämpferbank verwandelte, schon das war eine Vorbereitung für den lumpigen Wahrspruch. Die schamlosen Schiebereien des hakenkreuzlerischen Advokaten, die unseres Bedünkens zu einer Nichtigkeitsbeschwerde wohl ausreichen würden, hatten dieselbe Bestimmung: die »Antimarxisten« auf der Geschwornenbank zu einer unauflöslichen Einheit zusammenschmieden, die sich jeder Prüfung des Tatbestandes entbunden fühlt und ins Geschwornenzimmer schon mit dem Vorsatz geht, die Angeklagten, die doch nur Sozialdemokraten umgebracht haben, unter allen Umständen freizusprechen; derart frech hat sich die kunstgemäße Beeinflussung der Geschwornen nie hervorgetraut wie in diesem Prozeß, die ärger ist, als wenn die Geschwornen, die die Mörder freigesprochen haben, bestochen worden wären. Was aber noch zu leisten war, das hat die Regierung durch ihre Zeitungen besorgt; denn an der infamen Hetze der zwei Regierungsblätter, des christlichsozialen, das Herr Seipel, des großdeutschen, das Herr Dinghofer befehligt, ist die Regierung geradezu unmittelbar mitschuldig. Diese Hetze war sorgsam vorbereitet, planmäßig angelegt. Zuerst wurde der Verhandlungsbericht geradezu teuflisch gefälscht: jede Aussage, die die Schuld der Angeklagten bezeugte, wird retuschiert oder unterdrückt, unbequeme Zeugen werden beschimpft und verdächtigt, dagegen werden alle Frontkämpferzeugen, denen die Angelerntheit von weitem anzumerken war und von denen auch der Staatsanwalt feststellen mußte, »daß zahlreiche Aussagen bewußt falsch waren«, in den Himmel gehoben, ihre Aussagen als entscheidend erklärt. Dann folgen die »Kommentare«, die alle mit einer Schamlosigkeit, die nur aus der Zuversicht entspringt, daß sich Regierungsorgane alles herausnehmen können, darauf hinauslaufen, daß die Angeklagten nur in berechtigter Notwehr gehandelt haben, wogegen die wahren Schuldigen diejenigen sind, auf die die Frontkämpfer geschossen haben; das Bosheitsgrinsen, es werde schon erreicht werden, daß die Mordtaten ungesühnt bleiben, war in jeder Zeile zu spüren. Und das zweite Manöver war, gerade während der Verhandlung gegen die Frontkämpfer die erbärmlichste Hetze gegen den Republikanischen Schutzbund zu betreiben, ihn als Ausbund aller Schlechtigkeit hinzustellen und so die Geschwornen mit der richtigen Rachestimmung gegen die Schutzbündler zu erfüllen. Nach dem, was die zwei Regierungsblätter aus den Sonntagsvorfällen in Klosterneuburg gemacht haben, wie sie diese Vorgänge ausgebeutet, nach dem selbst für diese Blätter erstaunlichen Quantum von Lügen und Entstellungen, die sie daran geknüpft haben, ist es für uns gar nicht zweifelhaft, daß die ganze Geschichte aus einer absichtlichen Stänkerei der Frontkämpfer entstanden ist: man bedurfte eines aktuellen »Vorfalls«, um die Gelegenheit zu einer niederträchtigen Hetze gegen den Schutzbund zu erlangen, welche bewußte, planmäßig ersonnene Hetze die Bestimmung hatte, ihre Wirkung in den Gerichtssaal zu tragen – was ihr auch glanzvoll gelungen ist. So hat man das Verantwortungsgefühl der Geschwornen untergraben, und da es unter ihnen auch Leute gegeben hat wie jenen Geschwornen, der so breit und laut gelacht hat, wenn er eine Zeugenaussage verhöhnen wollte und der, was diese Geschwornenbank schon ausreichend kennzeichnet, dann zu ihrem Obmann erwählt wurde, so haben die strategischen Manöver der Regierungspresse zum Ziele geführt, zu dem ersehnten Ziele: daß die angeklagten Frontkämpfer freigesprochen worden sind, daß das Schießen in Schutzbündler hinein als straflos erklärt wird. Fluch und Schande allen denen, die an dieser Verhöhnung der Gerechtigkeit, an der Vereitlung der Sühne für eine Tat, die an Mord grenzt, Anteil haben.

Und alles, was da von dem »Terrorismus« der Schutzbündler, der sich damals in Schattendorf entfaltet haben soll, gefabelt und gelogen worden ist, hat sich in Nichts aufgelöst. Es steht fest, daß aus ernsten Gründen, die sich aus der besonderen Lage des Burgenlandes ergeben, zwischen den politischen Parteien vereinbart worden ist, im Burgenland auf die Bildung von Schutzformationen zu verzichten. Es steht fest, daß sich die Sozialdemokraten an diese Vereinbarung, die ihnen doch politische Opfer auferlegt, gehalten haben, daß aber dieser Vereinbarung entgegen, und zwar auf Machinationen von Wien aus, im Burgenland Frontkämpferorganisationen gegründet wurden, die Gründung von Schutzbundorganisationen nachgefolgt ist und nur ein Akt der Abwehr war. Es steht fest, daß die Versammlung der Schutzbündler für jenen Sonntag schon längst in Aussicht genommen war, und daß die Schutzbündler nicht verpflichtet sind, wenn sie eine Versammlung abhalten wollen, die Herren Frontkämpfer um Erlaubnis anzugehen, ist wohl selbstverständlich. Es steht fest, daß an jenem Sonntag in Schattendorf nichts passiert wäre – denn daß die Reibereien, selbst wenn sie sich zu ein paar Schimpfworten steigern oder in eine ungefährliche Rauferei ausarten, noch lange nichts Entsetzliches sind und nur eine abgründige Heuchelei aus ihnen ein furchtbares Verbrechen zu machen vermag, das ist ganz selbstverständlich. Der ganze Tag wäre ohne jede weitere Erschütterung verlaufen, es wäre vielleicht eine Versammlung gestört worden, was wirklich kein Weltereignis ist und sich schon auch außerhalb Schattendorfs ereignet haben wird. Nichts hätte sich ereignet, wenn diese drei Frontkämpfer, die die Waffen sorgfältig vorbereitet hatten und in deren Wohnungen an Munition soviel gefunden worden ist, daß es schon zum Kriegführen ausgereicht hätte, nicht hätten schießen wollen: wenn diese in der wahren Frontkämpfergesinnung so gut erzogenen Leute ihrem Haß- und Rachetrieb nicht freie Bahn gelassen hätten. *Sie wollten aber schießen:* sie wollten sich die Mühe der Vorbereitung zum Schießen nicht unnötig gemacht haben! Und diese Schandtat, in lebendige Menschen wie in ein jagdbares Wild hinein-

zuschießen, haben die feilen Regierungsblätter immerzu entschuldigt, bemäntelt, gerechtfertigt; die Sühne für sie zu vereiteln, war ihr bewußtes Bestreben! Mit den Elenden auf der Geschwornenbank, die diese Freisprechung auf dem Gewissen haben, sind die mitverantwortlich und mitschuldig, auf deren Anstiftung dieser feile »Wahrspruch« zurückzuführen ist.
Aber ihnen allen, die der Geduld des arbeitenden Volkes mit den Freisprechungen der Arbeitermörder eine so schwere Belastung zufügen, ihnen allein sei gesagt, daß sie da ein frivoles, ein gefährliches Spiel treiben. Denn wenn die Arbeiter erkennen müßten, daß es für sie in dieser kapitalistischen Ordnung keine Gerechtigkeit gibt, daß die Justiz zur Komödie herabsinkt, wenn ein den arbeitenden Menschen zugefügtes Unrecht zu sühnen ist, dann wird der Glaube an diese Gerechtigkeit vernichtet und das Vertrauen zu ihr verschüttet. Denn die Versagung der Gerechtigkeit ist das Schlimmste, was den arbeitenden Menschen angetan werden kann, und wenn sie das einmal erkennen und ihr Bewußtsein von dieser niederdrückenden Tatsache erfüllt wird, so ist es um die Rechtsordnung geschehen. Die bürgerliche Welt warnt immerzu vor dem Bürgerkrieg; aber ist diese glatte, diese aufreizende Freisprechung von Menschen, die Arbeiter getötet haben, weil sie Arbeiter getötet haben, nicht schon selbst der Bürgerkrieg? Wir warnen sie alle, denn aus einer Aussaat von Unrecht, wie es gestern geschehen ist, kann nur schweres Unheil entstehen.

Oscar Pollak
DER BLUTIGE TAG
(1928)

Oscar Pollak war nur selten Reporter. Ein grauenvoller Tag der jungen Ersten Republik machte ihn vorübergehend dazu. Euphemistisch sind die Ereignisse des 15. Juli 1927 unter dem Stichwort »Justizpalastbrand« in die Geschichtsbücher eingegangen, gleichwohl der Begriff »Blutbad« zutreffender wäre.
Oscar Pollak, damals als außenpolitischer Redakteur der sozialdemokratischen Wiener »Arbeiter-Zeitung« tätig und bereits als Nachfolger von Chefredakteur Friedrich Austerlitz favorisiert, hatte jener Tag tief getroffen. Die zum ersten Jahrestag voller Lebendigkeit und Betroffenheit geschriebene Reportage zeugt davon. Pollak schildert den Ablauf und klagt damit das Versagen der Polizei an, ihr zunächst provokantes und schließlich unverantwortliches Verhalten. Während die bürgerliche, regierungsnahe Presse die aufgebrachten Menschen vor dem Wiener Justizpalast als »Mob« denunziert und Friedrich Austerlitz mit dem Hinweis auf seinen engagierten (vorstehend auch abgedruckten) Leitartikel illegitimerweise als Anstifter beschuldigt hatte, versucht Pollak mit seiner Reportage – im Nachtrag – ein differenziertes Bild wiederzugeben. Er streicht dabei freilich die um Kalmierung bemühten Akteure aus den Reihen der Sozialdemokratie und des »Republikanischen Schutzbundes« hervor, beschreibt aber trotz großer Betroffenheit unvoreingenommen die Opfer auf beiden Seiten.
Drei Jahre später übernimmt Pollak, nach dem Tod von Austerlitz 1931, im Alter von 38 Jahren die Chefredaktion der »Arbeiter-Zeitung«. Das autoritäre Dollfuß-Regime beraubt ihn allerdings bereits 1934 dieses Postens, indem es das Blatt verbietet und ihn wie viele andere ins Exil treibt.

Warum sollte einer nicht auch das Kleine des großen Tages schildern? Tausende haben es erlebt; in gleicher Furchtbarkeit haftet es in aller Erinnerung.
In der Früh im Parteihaus. Die Erregung über den Freispruch der Schattendorfer Arbeitermörder lastet auf ganz Wien. Die Elektrische steht. Manche wissen nicht, was los ist, aber alle fühlen unklar, daß

etwas los ist. Die Arbeiter der Parteidruckerei, die Genossen aus den Bureaus strömen auf die Straße. Eine Versammlung, eine Ansprache, ein spontaner Entschluß. Wir ziehen in die Stadt!
Auf dem Wege durch die Gumpendorfer Straße schließen sich uns die Arbeiter der »Steyrermühl« an. Noch hat die Stadt ihr gewöhnliches Gesicht. Auch die Stimmung im Zuge ist nicht außergewöhnlich. Wir biegen in die Ringstraße ein, nähern uns dem Parlament. Da – zum ersten Male seit vielen Jahren sieht man sie einer Arbeiterdemonstration gegenüber: *berittene Wachleute*. Und schon wird der Zug erregt. Schon fliegen Rufe – dann Pferdehufe – dann Säbel – dann Steine ...
Am Schmerlingplatz. Otto *Glöckel* kommt vom Parlament, versucht zu reden, zu beruhigen. Aber schon wieder sausen im Galopp, mit geschwungenen Säbeln, die Berittenen daher. Und wo sie vorüberkommen, dort schlägt wilde Empörung auf, dort fliegen die Flüche, bald auch die Bretter. Menschen laufen hierhin und dorthin: sinnlos, aufgeregt, geraten allmählich außer Rand und Band. Man stampft auf: Welcher Polizeiesel hat denn ... Herrgott, sie sollen doch diese Berittenen abziehen!
Aber sie ziehen sie nicht ab. Die Berittenen jagen weiter herum. Einzelne Wachleute zu Fuß laufen, geraten ins Gedränge, werden mißhandelt. Die ersten Barrikaden entstehen: als Schutz gegen die Berittenen. Man weiß nicht, was draus werden soll.
Ich treffe einen Kollegen von der Redaktion. Wir tauschen Beobachtungen aus, trennen uns wieder im Gewühl. Mit einem zweiten komme ich gerade zurecht, um zu sehen, wie in der Bartensteingasse Steine in ein Fenster fliegen. Es klirrt und kracht. Da zeigt sich ein Wachmann beim Fenster. Sofort heißt's: Er hat geschossen. Die Menge stürmt gegen das Haustor.
Aber wenige Minuten später, an der Ecke des Parlaments, schießt einer wirklich. Einige Wachleute, offenbar in den Justizpalast eilend, werden attackiert. Einer hat den Revolver gezogen. Die Menge weicht zurück. Er macht ein paar Schritte vor und schießt. Die Menge hat keine Schußwaffen.
Dann heißt es: Die Wachstube in der Lichtenfelsgasse brennt.
Als wir hinkamen, gelingt es gerade dem Schutzbund, der Feuerwehr einen Weg frei zu bahnen. Ein Genosse hatte den Einfall gehabt, zu rufen: »Hoch unsere Genossen von der Feuerwehr!« Das half. Die

Menge gab den Weg frei. Die Wachstube ist schon fast ausgebrannt. An einem Laternenpfahl hängt die zerrissene Uniformbluse eines Wachmannes.
Die Feuerwehr löscht. An dieser Stelle sind eigentlich wenig Leute. Ein kleiner Haufe geht gegen das Tor eines Nebenhauses los. Keine dreißig Schritte davon steht ein Gefrornesverkäufer mit seinem Karren und macht in der Mittagshitze gute Geschäfte.
Dann brennt der Justizpalast.
Jetzt wird's furchtbar ernst. Furchtbar heiß. Furchtbar rot und stellenweise furchtbar roh. Wachleute werden gejagt, laufen um ihr Leben. An ihren Uniformhosen erkannt, werden selbst schon Verwundete geschlagen. Immer höher schlagen die Flammen.
Die Feuerwehr steht untätig, aufgehalten von einer gar nicht zahlreichen Menge wild erregter Menschen, die schreien und drohen. Ich versuche, gleich vielen andern, zu begütigen. Es nützt nichts.
Ein unvergeßliches Bild: der *Bürgermeister* hoch oben auf der Feuerspritze. Seit sie ihn dort gesehen haben, in dieser Stunde der Gefahr, lieben ihn viele Parteigenossen mehr als je.
Aber auch das nützt nichts. Endlich trifft der Schutzbund ein, wird, wo er sich zeigt, von der Menge lebhaft begrüßt. Ein Versuch, von Julius *Deutsch* angeführt, zum Justizpalast vorzudringen, ist fast gelungen. Da – ein Knattern. Die Menge stutzt. Aber viele, die im Kriege waren, erkennen es gleich mir: das ist *Gewehrfeuer.* Das ist die erste Polizeisalve, die alles in wilde Flucht jagt, alles vernichtet ...
Jetzt schreckhafte Ruhe. Nichts geschieht, keine Aktion, kein Plan wird sichtbar. Verwundete werden ins Parlament getragen – immer mehr. Der Platz vor dem Justizpalast ist für einen Augenblick fast menschenleer. Außen herum, die glühende Hitze vermeidend, die schon die Fenstergitter frißt, komme ich über die Stufen in die große Halle. General *Körner* ist da, die hohe Gestalt aufrecht, den Bart voller Ruß: befehlgebend, ruhig, imponierend. Mit der Meldung, daß der letzte Wachmann aus dem brennenden Haus gerettet ist, schickt er mich ins Parlament. Die Gelegenheit für einen neuen Vorstoß der Feuerwehr ist günstig. Es gelingt, einen Zug Schutzbund hinzuführen, den Platz abzusperren: eine Feuerspritze, geführt von Gemeinderat *Reismann,* kommt bis an den Justizpalast heran. Da kracht wieder eine Salve ...

Und nun geht es los, ohne Milde. Die Schwarmlinien der Polizisten werden sichtbar, die flüchtenden Menschen, die zielenden Schützen. Auf der Mauer des Wohnungsamtes in der Bartensteingasse leuchtet grausig, mit frischem, rotem Menschenblut geschrieben, das Wort »Rache!« Und Verwundete gibt's ... Der Eingang zum sozialdemokratischen Klublokal im Parlament, der Nebensaal, die Portierloge, der Hof: alles voll mit Tragbahren, Stöhnenden, Blutenden, Verbundenen. Der Geruch des Verbandplatzes, eine der grauenhaftesten Erinnerungen des Krieges, vertreibt mich. So wie in dieser Toreinfahrt sah es in einer Kaverne aus ...

Während ich hinausgehe, stürmen Genossen herein, schreiend, weinend: »Gebt uns Waffen! Sie schießen uns z'samm ...«

Wieviel Uhr mochte es sein, als wir uns zum Weg in die Redaktion zusammenfanden? Hinter dem Parlament, auf der Mitte des Trottoirs eine furchtbare Blutlache; und mitten darin liegt ein Geschoß, das eine gräßliche Wunde gerissen haben muß: auf den ersten Blick kenntlich – verbogen, abgeplattet. Ein Geller, sagten wir damals.

Auf der Straße sind viele Menschen, die gegen die Stadt zu strömen. Wo nicht geschossen wird, gehen sie ganz ruhig. Aber immer häufiger hört man schießen. Da und dort laufen sie.

Es ist halb fünf, wir haben nichts gegessen, sind müde vom vielen Gehen. In einem Kaffeehaus in der Nähe der Redaktion treffen wir Max *Winter*. Seine journalistische Begabung entwirft den ersten Plan zum Bericht. Der Beruf bindet uns für Stunden an die Redaktionsräume, ans Telephon, an die Schreibmaschine.

Der Abend kommt, dieser fürchterlich niedergedrückte Abend im Parteihaus, voller Menschen, voller Geräusche, voller Gerüchte, voller Entmutigung. Im Hofe liegen erschöpft die braven Schutzbündler. Von Zeit zu Zeit Kommandorufe, das Summen eines vollen Hauses, einer gedämpften Erregung. Das Telephon hat aufgehört zu funktionieren. Aber alle fünf Minuten kommen wahnsinnig erregte, verzweifelte Menschen, bringen Hiobsbotschaften, Greuelnachrichten: die Polizei schießt in ganz Wien. Unsere Kollegen gehen wieder hinaus. Einer gerät in der Mariahilferstraße in die Menschenfalle, muß sich zu Boden werfen. Und aus allen Bezirken dieselben Meldungen voll Schrecken und Blut.

Die Setzer treffen ein. Einer unserer Metteure in Schutzbunduniform mit einem riesigen Blutfleck an der Seite: da, neben ihm, ist der

Genosse R. gefallen, das ist sein Blut. Die Maschinen beginnen zu arbeiten, zwingen den Redakteur, das gleiche zu tun. Spätabends machen unsere Kollegen in zwei Abteilungen eine Rundfahrt durch die Bezirke, bringen nichts Neues: noch immer vereinzeltes Schießen da und dort. Eine Nacht des Fiebers und des Grauens hat sich auf Wien herabgesenkt. Auf unser Wien, das rote Wien, das jetzt rot ist von Arbeiterblut.

Keine Zeit zum Fäusteballen ... Endlich ist das erste »Mitteilungsblatt« fertig. Die Seiten sind geschlossen, die Rotationsmaschine beginnt zu laufen. Die Redaktion ist leer geworden.

Um halb drei Uhr früh legen wir uns, unser drei, in dem einzigen Zimmer der Redaktion, das einen Teppich hat, auf den Boden. In unsere Erschöpfung tönt das Stampfen der Maschine. Im Halbschlaf klingt's wie ein Maschinengewehr ...

Joseph Roth
DER MERSEBURGER ZAUBERSPRUCH
(1930)

Dies ist der zweite Beitrag einer Folge, die unter dem Obertitel »Harzreise« im Dezember 1930 in der »Frankfurter Zeitung« erschien. Damit nimmt Joseph Roth unmittelbar Bezug auf die berühmten »Reisebilder« von Heinrich Heine, deren erster Teil eben den Titel hatte »Die Harzreise«. Deshalb wohl bezeichnete er diese Reise gleich im ersten Satz des ersten Beitrages »Brief aus dem Harz« als ein »literarisches Wagnis«. Statt der landschaftlichen Schönheit, deretwegen dieses »brave deutsche Mittelgebirge« berühmt ist, empfangen den Reisenden Dezemberregen, Nebel und Wind. Düsternis beherrscht den Brief an einen fiktiven Adressaten: »Ich weiß, lieber Freund, was Sie an dieser Stelle sagen werden: ›Übertreiben Sie nicht! Pointieren Sie nicht! Lügen Sie nicht!‹ – kurz und gut. Allein, ich bin es nicht, der übertreibt und zuspitzt. Die Dinge treiben sich selbst auf die Spitze, ein destruktiver Satiriker hat sie geschaffen. Es ist mir, als schriebe ich sie nur ab. Ich schildere sie nicht.«
In der »Dumpfheit des öffentlichen Lebens in den kleinen Städten« sieht Roth eine tödliche Gefahr: »Adolf Hitler's Physiognomie«. Diesen ersten Brief unterzeichnet er als »Ihr getreuer und äußerst trauriger Joseph Roth«.
Als Joseph Roth sich auf seine Harzreise begab, hatte er sein kurzes Intermezzo bei den »Münchner Neuesten Nachrichten« hinter sich und war wieder zur »Frankfurter Zeitung« zurückgekehrt. Die damit verbundene Verpflichtung, pro Monat tausend Zeilen zu schreiben, empfand er freilich als Last.
In dieses Jahr fällt auch das Erscheinen seines Romans »Hiob«, das dem ewig in Geldnöten Befindlichen einen gewissen Erfolg brachte. Nun versucht er sich an einem Werk, das er »meinen Altösterreichischen Roman« nennt, dem »Radetzkymarsch« (1932). Beide Romane sind übrigens in der »Frankfurter Zeitung« in Fortsetzung erschienen.
Wie pessimistisch ihn diese im Auftrag der »Frankfurter Zeitung« unternommene Harzreise stimmte, geht aus einer Äußerung gegenüber seinem Vetter Fred Grubel hervor, den er unmittelbar danach in Leipzig besuchte: »Ihr wißt ja gar nicht, wie spät es ist. Diese Städte stehen fünf Minuten vor dem Pogrom.« Diese so hellsichtig gesehene

politische Entwicklung beeinträchtigte nun auch seine journalistische Arbeit.
»Zusätzliche Probleme bekam Roth, weil er gelegentlich mit unbequemen Wahrheiten aneckte. Als er für kurze Zeit den Redakteur der Rubrik ›Bäderblatt‹ vertrat und Leserbriefe über die miserable Qualität des Frühstücks in deutschen Hotels druckte, rollte auf die Frankfurter Zeitung eine Welle des Protests erboster Hoteliers zu. Im Zusammenhang mit seinem Artikel ›Der Merseburger Zauberspruch‹ nahmen Vertreter der IG Farben massiven Einfluß auf den Herausgeber, als Roth die Leunawerke als Giftgasproduzenten attackierte. Vermutlich pfiff die Redaktion ihren Reporter sogar von der ›Harz-Reise‹ zurück, denn die Artikelserie bricht plötzlich und unvermittelt nach drei Folgen ab. In einem Brief an seine Schwiegermutter hatte Roth fünf Artikel angekündigt« (Klaus Westermann: Nachwort. In: Joseph Roth: Werke III. Das journalistische Werk 1929–1939. Köln 1991, S. 1073).

Lieber Freund,
versprach ich Ihnen nicht letzthin, Details aus dem Harz zu berichten? Ich möchte Sie bitten, noch einige Zeit darauf zu warten. Ich will Sie heute, wie ich hoffe, reichlich entschädigen. Bei dieser Gelegenheit bitte ich Sie auch, die unsystematische, ja bewußt systemlose Art meiner brieflichen Berichte zu entschuldigen. Sie entspricht der systemlosen Art meines Reisens. Wie rührend gläubig hatte ich noch vor einer Woche versucht, den Spuren Heines zu folgen! Und wie bald gab ich es auf! Mag seine klassisch gewordene Harzreise seinen eigenen Anforderungen damals entsprochen haben und denen seiner Leser, mag sie heute durch den Glanz erhöht sein, der die unsterbliche Persönlichkeit des toten großen Schriftstellers umgibt: Die Harzreise verträgt keine genaue Kontrolle mehr, ich muß sie leider desavouieren. Heinrich Heine war, im Harz wenigstens, ein oberflächlicher Reisender. Was er sah und hörte, ward ihm vom Zufall zugeweht, dem trügerischen und gefährlichsten Freund der Schriftsteller. Es stieß ihm zu. Mit heiterem Gleichmut nahm er es auf, schrieb er es hin. Ich bewundere den graziösen Leichtsinn, mit dem dieser anmutige Sohn der Musen den Ursprung des Namens Goslar – die Stadt, in der er sich gerade aufhält – in dem Fluß »Gose« vermutet, statt sich bei einem beliebigen Einwohner die Bestätigung zu holen. Es war der Hochmut des Romantikers gegenüber den

Tatsachen. Die zufällige Begegnung mit dem und jenem Reisenden, der ihn ebenso in Schwaben wie in Pommern über den Weg hätte laufen können, schien dem Dichter wichtiger. Uns aber, lieber Freund, denen in einem langen und mörderischen Kampf mit den steinharten Tatsachen dieser Welt die Grazie allmählich abhanden kommt und denen Gott wahrlich keine Gunst mehr erweist, wenn er sie durch eine immer grausiger werdende Welt schickt, uns steht es nicht mehr an, die Anekdoten aufzulesen, die im Winde des Zufalls einherwehen, und von Begegnungen zu plaudern, die zu dem Ort, an dem sie stattgefunden haben, keine gültige Beziehung haben. Ja, und die Welt hat sich außerdem verändert. Die kleinen Orte gleichen einander wie ein Ei dem andern. Manches von dem, was man vor hundert Jahren auf sechzig Seiten schildern durfte, kann heute gerade noch in sechzig Zeilen mitgeteilt werden.

In anderen Orten dagegen ereignet sich heutzutage so manches Seltsame, ja Ungeheuerliche, und geht dennoch unter in der grauen Anonymität des polyphonen Geschehens dieser Zeit. Der dichte und schnelle Staub des Vergessens bedeckt im Nu Begebenheiten, von denen man eigentlich ausdauernd singen und sagen müßte und deren Überlieferung an Enkel und Urenkel die vornehmste Pflicht unserer schreibenden Männer wäre. Die hurtigen Berichterstatter der hurtigen Zeitungen, die sich doch mit so jäher Begeisterung dem Unheil zuwenden und mit so großen Lettern die Katastrophen, die sich abspielen, zu geschilderten Katastrophen potenzieren, haben merkwürdigerweise manchmal die Neigung, den Donner, der einen Schrecken kündet, zu überhören und den Flammenschein einer unwahrscheinlichen Feuersbrunst zu übersehen. Ja, lieber Freund! Es gibt große, ehrliche Katastrophen, die in der geradezu lächerlichen Form von kleinen Mitteilungen in die Zeitungen gelangen und im unübersichtlichen Wirrwarr des Nonpareille für eine Nachricht »aus der Gesellschaft« gehalten werden können. Sie sind ja in der Tat Nachrichten aus der Gesellschaftsordnung sozusagen, und die Zurückhaltung, mit der sie mitgeteilt werden, dekuvriert sie eigentlich als große Skandale. Es scheinen die einzigen zu sein, bei denen die Journalistik eine unerwartete Delikatesse anwendet. Denn weshalb haben Sie noch nichts von dem Dorf *Runstedt bei Merseburg* gehört? Und wenn sie es zufällig gehört haben, weshalb haben Sie es vergessen? Es wurde totgeschwiegen, bewußt oder unbewußt. Es wurde, das Dorf, nicht nur umgebracht, sondern auch totgeschwiegen. Zwar wurde es im Interesse der Allgemeinheit vernichtet. Allein, gerade in diesem verzweifelten Krieg, den »die Allgemeinheit« gegen das Einzelne führt, der »Fortschritt« gegen den Bestand, das Wandelbare gegen das Historische, die Technik gegen die Natur, entwickelt sich ja die echte Tragik unserer Zeit – und ihre Künder, die Zeitungen, hätten eigentlich die Hälfte ihrer Spalten mit den Schicksalen des Dorfes Runstedt füllen müssen. Nur scheint die unbewußte Scham der Öffentlichkeit in diesem Falle stärker gewesen zu sein, als man noch hätte hoffen dürfen. Die Scham überwinden und dennoch darüber schreiben: Dazu mangelt es offenbar an Talent. Die nackten Tatsachen in ihrem grauenhaften Ausmaß zu berichten, verhinderte wahrscheinlich einfach die Furcht. Denn das Dorf Runstedt wurde von einem mächtigen Gegner vernichtet, jenem gewaltigen Unternehmen, das von unserer merkwürdigen technischen Begabung zeugt, dem Lande ohne Zweifel unermeßlichen Nutzen bringt, dessen Namen ehrfurchtsvolles Schweigen in der Welt auslöst und das dennoch, wie ein häßliches und notwendiges Geschwür, die Natur in Mitteldeutschland frißt, Gestank verbreitet und produktive Wüsten schafft, das Gesicht der Erde vernichtet und in ihren Eingeweiden ruchlos und zweckhaft kramt. Ich meine die wunderbaren *Leunawerke*.

Steigen Sie in Merseburg in die Straßenbahn, die nach Frankleben führt, und Sie werden bald in die Gegend gelangen, von der Sie kaum werden sagen können, ob sie verzaubert oder verflucht ist. In der Nacht wird Sie wohl schon oft der Zug an diesen Stätten vorbeigeführt haben. Blickten Sie durch das Fenster, so sahen Sie sich an einem immensen Lichtermeer vorbeigleiten, einer festlich illuminierten Welt. Labsal dem Aug'. Wie ein großer See aus silbernem Feuer liegen die Werke, eingetaucht in die Schwärze der Nacht, und noch lange verharrt der Reisende in dem Gefühl, an einer außerordentlichen Kirmes vorbeigefahren zu sein, und in dem Bedauern, den Zug nicht angehalten zu haben. Sehen Sie, mein Lieber, das ist gewissermaßen unsere Place de la Concorde. Leider stinkt sie nach Ammoniak, es ist streng verboten, sie zu betreten, die Menschen, die dort beschäftigt sind, sind Arbeiter, das Gift frißt an ihren Lungen, wie die Bagger in der Erde wühlen, aber sie erzeugen Kunstdünger, dem wir unser Brot verdanken. Hier stinkt's wie Giftgas – und es ist in der Tat ein leichtes, die Stoffe, aus denen man den Dünger herstellt, in Gift zu verwandeln, und die Geräte, in denen der Segen quirlt, zu Gasherden umzugestalten. Hielten Sie wirklich einmal an und stiegen Sie hier aus, Sie würden sehen, wie mörderisch der Kampf ist, den die Technik gegen das Land führt. Hier vollzieht sich der Untergang der Welt, auf daß sie gedüngt werde. Noch läuten hier und dort die Glocken von den kleinen Kirchtürmen der Dörfer, aber sie läuten mit jeder Stunde ihren eigenen Tod ein. Noch wiehert ahnungslos das Pferd im Stall, nicht wissend, daß es in dieser Gegend des eklatanten Fortschritts ein Überrest aus einer verschwundenen Zeit ist, anachronistischer als ein Mammut. Noch ertönt von den Weiden her das tiefe, friedliche Blöken der gehörnten Tiere, noch geht der Bauer im bäuerlichen Gang, mit geknickten Knien, über die Schollen, noch riecht es aus den Gehöften her warm und heimlich nach Mist und Tier und Milch und Heu. Aber die Vögel, die ahnungsvollsten und sensibelsten unter den Geschöpfen dieser Welt, sind seltener geworden und werden immer spärlicher, und ein alter Bewohner des Landes, Hüter eines Friedhofes, erzählte mir mit sachlichem Gleichmut, daß im Frühling die Lerchen nicht mehr trillerten wie noch vor zwanzig Jahren. Er war kein Poet, der Mann, der es mir sagte, und er wußte wohl, daß ihn bald die Erde des Friedhofs decken würde, den er betreute. Er sagte es gleichgültig wie eben einer, der ohnehin nicht mehr lange den Gesang der Lerchen gehört hätte und der schon seit geraumer Zeit bereit ist, die Stimmen der Engel zu vernehmen. Er war ein genauer Beobachter, ich glaube ihm alles, ich kann den Lerchen nicht zumuten, in dieser Gegend zu trillern. Die riesigen Schornsteine der Leunawerke senden den tödlichen Gestank in die himmlische Bläue jener Regionen, in denen sich Lerchen wohl fühlen. Wer kann singen, wenn es stinkt? Nur die Haustiere bleiben, weil sie an den Menschen gebunden sind. Nur die Wiesen grünen, weil Gras ausdauernd ist. Nur spärlicher Wald ist hier und dort noch vorhanden, weil die Bäume erst der Sprengkapsel weichen und der Axt. Es sind die letzten Grüße der Natur, ihre letzten Versuche, mit ihrem Frieden, der ihre Waffe ist, der Fabrik standzuhalten, und mit ihrem Segen, der ihr einziges Argument ist, dem Gestank zu begegnen. Umsonst, umsonst! In zehn Jahren wächst hier kein Gras mehr. Umgestülpt wird der Leib der Erde, ihr Inneres zuoberst gekehrt, geringgeschätzt werden die Früchte, die ihr Schoß freiwillig gespendet hat, die geheimen Schätze und Urgründe dieser Früchte werden aus dem aufgeschnittenen Schoß hervorgezerrt und in jene Nahrung verwandelt, die eine Zwillingsschwester des Giftes ist und die nährt, indem sie tötet, die umbringt, indem sie nährt. Wie diese Nahrung eine Schwester des Giftes ist, so ist unser Friede ein Bruder des Krieges. Wir können düngen, aber wir können auch schießen. Auf unserem Segen ruht unser Fluch.

Dieser Art Segen ist nun ein ganzes Dorf zum Opfer gefallen, und ich fuhr hin, seine Überreste zu sehen. Und ich ging zu Fuß durch die sterbende Natur, es war wie ein Krankenbesuch, nein,wie ein Leichenzug. Und der Sterbende war schon eine Leiche und sein eigener Friedhof zugleich, aber nicht er, sondern sein Mörder roch nach Verwesung, und verglichen mit ihm, der den Verurteilten ja überleben sollte, war die Agonie noch lebendig und das Überlebende war leichenhaft. Oh, welch eine Welt! Der Moder ist hier gesünder als das Leben, die Fäulnis ist fruchtbar und mordet die Gesundheit, der Gestank tötet den Duft, und das Geheul betäubt den Gesang: und davon leben wir! Ja, die Dörfer sind noch an einigen Stellen, wie Dörfer sein sollen, mit Hütten und Gehöften und einer holperigen Straße, mit Geflügelstimmen, Bauernjoppen und Mägden mit Kopftüchern. Der Himmel ist zartblau, wir befinden uns mitten in einem rostgoldenen Herbsttag, am Horizontrand umzingelt von nebligem Silberring. Aber was sag ich? Horizont? Nebel? Von einer Seite her umstellen Mauern und Schornsteine das Land, und ob es wirklich Herbstnebel sind, die ich sehe, und nicht Gase? Mischen sich diese gar mit jenen? Ahnungslose, gescheckte, fromme Kühe spazieren langsam einen Hügel hinan, geradewegs den Schornsteinen entgegen, der steinernen Festungsmauer, und zupfen Gras wie vor tausend Jahren und mahlen es mit geduldigen Kiefern, als hätten sie noch lange zu leben. Fromm, wie die großen Kühe lustwandeln, wachsen unter ihnen die kleinen Gräser, die bescheidenen, demütigen, dazu bestimmt, von den großen roten Kiefern zermahlen zu werden und gekaut und wiedergekaut und sich in natürlichen Dünger zu wandeln, der so weit zurückbleibt hinter dem Ammoniak! Im Wettlauf mit der jungen Chemie hat die alte Natur eine Niederlage nach der anderen erlitten. Die Retorte ist klüger als die Erde.

Also nähere ich mich dem Dorfe Runstedt, das nicht mehr vorhanden ist. Es war ein stattliches Dorf, mit zwei Rittergütern, vierundzwanzig Hofbesitzern, sieben Hausbesitzern ohne Grund, zweihundert Hektar Gesamtgemarkung, mit einer alten Kirche, deren Grundmauern noch aus dem Jahre 1350 stammten. Es war ein altes Dorf, mit einem ehrwürdigen Namen, eine Stätte der Runen war es, benachbart der Heimat der ehrwürdigen Merseburger Zaubersprüche, nach einer Chronik wird Runstedt 1085 zum erstenmal genannt, schon im dritten Jahrhundert war es eine germanische Siedlung, Hermunduren dürften an dieser Stelle gewohnt haben, an der heute die Industrie die Vandalen übertrifft. Um das Jahr 1900 nach Christi Geburt beginnt man, nach Kali zu graben, der Michel-Konzern und die Mansfeld AG kaufen das Land auf, man zahlt das Vierfache des Bodenpreises, und die Bauern sind glücklich. Sie ahnen nicht, was in der Welt der Generaldirektionen, der Börsen, der Wirtschaft vorgeht. Sie haben Geld und legen es in sichern Papieren an und leben vorderhand noch auf ihren alten Gehöften. Aber der Krieg kommt, die Inflation, die sicheren Papiere lösen sich auf, die hungrige Weltwirtschaft schreit immer heftiger nach Kali und Kohle, die Besitzer fangen an, das Dorf Runstedt niederzureißen. Die Bauern ziehen mittellos weiter, hinein ins Land, mit wertlosen, sicheren Papieren. Und der Bagger kommt, der große Bagger, wie ein Tank rollt er heran und untergräbt die steinernen Wurzeln der Häuser und stößt seine eisernen Zähne in die alte Erde und reißt Fleischklumpen aus ihrem lebendigen Leib. Und der graue Schutt rieselt über die grünen Felder, und die Häuser klaffen auseinander, und man kann noch an den verbleibenden Wänden die schattenhaften Spuren der Möbel sehen, die seit Jahrhunderten dieser Wände Zierat und Hausrat waren, die letzten Grüße der Geschlechter, die längst verweht sind wie Spreu im Lande. Schon taumelt die Kirche, schon neigt sich das Kreuz. Da ist es, als riefe die Erde von Runstedt ihre Kinder. Die ehemaligen Runstedter kamen im Sommer 1929 in der taumelnden Kirche mit dem Rest der Einwohner zusammen. Sie veranstalteten einen Gottesdienst. Sie beten. Sie beten für das Seelenheil des gemordeten Dorfes. Sie schütteln sich die Hände und gehn wieder auseinander. Dann ergreift der Bagger die Kirche. Die bunten Scheiben zersplittern zuerst, die heiteren Filter der Sonne, mit wehmütigem Klirren. Dann lockern sich knirschend Steine und Ziegel, bröckeln ab, stürzen aus der Höhe mit dumpfem Schlag. Dann ist's ein Trümmerhaufen, das Gotteshaus.

Ich sehe mich um. Mitten durch das Land ist ein weiter, tiefer Graben gelegt, braun und flach ist die Erde, Schienenstränge ziehn sich schimmernd bis zu den Mauern der unheimlichen Festung. Zu meiner Rechten stehn noch ein paar Ruinen. Altwarenhändler laden auf Gefährte aller Art Mobiliare aller Art. Ein alter, triefäugiger Hund, er stammt aus dem edlen Geschlecht homerischer Hunde, zottelt verlegen und wankend durch die Reste von Gärten, reibt sein altes Fell an Resten von Zäunen, es ist, als suchte er, ein Wächter und Nachkomme von Wächtern, nach Gegenständen zur Bewachung. Wo habe ich diesen Anblick schon erlebt? Im Kriege, im großen Kriege. Arbeiter stehn gebückt mit Schaufeln und Spaten, schwere Lastautos zeichnen tiefe, schmale Wunden in den weichen Weg. »Ja«, sagt ein Arbeiter, »weg ist weg! Ab mit Schaden! Gegen die Technik kommt keener an!« »Und wo«, frage ich ihn, »sind die Toten?« Er zeigt mit der Hand in eine leere Stelle: »Hier war einmal der Friedhof! Man hat sie übersiedelt, die Toten, sie liegen jetzt in Frankleben!«

In der Tat, sie liegen jetzt in Frankleben, die Toten! Aus der ewigen Ruhe, zu der man sie einst bestattet hatte, mußte man sie für eine Weile wecken, zwecks Übersiedlung. Und sie erhoben sich, mit Kreuz und Kegel, sie verließen den Boden, der aus den Gebeinen ihrer verstorbenen Ahnen bestand und der sich leider in Kali verwandelt hatte, und sie zogen auf Geheiß der Weltwirtschaft nach Frankleben und legten sich wieder unter einen frischen Rasen. Ich gehe ihnen nach, auf den neuen Friedhof von Frankleben. Ich sehe Stein um Stein und frage den alten Wächter, wie lange es wohl dauern wird, bis die Toten wieder die Erde werden verlassen müssen. Bald wird man in Frankleben Kali oder Kohle oder Nitroglyzerin entdecken. Die Weltwirtschaft veranstaltet ihre eigenen Jüngsten Gerichte, weil das wirkliche so lange auf sich warten läßt. Die Weltwirtschaft übersiedelt die Toten. Sie geht über Leichen und verschafft ihnen dann neue Quartiere. Sie zieht Christi Kreuze aus der Erde und fabriziert Gelbkreuze unter dem Schutz von Hakenkreuzen. Weg ist weg! Ab mit Schaden! Gegen die Technik kommt keener an!

Begreifen Sie, lieber Freund, daß ich mich einen halben Tag lang von dieser Stätte der Weltwirtschaft nicht trennen konnte, als wäre ich ein geborener Runstedter? Ja, so war es. Erde ist Erde, überall meine Heimat, denn die Technik ist immer meine Fremde. Ich sah die riesenhaften Schlote im Halbkreis heranrücken, gegen Tote und

Lebende, gegen Friedhöfe und Höfe, immer näher rückten sie, den Rauch, der alles zuerst verpesten sollte, schickten sie voraus. Es war ein Generalangriff der Schlote, immer enger wird ihr Halbkreis, immer dichter schließt sich ihr fürchterlicher Bogen. Und ich stand da, wissend wie ein Mensch und ohnmächtig wie jene blökende Kuh, und ich begriff, daß wir zueinandergehörten, sie und ich. Leidensgefährten waren wir, Todesgefährten.

Entschuldigen Sie, lieber Freund, diesen trostlosen Brief Ihrem ergebenen

Joseph Roth

II.

»Aus der Geschichte der österreichischen Rechtspflege . . .«

Eduard Pötzl
DIE POLIZEI IST DA!
(1906)

Das ist ein klassisches und in seiner satirischen Grundhaltung für Pötzl typisches Wiener Feuilleton. Sein Inhalt ist eine Parabel über die dumpfe Infamie der Menschen. Es nimmt die Geschwätzigkeit, den Tratsch und die Vorurteile, aber auch den Opportunismus der Kleinbürger aufs Korn.
In der Szenerie, einem Zinshaus der besseren Sorte mit seinem typischen Personalinventar, treffen höchst unterschiedliche Welten und Charaktere aufeinander. Andeutungsweise scheint da auch die von Johann Nestroy entworfene Wohnklassentheorie »Zu ebener Erde und erster Stock« durch. Für Pötzl eröffnet das Aufeinandertreffen unterschiedlicher Wiener Welten die Möglichkeit, entsprechendes Lokalkolorit durch Mundart, genaue Typenbeobachtung und -kunde einzubringen.
Witz und Sarkasmus bestimmen den Text, aber auch eine Grundhaltung kritischer Satire, deren Ziel nicht das gemeinsame Lachen, sondern das Lachen über andere ist.
Wie jede Komödie lebt auch der Plot dieser Geschichte von einem fundamentalen Mißverständnis. Aber aus der Beschreibung dieses Mißverständnisses und seiner Folgen resultiert Klarheit: über den Neid, das Mißtrauen, die Sensations- und Klatschsucht, vor allem aber über die Intoleranz der Kleinbürger. So gesehen ein Schlüsseltext über den »Wienerischen Hamur« und seine »Mir san mir«-Mentalität.

Die Nachricht flog im Flüsterton durch das ganze Haus. Aus der Loge des Hausmeisters war sie entkommen und schwirrte hinauf über alle Treppen des prachtvollen Stiegenhauses bis zum Atelier des Malers in der nördlichen Mansarde. Das Morgenlicht hatte sich ehedem frohgemut durch die bunten Scheiben auf die glänzenden Fliesen und vergoldeten Gitter des vornehmen Zinshauses ergossen und diesem ein heiteres Ansehen verliehen.
Jetzt war es plötzlich vorüber mit der Heiterkeit des Morgens. Wie ein graues Käuzlein strich die Nachricht von der Ankunft der Polizei durch die schönen Räume und verbreitete überall eine peinliche,

Unheil ahnende Stimmung. Im ganzen Hause hörte man das vorsichtige Öffnen von Türen und schleichende Tritte zu den Plattformen der Treppe.

Die Parteien wisperten untereinander, die Dienstboten machten die unglaublichsten Ausflüchte, um recht oft die Treppe passieren zu können, und die Hausmeisterin war bereits dem Backenkrampf nahe wegen der zugleich vielsagenden und geheimnisvollen Miene, die sie in dieser Situation anzunehmen für ein Gebot ihrer Würde hielt. Ihr Gatte hatte sich unterdessen in das erste Stockwerk hinaufgeschlichen, um ein bißchen an der Tür des Herrn Meyer zu horchen, den die Polizei abzuholen im Begriffe stand.

Er hörte nichts; eine unheimliche Ruhe herrschte in der Wohnung. Offenbar wurde im letzten Zimmer das erste Verhör mit dem Unglückseligen aufgenommen. Der Hausmeister stieg wieder hinunter zu seiner Loge. Auf dem Wege dahin vernahm er ein Halbdutzend »Pst, pst« aus den oberen Stockwerken. Es waren die Verzweiflungslaute neugieriger Parteien, die ihn aufforderten, seine Wahrnehmungen auch nach oben gelangen zu lassen.

Der Hausmeister antwortete mit einer Gebärde, welche ebensogut bedeuten konnte, daß er nichts wisse, wie daß Herr Meyer bereits geknebelt sei und eben auf den Pflock hinaufgezogen werde. Zu seiner Frau aber sagte er, den Finger auf den Mund legend: »Er ist schon beim Verhör.« Die Hausmeisterin nickte befriedigt.

»Mir hat der Mann gar nie recht g'fall'n«, meinte sie, »er hat immer so was g'habt, ich waß net, wia i sag'n soll, so an g'wiss'n Zug ...«

»Du manst wohl den Viererzug, mit dem er vor a paar Monat ausg'fahr'n is. Ja, ja, i hab mr's a allerweil denkt: woher nur der Mensch das viele Trinkgeld nimmt, was er ein'm gibt? Heunt' kann i dir's ja sag'n, wann er mir mannigsmal a Guldenzettel in d'Hand druckt hat, hab ich äußerli g'sagt: ›Küß d'Hand, gnä Herr‹, aber inwendi hab i zu mir selber g'sagt: ›Na, mir wern's schon lesen, was's Neux gibt bei dera Bagasch.«

»Mir is nur weg'n der Schand'«, fuhr die Hausmeisterin fort. »Das is schon der Zweite, den's aus dera Wohnung abhol'n. Allerweil die teuersten Wohnungen suach'n si' die Hochstapler aus. Die nächste Partei muaß m'r a Bestätigung bringen von der Polizei, daß's sozusagen zimmerrein is. Wir vermieten ja rein nur fürs Landesg'richt. Was kann er denn ang'stellt hab'n, der Meyer?«

»Na, was wird er denn ang'stellt hab'n, dumme Gans? Wies d' so fragen kannst. Betrogen hat er und g'wiß net unter aner Million. Dös gibt den höcheren Strafsatz, ›zwischen Lebenszeit und drüber‹.«
»Jessas na«, mischte sich die von einem fingierten Ausgange zurückkommende Köchin vom zweiten Stockwerk in das Gespräch, »dös vergunn i denen Leut'n. So an Fum hab i mein Lebtag net g'seg'n. Dö Gnädige hat ja net g'wußt vor lauter Stolz, ob's a Pfau oder a Giraff' is. Und jetzt wird dös Klampfererg'sindel eing'spirrt. Dös muaß i glei' ob'n weitersag'n, daß dö G'schicht schon so weit is. Wann s' n' abführ'n, tan m'r Spalier machen.«
Die Botschaft der Köchin vom zweiten Stockwerk hatte die Wirkung, daß binnen fünf Minuten die Hausmeisterloge von ungefähr zwanzig Hausgenossen gefüllt war, die dem Augenblicke, da Herr Meyer von der Polizei hinweggeschleppt würde, mit Sehnsucht entgegenharrten. In den halblaut geführten Gesprächen kam zutage, daß die Polizei viel zu sorglos ihres Amtes gewaltet habe, indem sie erst so spät nach Herrn Meyer griff; denn jeder von den Anwesenden hatte längst gewußt, daß es mit Herrn Meyer nicht richtig sei, und es hatte nur keiner davon sprechen wollen, weil man sich eben nicht gern in fremde Angelegenheiten mische und niemand in den Sack schaue, notabene wenn Leute so zugeknöpft sind, wie es der saubere Herr Meyer stets war, wovon man nun den Grund klar genug sehe.
Der Maler von der Mansarde war auch unter den versammelten Freudtragenden. Er hatte Skizzenbuch und Bleistift bei sich, um sofort den ersten Entwurf zu einem bei Lampenlicht und düsterer Harmoniumbegleitung voraussichtlich fabelhaft zugkräftigen Sensationsbilde zu verfertigen, betitelt: »Verhaftung einer entlarvten Wohnpartei.«
Inzwischen befanden sich die beiden Sicherheitswachmänner, deren Frage nach Herrn Meyer die öffentliche Meinung des ganzen Hauses in solche Wallungen gebracht hatte, im Vorzimmer der Meyerschen Wohnung. Atemlos stürzte das Stubenmädchen zur Frau des Hauses und meldete: »Um Gotteswill'n . . . die Polizei is da . . . Sie fragt nach dem gnädigen Herrn.« Ein wenig befremdet, begibt sich die Frau in das Schlafzimmer, wo Herr Meyer noch mit seiner Toilette beschäftigt ist.
»Du, die Polizei ist da und will mit dir sprechen.«
Herr Meyer hebt ruhig den Kopf und sagt: »Laß die Herren nur einen

Moment warten, ich bin gleich fertig. Wird eine Auskunft betreffen oder dergleichen.«

Frau Meyer tritt voll zärtlicher Besorgnis auf ihren Gatten zu: »Paul, hast du nichts auf dem Gewissen? Du warst dieser Tage im Reichsrat . . . ich wollte dir ohnehin schon die Rettungsgesellschaft nachsenden . . .«

»Nein, meine Liebe, beruhige dich«, lacht Herr Meyer. »Du weißt ja, ich trage nicht die Würde eines Abgeordneten, und als einfacher Zuhörer weiß man sich zu mäßigen. Schicke mir nur getrost die Polizei in das Empfangszimmer.«

Die beiden Wachmänner überreichten Herrn Meyer mit artigen Worten ein Kuvert. Darin befand sich eine Ehrenkarte für den – *Ball der Wiener Sicherheitswache* nebst einer beschriebenen Visitenkarte.

»Meine Herren«, sagte Herr Meyer, »es hätte nicht erst dieser Empfehlung Ihres Vorgesetzten und meines Studienfreundes bedurft, um mich für den Zweck dieses Balles, die Stärkung des Fonds für Ihre Witwen und Waisen, zu gewinnen. Hier meinen besten Dank für Ihre Einladung.«

Die beiden Wachleute rasselten eine Minute später die Stiege abwärts. Sie trieben keinen Gefangenen vor sich her. Das Logenpublikum beim Hausmeister wollte seinen Augen nicht trauen.

»Ein nobler Mann, der Herr von Meyer«, sagte der eine Wachmann zu dem andern, ohne von der Ansammlung der Hausbewohner Notiz zu nehmen. »Wenn alle reichen Leute so wären! . . .«

Der Hausmeister verjagte seine betroffenen Logengäste, indem er brummte: »Ja, auf was warten S' denn eigentli? Was bilden S' Ihnen denn ein? Hab i's net glei' g'sagt und in die Stockwerke 'naufdeut', daß beim Herrn von Meyer alles in schönster Ordnung is? Die beste Partei im Haus, da d'rauf laß i nix kommen. Beinand mit der Marie (Geld) und a Ehrenmann a, was die Hauptsach' is. Alle Achtung! . . .«

Max Winter
EINE NACHT AUF EINEM POLIZEIKOMMISSARIAT
(1899)

24 Stunden dauert der Dienst des Kommissärs, alle paar Tage trifft es ihn. Für eine Nacht hat er Gesellschaft. Der Sozialreporter Max Winter beobachtet ihn und seine Arbeit für die »Arbeiter-Zeitung«. Er entdeckt im Kommissär einen »Mann ohne Nervosität«, einen ernsten und gütigen Richter mit sozialem Verständnis.
Die Reportage ist die Sammlung einer Reihe »hochinteressanter sozialer Bilder«, »in ihrer Summe der soziale Niederschlag einer Nacht auf einem Polizeikommissariat.«
Winter verpackt seine Botschaft von der Not und dem Elend der Armen, des Proletariats, in anschauliche, durch die häufige Zitation authentische »soziale Bilder«. Das Polizeikommissariat macht er zum Ort der Abhandlung der Konflikte in der Gesellschaft und ihrer Kleinkriminalität. Bei der Analyse der Fälle stößt er vor allem auf den Alkoholismus als zentrale Ursache und gleichzeitigen Ausfluß der erschütternden sozialen Lage und Ausweglosigkeit der unteren Schichten. »Not und Elend« könne man, so Winter, »als die eigentlichen Regisseure dieser Vorführungen erkennen«.
Er schildert 23 Fälle aus dieser Nacht.
Max Winter liebte solche Innenansichten. Er verließ sich nicht auf noch so genaue Zeugenaussagen und Sozialberichte, er mußte Teil einer Szenerie werden, dabeisein, um Ereignisse authentisch und unmittelbar beschreiben zu können. Und tatsächlich: Von innen sah er anderes, Wirkliches besser und genauer. Auch erhöht sich durch so faszinierende Introspektion natürlich der Reiz für jene Leser, die noch keine Nacht, in welcher Rolle auch immer, im Polizeikommissariat zugebracht haben.
Der Reporter, der sich an jene Orte begibt, an denen die öffentliche Sache abgehandelt wird, steht dort stellvertretend für die ausgesperrte Öffentlichkeit. Diese Arbeiten hatten Transparenz zum Ziel, aber auch die Erlangung einer gewissen Unangreifbarkeit. Denn zweifellos lassen sich Beschwichtigungen und Entgegnungen leichter vorbringen, wenn ihnen nicht die Person des Reporters und sein »Ich war dabei« entgegensteht.

Die Amtsstube ist dumpfig, niedrig. Zwei Schreibtische – Rücken an Rücken – bei den Fenstern, vier Stühle, ein eiserner Ofen auf gemauertem Sockel, ein Lederdivan und ein massives Büchergestell, auf dem die in blaue Decken gebundenen Protokolle modern – das ist die Einrichtung. Hinter dem einen Schreibtisch baumelt an der Wand eine Seidenschnur. Sie stellt die Verbindung mit dem Glockenzug her. An diesem Tische sitzt der Kommissär. Ein kurzgestutzter dunkler Vollbart umrahmt sein Gesicht, in dem ein paar ruhig blickende Augen sitzen. Ich möchte ihn den Mann ohne Nervosität nennen. Ruhig wie sein Auge ist sein Wesen, das beim Handeln indes nicht der Lebendigkeit entbehrt. Er hat viel zu tun. Eine unruhige Nacht folgt dem bewegten Tage. Die Geschichte einiger Seiten des Protokollbuches, das als nächstes auf der Stellage Platz finden wird, wollen wir erzählen. Sie ist eine Kette hochinteressanter sozialer Bilder, die einander fast ohne Unterbrechung folgen. Sie sind in ihrer Summe der soziale Niederschlag einer Nacht auf einem Polizeikommissariat. Der *Alkoholismus* und *unglückliches Eheleben,* die in ihrer furchtbaren Wechselwirkung sich fast immer gegenseitig folgen, haben in der bunten Bilderreihe hervorragende Stellen. Sie treten fast immer als die äußeren Ursachen in Erscheinung. Wer tiefer blickt, wird unschwer die Not und das Elend der breiten Volksmassen als die eigentlichen Regisseure dieser Vorführungen erkennen.

Der unterstandslose Lehrbub

Es ist halb 9 Uhr. Der Amtsdiener führt einen Jungen vor. Sein Gesicht ist rußig. Die schwieligen Hände sind geschwärzt. Er hat einen schmierigen, schwarzglänzenden Schurz umgebunden. »Ein Schlosserlehrbub, den sein Meister davongejagt hat und der sich unterstandslos meldet!« . . . Mit diesen Worten führt der Amtsdiener den Jungen vor. Dieser dreht seine Stoffkappe in den Händen, da er vor den Kommissär tritt. Er ist ein lebhafter Junge. Bevor ihn noch der Kommissär fragt, fängt er seine Leiden in gebrochenem Deutsch zu erzählen an.

»Bitt' schön, ich waß nicht, was hat Master wull'n, ich hab nicht verstanden. Und da hat mi g'sagt: Geh zum Teufel, wannst nit hörst. Ich brauch di' net! und hat mich a paar Watschen geb'n.«

Der Kommissär: »Hat er dich verletzt?« – Der Junge versteht den

Ausdruck: »verletzt« nicht. – »Hast a Wunden?« – »Na, bitt' schön.« Von der Gasse herein dringt gedämpfter Lärm in die Amtsstube. Auf den Milchglasscheiben der Fenster tanzen Schattenbilder vorüber: Bubenköpfe mit und ohne Hut. Es ist eine Arretierung mit dem üblichen Gefolge. Den Kommissär stört der Aufzug nicht. Er fährt in seinem Verhör fort.

... »Und dann bist du fortgegangen? Wohin denn?« – »Bitt' schön! Zu andre Master. Der hat mir g'nummen, aber Master hat zu andere Master g'sagt, er soll mir net nehmen.« – »Möchst d' wieder zurückgeh'n? Wir werden den Meister herrufen.« – »I mußt schön bitten, ich kann nit so deutsch. I kann nit so deutsch.« – »Na, wir werden schon sehen!«

Der Kommissär nimmt noch Name und Adresse des Meisters auf, verfaßt eine Vorladung und sagt dann zu dem Jungen: »Setz dich draußen nieder. Hast denn niemand in Wien, daß du auf die Polizei übernachten kommst?« – »Bitt schön, ich hab nix Freundschaft und kann nix schlafen.« – »Na, dann mußt d' warten.«

Die Wirkungen des Alkohols

Schon während des letzten Teiles dieser Einvernahme drang vom Amtsvorzimmer dumpfes Dröhnen herein. Dem abtretenden Jungen begegnet in der Tür der Amtsdiener. Er meldet: »Eine renitente Arretierung ist da. Sieben oder acht san dran g'hängt. Husaren und Infanteristen.« – »Bringen S' den Mann herein!« – Die Tür ist halb geöffnet. Wie das Grunzen eines wütenden Schweines schlagen die unartikulierten Laute dieses – Menschen ans Ohr. »Oder warten Sie«, fügt der Kommissär hinzu, »ich geh selbst hinaus.« In dem engen Raum draußen sind fünf bis sechs Polizisten auf einem Haufen beisammen. Eine bewegte Masse von Menschenleibern, schlecht beleuchtet von dem Schein einer Lampe. Einen Moment nur wird zwischen zwei Rücken der gerötete Kopf des Rasenden sichtbar. Er ist ein noch junger Mensch, fast bartlos ... Sie drücken ihn auf die Bank nieder, die längst der Wand läuft. »I lass' mi net totstechen!« Diese Worte lösen sich von dem heiseren Grölen deutlich los. Der Kommissär ist jetzt mitten unter den Wachorganen und Amtsdienern, die den Wütenden bändigen wollen. »Bringen S' ihn hinaus«, sagt er ruhig. Eine Türe zum Hof wird geöffnet, und dadurch schleppen sie den Volltrunkenen. Sein Hemd ist an der Brust offen, den Rock trägt ein Amtsdiener nach. Während dieser Szene springt ein chargierter Soldat lebendig hin und her. Bald ist er im Knäuel der Wachen, bald in dem Vorzimmer der Amtsdiener. Schließlich eilt er zur Tür hinaus.

Der »Retter«

Die Hoftür ist geschlossen. Das Wutbrüllen verhallt hinter den Mauern des Arrests, wohin der jetzt schon Gefesselte gebracht wird. »Der Arzt ist zu verständigen!« Mit diesen Worten geht der Kommissär in das »Journal«-Zimmer zurück. Hinter ihm kommt der Wachmann, der die Arretierung vorgenommen hat. Mit ihm ein Mann in Zivil. Es ist der »Retter« des Wachmannes. Er will auch gleich das Wort ergreifen. »Wann i net bin . . .«

Der Kommissär (zum Wachmann): »Was hat's also 'geben?« –

Der Wachmann: »Er hat a paar Damen per Huren beschimpft. A Korp'ral war a mit ihm. Die sind zu mir 'kommen, und ich hab' ihn ang'halten. Da hat er mich gleich ang'fahr'n und Wachebeleidigungen hat 'r ausg'stoßen, und beim Kragen hat er mi nehmen woll'n . . .« –

Der »Retter«: »Lausbua, du hast nix z' fress'n, hat 'r g'sagt.« –

Der Wachmann: »Ja, und bei der Brust hat er mi g'nommen.« –

Der »Retter«: I war sei Schiedsrichter . . . Wann i net bin, so ist der Wachmann herg'richt. Am ganzen Weg hab'n m'r z'tuan g'habt. Ein gefährlicher Mensch is er scho'. Wann i net bin, i sag's ja . . .« –

Der Kommissär: »Jetzt sind S' ruhig, sonst kann ich ja net schreiben.« –

Der »Retter«: »Um d' Erd' hätt' 'r 'n draht, wann i net bin.«

Das hatte den »Retter« noch gedrückt. *Das* hatte er noch sagen müssen. Er weidet sich jetzt in dem stolzen Gefühl, eine große Tat vollbracht zu haben. Er gibt Namen und Stand an. Er ist ein Wiener Kleingewerbetreibender mit – zwei Adressen, der jetzigen und der künftigen. Zuerst gibt er die eine an, dann fährt er mit seiner Hand aufs Protokoll und sagt mit Gönnermiene: »Schreiben S' lieber . . .« (Folgt die neue Adresse)

In wenigen Minuten ist das Protokoll gefertigt. Zwischen Tür und Angel sagt der »Retter« zum Wachmann: »Jetzt kann i a Lauferei a no hab'n mit der G'schicht.« Sehr ernst nimmt er es mit dieser Sorge übrigens nicht, denn während der nächsten Amtshandlung, die dieser gleich folgt, ist sein Bierbaß durch die Tür hörbar. Er hat sich herabgelassen, die Geschichte, wie er den Wachmann rettete, auch den Amtsdienern zu erzählen: »Wann i net bin . . .« usw.

Ein Pechvogel

So muß man entschieden den Helden der nächsten Amtshandlung nennen. Ein guter Vierziger im Werktagskleid der Bauarbeiter. Die Gutmütigkeit steht ihm im geröteten Gesicht. Nach dem Feierabendtrunk geht er ruhig nach Hause. Sein Weg führt ihn über freies Feld. Auf einmal stoßt er an etwas an. Es fühlt sich für den Fuß wie Menschenleiber an. Grausen packt ihn und gleich darauf Schrecken. Die Leiber werden lebendig, er sieht sich drohend umringt: »Du hast uns anpacken woll'n«, schreit eine Stimme und gleich darauf Weibergekreisch . . . auf freiem Felde in finsterer Nacht. Er lauft, was er Beine hat. Steine fliegen ihm nach, und Verfolger heften sich an seine Fersen: »Aufhalten! Aufhalten!« – »Wem?« – »Den mit der weiß'n Hosen.« Er hat eine sandgelbe Hose. In der Nacht mag sie weiß scheinen. Er lauft, was er kann . . . die wilde Jagd hinter ihm. Jetzt haben sie ihn. Er wird dem Wachmann übergeben. »Der hat an' anpackt.« Wegen Bedenklichkeit nimmt ihn der Wachmann mit. Die Ergreifer und »Zeugen« folgen.
Nun steht der Pechvogel vor dem Kommissär. Mit weinerlicher Stimme erzählt er die Geschichte . . . von seiner Begegnung mit Menschenleibern auf freiem Felde in dunkler Nacht. »Bitt' schön, i bin nur ang'straft, und da hat mi' aner Staner nachg'wurfen. I geh alle Tag über den Feld. No nie is mi was g'scheh'n. Jesus, den Unglück . . . i hab mein Leben noch nit a Vietlstund' Straf' g'habt, was ich auf den Welt bin.« Er gibt dann noch Namen, Stand und Adresse an. »Ledig?« fragt der Kommissär. – »Na, bin ich verheirat', hab ich an Weib z' Haus.« – »Also wir werd'n halt Ihre Frau rufen lassen!« (Zum Amtsdiener:) »Ist abzuführen. Die Zeugen soll'n hereinkommen.«

Klassische Zeugen

Da stehn sie, ihrer drei. 13, 15 und 19 Jahre alt. Der Älteste nimmt zuerst das Wort: »I hab'n nur aufg'fangt.« – *Der Kommissär:* »Warum?« – »No, weil er an' anpackt hat; wissen S', unser' Gegend is so viel unsicher. Unser Herr is gestern anpackt wurd'n, mei' Frau hab'n s' vurige Woch'n anpackt, heut nacht san drei verschütt't wur'n.« –

»Sie, das interessiert mich alles nicht. Haben Sie von dem Vorfall was g'sehn?« – »Nein.« – »Also wer hat dann was g'sehn?«
Neben dem großen Neunzehnjährigen verschwindet fast ein kleiner Knirps in einem blauen »Barchentjanker«, ein »Schräuferl« im Ohr ... Dieser meldet sich jetzt lebhaft. »I waß'! A Herr, na a junger Bursch und a junge Fräul'n hab'n g'schrian: ›Der wüll uns anpack'n!‹ und hat an Stan g'wurf'n, daß no' die Kathi g'schrian hat: ›Net do werfen, sonst kunnten S' uns treff'n!‹ und da samer g'rennt ... ihm nach.« Der kleine »Pülcher« war ganz in Eifer geraten. – *Der Kommissär:* »Wie kummst denn du auf d' Nacht auf das Feld?« – »Ja, i muaß Milli austrag'n.« – »Gehst in d' Schul'? In d' Bürgerschul'?« – »Na!« – »Wie alt bist denn?« – »Dreizehn, ins vierzehnte Jahr.« – »Da muaßt do scho' in d' Bürgerschul' geh'n! In welche Klass' gehst denn?« – (Verschämt lächelnd:) »In d' dritte. I bin a paarmal sitzenblieb'n.« Wie er das sagt, lacht ihm der richtige Lausbub aus den Augen. Was kann aus dir noch werden, armes, unverständiges Elendskind!
Der dritte Zeuge, der intelligenteste von allen dreien, hat auch nichts gesehen. Er ist nur beim »Aufhalten« mit dabeigewesen. *Der Kommissär:* »Ja, und wo ist denn das Paar, das er anpackt haben soll?« – »Die sind a Weil' mit'gangen, aber dann san s' a'bogen.« – »Die werden auch die Richtigen gewesen sein.« – »Vielleicht hat 'r weg'n sein Madl net mitgehen woll'n«, entschuldigte der Fünfzehnjährige das Paar, auf das der Pechvogel auf freiem Felde in dunkler Nacht gestoßen war ...

Die geschiedene Frau als Prostituierte

Ein junger Wachmann tritt ein. Er legt die Rechte salutierend an den Helm und klappt militärisch mit den Fersen zusammen: »Eine Arretierung wegen Nichteinhaltung der Prostitutionsvorschriften.« Der Amtsdiener, der zufällig im Zimmer anwesend ist, gibt seinen Text drein: »Das ist eine sehr Bekannte.« – »Sie soll ein bissel warten«, sagt der Kommissär, »jetzt kommt gleich mein Nachtmahl.« – Schon ist auch der Kellnerjunge im Zimmer. Er stellt ein Rindsgulasch und ein Glas Bier auf den unbenützten Schreibtisch. Zehn Minuten später – 9 Uhr 20 Minuten – nimmt der Dienst seinen Fortgang.
Die Prostituierte wird hereingeführt. Sie ist klein, blond, alternd. Ihr Rock ist von einer schwarzen Clothschürze verhüllt. Eine graubraune

Winterjacke deckt eine Commodebluse aus rosa Flanell. Der weiche, haarige rosa Stoff ist unter der geöffneten Jacke sichtbar. Eine Kopfbedeckung trägt sie über ihrem flachshell gefärbten Haar nicht.
»Küß d' Hand!« Mit einem tiefen Knicks tritt sie hervor.
Der Wachmann (im Amtsstil) » . . . Dieselbe ist auf der Hauptstraße auf- und abgegangen und hat die Passanten in zudringlicher Weise belästigt.«
Der Kommissär nimmt die Generalien ab. »Sie heißen? . . . Sie sind – Prostituierte! Katholisch? . . . Ledig?« – »Katholisch, geschieden, bitte.« – »Sie haben ein Gesundheitsbuch?« – »Ja.« – »Sie, wie Sie sich das Buch g'nommen hab'n, da ist Ihnen ausdrücklich vorgelesen worden, daß Sie nicht auf der Hauptstraße spazierengehen dürfen?« – »Mir ist nix vorg'lesen word'n, i bitt'!« – »Aber reden S' net, einer jeden wird's vorgelesen. Ist es richtig, haben Sie mehrere Passanten ang'sprochen?« – »Na, i bitt', in der Dingsgassen da hat mi a Bekannter g'seg'n . . .« – »Immer dieselbe Ausred'.« – »Er hat 'glaubt, i wohn' no in mein' alten Haus.« – »Sie, es heißt, Sie hab'n Männer angesprochen?« – »Na, i net.« – »Der Wachmann sagt's aber.« – Dieser: »Jawohl!« – Das »Mädchen« zum Wachmann (weinerlich): »Herr Wachmann, schau'n S', zum zweitenmal . . .« – *Der Wachmann* (bestimmt): »Sie hat zwei Herren angesprochen. Einen in der Dingsgasse und dann einen zweiten auf der Hauptstraße. Der ist mit ihr gegangen.« – *Die Prostituierte:* »Ja, es war a Bekannter von mir. Er wär' mit mir 'gangen. Aber wia mi der Herr Wachmann vor ihm g'stellt hat, hat er si scheniert und is 'gangen.«

Hunger tut weh

Der Kommissär: »Also auf der Hauptstraße. Immer dieselbe Geschichte. Das darf nicht sein. Die anständigen Damen halten sich mit Recht darüber auf.«
Die Prostituierte (in Weinen ausbrechend): »Sie wissen nicht, wie uns die Frauen sekkieren, wenn wir nichts verdienen.«
Der Kommissär: »Sie sind eine verheiratete Frau, leben getrennt; haben Sie sich denn keinen anderen Erwerb gewußt?«
Die Prostituierte (unter heftigem Weinen): »Die Not hat mich dazu 'zwungen. Net amal a Paar Schuh kann i m'r kaufen. So hungert m'r von an Tag auf'n andern.«
Der Kommissär: »Führen Sie sie ab und kommen Sie wieder herein.«

Der Wachmann gibt dann nochmals detailliert seine im Amtsstil gehaltene Aussage ab, die protokolliert wird. Unterdes öffnet sich die Tür. Eine neue Erscheinung tritt auf den Plan.

Der Doktor

»Gut'n Abend!« – »Guten Abend!« – »Was gibt's?« – »Einen Betrunkenen. Äußerst renitent. Sie müssen ihn untersuchen.« – »Was hat er denn gemacht?« – »Einen Wachmann bei der Brust gepackt.« – »Öffentliche Gewalttätigkeit?« – »Nein, ist nicht vorhanden. Tätliche Beleidigung.« – »Wann ist er gekommen? Schon lange?« – »Draußen ist es vorgemerkt.« – Der Doktor geht und kommt während der nun folgenden Amtshandlung wieder zurück. Er reicht dem Kommissär ein zweiseitig beschriebenes Blatt hin: »Unzurechnungsfähigkeit! Total angetrunken.« – »Danke!« – »Gut'n Abend!« – »Guten Abend!«

Der Branntweinteufel

Der Kommissär zieht an der Glockenschnur. Der Amtsdiener erscheint. »Führen Sie mir jetzt den (aus dem Protokoll einen Namen lesend) vor, vielleicht ist er jetzt schon mehr beruhigt.« Bald klopft es schüchtern an die Tür. Der Kommissär (zu sich): »Aha, jetzt klopft er schon an.« Gleich darauf steht ein rußiger, dunkeläugiger Mann mit aufgedunsenem Gesicht im Zimmer. Seine Haltung ist nicht ganz sicher. Die linke Backe scheint geschwollen. Auf dem Kopfe trägt er eine Kompresse. Er ist Mitte der Dreißig. »Sie sind katholisch, verheiratet. Sie leben getrennt?« – »Na, getrennt net, i bitt' schön, sie hat m'r die Wohnung ausg'ramt, m'r sein ›nur‹ vonanander.« – »Sie sollen ja schon alles versoffen hab'n? Fünf, sechs Gläser trinken Sie beim Branntweiner.« – »Ich steh' direkt im G'schäft, o na, i hab' a schware Arbeit ...« – »Aufpassen jetzt. Sie san Kohlenaustrager? In an Gasthaus soll'n Sie Ihrer Frau gedroht hab'n. Sie war da, passen S' jetzt auf, was sie angibt. (Aus dem Protokoll lesend:) ›Er hat mir gedroht, er wird mich, wenn ich mich mit einem anderen zusammenziehe, heute noch mit Vitriol übergießen. Er wird mich umbringen. Was er erreichen will, weiß ich nicht.‹ Sie fürchtet sich vor Ihnen. Haben Sie oft Streit g'habt mit ihr?« – »A paar Woch'n hab'n m'r uns g'stritten. Früher einmal. Unter zwei Monat' gar nicht mehr.« – »Wie lang' sind Sie nicht mehr beieinand'?« – »Vierzehn Täg, länger is 's net.« – »Sie hat die ganzen Kinder?« – »Eins hat s'! Ans is am

Land, und ans hat der Bruader g'nummen.« – »Na ja, an die armen Kinder geht's aus! Sie hab'n ihr am Samstag zwa, drei Gulden bracht, und am Dienstag hol'n Sie 's wieder. Was hab'n S' denn Lohn?« – »Acht Guld'n die Woch'n. Da muaß i m'r Frühstück, Gabelfrühstück, Mittag, Jausen und Nachtmahl davon zahl'n. Wann i dann am Montag ka Geld net g'habt hab, hab i g'sagt, sie soll m'r a Krone geb'n. Mir bleibt ja nur am Tag a Krone.« – »Und die tun S' versaufen.« – »O na, i iß ja do' a was.«
»Ich muß Sie dem Landesgericht einliefern – wegen gefährlicher Drohung.« – (apathisch:) »Da tun S' mir mei' ganz' G'schäft verderben.« – »Net ich, Ihre Frau hat's verlangt. Sie fürcht' sich. Ich hab ihr vorg'halten, was die Kinder einmal zu ihr sagen werden, wenn sie den Vater ins Landesg'richt gebracht hat. Sie hat aber g'sagt, sie traut sich nicht aussa. Sie is ihres Lebens nit sicher.« – »I hab Zeugen, daß i a ehrlicher Mensch bin.« – »Ehrlich scho', aber roh sind Sie!« – »Mei Frau kann vül sag'n, aber wahr muaß net sein. Da müss'n dann die Zeug'n a herkommen. Vormittag war i durt. Z' Mittag hab'n S' mi' gar net einilass'n ins Wirtshaus. Sie hab'n mir gar nix eing'schenkt . . . (Plötzlich der Ursache gedenkend, lauter:) Sie hat m'r mei Wohnung ausg'ramt. Mei' ganz' Sachen hat s' mir g'nummen. Mei' hat all's g'hört. Sie hat ja nix g'habt, als a Tuchert hat's g'habt.« – »Den Kindern g'hört's und an den Kindern geht's a aus, daß ihr zwei euch net vertragts. Daß ihr so leicht auseinander seid, wundert m'« . . .
So redet der Kommissär dem Mann, der die Drohungen leugnet, eine Weile ins Gewissen, bis der Proletarier beteuert, er hätte nicht die Absicht gehabt, so etwas auszuführen, wenn er es auch gesagt hätte. »I nimm's ja. I will ja nix anders hab'n, als daß sie zu mir kommt. Wir sind verheiratet, und wir soll'n beisammen sein. Es ist wahr, i trink a bissel.«
Der Kommissär: »Wie viel is das bissel?«
Der Mann: »Zwei, drei Glaseln Branntwein. I geh ja ins Wirtshaus essen. Bitt' Ihna, um fünf Sechserln kann m'r ja net vül trinken.«
Der Arrestant wird wieder abgeführt.

Eine Notversöhnung

Der Schlossermeister kommt, der seinen Jungen zum Teufel gejagt hat. »Ja, Sie jagen da den Buben einfach hinaus und kümmern sich nicht weiter um ihn. Das geht ja nicht so!« Mit diesen Worten

empfängt ihn der Kommissär. – »Der Bursch' läuft mir in der Früh fort, was soll ich tun?« – »Können Sie böhmisch?« – »Nein, aber der Bursch kann sehr gut deutsch. Er hat mich net anhör'n woll'n. – »Na, mit seinem Deutschkönnen is' net so weit her. Er kann sehr schlecht deutsch.« – »Ich hab ihn g'nommen und vürig'stoßen, weil er net kummen is, wia i ihn g'rufen hab. ›Kannst net kummen, wann i di ruaf?‹ mehr hab i net g'sagt. Er is dann furt, und i hab ihm seine Sach'n geb'n. Weiter hab i nix g'hört.« – »Sie soll'n ihm aber einen andern Meister ab'gredt haben.« – »I net, höchstens der G'sell, weil der Bua a nix taugt.« – »Vielleicht hat der Bub Angst vor Ihnen g'habt?« – »Er is scho zweimal davongelaufen.«
Der Junge wird vorgerufen. Der Meister demonstriert nun an ihm, wie er es gemacht habe. Er nimmt ihn beim Genick und gibt ihm einen recht sanften Stoß.
Der Kommissär (zum Jungen): »Du darfst auch nicht alles gleich so schwer nehmen. Dafür ist dein Meister Schlosser. Der redet nicht so fein mit die Leut'. Das bringt das G'schäft mit sich. Du mußt folgen und aufpassen. Willst wieder zurückgeh'n zu deinem Meister? Er nimmt dich wieder.«
Der Meister: »Nur mit dem Bemerken, daß es auf kurze Zeit ist, daß er sich wo anders umschaut.«
Der Kommissär: »Dann müssen Sie ihn in Frieden entlassen. (Zum Jungen:) Jetzt gehst mit deinem Meister nach Hause, und vielleicht gelingt es dir, ihn zufriedenzustellen. (Zum Meister): Er ist ein Böhm, ein bißl begriffstützig, dem müssen Sie Rechnung tragen . . .«
Der Meister (im Fortgehen): »So? Der weiß alles so gut wie ich.«
Der Kommissär: »Also in Frieden! Nicht schlagen, sonst kommen Sie noch mit dem Gesetz in Konflikt.«

Ein leichtes Früchtel

Eine sonderbare Gruppe führt der Wachmann auf. Zwei junge Arbeiterinnen – Schwestern –, die ihren wegen Diebstahls verfolgten Bruder bei einer zufälligen Begegnung verhaften ließen. Der 16jährige Bursch erscheint in Kellner-Eleganz. Sein lichtbrauner Überzieher verdeckt einen dunklen Samtanzug. Er ist der Sohn eines Bedienten. Ein Nichtsnutz durch und durch. Die Schwestern sind seine Anklägerinnen. Besonders die ältere, ein 20jähriges Mädchen von wenig sympathischem Äußeren, ist lebhaft. »Du, daß d' die Wahrheit sagst! Hast die

zwa Uhr'n g'stohl'n oder net?« Mit scheu gesenktem Blick gibt er, ohne sonst innere Vorgänge zu verraten, dies zu und auch, daß er die beiden Uhren um 2 fl. verkauft habe. Der Kommissär sagt zu ihm: »Sie scheinen sehr leichtsinnig veranlagt zu sein?« – »Ja, das is er«, fällt die Schwester ein, »er tuat net guat. Wir möcht'n 'n gern in a Zwangsarbeitsanstalt bringen. Der Vatter kränkt si' ja so über den Buam!« – »Er wird dem Kommissariat X. eingeliefert, gehn S' halt morgen hin und verlangen Sie die Abgabe in eine Zwangsarbeitsanstalt.«
Der Junge hört dies alles mit der gleichmütigsten Miene der Welt an. Den wird eine Zwangsarbeitsanstalt nicht mehr bessern. Der ist dem Zuchthaus verfallen ... unwillkürlich empfängt man diesen Eindruck.

Wieder der Pechvogel

Es ist mittlerweile halb 11 Uhr geworden. Der Amtsdiener meldet, daß der wegen Bedenklichkeit eingelieferte Bauarbeiter wohl unter der Adresse gemeldet sei, die er angegeben habe, daß seine Frau in dem Hause aber nicht zu finden sei. »Führen Sie ihn vor!« Schlaftrunken, mit verschwollenen Augen, die das Licht nicht vertragen, kommt er herein. Seinen Rock hat er über die linke Achsel geworfen, die Hose hält er krampfhaft mit der Rechten hinauf. Er kommt in der Arresttoilette, die er in der Eile und Finsternis nicht zurechtmachen konnte. So droht ihm seine weiße Hose, das Erkennungszeichen des Flüchtigen, jeden Augenblick untreu zu werden. Er tritt ganz nahe an den Tisch des Kommissärs heran. – »Was ist denn mit Ihrer Frau? Die laßt sich ja gar nicht anschau'n? Wohnt sie vielleicht woanders? In dem Haus ist eine Frau namens ... nicht zu finden.« – »Ja, bitt' schön, hab ich mit ihr nur g'lebt, bitte schön.« – »Aber Sie kennt man auch nicht in dem Hause. Wohnen Sie schon lang dort?« – »Ja, zehn Jahr', bitte schön. Bin ich schon sechs Jahr' bei an Herrn.« – »Warum haben S' denn g'sagt, daß Sie verheiratet sind?« – »Bitte schön, hab' ich so verstanden. Ich lebt' schon sechste Jahr mit ihr. Sie is a Wäscherin.«

Eine Volkswohnung

Während dieses Verhörs kratzt er sich wiederholt. Der Kommissär taucht ihn etwas vom Tisch weg. »Treten S' zurück, ich muß nicht von allem haben.« (Zum Amtsdiener:) »Ist das Haus weit weg?« – »Ziemlich weit, Herr Kommissär.« – »Aber von der Wachstube nicht?« – »Nein.« – (Zum Pechvogel:) »Wie heißt denn Ihre Frau?«

– Dieser gibt den Namen an. Der Kommissär schreibt ein Telegramm, das die Frau verständigen soll. (Unterm Schreiben:) »Ist in dem Haus vielleicht eine neue Hausmeisterin?« – »Ja, bitte schön!« – Der Kommissär (zu sich): »Die kennt halt noch nicht alle Parteien.« (Zu dem Mann:) »Was haben S' denn da für eine Wohnung?«
»A Kammer, bitt' schön.«
»Was zahl'n S' denn Zins?«
»2 fl. 6 kr., bitt' schön.«
»Wöchentlich?«
»Na, monatlich. I hilf da allerweil a bissel zum Arbeiten.«
»Aber 2 fl. 6 kr. für eine Kammer?! Was ist denn das für eine Kammer?«
»Bitt' schön, Kellerkammer. So von Hof; paar Stufen geh'n's abi.«
Der Kommissär macht das Telegramm fertig und übergibt es dem Amtsdiener. Die Frau soll nochmals gesucht werden. Gemeldet ist sie. »Kann ich noch nicht ham?« fragt der Graukopf. – »Nein, bis das konstatiert ist.«

Ein lustiger Walzbruder

»Von Mariazell hat sich einer unterstandslos gemeldet«, so lautet die nächste Meldung, die der Amtsdiener, und zwar um $^{3}/_{4}$ 11 Uhr, erstattet. »Wenn einer von Amerika auswandert, so kommt er zu uns!« brummt belustigt der Kommissär. »Führen S' ihn herein!« Der Walzbruder kommt mit einem verschmitzten Lächeln bei der Tür herein. Er ist trotz der Devotion des Lumpenproletariers, die er ostentativ zeigt, in heiterster Stimmung.
Der Kommissär: »Sie schauen wieder die Polizei als Verpflegsstation an.«
Der andere: »Ich bitte, entschuldigen Sie, ich komme von Tulln.«
»Was suchen S' denn in Wien?«
»Ich bitte, entschuldigen Sie, ich hab hier Freundschaft. O, bitte sehr.«
»Sie waren ja nach Gablitz geschrieben?«
»Ich bitte, entschuldigen Sie, ich war nach Gablitz geschrieben.«
»Warum sind Sie denn nicht zu Ihrer Freundschaft gegangen?«
»Ich bitte, entschuldigen Sie, ich kann sie jetzt nicht finden. Aus diesem Grunde: Ich bin von Tulln um 7 Uhr weg und nach Gablitz zu einer Tante, und dort hab ich zu Mittag gegessen, und jetzt bin ich mit 13 Kreuzern nach Wien gefahren.«

»Wieso kommen Sie gerade in diesen Bezirk?«
»Ich bitte, entschuldigen Sie, da bin ich aufgewachsen.«
»Was haben Sie für ein Reiseziel?«
»Ich bitte, entschuldigen Sie, ich gehe nach Bruck an der Leitha, in die Kantine, entschuldigen, ich war schon dreimal dort. Ich bitte, wenn das Lager angeht . . .« Er spricht ungarisch fort.
»Sprechen Sie deutsch!«
»Ich bitte, ich kann besser Ungarisch wie der Stuhlrichter.«
»Na, so arg wird's nicht sein. Wie ein Stuhlrichter?«
»Jach bitte, jach kenn ach besser Jüdisch wie der Rabbiner!« Und nun begann er im unverfälschten Jargon zu reden, und plötzlich waren griechische Laute seinem Mund entschlüpft. Im Eifer seines Vortrages zitierte er plötzlich Verse von Homer in der Ursprache.
»Sie können ja auch Griechisch?«
»O bitte, entschuldigen Sie, ich kann auch Tschechisch. Der Herr Sekretär hat mit mir immer tschechisch gesprochen.« Zum Beweis begann er in einem slawischen Idiom zu sprechen. »Ich kann sieben Sprachen sehr gut: Serbisch, Ungarisch, Walachisch, Deutsch, Tschechisch . . .«
»Und da sind Sie nur Hausknecht?«
»Es ist mir nicht gelungen, eine bessere Lebensstellung zu erringen. In der vierten Gymnasialklasse bin ich durchgefallen, und da hat mich mein Vater in die Lehr' gegeben, ich hab auch ausgelernt in Wien, ich bitte, entschuldigen Sie, im Jahr 1872, und seither geh ich in der Welt herum.«
»Da müssen Sie schon weit herumgekommen sein. Was war das weiteste?«
»Serbien, Bulgarien, Rußland.«
»Rußland auch? Können Sie Russisch?«
(Selbstbewußt:) »Ob ich's kann!«
»Da müssen Sie auch einen Paß gehabt haben.«
»Ja, den hab ich mir in Czernowitz gelöst. Verstehen Sie, in das Konsulat bin ich gegangen.«
Mit seinem Vielreden verwickelte er sich zum Schluß in kleine Widersprüche, die aber seiner angeheiterten Stimmung zuzuschreiben sind. »Morgen wird es sich ein bißl leichter mit Ihnen reden.« Damit verabschiedete ihn der Kommissär.

Nachtunruhe

Damit ist der große Anprall dieser Nacht überstanden. Es tritt Ruhe ein. Der Kommissär sitzt am Schreibtisch und fertigt die Protokolle aus. Nur einmal wird er noch in Anspruch genommen. Um $^3/_4$ 1 Uhr wird ein Beamter vorgeführt, der im Rausch die nächtliche Ruhe störte. Er wird auch zur Ausnüchterung abgeführt. Der Kommissär geht in den anstoßenden Raum – schlafen. Es ist 1 Uhr. Bis gegen 4 Uhr bleibt er auf seinem Ruhebette ungestört. Um die Zeit wird ein Musikus eingeliefert, der beschuldigt ist, einem Kollegen die Uhr genommen zu haben. Der »Aufbleiber« – ein Amtsdiener muß immer wach sein – meldet es in kurzem Weg. »Zum Morgenrapport!« Der Kommissär genießt weiter seine karge Ruhe. Eine Viertelstunde früher war dem Kommissär ein verirrter Alkoholiker gemeldet worden. Auch er kam zum Morgenrapport.

Die gute Freundin

Es ist halb 7 Uhr morgens. Das Journalzimmer ist von einer Frau schon aufgeräumt, und eben wirbeln die Amtsstaubwolken in dem Zimmer der Agenten und im Vorzimmer auf. Die Bedienerin ist einen Augenblick mit einer anderen Sache beschäftigt. Es gibt einen kleinen Tratsch durchs Fenster, das in den Hof führt. Zwei weibliche Mühlen mahlen. Jetzt fährt eine männliche brummige Stimme dazwischen. »Was machen S' denn da im Hof. Da hab'n S' nix verlur'n.« Gleich darauf öffnet sich die Vorzimmertür, und einen Einkaufkorb am Arm, kommt eine Frau in den Dreißigern in den Vorraum. Vom Hofe herein knurrt die brummige Stimme. Die Frauensperson gibt aber nicht nach: »Na, na, weg'n den Lackerl Kaffee wird's net aus sein.« Jetzt kommt der glückliche Besitzer des Brummbasses auch in den Vorraum. Ein Wachmann in Hausuniform. »Was suchen S' denn da?« – »Da därf i net sein, in Hof a net. Wo soll i ihr's denn hingeb'n?« – Der Wachmann entfernt sich: »Ich hab halt den Auftrag dazua!« Kaum hat er die Türe geschlossen, so wird die Frau mit dem Einkaufkorb erst recht lebendig: »Na, der hat a no kan g'fressen.« *Die alte Stauberzeugerin* (den Besen ruhen lassend): »Welche is's denn?« – »Die Rote mit der schwarzen Jacken.« – »So?! A fesche Gretl!« – »Weg'n die paar Stund', was s' hat zum Absitzen, so G'schichten z'machen. Soll s' vielleicht ohne Kaffee in der Fruah bleib'n?«

Darüber sind die beiden Weiber bald einig, daß so etwas nicht gut möglich ist.

Der Morgenrapport

Es ist 7 Uhr. Der Kommissär sitzt schon wieder an seinem Amtstisch, um bezüglich des Zuwachses Verfügungen zu treffen. Die Häftlinge seit 7 Uhr abends werden vorgeführt.

Der erste ist ein Lehrling, den sein wunder Finger zu feiern nötigte. Deshalb wäre er natürlich nicht mit der Polizei in Konflikt geraten – wohl aber deshalb, weil er seine Feierstunden dazu benützte, um einer Frau in Kompagnie mit einigen anderen Burschen ihren Lieblingspintscher zu stehlen. Gestohlen haben ihn natürlich die anderen, deren Namen und Adressen er genau angibt, daß er aber eine Ohrfeige, die ihm die Frau gab, als sie ihn mit dem Hund betrat, mit gleicher Münze zurückzahlte, kann er nicht leugnen. Er bleibt in Haft, bis seine Mutter kommt.

Der Rabiate – ausgenüchtert

Der zweite Häftling, der vorgeführt wird, ist der rabiate Arrestant, zu dessen Bändigung wenige Stunden vorher kaum sechs Männer ausreichten. Er ist ein hübscher, hochgewachsener Bursch; ein Fleischhauer von Beruf. »Wie ist denn das zugegangen? Sie hätten ja bald alle erschlagen?« – »Ich weiß selbst nicht, Herr Kommissär.« – »Daß Sie für heute mit einem blauen Auge davonkommen, haben Sie nur dem Umstand zu verdanken, daß sie volltrunken waren. – *Der Amtsdiener:* »Dann haben Sie im Arrest herumgebissen wie ein wildes Tier.« – *Der Häftling:* »Das ist alles das Trinken. I bitt' nur, daß i net mei G'schäft verlier, jetzt vur Ostern.« – *Der Kommissär:* »Sie kommen vors Bezirksgericht . . . Geht fort!« – *Der Amtsdiener:* »Links um!« – Bevor er sein »Kehrt euch« machte, versucht er, dem milden Kommissär die Hand zu küssen.

Gute Bekannte

Der *»Pechvogel«* kommt auch jetzt nicht los.

»Wer Unglück hat im Leben,
Stolpert im Grase,
Fällt auf den Rücken
Und bricht die Nase.«

Seine Frau ist noch immer nicht eruiert. Es wird ein Agent in die Wohnung beordert. Der Pechvogel fügt sich resigniert in sein Schicksal.

Das leichte Früchtl ist auch schnell abgefertigt. Der Amtsdiener meldet, daß die Note über den von ihm begangenen Diebstahl von dem Kommissariat, in dessen Rayon sich der Diebstahl ereignete, bereits eingelangt sei. Er wird also diesem Kommissariat überstellt. »Das Weitere werden Sie schon sehen!« sagt ihm zum Abschied der Kommissär.

Der lustige Walzbruder kommt mit seinem: »Ich bitte, entschuldigen Sie, ich habe einen Rausch gehabt« und mit dem Versprechen los, daß er sofort seine »Freundschaft« aufsuchen, eventuell nach Mödling abreisen werde.

Der »gestörte« Seitensprung

Der zuletzt vor den Kommissär geführte Beamte, der wegen nächtlicher Ruhestörung eingeliefert worden war, entschuldigt sich gleichfalls damit, daß er ein bißchen mehr getrunken habe. Er sei mit seiner Geliebten beim Haustor gestanden, und da habe der Herr Wachmann seine Stellung beim Haustor falsch beurteilt und ihn zur Rede gestellt, worauf er im Gefühl der Unschuld laut geworden sei. – »Sie sind doch verheiratet?« fragt der Polizeiagent. – »Ja, ich bin halt weg von der Frau, das heißt, wir leben nicht gut miteinander. Aber wir haben noch gemeinschaftlichen Haushalt« . . . Der Kommissär macht der Fragerei mit Verkündigung des Urteils ein Ende: § 11: zwei Gulden Geldstrafe, eventuell zwölf Stunden Arrest. Der Amtsdiener folgt dem noch jungen Mann die Börse aus, er zahlt, erhält die Bestätigung und geht. Bei der Türe dreht er sich nochmals um und sagt zu seinem Richter: »Danke sehr! Guten Tag!«

Ein Ausländer ohne Papiere

Wieder kommt einer, der schon vor 8 Uhr abends dem Kommissariat eingeliefert wurde. Ein Taglöhner aus Ungarn, der ohne Papiere in dem Moment aufgegriffen wurde, als er sich in die Stallung eines Milchmeiers einschleichen wollte, um dort zu übernachten. Seine Papiere sind drei Versatzzettel. Sie retten ihn vor dem Schub. Er verspricht, sie zu verkaufen und sofort nach Ungarn abzureisen. Der Kommissär gibt ihn frei.

Ein »Wirbel«

Wieder ein Opfer des Alkohols! Um 5 Uhr früh aufgegriffen – stark angetrunken. »Wie sind S' denn in den Bezirk gekommen. Sie wohnen ja ganz entgegengesetzt?« – »Ja, mit mein' ›Wirbel‹: I waß net, wia i da herüberkommen bin. Na, so a ›Wirbel‹!« – »Das nächstemal trinken S' net so viel. Für heut können S' z' Haus gehn.«

Verkaufts mei' G'wand . . .

Ein Drahrerpaar erscheint. Der Musikus und sein Freund und Anzeiger. Der Musiker ist nüchtern, der andere hat noch immer viele Mühe, das Gleichgewicht zu erhalten. Er trieft vor Edelmut: »I will mein' Freund nicht nahetreten weiters – er hat g'sagt, er zahlt an Absan – und hat sich dann meine Uhr ausgeliehen vom Marqueur und hat damit fortgeh'n woll'n (plötzlich im Deutsch des Salonpülchers): Ich konnte nicht nach Hause gehen: warum? Weil ich keinen Hut nicht gehabt habe.« Der Kommissär sieht bald, daß der Herr Anzeiger noch jetzt sehr angeheitert ist, und wendet sich an den Beschuldigten, der einen sehr intelligenten Eindruck macht. »Erzählen Sie!« Der Musiker erzählt nun, daß der Anzeiger ohne Überzieher und mit der Hutkrempe in der Hand in das Kaffeehaus gekommen sei, und daß er dort sofort seine Uhr gegen einen Schwarzen verpfändet habe. Um dem Freunde den eventuellen Verlust der Uhr zu ersparen, habe er sie ausgelöst, mit der Absicht, ihm die Uhr zu geben, bis er nüchtern sei. Sein Freund habe vorher schon in einem anderen Lokal seinen Überzieher versetzt.

Der Kommissär: »Da liegt doch gar kein Diebstahl vor. Sie, Anzeiger, müssen ihm Abbitte leisten. Jetzt geht's alle zwei nach Hause und versöhnt's euch . . . Aber nicht so viel trinken ein anderesmal.«

Der Vitriolattentäter

ist der letzte, der vorgeführt wird. Vorher erscheint der Wirt als Zeuge, in dessen Lokal er die Drohungen ausgestoßen haben soll. Der Wirt hat nur gehört, daß er »eine Handvoll Steine nehmen und ihr damit den Schädel einhauen will«. Das klingt nicht mehr so schlimm, und der Kommissär beschließt, die Frau nochmals vorladen zu lassen, bevor er den Branntweintrinker dem Landesgericht einliefert. Ein letzter Versöhnungsversuch! Vielleicht ist er von Erfolg. Zu dem rußigen Manne aber sagt er: »Sie stecken ledig im Branntweinhäusel, wie der Wirt sagt. Durch Ihr Trinken haben Sie Ihr ganzes Familienglück zerstört. Geben S' den Branntwein auf.« Ob die Mahnung nützen wird? Es ist kaum zu glauben. Wen der Branntweinteufel einmal so fest bei der Falte hält, den läßt er nimmer los.

Es ist 8 Uhr morgens. Der Nachtdienst ist zu Ende, und nun beginnen für den Beamten zwei Stunden Ruhe außer dem Amte. Um 10 Uhr muß er schon wieder im Dienst sein, freilich nicht wieder zu vierundzwanzigstündigem Dienst, der jeden Beamten je nachdem »nur« jeden vierten, fünften, sechsten Tag trifft. Es gehören Nerven dazu!

Karl Kraus
EIN UNHOLD
(1904)

Dies ist einer der 42 Texte, die Karl Kraus unter dem Titel »Sittlichkeit und Kriminalität« im Jahre 1908 als Buch erscheinen ließ. In der »Fackel« erschienen diese Beiträge zwischen dem September 1902 und dem Oktober 1907.
Als der Band 1963 wieder herausgebracht wurde, schrieb ein Kritiker der Hamburger Wochenzeitung »Die Zeit«: »Es sind die besten Stücke, die Kraus überhaupt je geschrieben hat. Funkelnd vor Angriffslust und Schärfe und atemberaubend in ihrem visionären Pathos.« Auch heute, nach Jahrzehnten unbezweifelbaren Fortschritts des Gerichtswesens und des Strafvollzugs, sorgen Justiz und – nicht zuletzt – Medienjustiz dafür, daß die Satiren, Polemiken, Glossen und großen Essays Pamphlete geblieben sind, als wären sie heute geschrieben.
Heinrich Fischer, der erste Herausgeber der Werke von Karl Kraus, schreibt, worauf es dem Verfasser bei »Sittlichkeit und Kriminalität« ankam: »Auf die Moralheuchelei der männlichen Gesellschaft, die bei Tag verflucht, verhöhnt und verurteilt, was sie des Nachts genossen hat; auf die Weltfremdheit fossiler Richter; auf die Engstirnigkeit beschränkter Geschworener, die vom Leben nichts kennen als das Geschäft und etwa noch, was sie in den Tagesblättern von einer ›Verworfenen‹ gelesen haben; auf die grellen Schlagzeilen und intimen Berichte, die unsittlicher sind als das Geschehen« (Heinrich Fischer: Nachwort. In: »Sittlichkeit und Kriminalität«. Bd. 11 der Werke von Karl Kraus. München o. J.).
Karl Kraus selbst hat in einem seiner unnachahmlichen Aphorismen, den übrigens Ludwig Thoma mit Zustimmung des Autors in seine Komödie »Moral« aufnahm, zusammengefaßt, worauf es ihm ankam: »Der Skandal fängt an, wenn die Polizei ihm ein Ende macht.«
Als Karl Kraus diesen Text und die anderen Beiträge zu »Sittlichkeit und Kriminalität« schrieb, war er gerade 30 Jahre alt. Aus dem satirischen Gesellschaftskritiker wurde hier der polemische Kulturkritiker. Nun kam ein neuer Ton in seine 1899 gegründete Zeitschrift »Die Fackel«. Ethik, Moral, Sprachkunst und Wortwitz verbinden sich zu einer rhetorischen Kraft, die Karl Kraus zu einer singulären Figur des Journalismus machen. Auf anderen Gebieten seines Inter-

esses hat Karl Kraus im Wandel der Epochen seine Positionen immer wieder verändert, nicht aber, wo es um Sittlichkeit und Kriminalität ging. Anlaß dazu hätte er erst gehabt, wenn die von ihm kritisierten Paragraphen und die Vorurteile der Gesellschaft sich grundlegend gewandelt hätten.
Wie die dem Band seinen Titel gebende Abhandlung zeigt, waren die Reformhoffnungen von Karl Kraus auf eine Zukunft »hoffentlich kommender Zeiten« gerichtet. Am Ende des Jahrhunderts, an dessen Anfang er dies schrieb, wird man kaum bezweifeln müssen, daß es eingreifende Reformen des Rechtes gegeben hat. Wohl aber, ob es nicht noch immer, oder jetzt erst recht, eine Presse gibt, auf die zutrifft, was Karl Kraus über die damalige Staatsgewalt sagte: »Österreich hat sich ein für allemal beschieden, der Schauplatz von Hetzjagden auf Frauen zu sein.« Mit welcher fürchterlichen Wortgewalt hätte sich wohl Karl Kraus mit den Vorgängen um die Patientenmorde in Lainz auseinandergesetzt?

»Des Himmels Antlitz glüht, ja diese Feste,
Dies Weltgebäu, mit trauerndem Gesicht,
Als nahte sich der Jüngste Tag, gedenkt
Trübsinnig dieser Tat . . .«

Johann Feigl, Hofrat und Vizepräsident des Wiener Landesgerichts, hat als Vorsitzender einer Schwurgerichtsverhandlung am 10. März 1904 einen dreiundzwanzigjährigen Burschen, der in Not und Trunkenheit eine Frau auf der Ringstraße attackiert und ihr die Handtasche zu entreißen versucht hatte, zu lebenslänglichem schweren Kerker verurteilt.
Das Datum wird aus der Geschichte der österreichischen Rechtspflege, der märzgefallenen, nicht mehr verschwinden. Wenn wir die Reihe der Sünder im Talar passierten, die in nüchternem Zustand die leibhaftige Gerechtigkeit attackiert, vergewaltigt, geschändet haben, nur Einem konnten wir keinen Milderungsgrund zubilligen: Herrn Johann Feigl. Er ist der persönlichen Freiheit der Staatsbürger am gefährlichsten geworden, er, der einzige, der dem Wahnwitz jenes hundertjährigen Gesetzes buchstäblich gerecht ward. Die grauenvollsten Strafgebote hat man, da ein delirantes Parlament die gesetzgeberische Arbeit hindert, auf alle Art zu dämpfen gesucht. Oft gelang's durch einen verzweifelten Freispruch der Geschwornen, der

dem Freunde der Rechtssicherheit einen nicht gelindern Schrecken einflößte, als das Wüten des Paragraphenrichters, und auch dem liberalsten Verteidiger des Unfugs »Volksjustiz« zu denken gab. Aber hinter dem Berufsrichter steht jetzt eine von ihrer Modernität begeisterte Regierung und beschwört ihn in allwöchentlichen Erlässen und Festreden, nicht die Strafmaße des unmenschlichen Gesetzes, sondern die seines humanen Fühlens anzuwenden. Ach, man könnte, wenn man diesen Johann Feigl den Wunsch des Ministers in Tat umsetzen sieht, beinah sich zum Glauben bekehren, die alte List österreichischer Staatskunst sei auch hier am Werke und »Küsse auf den Lippen, Schwerter im Busen« der Wahlspruch modernster Justizpolitik. Und der Räuber Karl Moor handelt ethischer als die Heuchlerwelt, die ihn richten wird . . .

Hat *Herr v. Koerber* den Mut, das Urteil vom 10. März ungesühnt zu lassen? Wird man aus plötzlichem Respekt vor einem Staatsgrundgesetz, aus einer neuen Rücksicht auf die richterliche Unabhängigkeit, Herrn Johann Feigl seine Attacken auf Menschengefühl und Gerechtigkeit weiter verüben lassen? Weg mit dem österreichischen »Justament nöt«! Weg mit dem törichten Beamtenhochmut, der sich entgegen aller bessern Einsicht nur deshalb sträubt, ein Übel zu beseitigen, weil dessen Beseitigung auch in ein paar »Druckschriften« verlangt wurde! Die Wiener Bevölkerung will Herrn Johann Feigl nicht, und wenn ihre Vertreter in Staat, Land und Gemeinde ihren Wünschen zu horchen verständen, dann würde jetzt in einer Sache, die hundertmal wichtiger ist als der ganze nationale Trödel, ein parlamentarisches Bombardement losgehen, dem die Justizverwaltung nicht lange trotzen dürfte. Nicht der Räuber von der Ringstraße, Herr Feigl werde unschädlich gemacht! Für jenen ein paar Monate Gefängnis, für diesen ein Zivilgericht – damit wäre der Gerechtigkeit Genüge geschehen, der Wiener Menschheit künftig ein Erstarren des Blutes erspart. Wenn man bedenkt, ein wie wertvolles Gefühl der Rechtssicherheit Millionen durch die Kaltstellung eines einzigen Hofrats wiedergegeben werden kann, dann muß man eigentlich staunen, daß eine auf populäre Wirkungen bedachte Regierung nicht öfter die Gelegenheit nützt. Der Papst hat der Unzufriedenheit des kleinen Klerus einen Fürsterzbischof geopfert: kann der österreichische Ministerpräsident auch nur einen Augenblick zögern, für weit ernstere und viel schwerer verletzte Interessen einzutreten? Wir haben es satt, dem Spiel mit Menschenleben und Menschenwürde länger zuzusehen. Und wenn wir ihm – gemäß dem neuesten Erlaß zur Hebung des Ansehens der Justiz – nicht mehr mit Operngucken zusehen dürfen, so wollen wir es überhaupt nicht mehr sehen. Wir haben es satt, diesen Räuschen des Blutdurstes beizuwohnen, in die eine nüchterne Verhöhnung des Angeklagten am Schlusse des Schauspiels verfällt. Wir haben das Walten einer Wiener Kriminalistik satt, die ihren Namen nicht vom »crimen«, sondern vom Kriminal ableitet, und die sich in selbstgefälligem Stumpfsinn als die Wissenschaft vom »Einspirrn« definiert. Wir haben Holzingers Ende nicht vergessen. Und wir ertragen an dürftigen Epigonen nicht, was uns an der stilvollen Persönlichkeit eines großzügigen Sünders entsetzt, nie abgestoßen hat. Holzinger war mehr als ein österreichischer Kerkermeister; jedes seiner Urteile schien eine Schuld der Menschheit zu rächen. Eigene Rache befriedigt, eigener Bosheit frönt Herr Johann Feigl. Ihn erfüllt bloß die Spielerfreude seiner Machtvollkommenheit, das widerliche Behagen an dem Mißverhältnis zwischen einem kleinen Menschen und einem großen Amt. Er ist ganz und gar Shakespeares »winz'ger Richter«, der mit Jovis Himmel donnern möchte, »nichts als donnern«, ganz der »in kurze Majestät gekleidete Mensch«, der, sein gläsern Element vergessend, »wie zorn'ge Affen spielt solchen Wahnsinn gaukelnd vor dem Himmel, daß Engel weinen, die, gelaunt wie wir, sich sterblich lachen würden«. Darum »weckt er die längst verjährten Strafgesetze, die gleich bestäubter Wehr im Winkel hingen«, darum höhnt er den Delinquenten, bevor sein Urteil die Gerechtigkeit höhnt ... Ein norwegischer Strafrechtslehrer, der einmal in Wien einer Verhandlung unter dem Vorsitz des Herrn Feigl beigewohnt hat, versicherte, daß in seiner Heimat kein Staatsanwalt so viel nörgelnde Gehässigkeit gegen den Angeklagten aufbrächte wie hier der über den Parteien stehende Verhandlungsleiter. Und der Wiener Staatsanwalt hat – ein Fall, der, soweit das Gedächtnis der ältesten Juristen reicht, nicht vorgekommen ist – zum Schutze des letzten Opfers Feigl'scher Judikatur Berufung angemeldet. Ich weiß, und bin in der Lage es zu beweisen, wie Richter mit fünf Sinnen, wie hochgestellte Funktionäre über die Tätigkeit Johann Feigls denken. Ist es wirklich unumgänglich, mit verschränkten Armen auch vor der strafgerichtlichen Abteilung des österreichischen Chaos zu stehen? Könntet ihr hier nicht Wandel wirken, wo die Lösung einer Personenfrage beinahe die Reform eines Gesetzes erspart?

Die Verurteilung des Dreiundzwanzigjährigen bis zum Tode, die furchtbarer als die zum Tode ist, wollte man selbst Herrn Feigls bewährter Kerkermeisterschaft nicht glauben. Nur genaueste Lektüre des Verhandlungsberichtes bietet die Möglichkeit, dem Wahnwitz psychologisch beizukommen. Durch Jahrzehnte hat Härte des Urteils den Hohn des Verhörs gekrönt. Aber sie war auch gemildert durch den starken Verbrauch seiner Natur, den eine lange Verhandlung Herrn Feigl erlaubte. Das fühlte er selbst: Ein gut Teil der Strafe hat ein Angeklagter überstanden, der eine Verhandlung unter seinem Vorsitz über sich hatte ergehen lassen müssen; wie eine Erlösung wirkte das Urteil. Wie würde es, so hätte man sich längst fragen können, wirken, wie würde es ausfallen, wenn Herrn Feigl einmal die Gelegenheit genommen wäre, mit dem Angeklagten wie die Katze mit der Maus zu spielen? Wenn ihm ein Verzweifelter gegenüberstände, der in Lebensnot sein Selbstbewußtsein nicht verloren hat, den Richter nicht als sein Schicksal betrachtet, nach dessen Mienenspiel nicht ängstlich forscht, sich nicht duckt, dem Spott nicht mit Erröten, dem Schimpf mit Trotz antwortet? Herr Johann Feigl hat seinen Meister gefunden. »Das mag Ihre Ansicht sein, Herr Präsident! Ich teile diese Ansicht nicht« – ruft ihm der Bursche zu, der wegen eines Raubanfalls vor seinem Richtstuhl steht. Einmal, wieder, immer wieder. Herr Feigl stutzt. »Man kommt nach Ihrem Auftreten nahezu auf den Gedanken, daß Sie unverbesserlich sind . . . Ihre ungehörige Verantwortung muß ich rügen.« Der Angeklagte verwahrt sich gegen »die spitzen Redensarten des Gerichtshofes«. Das ward in diesem Hause und von Herrn Feigl noch nicht erlebt. Der Kerl kanzelt seinen Anwalt herunter und hält ein Plädoyer, das als ein hochdeutsches Sammelsurium der bekanntesten Verteidigerphrasen, in dem selbst zum Schluß der Hinweis auf die eigene psychische Minderwertigkeit nicht fehlt, ein parodistisches Meisterstück genannt werden muß. Mit Hohn war diesem Angeklagten nicht beizukommen, diesem nicht. Also blieb nichts übrig, als ein Urteil zu fällen, das weithin wirke als Exempel – zur Verhütung künftiger Raubanfälle? Nein, zur Verhütung unbotmäßigen Betragens vor Gericht. War gestern in demselben Hause ein Mann, der einem andern ein Messer in den Bauch gerannt hatte, zu fünf Tagen Arrest verurteilt

worden, hier mußte mit anderm Strafmaß gemessen werden. In diesem Dreiundzwanzigjährigen war ja noch Leben! Ein Kerl, stark genug, um ein paar Monate Gefängnis, die er redlich verdient hat, zu übertauchen, noch nicht völlig verkommen, der Besserungsfähigkeit dringend verdächtig und möglicherweise imstande, sich mit seinem Witz noch ehrlich durchs Leben zu schlagen. Vor allem aber – sympathischer als Herr Johann Feigl, der seinerseits mit der Karriere abgeschlossen hat und, wenn er aus dem Landesgerichte herauskäme, nichts Rechtes mehr anzufangen wüßte . . . So ward denn Anton Krafft zu lebenslänglichem schweren Kerker verurteilt. »Er war allerdings auch«, bemerkt das »Deutsche Volksblatt« wörtlich, »während der Verhandlung *ungemein keck* und trat sogar dem Vorsitzenden Dr. Feigl entgegen, wo er nur konnte« . . . Am 10. März 1904 wurde in Wien lebenslänglicher schwerer Kerker wegen kecken Benehmens im Gerichtssaal diktiert.
Wird Herrn Johann Feigl nicht bang? Es soll irgendwo im Paragraphendickicht eine Möglichkeit verborgen sein, aus der sich die Verhängung der grauenvollsten Pein für den Trunkenheitsexzeß des Minderjährigen, der in seiner Not keinen Heller erbeutet hat, formell rechtfertigen läßt, eine Bestimmung, die Herr Feigl bei einigem guten Willen »anwenden« konnte. Wenn Herr Feigl einst sein tatenreiches Leben endet, das etwa zehntausend Jahre, die andere im Kerker verbrachten, umfaßt hat, so mag sich ihm in schwerer Stunde, vor der Entscheidung einer höhern Instanz, die Beichte seiner schwersten Sünde entringen: »Ich habe mein ganzes Leben hindurch das österreichische Strafgesetz angewendet!«

Ende März 1904

Das Urteil über die Tat des Johann Feigl ist vom Oberlandesgericht augenblicklich gefällt worden. Die Justiz hat mit standgerichtlicher Promptheit gearbeitet. Leider ist die Differenz zwischen »lebenslänglich« und zwölf Jahren, zu der Herr Feigl verurteilt wurde, eine viel zu geringe, und zwölf Jahre für den Streich, den ein halbverhungerter Bursche auf der Ringstraße verübt hat, noch immer zu viel. Wiewohl Herrn Feigl kein mildernder Umstand zugebilligt werden kann, wiewohl er weder minderjährig ist noch in Volltrunkenheit gehandelt hat, wiewohl er sich der Folgen seiner Handlungsweise – Erschütterung des Vertrauens in die Strafjustiz, dauernde Berufsstörung bei Anton Krafft usw. – bewußt sein mußte, hat das Oberlandesgericht sich für bemüßigt gehalten, ihn mit mehr Rücksicht zu behandeln als den andern Angeklagten. Warum, Ihr Herren? Warum wird denn mit den »Jahrln« nur so herumgeschmissen? Es ist ja sehr selbstlos, wenn ein Berufungsgericht einen Teil des Entsetzens, das ein Urteil erregt hat, auf sich nehmen will. Aber schließlich ist doch die Gerechtigkeit auch ein Faktor, auf den in der Judikatur Rücksicht genommen werden sollte, obgleich ich gern einsehe, daß die Kollegialität voranzugehen hat. Das Schicksal eines Angeklagten müßte doch nicht so ganz apathisch zwischen den Höflichkeitsbezeugungen der Instanzen zerrieben werden. »Sollte nicht selbst die Umwandlung des lebenslangen in zwölfjährigen Kerker durch das Oberlandesgericht der gewiß schwer ins Gewicht fallenden Absicht, die Richter der ersten Instanz nicht allzu schroff ins Unrecht zu setzen, entsprungen sein? Dann würde der Fehler, den diese begangen haben, zum Nachteile eines Unglücklichen fortgewirkt haben. Uns scheint, daß der Fall Krafft sich eher zu einer Annäherung an die unterste Grenze der drei Jahre schweren Kerkers empfohlen hätte.« So schreibt Dr. Edmund Benedikt, ein Jurist, dem man die Kompetenz so wenig wie die Sachlichkeit absprechen wird, in den »Juristischen Blättern«. Wenn die Empörung fühlender Laien die Maßgebenden nicht aufgerüttelt hat, vielleicht macht sie die Tatsache stutzig, daß dem Fall Feigl gegenüber ein juristisches Fachblatt zum erstenmal aus seiner wissenschaftlichen Reserve heraustritt. Dr. Benedikt schreibt: »Nach der letzten veröffentlichten Statistik wurde in ganz Österreich im Laufe des Jahres 1897 über 28 Personen lebenslänglicher Kerker verhängt, darunter über 21 infolge gnadenweiser Umwandlung der gesetzlichen Todesstrafe. Wenn man die Seltenheit der Hinrichtungen bedenkt, deren Zahl im Jahre 1897 nicht mehr als 5 betrug, so daß die vielleicht ebenso fürchterliche Strafe des ewigen Kerkers bei den verworfensten Mördern an deren Stelle gesetzt wird, während in 41 von im ganzen 67 Fällen todeswürdig erkannter Mordtaten 8- bis 20jähriger Kerker als angemessene Sühne erkannt wurde, so muß die *ungeheure Aufregung*, welche die Verurteilung des Krafft durch einen Wiener Schwurgerichtssenat hervorgerufen hat, selbst vom trockensten Zahlenmenschen geteilt werden.« Nach Benedikts Ansicht hat Herr Feigl nicht einmal die Berufung auf den traurigen Buchstaben des österreichischen Strafgesetzes für sich: »Die Überfallene hatte infolge des Schreckens einen Nervenchok erlitten, der sie durch mehr als zwanzig Tage arbeitsunfähig machte. Es ist bei diesem Tatbestande *zweifelhaft,* ob überhaupt die Sanktion des lebenslänglichen Kerkers zutrifft, ob nicht vielmehr das Gesetz im § 195 eine unmittelbare schwere Verwundung oder Verletzung fordert, so daß der Eintritt eines Nervenchoks, dem sonst die Gerichte nicht allzu freundlich zu sein pflegen, außerhalb dieses Rahmens fällt.« – »Aber sei dem wie immer«, fährt der Jurist fort, »die Tatsache, daß die unmittelbar zugefügten Verletzungen ganz leichter Art waren, ist ein höchst wichtiger Milderungsumstand. Dazu kommt die Nichtvollbringung des Raubes, dessen Begehung am hellen Tage in sehr belebter Gegend, also unter möglichst ungefährlichen Umständen, in subjektiver Hinsicht das jugendliche Alter, die Angetrunkenheit und die Not. Und dieses Verbrechen, das, verglichen mit den übrigen schweren Straftaten in der Monarchie, kaum in deren oberen Hälfte zu stehen kommen dürfte, wurde mit der fürchterlichsten Strafe belegt, deren Schwere desto größer ist, einen je jüngeren Delinquenten sie trifft. Unter allen begnadigten Mördern des Jahres 1897 war nur *ein* Minderjähriger, dem Kerker auf Lebenszeit zuerkannt wurde, und dieser hatte ein achtjähriges Kind getötet, das er mißbrauchen wollte. *In wie beispielloser Weise* das Urteil des Wiener Schwurgerichtshofes die seit so vielen Jahrzehnten in so vielen Tausenden von Fällen hergestellte *Verhältnismäßigkeit zwischen Strafe und Verbrechen gestört hat,* sagt jedem die Erfahrung und bestätigen die Zahlen. Wie immer man über Grund und Zweck der Strafe denken mag, wie sehr man davon überzeugt sein mag, daß eine absolute Gerechtigkeit schon wegen der Inkommensurabilität von Schuld und Strafe niemals erreicht werden kann, man muß daran festhalten, daß jene Proportion, die sich auf Grund der Gesetze durch die Übung der Spruchpraxis herausgebildet hat, nicht verletzt werden darf, wenn man nicht aus der Strafjustiz eine *willkürliche und sinnlose Straferei* machen will.« Und nun werden die Folgen der Feigl'schen Tat erörtert. Das Urteil habe nicht nur die heilsame Assoziation der Vorstellungen von Verbrechen und Strafübel, in der allein die Rechtfertigung der Strafe liege, erschüttert; es »scheint noch eine weitere verwerfliche Wirkung in der kurz darauf unter demselben Vorsitz erfolgten Freisprechung von Funddieben durch die Geschwornen hervorgerufen zu haben. Daß die Jury, wenn ihr

Verdikt in einer unerwartet harten Strafbemessung Geltung erhalten hat, durch Absolvierung anderer Angeklagter sich zu salvieren glaubt, ist eine jedem Praktiker bekannte Sache. Aber es irren diejenigen, die sich in gutherziger Weise über solche Geschenke des Schicksals an Schuldige freuen; denn in solchen Freisprüchen liegt eine tiefe Grausamkeit, weil sie die Wurzel des Strafrechtes angreifen und Willkür an Stelle des Urteils setzen.« ... Am schärfsten treffen Herrn Feigl die folgenden Worte: »So traurig uns die Überschreitung des Strafmaßes berührt, so können wir doch nicht glauben, daß das Benehmen des Beschuldigten bei der Verhandlung dabei in Betracht gekommen sei. Leider ist ja die Tradition noch nicht bei allen Vorsitzenden verschwunden, daß es richtig sei, zu dem Angeklagten in die Arena hinabzusteigen, und ihn *im Ringkampf die geistige Überlegenheit fühlen zu lassen* und jede Auflehnung des Delinquenten oder auch manchmal der Entlastungszeugen gegen dieses oft *grausame Spiel* der Rebellion zu empfinden. Daß Richter eine solche Auflehnung den Verurteilten im Spruche entgelten lassen sollten, können wir nicht glauben. Daß aber der Vorsitzende den minderjährigen Angeklagten, der soeben zu lebenslänglichem Kerker verurteilt worden war, zu einer Strafe, die vielen härter dünkt als der Tod, *sofort mit der Frage übereilte,* ob er berufen wolle, statt ihn ausdrücklich zu warnen, die Erklärung nicht früher abzugeben, bevor er sich nicht mit seinem Verteidiger besprochen und sich die Sache genau überlegt habe, daß er dann die in verbissenem Trotz hervorgestoßene Erklärung, auf die Berufung zu verzichten, als eine unwiderrufliche statuierte, ist ein Vorgang, *den man nicht begreifen kann.* Die Rechtsmittelbelehrung hat den Zweck, den Inkulpaten auf die ihm zustehenden Rechte aufmerksam zu machen und ihm Zeit und auch womöglich die Sammlung zur Überlegung zu gewähren, nicht aber ihn in *der Schlinge der unvermittelt hervorgestoßenen Erklärung zu fangen.«* – »Wer *in solcher Weise«,* schließt Benedikt, *»an dem Verhältnis zwischen Strafe und Tat rüttelt, zerbricht einen der stärksten Pfeiler unserer ohnehin unvollkommenen Gerechtigkeit und lädt eine schwere Schuld auf sich.«*

Und Herr Feigl hat – nachträglich wird es bekannt – über den Wahnsinn des österreichischen Gesetzes hinaus die lebenslängliche Strafe mit einem jährlichen Fasttage verschärft.

Nach vier Jahren

Prozeß *Blecha*. Vorsitzender: Hofrat *Feigl*. Vorgeführt wird der *Zeuge* Anton *Krafft*. »Während der Einvernahme des Zeugen Krafft bemerkt der Verteidiger zu ihm: Warum sehen Sie so blaß aus? Sind Sie krank? – Zeuge (zögernd): Ich war lange Zeit im Spital. – Verteidiger: Wann werden Sie denn frei? – Zeuge: Im Jahre 1916. – Verteidiger: Lassen Sie sich draußen meine Adresse geben und schicken Sie mir einen Brief aus Stein. Vielleicht kann ich etwas für Sie tun. Ich werde um Ihre Begnadigung einkommen.« Der Gerichtssaalbericht fügt trocken hinzu, Krafft büße eine zwölfjährige Kerkerstrafe wegen Raubes ab. Die Begnadigung durch Tuberkulose scheint gesichert.

Welch ein Wiedersehen! Wer mag blässer gewesen sein? Der Blasse oder der Erblaßte?

Am Tage, nachdem ich dieses Wiedersehen geschildert hatte, erhielt ich die folgende Zuschrift:

17. Oktober 1907

Ihre Notiz in der letzten »Fackel« über die Geschichte Krafft-Feigl macht mir diese Episode wieder schmerzlich lebendig. Ich war damals unter den Geschwornen, und ich kann Ihnen bestimmt sagen, daß eine Voreingenommenheit gegen den Angeklagten sich bei uns nicht eingenistet hat – trotz Feigl. Im Gegenteil, es blieb nicht ohne Eindruck auf uns, daß der Krafft einen jämmerlichen alten ex offo-Schwätzer zum Verteidiger hatte, der sich vor dem »Hohen Gerichtshof« in tausend devoten Verbeugungen erging und seinen Schutzbefohlenen, der just nicht das Gleiche tat, indigniert preisgab. Wir standen also dem Krafft ziemlich unbefangen gegenüber. Leider aber auch dem Feigl. Denn wenn wir geahnt hätten – nun, Sie erinnern sich gewiß, wie wir einige Tage später *angesichts des abermaligen Feigl uns durch einen Freispruch Luft gemacht haben*. Allein vorher kannten wir unseren Feigl noch nicht ganz; und da die Ergebnisse der Verhandlung sich mit den Schuldfragen glatt deckten, konnten wir nichts anderes tun, als diese bejahen. Wie dann aber das Wort »lebenslänglich« gefallen ist, sind wir dagestanden, wie vom Donner gerührt und haben einer den andern angestarrt – völlig entgeistert. Ich bin aus dem Saale getaumelt, buchstäblich betäubt und: »Barmherziger Himmel, das haben wir nicht gewollt, nein, das haben wir nicht gewollt« mußte ich fort und fort murmeln. Als nachträglich die Änderung des Urteils bekannt wurde, die über Berufung nicht des Verteidigers, sondern des *Staatsanwaltes* erfolgte, haben wir die Strafmilderung wie eine Befreiung von eigener Schuld empfunden. Und nunmehr muß ich lesen, daß der arme Teufel unheilbarem Siechtum verfallen ist!

Ich weiß, ich kann nichts dafür, und übermäßig sentimental bin ich kaum. Wie denn auch? Mich hat das Leben genau so derb herumgestoßen wie jeden von uns, bei dem die Druckstellen hart geworden sind. Aber ich erbitte mir von einem gütigen Schicksal, daß es mich vor neuerlicher Auslosung zum Geschwornen bewahre. Für dieses Amt tauge ich seither nicht, wenigstens so lange, als noch der Feigl im Landesgericht haust ...

Mein lieber Freund, wenn es nicht ein bloßer Gelegenheitswitz war – blaß wird *der* nicht, da irren Sie sehr! Wenigstens nicht aus solchen Anlässen. Blaß wurde er nur damals – beim Freispruch.

Epilog

»Der mit dem Titel und Charakter eines Hofrates bekleidete Vizepräsident des Landesgerichtes in Strafsachen Dr. Johann Feigl ist zum Hofrat ad personam unter Belassung auf seinem gegenwärtigen Dienstposten ernannt worden.«

Therese Schlesinger

PRÜGEL ALS ERZIEHUNGSMITTEL SCHUTZ DEM SCHWACHEN

(1904)

Die Gewalt gegen Kinder ist immer noch kein als Geschichte abzuhakendes Thema. Die »Watschn« bzw. »Ohrfeige« wird in Mitteleuropa zwar von Pädagogen kaum noch als »gesund« propagiert, ist aber dennoch in so manchen Elternhäusern nach wie vor gang und gäbe. Wer den eurozentristischen Blick weitet, muß allerdings bitter zur Kenntnis nehmen, daß andernorts Kinder nicht »bloß« geohrfeigt oder geprügelt werden: Zum Beispiel im Brasilien des Jahres 1992, wo Kinder, die undank der sozialen Unordnung auf der Straße leben müssen, erschossen werden – im Auftrag von Geschäftsleuten und Großgrundbesitzern, die ihren Geschäftsertrag durch »Straßenkinder« geschmälert wähnen.
Kurz vor der Wende zu unserem Jahrhundert beginnt in Wien die Sozialdemokratin Therese Schlesinger sich publizistisch und politisch nachhaltig für eine bessere Gesellschaft von morgen einzusetzen. Sie streitet für ein gerechtes Bildungssystem, das Arbeiterkindern und Mädchen dieselben Chancen einräumen soll wie Buben wohlhabender Familien. Die vor allem als engagierte Kämpferin für die Frauenrechte hervorgetretene Schlesinger setzt sich wiederholt für die Rechte des Kindes ein. Gegen jede Art der Zufügung körperlicher Schmerzen stellt sie sich ohnedies, aber sie ist auch davon überzeugt, daß selbst die Strafandrohung im Umgang mit Kindern ein Fehler ist – und führt dazu viele gute Gründe an (siehe dazu auch Schlesingers Aufsatz »Zur Erziehung der Proletarierkinder« in der »Arbeiterinnen-Zeitung«, 1. August 1899, sowie die spätere und umfangreichere Publikation »Wie will und wie soll das Proletariat seine Kinder erziehen?«, Wien 1921).
Therese Schlesingers publizistisches Engagement in Erziehungsfragen war nicht nur theoretisch fundiert. Aufgewachsen in einer kinderreichen Familie, erfuhr ihre eigene Familie viel Unglück. Sie selbst erkrankte 1889 bei der Geburt ihres einzigen Kindes schwer an Kindbettfieber und Rotlauf, an deren Folgen (Versteifung des Hüftgelenks und Verkürzung des rechten Beines) sie zeitlebens litt. Ihr Mann starb bereits zwei Jahre nach der Heirat an Tuberkulose. Kurz danach erkrankte die kleine Tochter an einer schweren Lungenent-

zündung, jahrelang und aufopfernd pflegte daraufhin Therese Schlesinger ihr Kind.

Die Macht, mit der der Besitzende über den Besitzlosen, der Mann über das Weib und den Greis, der Gesunde über den Kranken, der Erwachsene über das Kind herrscht, ist zwar im Laufe der Geschichte wesentlich eingeschränkt worden, aber unser Streben, das Streben der sich emporringenden, kulturtragenden Klasse muß sein, diese Herrschaft ganz zu vernichten, die Zahl der Schwachen auf das geringste Maß herabzudrücken, dadurch, daß man viele von ihnen zu Starken macht und denen, deren Schwäche in der Natur selbst begründet ist, nicht Unterdrückung, sondern Fürsorge angedeihen läßt. Heute sind die Schwachen und Hilfsbedürftigen noch lange nicht ausreichend vor dem Unverstand, dem Kaltsinn und der Roheit der Stärkeren geschützt, und am *schlimmsten* ergeht es dabei den *Kindern.* Ihnen gibt zwar die Natur eine Schutzwehr gegen diese Feinde in dem kindlichen Liebreiz, der wenige Menschen ganz ungerührt läßt, aber leider reicht diese Schutzwehr nicht aus. Gewiß, die Kinder werden viel mehr geliebt als die Krüppel und Greise, auch wenn die Verwandtschaft eine gleich nahe ist, aber sie richtig zu behandeln ist weit schwerer und mühsamer, und die Grundsätze, nach denen es geschehen soll, sind viel weniger einfach und anerkannt.
Die körperliche Züchtigung, ohne die man heute schon mit den schwersten und widerspenstigsten Verbrechern auszukommen versteht, gilt in weiten Kreisen noch immer für ein unentbehrliches pädagogisches Mittel.
Diesen *Irrtum* halte ich für *einen der schädlichsten.* Er bringt zahlreiche Eltern, die sonst nicht böse, aber gedankenlos sind, dahin, zu glauben, daß dem Kinde gegenüber fast alles erlaubt sei, unter der Voraussetzung, daß man nach Kräften für seine Ernährung und Bekleidung sorgt. Unter Erziehung verstehen solche Leute lediglich Bestrafung. Die Eltern sind durchaus nicht selten, die jedem leisesten Verdacht, daß sie ihr Kind nicht sorgfältig genug erziehen, durch die Versicherung begegnen: »Und ich hau ihn eh so viel!« oder »Und was die Schläg' kriegt, und alles umsonst!«
Die Frage, ob es ohne die Schläge nicht vielleicht besser ginge, legen sich solche Eltern selten vor. Dabei sind aber jene, die wirklich nur

von einem falschen Pflichtgefühl durchdrungen ihre Kinder schlagen, die selteneren. Die meisten Eltern schlagen die Kinder, weil sie selbst schlechter Laune, durch Mühe und Sorgen ungeduldig sind. Auch weil sie und die Kinder sich gar nicht recht verstehen und sie sich die Mühe, in das Seelenleben der Kleinen einzudringen, weder geben wollen noch geben können. Manchmal entspringt aber auch die Roheit gegen die Kindner dem Bedürfnis der Eltern, die selber unterdrückt, geplagt und gepeinigt sind, andere zu unterdrücken und zu peinigen. Diesem Drang würden nur ganz schlechte Menschen, also nur sehr wenige, nachgeben, wenn sie sich über ihn und seine Abscheulichkeit klarwürden. Aber das Vorurteil, daß Kinder zu schlagen ein erzieherisches Werk sei, verhüllt ihre rohen Triebe vor dem eigenen Gewissen und bewirkt so, daß sie diesen Trieben nachgeben.

Viele Eltern sind ehrlich genug, nicht zu behaupten, daß sie das Wohl ihrer Kinder im Auge haben, wenn sie diese prügeln, sondern sie führen zu ihrer Rechtfertigung nur an, daß die Kinder sie zu ärgern pflegen. Mögen solche Eltern sich aber doch einmal selber fragen, ob nicht Erwachsene, Vorgesetzte sowohl als Gleichgestellte, sie auch oft ärgern, ohne daß ihnen auch nur einfiele, dafür zu einem Schlag auszuholen. Erwachsene schlägt man eben nicht, weil die sonst zurückschlagen oder die Sache sonst üble Folgen haben kann, *wogegen die Roheiten an wehrlosen Kindern straflos bleiben.*

Fast alle Eltern wollen ihren Kindern als vorzügliche Menschen erscheinen, und die meisten geben sich der Täuschung hin, daß sie ihnen auch wirklich unter allen Umständen so erscheinen, mögen sie wie immer reden oder handeln. In Wahrheit aber beobachten die meisten Kinder sehr scharf und denken sehr logisch. Es fällt ihnen gar nicht ein, den Vater, der wegen einer kindischen Verfehlung, ohne viel wie und warum zu fragen, auf sie loschlägt, für den Inbegriff der Gerechtigkeit und Güte zu halten. Sie halten ihn vielmehr für eine feindliche Gewalt, vor der man sich schützen muß, so gut es dem Schwachen eben gelingen mag: durch List und Verstellung, durch Täuschung und Lüge, ganz wie es die Schwachen unter den Erwachsenen den Gewalthabern gegenüber tun und zu tun vollauf berechtigt sind.

Alle Eltern möchten von ihren Kindern geliebt werden, aber die wenigsten wissen, wie groß die Gefahr ist, sich die Liebe und das

Vertrauen des Kindes zu verscherzen. Ungerechtigkeit und Härte erwecken immer und unter allen Umständen Widerwillen und Mißtrauen, auch bei dem Kinde. Freilich haften die Eindrücke im Bewußtsein des Kindes nicht sehr fest. Bald ist der peinliche Vorfall wieder halb vergessen, und ein bißchen Güte und Humor von Seite der Eltern stellt das alte Verhältnis scheinbar wieder her. Scheinbar, denn in Wirklichkeit ist immer ein Stückchen Liebe vernichtet worden und noch mehr ein Teil Vertrauen verlorengegangen.

Nun erwächst aber ein großer Teil der Fehler, die Kinder zu begehen pflegen, wie hauptsächlich *das Lügen und die Unfolgsamkeit, aus einem Mangel an Vertrauen zu den Eltern.* Leicht ist es allerdings nicht, das Vertrauen eines Kindes in dem Maße zu gewinnen, daß es kein Geheimnis vor seinem Erzieher hat und daß es nicht nur bei ihm Teilnahme sucht für alle Unbill, die ihm von Dritten widerfährt, sondern daß es sogar jeden leisesten Zweifel an der Gerechtigkeit oder Einsicht des Erziehenden diesem gegenüber zu äußern wagt. Und das wäre unbedingt anzustreben. Ein Kind, dem in zahlreichen Fällen die Gründe, warum es auch unangenehme Pflichten erfüllen oder auf die Gewährung eines Wunsches verzichten muß, in einer liebevollen und ihm begreiflichen Weise erklärt worden sind, von dem kann man nicht nur mit Recht, sondern auch mit Erfolg verlangen, daß es in jenen Fällen, die sich seinem Verständnis entziehen, ohne weiteres gehorcht, aus Vertrauen zu dem, der ihm den Befehl erteilt, ja sogar, um diesem einen Beweis seines Vertrauens zu geben. Es handelt sich nicht darum, begangene Fehler zu bestrafen, *sondern das Kind nicht schuldig werden zu lassen, ihm die Fehler zu ersparen.* Wurde aber ein Fehler begangen, dann werden bei dem Kind, das noch nicht durch rohe Behandlung verdorben worden ist, eine strenge Miene und ein ernstes Wort genügen und um so mehr genügen, je mehr das Kind sonst an Liebe und Freundlichkeit gewöhnt ist. Viel schwerer ist es natürlich, solche Kinder zu behandeln, denen von Anfang an ungleichmäßig, ungeduldig, unfreundlich oder gar hart begegnet wurde und die dadurch zugleich mißtrauisch und stumpf gemacht worden sind. Aber auch die können durch Härte nicht gebessert werden.

Ganz verfehlt ist es auch, wenn manche Eltern glauben, *die Fortschritte ihres Kindes in der Schule* dadurch zu fördern, daß sie jeden Tadel des Lehrers oder jede schlechte Note im Ausweis mit Schlägen quittieren. Eltern, welche die Zeit und Geduld haben, mit dem Kinde über das zu sprechen, was es in der Schule gelernt hat, und es bei häuslichen Arbeiten nur ein bißchen zu beobachten, die wissen viel genauer, als es der Lehrer bei den herrschenden elenden Schulverhältnissen wissen kann, ob ihr Kind mit Eifer lernt, ob es Pflichtgefühl, ob es Ehrgeiz hat. Sie können auch viel eher bemerken, was dem Lehrer, der sechzig bis siebzig Kinder auf einmal zu unterrichten hat, nur zu oft entgeht, ob das Kind leicht oder schwer lernt und ob es gesund und kräftig genug ist, um normalen Anforderungen entsprechen zu können.

Aus den Noten im Ausweis des Kindes erfahren wir all das nicht. Die sagen uns nur, ob die mündlichen Antworten des Kindes auf die Fragen des Lehrers die richtigen waren, ob seine schriftlichen Arbeiten gut ausgefallen sind. Sind die Noten gut, so wissen wir, daß alles in Ordnung geht; sind sie aber schlecht, so wissen wir dadurch noch keineswegs, woran es bei dem Kinde fehlt. Es kann an Begabung und es kann an Fleiß fehlen, es kann aber auch die körperliche und Nervenkraft des Kindes versagen, wie es ja bei blutarmen, schlechtgenährten Kindern nicht selten vorkommt. Es gibt Kinder, die nicht die Kraft haben, ihre Gedanken lange Zeit hindurch auf einen Gegenstand zu konzentrieren, und andere, die, sobald der Lehrer sie aufruft, in krankhafte Erregung geraten, die es ihnen unmöglich macht, ihre Gedanken zu sammeln, kurz, es gibt Kinder, die des Arztes ebenso notwendig bedürften als eines milden, verständnisvollen und nicht überbürdeten Lehrers, und die doch beides entbehren müssen. Wehe diesen armen Geschöpfen, wenn sie dazu noch Eltern haben, die im Prügeln oder sonstigen strengen Strafen das Um und Auf aller Erziehung erblicken. Aus ihren Reihen rekrutieren sich die armen Opfer, die sich mit dem schlechten Ausweis nicht nach Hause trauen und, wenn es noch gut geht, nach tagelangem Umherirren ganz erschöpft in das elterliche Haus gebracht werden. Aber es geht nicht immer so gut! Oft findet auch ein junges Menschenleben auf solche Weise ein qualvolles Ende, das bei sorgfältiger Behandlung hätte erstarken und einst den Eltern sowie anderen eine Freude und Stütze werden können.

Der Lehrer selbst wäre besonders in den großstädtischen überfüllten Schulen wohl selten imstande, mit Sicherheit anzugeben, warum einzelne seiner Schüler zu geringe Fortschritte machen. Das würde ein Studium erfordern, zu welchem er fast niemals die Zeit hat. Durch die Noten, die er den Schülern gibt, kann er nur andeuten, wie weit sich das Kind dem Lehrziel genähert, inwieweit es den an die Kinder der betreffenden Klasse gestellten Anforderungen entsprochen hat. Sollte man es glauben, daß es Eltern gibt, die auf solche Andeutungen hin ihre Kinder mißhandeln? Den Eltern fällt doch den Kindern gegenüber nicht das Amt eines strengen Richters zu, sondern das eines *Führers* und *Schützers,* aber selbst wenn sie schon den Richter spielen wollen, wer darf richten, ohne den Kläger, den Geklagten und die Zeugen vernommen zu haben?

Jedes gesunde Kind hat den Trieb, *Neues zu erfahren,* sein Wissen zu bereichern, seinen Geist und seine Hände zweckmäßig zu beschäftigen. Wo sich dieser Trieb nicht zeigt, wo gar Abneigung gegen das Lernen sich geltend macht, da kann man in der Regel überzeugt sein, daß das Kind entweder nicht gesund ist oder ihm der Lehrstoff nicht in der geeigneten Weise zugänglich gemacht wird. Im letzteren Fall liegt die Schuld durchaus nicht immer am Lehrer. Sie liegt an den verschiedensten Dingen und Verhältnissen, an der *Überfüllung der Schulen und Überbürdung der Lehrer,* an den *schlechten hygienischen Schulverhältnissen, dem Mangel an Luft, Licht und Wärme.* Sie liegt oft an dem *Hunger* und der *dürftigen Kleidung* der Kinder, oft auch an dem Gram und den peinlichen Erregungen, die sie aus einem unglücklichen Familienleben bis in die Schule verfolgen. Oft haben die armen Kleinen direkt Sorgen mit ihren Angehörigen zu teilen, und oft können sie auch in der Schule nicht Schritt halten, weil es ihnen *zu Hause an Raum und an Ruhe fehlt,* um den Lehrstoff zu wiederholen, oft werden sie durch häusliche und sogar auch gewerbliche Arbeiten davon abgehalten.

Jeder wohlwollende Lehrer weiß, daß die Kinder sehr selten für ihre mangelhaften Fortschritte verantwortlich zu machen sind, ja er weiß auch, daß selbst die verdorbenen unter ihnen, denen er schlechte Sittennoten geben muß, durch die Schuld Erwachsener und durch die Schuld der sozialen Verhältnisse verdorben worden sind.

Wenn aber der Lehrer noch so einsichtsvoll ist, wenn er es noch so lebhaft empfindet, was für ein plumpes Verständigungsmittel zwischen Schule und Haus die Noten bilden, er muß den Kindern doch *»Noten«* geben, weil es einmal so vorgeschrieben ist, aber jeder gewissenhafte Lehrer muß sich auf das entschiedenste dagegen ver-

wahren, daß die Noten, die er zu geben gezwungen ist, als *Prügelauftrag* von den Eltern betrachtet werden.
Ich weiß sehr wohl, daß die große Mehrzahl der Väter und Mütter ihren Kindern nicht so viel Zeit zuwenden kann als das Erziehungssystem erforderte, das wir im Interesse der heranwachsenden Generation anstreben. Je mehr wir aber überzeugt sind, daß den meisten Kindern von ihren Eltern nicht all die Sorgfalt zugewendet werden kann, deren sie notwendig bedürften, je mehr wir wissen, wie schwer die Kinder der Arbeiterklasse unter den herrschenden Zuständen zu leiden haben, um so mehr müssen wir es als *Pflicht* ansehen, diesen schwer geschädigten und so oft um das beste Jugendglück verkürzten Kindern nicht noch Leiden aufzuerlegen, die ihnen erspart werden können. Und die körperliche Züchtigung kann und muß den Kindern erspart werden.
Und noch eins: Man sehe einmal das *Gesicht* eines *Menschen* an, der ein Kind schlägt, und entscheide dann, ob aus diesen Zügen *pflichtbewußte, sich selbstüberwindende Liebe,* oder ob nicht vielmehr *üble Laune,* unbesonnener *Jähzorn,* wenn nicht gar rohe *Grausamkeit* daraus spricht.
Der große russische Dichter *Dostojewski,* der in »Die Brüder Karamasow« die Leiden von Kindern, die durch »gebildete« Eltern mißhandelt werden, in herzzerreißender Weise geschildert hat, zeigte uns einen Vater, der voll pädagogischer Würde zur Rute greift, da aber das geängstigte Kind sich instinktiv windet und zur Wehr setzt, in immer heftigere Erregung kommt, bis er wie sinnlos auf das arme, zarte, zuckende und zappelnde Körperchen losschlägt. Und das dürfte öfter vorkommen. Manche Prügelaktion wird noch mit einiger Besonnenheit begonnen, aber der rohe Akt wirkt schon, während er vor sich geht, so verwildernd auf den Täter ein, daß er nicht Maß zu halten weiß. Nicht einmal das Maß, das er für richtig hält, denn ein wirklich richtiges Maß gibt es da nicht, das besteht eben in – *Nichtschlagen.*
Daß sehr viele Eltern nicht Zeit haben, ihren Kindern eine ganz sorgfältige Erziehung zu geben, das entschuldigt solche Ausschreitungen noch lange nicht. Der Mangel an steter Aufsicht und Beeinflussung wird durch Prügel nicht wettgemacht, selbst der rein äußerliche Erfolg, schlechte Gewohnheiten abzustellen, wird in der Regel nicht damit erreicht. Es ist also gar nicht zweckmäßig, wenn Arbeiter

die kargen Stunden, die sie mit ihren Kindern zubringen können, zu großen Strafgerichten verwenden, hingegen kann durch vertrauliche Gespräche, durch ernsthaftes Insgewissenreden, manchmal durch ein bißchen gutmütigen Spott und klugen Rat, durch Anspornung des Ehrgefühls und des Mutes, vor allem aber durch *gutes Beispiel* auch in kurzen Abend- und Feiertagsstunden sehr vieles erreicht werden. Das Kind ist ja nicht nur körperlich, sondern auch geistig schwach, hilflos und nur allzu eindrucksfähig. Es ist gar nicht so schwer, es zu leiten. Wer erinnert sich nicht aus seiner Kindheit, daß er Ehren, wie zum Beispiel die Schultafel abzuwischen oder von den anderen Schülern der Klasse die Aufgabenhefte einsammeln zu dürfen, gar heiß ersehnt hat. Ich kannte ein kleines Mädchen, das es als schwere Strafe empfand, wenn es an einem Abend dem heimgekehrten Vater nicht die Pantoffel bringen durfte. Einem vierjährigen Knaben wurden, wenn er unartig gewesen, mit großer Feierlichkeit die erst kürzlich erlangten Höschen ausgezogen und wieder »Mädelkleider« angelegt.

Weniger Strenge und mehr Humor den Kindern gegenüber, das wäre überhaupt den meisten Leuten zu empfehlen.

Wenn es aber jedem Menschen als Unvernuft und Härte angerechnet werden muß, einem schwachen Kinde Qualen zu bereiten, so sollte der Arbeiter und ganz besonders der sozialdemokratische Arbeiter der letzte sein, der sein Kind so unzweckmäßig behandelte.

Durch Angst und Schrecken, welche die Prügelmethode erzeugt, wird der Mut und die Charakterstärke der Kinder sehr gefährdet und zu oft gebrochen. Der Arbeiter aber will und soll sein Kind zu einem starken und unbeugsamen, zu einem mutigen und stolzen Menschen erziehen. Mögen Leute, die ihre Kinder für Ämter und Ehren in der bürgerlichen Welt großziehen, sie auch beizeiten lehren, ihre Gedanken zu verbergen, ihren Willen zu beugen, um Gunst zu buhlen und die Hand zu küssen, die sie schlägt. Sozialdemokratische Eltern aber sollten unablässig darauf bedacht sein, alles zu tun, was den Stolz und den Mut, das Selbstgefühl und die Geisteskraft ihrer Kinder fördern kann und alles zu vermeiden, was geeignet wäre, diese Kinder schüchtern, ängstlich und verschlossen zu machen.

Und dann noch eines: Wir wollen die Herrschaft über die Welt erringen, um sie nach weiseren, gerechteren und milderen Gesetzen zu lenken, als die sind, die heute gelten, und wir wüßten nicht einmal

mit Kindern fertig zu werden ohne die Anwendung roher Gewaltmittel? Wir klagen in unseren Versammlungen und in unserer Presse immer wieder die heutigen Machthaber der Roheit und Herzlosigkeit gegen die Schwachen und Wehrlosen an. Mit welchem Recht tun wir das, solange wir selbst die einzigen Wesen, die noch schwächer, noch schutzloser sind als die heutigen Lohnsklaven, die Kinder des Proletariats, mit rücksichtsloser Härte behandeln?
Alles das gebe ich Einsichtigen zu bedenken.

Egon Erwin Kisch
WIE DER EINBRECHER BREITWIESER ERSCHOSSEN WURDE
(1919)

Kisch schrieb diesen Text im Frühling 1919, einer für ihn ereignisreichen Zeit. Ein halbes Jahr zuvor, im November 1918, war er während der Revolution in Wien zum Kommandanten der »Roten Garde« gewählt worden und hatte sich der linksradikalen Föderation revolutionärer Sozialisten, der »Internationale«, angeschlossen. Zu dieser Zeit redigierte er in der Wochenschrift »Der Freie Arbeiter«, dem Organ der Föderation, die Beilage »Die Rote Garde«. Später wurde er zum Vorsitzenden des Soldatenrates der Roten Garde gewählt. Im März 1919 nahm er einen vielzitierten »Urlaub von der Politik« (Kisch) und arbeitete vier Monate lang als Lokalreporter für die linksbürgerliche Wiener Tageszeitung »Der Neue Tag«. Ende Mai ließ er sich als Mitglied der KPÖ eintragen.

Die politischen Turbulenzen dieser Zeit lassen sich in der vorliegenden Arbeit an einigen Passagen nachvollziehen. Es ist eine Reportage in vier Akten: Da ist zunächst die Beschreibung der Wiener Bahnhofsszene, die lächerliche Geheimnistuerei der Verfolger, die Fahrt zum Ort der »Jagd« und die Formierung der »Treiber«, die eine mit viel Lokalkolorit versehene Einleitung abschließt. Dem folgt – quasi als zweiter Akt – die exakte Planung der Jagd, die Beschreibung der Lage, der sogar eine Skizze der Örtlichkeiten beigegeben ist und bei der an alles gedacht wurde, um die Chance des »Wildes« Breitwieser zu minimieren. Dritter Akt: die Ausführung des Planes und die Verhaftung der Komplizen. Den Abschluß der Reportage bildet die Hausdurchsuchung. Kisch entdeckt genialische Züge am Einbrecher Breitwieser, etwa die umfassende Fachliteratur, die Experimentierstube im Keller mit Übungsschränken und perfekten Werkzeugsets. Die Sympathie für den Täter kulminiert im Satz »ein Mann der Tat, des Mutes, des Ernstes und der Intelligenz«, nur eben im falschen Beruf.

Die blutige Jagd war natürlich der Aufmacher aller Wiener Tageszeitungen. Von ihnen unterscheidet sich Kischs Arbeit aber fundamental. Alle wichtigen Informationen sind enthalten, was bei ihm aber fehlt, ist jener Sensationalismus, den die Geschichte natürlich in sich trägt. Er macht ausschließlich durch seine Schreib- und Erzählform aus einer typischen Lokalstory eine typische Reportage. Auch die fast amerikanisierte »Action« bei der Schießerei kann darüber nicht hinwegtäuschen: Kisch handelt das Thema auf einer Metaebene ab. Bei ihm wird das Verfahren beschrieben und weniger das Ereignis. Die Schüsse sind bloß der Aktschluß, aber nicht das Stück.

Bei diesem hält er die eingangs gefundene Metapher von den Jägern und vom Wild konsequent durch. Durchaus heterogene Erzählstrekken mildert er durch dramaturgische Strukturierung.

Mit jeder Zeile vermittelt er: Kisch war dabei und zeigt sich einmal mehr als Meister der differenzierten Beobachtung. In einer gelegentlich fast schon verwirrenden Detailgenauigkeit, mit viel Atmosphärischem und erklärenden Informationen zur sozialen Lage, die er für nicht unschuldig am Schicksal Breitwiesers hält, entwirft er diese Jagdskizze. In ihr findet sich Sympathie für den Täter, aber auch Verständnis für die Polizisten. Der Reporter wird zum Detektiv. Seine Botschaft war in der damaligen Zeit nicht schwer zu verstehen. Sie lautete: Natürlich gibt es Gut und Böse, aber die Gründe, warum wer auf welcher Seite steht, gehen uns alle an.

Die Verfolger haben Angst vor dem Verfolgten.

Dabei kann es sein, daß die fünfeinhalb Leute, die mit der Bahn zur Jagd hinausfahren, zu spät kommen, erst zum Halali. Denn eine Partie der Jäger und Treiber ist mit dem Auto voraus ins Revier.

Die fünfeinhalb sind der Sukkurs und sollen ganz unauffällig folgen. Vor der Halle des Franz-Joseph-Bahnhofes stehen sie auf den Stufen und warten, bis sich die linke der drei Türen öffnen wird. Sie haben nichts zu tun als so, als ob sie einander nicht kennen würden.

Solcher Müßiggang fällt ihnen sicherlich schwer: In Reichweite sind Burschen, die sich – unbefugterweise – zum Koffertragen anbieten und auf ihren Militärkappen ein Flügelrad angeheftet haben, damit sie dem Reisenden Vertrauen einflößen. Die könnt man so schön schnappen, in flagranti, »Beilegung falschen Amtscharakters«.

Wär eh g'scheiter, als da rausfahren, Jagd machen auf aan, was ka Faxen macht . . .

Friedliche Passagiere mit Rucksäcken lassen in ihren Gesprächen Namen von Dörfern und Adressen von Bauern fallen, bei denen man gegen Wäsche oder Schmucksachen oder gar bloß Geld Butter eintauschen kann und Kartoffeln und Eier. Sonst würden solche Angaben auch die fünfeinhalb interessieren, denn auch Detektive der

Polizeidirektion Wien haben eine Frau, die es ihnen unter die Nase reibt, wenn der Nachbar Lebensmittel nach Hause bringt ...
Wär eh g'scheiter, als da rausfahren ...
Sie lassen es sich nicht anmerken, daß sie Jagdfieber haben, Angst vor dem Wild. Aber man erkennt ihre Angst daran, daß sie sich nichts anmerken lassen wollen. Die Virginia in ihrem Munde verlöscht nicht ...
Endlich öffnet sich die Tür – »Aber net drängeln, meine Hörrschaften, wer wird denn a soo drängeln.« – »Oha, Sö Pimpf, Sö!« –, und man ist vor dem Kassenschalter: »Fahrkartenausgabe zu Lokalzügen bis Tulln.« Auf einem Zettel stehen die Abfahrtszeiten, und gegenüber der Herr Göd des Bahnhofs, der selige Franz Joseph im Krönungsmantel, und hält eine halb eingerollte Staatsbeamtenlegitimation in der Hand, bei deren Vorweisung er nur den halben Fahrpreis bezahlen muß. Zu seinem Glück ist er aus Gips und wird nicht nervös von der öden Drängerei und Warterei, auf die alle schimpfen – bis auf die fünfeinhalb, die einander noch immer nicht kennen und riesig phlegmatisch sind. »I? Gor ka Spur!«
Gerät man zu guter Letzt doch in den Waggon, so ist er gespickt voll, und die Füße frieren. Es ist kein Vergnügen, mit der Bahn nach Sankt Andrä-Wördern zu reisen. Ein Verbrecher wird sie kaum benützen, um so weniger, wenn er Radrennpreise errungen hat. Sicherlich setzt er sich, nachdem er in Wien seine Geschäfte erledigt hat, einfach aufs Rad und fährt entlang der Donau oder über Neuwaldegg, an keine Abfahrtszeit gebunden (keinem Gequetsche und keiner kalten Eisenbahnzugluft ausgesetzt, den Fahrpreis einsparend), nach Hause, nach Andrä-Wördern.
Ob er tatsächlich in Andrä-Wördern wohnt?
Hinter Kahlenbergerdorf, in Klosterneuburg, in Kierling, auf den Dünen von Kritzendorf, in Höflein und Greifenstein ist die Mehrzahl der Hamsterer ausgestiegen, der Eisenbahnwagen ist halb leer, die fünfeinhalb kennen einander schon ein wenig, und man kann den Nachbarn leise fragen: ob's auch wirklich ganz gewiß ist, daß ††† in Andrä-Wördern steckt? Ob's nicht ein Aprilscherz ist? (Wir schreiben heute den 1. April 1919.)
Nein, nein, kein Aprilscherz, wie alle gedacht haben, als sie es heute hörten ... Diesmal ist es sicher. Vor drei Wochen hatte man erfahren, daß ††† in der Atzgersdorfer Mühle sei; in der Scheuer hatte er seine

Werkstätte. »Wie wir hineinkommen in die Scheune – ist sie leer. Wohin er sich gewendet hat, hat niemand gewußt, trotzdem er alle seine Apparate mitgenommen hat. Wir haben in der Umgebung nachgeforscht nach neuen Mietern – umsonst.« Der Waggon hat sich ganz geleert, nur fünfeinhalb Menschen sind noch darin. Man kann einander wieder kennen und ungeniert sprechen. »Erst gestern haben wir erfahren, daß der Breitenwieser« – heraus ist das Wort! – »in einer ganz anderen Gegend steckt. In Sankt Andrä, wo das Haus schon hergerichtet worden ist, wie er noch in Atzgersdorf war.«

Und das ist zuverlässig?

»Total zuverlässig! Wir haben schon alles recherchiert. Es ist die sogenannte Käferlsche Villa. Vor zwei Monaten hat sie der Rudolf Schier gekauft, als ›gewesener Holzhändler‹ hat er sich ausgegeben. Achtundzwanzigtausend Kronen war der Kaufpreis. Schier hat sie gleich bar bezahlt, ohne zu handeln, hat alles ausmalen lassen, Möbel sind aus Wien angekommen, und zuletzt ist ein verdeckter Streifwagen abends im Hof abgeladen worden. Es ist klar, daß da die Instrumente darin gewesen sind. Na, vielleicht werden wir's heute schon wissen!« An der Virginiazigarre wird fest gesaugt, obwohl sie gar nicht auszugehen droht.

Glauben Sie nicht, daß er Wind bekommen hat und auf und davon ist?

»Heute früh war er noch da, und die Villa ist bewacht – in allen Nachbarhäusern sind unsere Leute. Wenn er jetzt entwischt ist, muß das viel Blut gekostet haben. Schießen tut er gleich!«

Ja, schießen tut er gleich. Zwei von den fünfeinhalb zeigen Wunden, die sie von Breitwieser haben. »Bevur i hin bin, müssen no a paar Kiewerer hinwern.« Dies sei sein stereotyper Schwur. Beteuern die Kiewerer hier im Zug.

In Wördern steigen fünfeinhalb Leute aus, die einander anscheinend noch nie gesehen haben. Ein Soldat lungert am Bahnhof und kommt mit einem von ihnen ins Gespräch, wobei er ihm so en passant mitteilt, daß er mit einem anderen im Garten des Hauses Lehnergasse Nummer elf Wache zu halten habe. Dann muß der Soldat mal austreten und trifft auf dem Pissoir zwei Zivilisten, die durch ihn erfahren, daß sie sich an den beiden Ecken der Riegergasse zu postieren haben.

Einzeln geht man vom Dorfe Wördern entlang den Weiden, die die

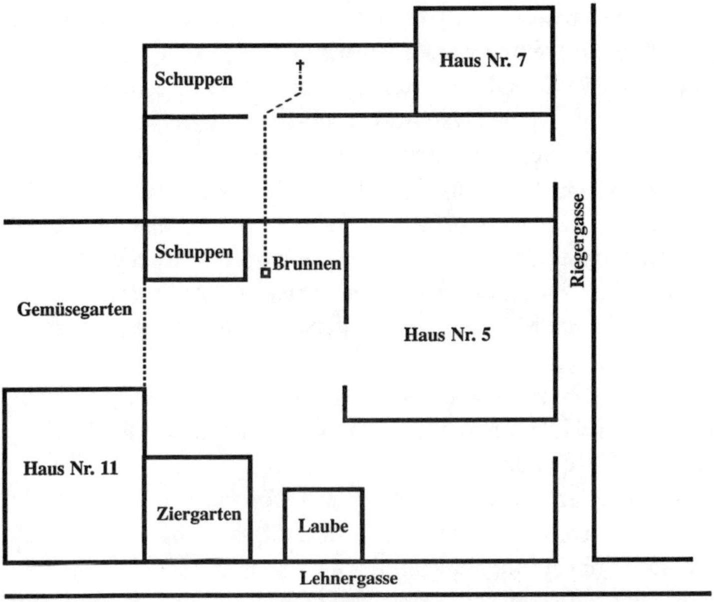

Donau und dann den Hagenbach umsäumen, bachaufwärts bis zum Marktflecken Sankt Andrä. Dort oben ist das Wild, ahnungslos, obwohl die Fallen bereits aufgestellt sind.

Von der Lehnergasse biegt als erste Seitenstraße die Riegergasse ab, eine Linie von Villen, durch Staketenzäune zu einer freundlichen Fassade verbunden. Nummer fünf ist die hübscheste: ein Einfamilienhaus. Die Veranda nimmt die ganze Frontseite ein, durch blaue Glastafeln kommt ihr Licht zu, ohne daß man hineinsehen kann. Wer in das Haus will, muß durch die Türe, die in den Hof führt: das Haustor ist auf der Rückseite. In der Mitte des Hofes steht ein Schwengelbrunnen, an den ein Fahrrad angelehnt ist, links eine Laube und ein Ziergärtchen, rechts ein Holzschuppen. Neben dem Schuppen eine kaum zwei Meter breite Verschalung, mannshoch – der Zaun, der die Breitwieser-Villa vom Haus Riegergasse sieben trennt. Gegen den Hintergrund zu: eine hohe Planke, hinter der der Gemüsegarten von Lehnergasse elf ist, wohin der Bahnhofssoldat zwei Mann des Sukkurses beordert hat – der Stand, von wo man die Haustüre im Auge hat, den Bau, aus dem man das Wild hervorkommen lassen will, um es zur Strecke zu bringen.

Eindringen, hineinschießen, offen belagern will man nicht. Es würde viele Opfer kosten und viel Zeit, wenn Gefahr gewittert würde.
Desto fester ist das Gehege von der Treiberkette umschlossen. Am Zaun lauern sie, in den Nachbarhäusern, an den Straßenecken. Ein Jagdhund ist dabei. Sie warten, bis das Wild wechseln wird. Ein Mädchen geht in den Schuppen und kehrt, Holzscheite auf dem Arm, ins Haus zurück. Die Verfolger lauern, die den Verfolgten fürchten. Karl Breitwieser, der jüngere Bruder des großen, war schon dreimal im Hof, auch zwei Frauen – Luise Schier und Anna Maxian, ein siebzehnjähriges Mädchen, die Geliebte Johann Breitwiesers, des Einbrecherkönigs.
Nur er selbst, er selbst ist noch nicht ein einziges Mal aus dem Haus getreten. Zwei Uhr wird es, drei Uhr, vier Uhr, drei Viertel fünf . . .
Da – da: »Hände hoch!«
Breitwieser, der sich am Fahrrad zu schaffen machen wollte, zuckt auf. Von hinten, vom Garten schallt die Aufforderung. Er dreht sich um: Auch vom Hoftor her sind Revolvermündungen auf ihn gerichtet. Bleibt nur die Flucht flankenwärts. Ohne Rock, ohne Hosenträger ist er, aber nicht eine Sekunde lang denkt er an Übergabe, jagt davon, mit einem Sprung ist er über dem mannshohen Zaun, die Wirtschafterin der Nachbarsleute, die Wäsche aufhängt, rennt er über den Haufen, will durch das Nachbarhaus auf die Straße, auch hier die Kiewerer, Revolverschüsse krachen, der Verfolgte fürchtet die Verfolger nicht, er reißt seinen Browning aus der Hosentasche, taumelt getroffen; einen Blutstrom verspritzend, springt er in den Schuppen von Nummer sieben und schießt von dort. Von allen Seiten feuert man in die Holzwand, Polizeihund »Ferro« jagt in die Hütte, wirft sein Opfer zu Boden, nun wagen sich auch die Verfolger mit erhobener Waffe hinein. Breitwieser streckt die Hände aus: »Net schießen, i tu eh nix mehr.«
Man nimmt seinen Browning, der neben ihm im Stroh liegt. Schmerzverzerrt tastet Breitwieser nach seinen Wunden. Sie schmerzen, obwohl er weiß, daß er jetzt sterben wird.
Karl Breitwieser, der Bruder, hat sich inzwischen ohne Gegenwehr ergeben. Auch er war im Hof, als das Hands-up-Signal erscholl, sprang in den Holzschuppen, kam aber sofort mit erhobenen Händen hervor. »Nicht schießen!« bat er und ließ sich fesseln, während sein Bruder noch schoß. Die beiden Frauen hatten das Haus von innen

versperrt, doch öffneten sie, als die Detektive an den Fenstern erschienen und zu schießen drohten. Einen Überfall aus dem Innern des Hauses befürchtend, schoben die Polizisten den Knaben Karl als Schild vor sich her. Luise Schier und Anna Maxian wurden festgenommen.

Johann Breitwieser wird in die Laube getragen und von dort, da ihn fröstelt, in seine Wohnung; er wird auf den Diwan gebettet, vom Gemeindearzt verbunden und – schon in Agonie – dreifach bewacht im Auto nach Wien gebracht. Die Beute! Halali!

Hausdurchsuchung. Als man in den fensterlosen Teil des Kellers trat, erstarrte man vor Staunen. Hier standen fünf mächtige Kassenschränke – Versuchsobjekte für die streng wissenschaftliche Arbeit in diesem vollkommenen Laboratorium der Technologie; hier lagen Stahl- und Eisensorten, etikettiert und sortiert, zur Materialprüfung; hier waren Hefte und Papiere mit Formeln und Bemerkungen von Breitwiesers Hand; hier hingen in transportablen Schränken Werkzeuge nach der Reihenfolge ihrer Verwendung: Wachstabletten, Schlüsselbunde, Dietriche, Feilen, Schraubenzieher, Brecheisen, Bohrer für Handbetrieb und Schwachstrom, in allen Ausführungen, Größen – Werte von vielen Tausenden. Das meiste: eigenes Fabrikat. Maschinen, Drehbänke, Schraubstöcke, eine Feldschmiede fehlten dem Atelier nicht. Ein autogener Schweißapparat für Hitzeentwicklung von dreitausendsechshundert Grad war vollständig aufmontiert, gebrauchsbereit, die zwei Meter hohe Flasche mit fünftausend Liter komprimierten Sauerstoffs stand daneben.

Oben im Bücherschrank: die technische Bibliothek Breitwiesers; das dreibändige Werk »Der Maschinenbau« von R. Georg, »Das Buch der Technik« von G. Neudeck, Bände der autotechnischen Bibliothek, »Räder und Felgen« von Schmidt und die Bücher »Die autogene Schweißung«, »Stahl und Eisen« . . .

Diese sachlichen Werke hatte Johann Breitwieser, Einbrecher, Gewalttäter und gewesener Markthelfer, ununterbrochen gelesen und nach ihnen seine exakten chemischen und technologischen Versuche gemacht. Ein Mann der Tat, des Mutes, des Ernstes und der Intelligenz – schade, schade, daß er ein Gewerbe gewählt hatte, das schwierig und gefährlich ist und letzten Endes nichts einbringt als den Tod von der Hand der Verfolger, die den Verfolgten fürchteten!

Else Feldmann
KINDERELEND UND JUGENDVERBRECHEN
DAS JUGENDHEIM IN JUDENAU
(1921)

Else Feldmann hatte trotz eifriger und guter journalistischer wie literarischer Arbeit zeitlebens Mühe, ihren Lebensunterhalt zu verdienen. Dies unterscheidet sie zunächst einmal ganz wesentlich von der Mehrzahl der in diesem Band vertretenen Journalisten.
Von 1916 bis 1918 schreibt Feldmann Feuilletons und Rezensionen für den linksorientierten Wiener »Abend«. Dort berichtet sie 1917 in ihrer Serie »Bilder vom Jugendgericht« von Verhandlungen über straffällig gewordene Kinder und Jugendliche. In diesen späten Kriegsjahren herrschen Hunger, Not und Elend. Viele Kinder verbringen ihre Zeit auf der Straße – der Vater an der Front, die Mutter in der Munitionsfabrik –, und aus Hunger stehlen sie. Else Feldmann setzt sich publizistisch für sie ein. Trotz Zensur greift sie zunächst und deutlich den Verursacher dieser Misere an: den Krieg. Als Problemlösung verlangt sie Erziehungsheime für sozial gefährdete Jugendliche. Anstelle von Gefängnissen fordert sie – nach schwedischem Vorbild – »Verbrecherdörfer«, in denen die verurteilten Jugendlichen Resozialisierung erfahren sollten.
Als nach Kriegsende dank einer Privatinitiative etwas nach Feldmanns Vorstellungen in Judenau bei Tulln (in Niederösterreich) entsteht, kennt ihre Begeisterung keine Grenzen. 1921 verbringt sie einige Zeit in Judenau – und berichtet anschließend darüber enthusiastisch in der liberal-bürgerlichen Wiener Tageszeitung »Neue Freie Presse«.
An Sprachstil und Aufbau dieses Textes von Else Feldmann mögen Kritiker mit Recht das eine oder andere bemängeln. Es war wohl die starke Nähe zum Thema, die Begeisterung über das Beschriebene, die dafür verantwortlich waren. Aber eben wegen dieses totalen persönlichen Einsatzes unter Hintanstellung journalistischer »Regeln« fasziniert dieser Text.

Als in den letzten Jahren die Straffälligkeit der Jugendlichen immer mehr anwuchs, nahmen sich drei Männer des Landesgerichtes, Präsident Dr. *Altmann,* Jugendrichter Dr. *Fiala* und Seelsorger *Supp,* zusammen und suchten in der Nähe Wiens ein Haus, wo man Kinder und Jugendliche hingeben konnte, die für den Kerker noch zu gut waren, die aber den Kampf ums Dasein noch nicht aufnehmen konnten. In einem Lebensalter, wo unter normalen Umständen für den heranwachsenden jungen Menschen, der ja noch kindlichen Trieben folgt, in erster Reihe das Verlangen des Körpers, sich satt zu essen, besteht, mußte ein großer Teil der vater- und mutterlosen Jugend *den Kampf gegen den Hunger* ganz allein aufnehmen. Daß es dabei zu Zusammenstößen mit der bürgerlichen Ordnung und Verstoß gegen ihre Gesetzesparagraphen kam, wer würde das nicht verstehen.

In Deutschland hatte man während der Schreckenszeit des Hungers, der dort »organisiert war und nicht so herrenlos« wütete wie bei uns, erkennen gelernt, daß, wenn arme hungernde Kinder, die noch nichts oder nicht genug erwerben konnten und für die niemand sorgte, von Not getrieben, sich ein bißchen Essen holten, wo immer sie es fanden, das von den deutschen Gerichten nicht als Diebstahl angesehen wurde. Bei uns war dieses Gesetz der Notwehr, hervorgegangen aus einer bösen Zeit, noch nicht eingebracht und infolgedessen auch noch nicht angenommen worden.

Aber Richter über Kinder und Jugendliche war Doktor *Fiala,* und er schaffte sich aus der tiefen Menschlichkeit seines Richteramtes eigene Ad-hoc-Gesetze, die er in Anwendung brachte; demnach wanderte kein Kind, das aus Hunger stahl, in den Kerker.

Durch die großartige Einrichtung der Jugendgerichtshilfe wurde es aber auch möglich, diese Freigesprochenen weiter im Auge zu behalten.

Es kam nicht selten vor, daß man durch kleine Verfehlungen der Jugendlichen die entsetzlichsten moralischen Krankheitsherde ganzer Familien fand.

Auch kamen Fälle von grenzenlosen Ungerechtigkeiten vor: Ein Junge, der bettelte, hatte wiederholt Polizeistrafen erlitten, und erst die Beobachtung durch die Jugendgerichtshilfe brachte zutage, daß der Junge vollständig schwachsinnig war, Analphabet, nicht wußte, wo er geboren und wie alt er war, und nur aus triebhafter Selbsterhaltung bettelte. Es war dem Jugendrichter sofort klar, daß ein derartiges Individuum nicht in den Arrest, sondern in die Versorgung gehörte.

Bei dieser Gelegenheit wurden auch die bloß schlimmen und

schlechten, die aus mangelnder Aufsicht verwahrlosten Kinder, von den schwer psychopathischen gesondert.
Es kam oft vor, daß Kinder in keiner Lehre aushielten, durchgingen und auch von zu Hause, wo sie konnten, wegliefen. Dr. *Lazar* erkannte in ihnen krankhaft veranlagte Individuen, sie waren mit dem sogenannten *Wandertrieb* behaftet.
Es begab sich in der Folge, daß eine Unmenge von Kindern weder krank war, um in einer Schwachsinns- oder Irrenanstalt Aufnahme zu finden, noch aber gesund und fähig genug, um in Arbeit gegeben zu werden. Man brauchte für sie die *Heilerziehung*. Eine derartige Einrichtung gab es in Österreich nicht!
Man ging also daran, eine zu schaffen.
Mit ganz wenigen Mitteln, aber sehr freudigen Herzen und vielem Verstehen, besichtigten Dr. Altmann und Doktor Fiala den Meierhof des früheren Fürst Lichtensteinschen-Gutes in Judenau bei Tulln. Er erwies sich als geeignet. Die schwedischen Freunde mußten helfen, und das *Jugendheim in Judenau* erstand.
Als es sich um die wichtige Stellung eines Leiters der Anstalt handelte, meldete sich ein früherer Oberst, der in militärischen Erziehungsheimen vorher langjährig die Aufsicht führte. Aber dieser Versuch schlug fehl. Schließlich sagten sich die Herren Dr. Altmann und Dr. Fiala, daß dies ja nicht der eigentliche Zweck der Anstalt war; ein Gefängnis mehr, eine Besserungsanstalt mehr! Wieder Prügel und Hunger wie draußen im Leben, nur noch mit den Zutaten der Unfreiheit und Zwangsarbeit verbunden.
Für die Zeit, da man einen anderen Präfekten suchte, ging Frau Luise *Fiala,* die Gattin des Jugendrichters, hinaus. Sie fand verwüstete junge Menschen, kopfscheu, von allen Lastern beherrscht.
Und Luise Fiala dachte nicht lange nach, wie an das Problem heranzukommen wäre. Sie versuchte es mutig sofort mit dem ganzen Herzen. Sie betrachtete alle Burschen, auch die nur Böses im Gesicht hatten, mit Liebe.
Den ersten Abend saß sie mit ihnen beisammen und ließ sich von ihnen erzählen, hörte ihre Klagen, fragte sie um ihren Kummer und was sie bedrückte.
Sie baten darum, ihnen das Haar nicht zu scheren, denn das ganze Dorf nannte sie deshalb Sträflinge.
Und Luise Fiala sagte mit der guten, sanften Schwesternstimme:

»Nun gut, macht euch halt eine Frisur; wenn Ihr nur immer nett ausschaut und nicht zerrauft herumrennt, könnt Ihr euch schon das Haar wachsen lassen.«
Es war ein Jubel darüber. Frau Fiala schaffte die grauen Zwilchkleider ab. Die Burschen bekamen Werkstaganzüge aus dunklem Stoff und hübsche dunkelbraune Samtgewänder für Feiertage, dazu Kragen und Halsbinde. Es ist ein Rätsel, wo sie es herschaffte, aber sie ruhte nicht eher, als bis die Burschen nett gekleidet waren.
Es wurde ein Fußball angeschafft. Nach Tisch und spät nachmittag, nach Feierabend, wurde in dem schönen, großen Hof gespielt. Während der Sommermonate badeten sie täglich in der Tulln.
Es werden viele Haustiere gehalten. Es ist eine schöne und entzükkende Musterwirtschaft geworden, eine ganz reizende Familienidylle. Ein und ein halbes Jahr ist jetzt Frau Fiala dort.
Ich habe in diesem Sommer einen Teil meiner Ferien im Jugendheim von Judenau verlebt, und ich zähle diese Wochen zu den tiefsten und innigsten Freuden meines Lebens. Meine Augen wurden nicht trokken von Tränen der Ergriffenheit. Ich befand mich mitten im Erlebnis des Wunderbaren. Ich sah unvergeßliche Bilder von Menschlichkeit, von Liebe, von der Größe und Gewalt menschlicher Empfindungen. Ich sah, wie Knaben ankamen – Doktor Fiala brachte sie direkt aus der Haft – sie kamen aus dem furchtbarsten, entsetzlichsten Elend, aus Lebensgefahr und Verderben, aus Laster und Verbrechen, aus scheußlichem Schmutz, Hunger, Prügel und Verzweiflung. In einer Stunde war der Junge gewaschen, nett gekleidet, gesättigt, er war bei den Kameraden aufgenommen, er hatte seine Arbeit, seinen Teil an Spiel und Freude. Nie bekam er einen Tadel, nie einen Vorwurf zu hören; das frühere Leben war vergessen.
Je elender einer von draußen kam, desto gütiger, zärtlicher sprach Frau Fiala mit ihm. (Die Stimme dieser Frau sollte wie die großer Schauspieler oder Sänger der Nachwelt erhalten bleiben – ich habe nur noch einmal in meinem Leben eine solche Stimme gehört, die nichts als sanfte Güte war, von: Eleonore Duse.)
Als Frau Luise Fiala nach Judenau ging, war sie nicht unbedenklich krank. Heute ist sie ganz gesund. Ich habe keine Zeit, krank zu sein, sagte sie lachend, was würden meine Buben anfangen? Die Arbeit und die höchste Art der Liebe: die Liebe zu den Menschen, ungeachtet ihrer Fehler, habe sie gesund gemacht.

Das Jugendheim ist ein kleiner Staat für sich; er hat eine Schuster- und eine Schneiderwerkstätte. Ähnlich wie nach dem System der italienischen Ärztin und Pädagogin Maria Montessori wird alles, was in dem großen Haushalt an Arbeit gebraucht wird, von den Jugendlichen geleistet. Die Arbeitseinteilung bestimmt Frau Fiala je nach den Kräften der Jungen. Es gibt Schneider- und Schusterlehrlinge, Gemüsegärtner, Obstzüchter, landwirtschaftliche und Feldarbeiter. Ein Junge ist bei den Pferden, einer bei den Schweinen, einer bei den Kühen; der kleinste ist bei der Geflügelzucht; einige helfen in der Küche. Dann gibt es aber auch Unterricht, gute Bücher (leider nur zu wenig; die Jungen wünschen sich sehnlichst Walter Scott, Dickens, Karl May, Brehms Tierleben – vielleicht findet sich ein gütiger Spender!).
Sonntags gehen sie mit Herrn und Frau Dr. Fiala spazieren.
Die Erziehungsmittel, die Dr. Fiala und seine Frau anwenden, bestehen nur in Liebe und Güte. Unermüdlich, nie kommen sie aus der Laune, nie werden sie des schweren Amtes überdrüssig.
Es ist vielleicht das erstemal in Wahrheit gezeigt – sonst kennt man diese Begebenheiten nur aus Sagen und Legenden –, wie man nur gut zu sein braucht, damit der andere auch gut wird.
Daß diese Burschen sich ohne Sorgen und Qualen an den gedeckten Tisch setzen dürfen, daß sie satt werden dürfen, ohne Beschimpfungen zu hören, heute wie alle Tage, ist so ein neues und großes Erlebnis für sie – aber, daß man freundlich und gut zu ihnen spricht, ist das Wunder selbst. Und das Wunder erfüllt sich auch: Aus den schlechten, sittlich verkommenen Burschen werden gute, gesittete, ehrliche, arbeitsame junge Leute. Nach einem Jahr kann man sie kaum wiedererkennen. Es sind auch nicht mehr dieselben. Sie haben gelernt; sie sind ganze, brave Menschen geworden, die man getrost in die Fremde geben kann. Nie kommt ein Rückfall vor.
Nach Judenau sollten alle wallfahrten, die an das Gute im Menschen nicht glauben! Das Traurige daran bleibt nur, daß weder dem Staat noch sonst jemand etwas daran liegt, ob es diese Anstalt gibt oder nicht, denn Tatsache ist, daß das Jugendheim von Monat zu Monat um sein Bestehen kämpft, es sind keine Mittel da, während draußen der Tanz der Millionen weitergeht.

Bruno Frei
VOR DEM JUGENDRICHTER
DAS VERBRECHEN DER VERWAHRLOSUNG
(1921)

Bruno Frei beginnt seine journalistische Laufbahn 1917 beim Wiener »Abend«. Sein Förderer Carl Colbert, der Herausgeber des Blattes, macht den noch nicht 20jährigen zum Leiter der »Rat- und Auskunftsstelle des ›Abend‹«. Viele Leser wenden sich mit vielfältigsten Alltagssorgen an das Blatt. Der etwas weltfremde Philosophiestudent Frei trifft so erstmals auf andere, durchwegs härtere Lebenswelten:
»Entsprach diese Arbeit mehr dem sozialreformerischen Gedankenflug meines Gönners (also: Colberts – Anm. d. Verf.), so brachte sie mich zum erstenmal in unmittelbaren Kontakt mit dem Leben. Ich fing an zu begreifen, daß es da nichts zu flicken gibt, und ich bemühte mich um das Verständnis der Zusammenhänge zwischen der Unordnung in den Hinterhöfen und der Unordnung in der Gesellschaft« (Bruno Frei: Der Papiersäbel. Autobiographie. Frankfurt/M. 1972, S. 46 f.). Er geht in die Wiener Vorstadt, recherchiert die Wohnverhältnisse, ist »erschüttert und zornerfüllt«, verfaßt eine Flugschrift und dann »eine anklagende, mehr mit Temperament als mit Wissen geschriebene Artikelserie, die, unterbrochen von zahlreichen weißen Flecken, im ›Abend‹ erschien« (ebd., S. 47).
Bruno Frei bleibt bis 1929 Redakteur des »Abend« – zwischenzeitlich, von 1923 bis 1925, als dessen Berliner Korrespondent – und greift in den ersten Nachkriegsjahren vor allem das Thema auf, das 1917/18 beim »Abend« bereits Else Feldmann mit Nachdruck thematisiert hatte: Jugend vor dem Richter. War Feldmanns Position eine primär sozialreformerische, so entsprach Bruno Freis Haltung ab 1919 dem Wandel des »Abend«. Seine Analysen wurden radikaler, näherten sich – wie der »Abend« – alsbald der kommunistischen Ideologie.
Die Gerichtssaalberichterstattung Freis jener frühen Nachkriegsjahre kommt nach knapper, aber präziser Schilderung des Tatherganges ausführlich auf die Hintergründe zu sprechen und sodann auf das Allgemeine des Einzelfalles, auf die gesellschaftlichen Zusammenhänge.
Die Dialektik des Freischen Denkens findet sich dabei in der Struktur seiner journalistischen Texte wieder.

Der Junge, der heute zu einer Woche Arrest verurteilt wurde, führt in der Tat ein abenteuerliches Leben. Ziellos strolcht er den ganzen Tag durch die Straßen der Stadt, angeblich um Arbeit zu suchen, in Wahrheit wohl, um ihr zu entgehen. Er muß wohl, um die Unterkunft bei einer fremden Quartierfrau nicht zu verlieren, gelegentlich etwas zu erwerben trachten; zahlt er doch 500 Kronen monatlich allein für das Obdach. Allein gelegentliche Verdienste gelten nur dann als anständig, wenn die Gelegenheiten entsprechend anständig sind. Ein eigenes Bankkonto ist die geringste Voraussetzung einer milden Beurteilung des Verbrechens, von gelegentlichen Verdiensten seinen Unterhalt oder seine Unterhaltung zu bestreiten.
Alle Laster einer verwahrlosten Jugend können dem fünfzehnjährigen hübschen und aufgeweckten Burschen nachgewiesen werden. Er raucht leidenschaftlich, verschlingt Schundromane, ist Stammgast des nächsten Vorstadtkinos, ja, es wird berichtet, daß er einmal spät abends schwer betrunken nach Hause kam und in diesem Zustande sogar Sachschaden anrichtete. Seit kurzem ist er Lehrbub in einer Autoreparaturwerkstätte.
Er steht wegen Gesellschaftsdiebstahls vor Gericht. Auf seinem Herumlungern auf der Straße machte er die Bekanntschaft eines Vagabunden, dem er sich anschließt. Sie besiegeln den neugeschlossenen Bund bei einem Glas Soda mit Himbeer in einer Zuckerbäkkerei am Gürtel. Während unser Tunichtgut trinkt, stiehlt der Fremde von der »Budel« zwei Schachteln mit Schokolade. Die Geschäftsinhaberin entdeckt bald den Diebstahl, schließt rasch den Laden und verfolgt die Burschen. Inzwischen hatte der Täter eine Schachtel Schokolade unserem Freund zugeschoben. Dieser beginnt in seiner Angst zu laufen, während jener, eine Unschuldsmiene heuchelnd, stehenbleibt und »Haltet den Dieb!« ruft. Man läßt den Täter laufen und verfolgt den Flüchtenden, der, ehe man ihn eingeholt, sich der fremden Beute entledigt.
Ob der festgenommene Schwerverbrecher an dem Diebstahl beteiligt war, läßt sich nicht einwandfrei feststellen. Das Gericht kam zu dem Schluß, daß der Junge des Gesellschaftsdiebstahls schuldig sei und verurteilte ihn zu einer Woche Arrest.
Die Verhandlung rollte die Geschichte dieser Verwahrlosung auf. Sie ist die Geschichte aller Verwahrlosungen. Sie zeigt, daß nicht aus Verwahrlosung ein Verbrechen, sondern aus einem Verbrechen eine

Verwahrlosung entstanden ist. Sie läßt die alte Streitfrage zwischen den Weltweisen, ob die menschliche Seele von Natur gut oder böse sei. Sie zeigt nämlich, daß sie gut, sehr gut ist. Denn hier wurde die Seele eines Kindes frühzeitig vergiftet, sich selbst und dem Haß und der Habgier fremder Menschen überlassen, von der Mutter verleugnet, schuldlos hinausgeschleudert in das wütende Getümmel des Lebens – und sie wurde dennoch nicht die Geburtsstätte verbrecherischer Pläne. Keine Brandstiftung, kein Raub, kein Mord war das Ergebnis des Verbrechens der von Erwachsenen verschuldeten Verwahrlosung –, sondern der Verdacht einer Beteiligung am Diebstahl von Schokolade. Der Beweis ist unwiderleglich erbracht, daß die Seele des Kindes von Natur gut ist.

Der Bursche ist das außereheliche Kind einer proletarischen Frau. Seine Mutter heiratete einen fremden Mann, einen Kellner. Die Jugend des Kindes steht unter dem Eindruck des ewigen Streites der Mutter und des fremden Mannes. Schließlich wird die Hausgemeinschaft aufgelöst, der Kellner ist nicht mehr der »Vater«. Es folgt eine Zeit der Vaterlosigkeit. Zum Vormund wird ein Gerichtsbeamter bei dem Bezirksgericht bestellt, bei dem der Vormundschaftsakt anhängig ist. Der Herr Berufsvormund ist sicherlich sehr fleißig, aber er hat vierzig Mündel, und das ist für den fruchtbarsten und fleißigsten Mann zuviel. Jeder muß ihm recht geben, wenn er erklärt, nur dann persönlich vor einer Behörde im Interesse seines Mündels erscheinen zu können, wenn diese Behörde zufällig das Bezirksgericht ist, bei dem er seinen Dienst versieht. Und daß er im übrigen gerne auf diese Vormundschaft verzichte – es warten genug andere außereheliche Kinder auf das Glück, von ihm bevormundet zu werden.

Nun kommt das große Unglück in Verkleidung eines großen Glückes. Seine Mutter heiratet einen reichen türkischen Kaufmann, Abraham N. aus Konstantinopel, und wird demzufolge aus einer Josefine D. zu einer Rebekka N., und was wichtiger ist, aus der Inhaberin einer vorstädtischen Proletarierwohnung zur Inhaberin von drei elegant eingerichteten Stadtwohnungen. Nun wird der Junge unbequem. Der neueste »Vater« lehnt das dornenvolle Amt ab. Jetzt wird das Kind auf die schiefe Ebene gedrängt, auf deren unterem Ende die Arme des Gerichtes warten. Und an dem Tage, da der Sohn sich vor dem Richter verteidigen muß, fährt die reichgewordene Mutter in ein Sanatorium, ihre müden Nerven zu erholen.

Der Junge ist nicht fleißig, er sitzt im Kaffeehaus und spielt Karten, er hat Familiendiebstähle begangen, er ist ein echter und rechter »Pülcher«. Ja, was hätte er denn werden sollen? Hat man ihn zur Arbeit und zur Ehrung der Arbeit erzogen? Hat man ihn überhaupt erzogen? Verlangt man vom wilden Wein, daß er wie Madeira schmecke? Verlangt man Quellwasser vom Sumpf?

Es ist nicht selbstverständlich, was der Angeklagte getan hat. Selbstverständlich wäre es gewesen, wenn er seiner Mutter, der ehemaligen Gefährtin seines Elends, ihren ganzen Glanz geraubt hätte. Nicht um ihn zu besitzen, sondern um ihn in kindlichem Zorn zu zerstören. Er hat es nicht getan; er hat sich angeblich an einem kindlichen Zuckerldiebstahl beteiligt.

Worin besteht seine Schuld? Er hat *seine* Genüsse zu befriedigen gesucht, nachdem er gesehen, wie andere *ihre* Genüsse zu befriedigen wissen. Das Zeitalter der Genußsucht hat das Recht verwirkt, sittliche Schuldsprüche zu fällen. Der Heuchler, der sich frei weiß von allem Bösen, werfe den zweiten Stein auf ihn.

Seine Altersgenossen, die den Ovid skandieren, während er im Gefängnis über das nachdenkt, was die Erwachsenen den Zusammenbruch der kapitalistischen Unmoral nennen, werden einst die Fragen beantworten müssen, die ihm jetzt die Tränen in die Augen schießen lassen. Auch sie werden unschuldig daran sein, wenn sie keine Antwort wissen werden. Man hat sie nicht gelehrt, über das Unrecht ihres Rechtes nachzudenken.

Das Verbrechen der Verwahrlosung ist das einzige Verbrechen, das ein modernes Jugendstrafgesetzbuch kennen soll. Begangen kann es aber nur von Erwachsenen werden.

Therese Schlesinger
ALLERLEI MÖRDER UND ALLERLEI TODESSTRAFEN
(1932)

Im Jahr 1932, aus dem der nachfolgende Text stammt, konnte die damals 69jährige Autorin bereits auf ein politisch erfolgreiches wie publizistisch reichhaltiges Wirken verweisen. Therese Schlesingers Einsatz als sozialdemokratische Publizistin und als Rednerin auf vielen Parteiveranstaltungen war 1919 mit dem Einzug in die Österreichische Nationalversammlung belohnt worden, wo sie bis 1923 als Abgeordnete tätig war. Anschließend gehörte sie noch bis 1930 dem Bundesrat an. Führend war sie in den ersten dreißig Jahren dieses Jahrhunderts daran beteiligt gewesen, Frauen innerhalb der Sozialdemokratie einerseits und zum andern in der gesamten Gesellschaft zu mehr Recht und Beachtung zu verhelfen. Das »Linzer« Parteiprogramm der österreichischen Sozialdemokratie des Jahres 1926 trug in Frauenfragen maßgeblich ihre Handschrift.

Nach dem Linzer Parteitag publizierte Schlesinger nur mehr fallweise, wobei sie viel Augenmerk der Strafjustiz widmete. Sie verknüpfte hierbei ihr soziales Engagement mit den Ideen der Freudschen Psychoanalyse und schrieb auf diesem Gebiet »einige vielbeachtete Artikel«, wie ihre Biographin Eva Bock erwähnt (Phil. Diss., Wien 1987). In ihrem Aufsatz »Strafjustiz und Psychoanalyse« (im Januar 1930 im sozialdemokratischen Theorie-Organ »Der Kampf« in Wien veröffentlicht) betonte sie beispielsweise, »wie dringend notwendig es wäre, psychisch gefährdete (schwererziehbare) Kinder und Jugendliche als auch Gesetzesbrecher nach der psychoanalytischen Methode zu behandeln und die Richter bis zu dem Zeitpunkt, in welchem sie den Ärzten und Fürsorgern den Platz räumen werden, durch eingehende psychoanalytische Unterweisung für ihr so schwerverantwortliches Amt so gut als möglich auszustatten.«

Als Anfang der dreißiger Jahre in Österreich Rufe nach der Wiedereinführung der Todesstrafe laut vernehmbar werden, antwortet Therese Schlesinger mit einem eindrucksvollen Artikel in der Wiener »Arbeiter-Zeitung«. Präzise zerlegt sie alle Argumente für die Todesstrafe, löst sie als bestenfalls haltloses Vorwissen auf. Der Aufsatz kann – abgesehen von gelegentlichen zeitbezogenen Abrechnungen

mit dem politischen Gegner – heute noch als überzeugendes, vernunftbetontes Plädoyer gegen die Todesstrafe gelten.
Therese Schlesinger unterlag. Bereits eineinhalb Jahre nach ihrem überzeugenden Artikel führte die autoritäre Regierung Dollfuß im November 1933 mit dem Standrecht die Todesstrafe wieder ein. Und im darauffolgenden Februar 1934 wurden neun Anführer des »Schutzbund«-Aufstandes standrechtlich getötet, staatlich ermordet. Tausende politische Morde und Rachemorde, getarnt als »Todesstrafe«, folgten dann im »Dritten Reich«.
Therese Schlesingers Argumente von 1932 werden indes noch heute gebraucht. Erst 1985 trat ein internationales Abkommen in Kraft, das zwar in ganz Westeuropa die Todesstrafe in Friedenszeiten verbietet. Doch nach einer Erhebung von Amnesty International wurden 1985 in 61 Ländern der übrigen Welt noch 1 125 Menschen hingerichtet.

Fast täglich bringen uns die Zeitungen Nachrichten von entsetzlichen Mordtaten, die in den verschiedensten Ländern an einzelnen oder gar an mehreren Menschen begangen wurden. Dadurch wird der Eindruck erweckt, als ob wir in einer Ära jäh aufsteigenden Verbrechertums lebten. Der Schein trügt aber. Leider reicht die offizielle Kriminalstatistik nur bis zum Jahre 1930, aber aus ihr können wir entnehmen, daß die Kriminalität in Österreich keineswegs eine ansteigende Tendenz aufweist. In den ersten drei Nachkriegsjahren ist zwar sowohl die Zahl der Verbrechen als auch die der Vergehen angewachsen, was wahrlich niemanden in Erstaunen versetzen kann, der es miterlebt hat, wie alle Rechtsgrundsätze während des Krieges von den Machthabern über den Haufen geworfen wurden und wie das durch vier Jahre fortgesetzte Völkermorden den Wert des Menschenlebens im Empfinden der breitesten Massen tief herabgedrückt und dadurch in vielen die Hemmungen ausgeschaltet hat, die sie vormals dem Trieb zur Gewaltanwendung entgegenzusetzen vermochten. Dazu kam, daß gleichzeitig die Kindheit zahlloser Menschen durch Not, Vernachlässigung, schlechtes Beispiel und Unregelmäßigkeiten der gefährlichsten Art schwer geschädigt worden ist. Wirklich überraschend muß es darum wirken, wenn wir der offiziellen Statistik entnehmen, daß vom Beginn des Jahres 1922 bis zum Ende des Jahres 1929 die Verbrechen von 29 111 auf 14 855 und die Vergehen von 2 250 auf 1 326 gesunken sind.

Auch die Zahl der Morde ist in dem Dezennium von Kriegsschluß bis Ende 1929 nicht gestiegen, sondern von 51 Fällen auf 50 Fälle gesunken. In den ersten Nachkriegsjahren war dieses Sinken ein ganz rapides. Von 51 Fällen auf 31 Fälle. Dann ist leider die Zahl der Mordtaten wieder angestiegen, aber keineswegs in dem Maße, wie es der herrschenden Vorstellung entspricht. Dieses Ansteigen ist aber nur eines der vielen Anzeichen dafür, daß ein Teil der Bevölkerung nicht mehr imstande ist, die furchtbaren Leiden der Wirtschaftskrise zu ertragen. Das gilt nicht nur von dem verhältnismäßig sehr kleinen Teil, der auf diese Leiden mit Mordtaten reagiert. Auch die entsetzlichste Not ist allein noch nicht imstande, einen Menschen zum Raubmörder zu machen. Er muß auch die entsprechende Veranlagung haben. Ohne diese verhungert und erfriert er entweder ohne Gegenwehr oder er greift zu andern Abwehrmitteln als denen der Gewalt. Er versucht es, zu betrügen oder zu stehlen, und fehlen ihm dazu Schlauheit und Geschicklichkeit oder vermag er über die ererbte und anerzogene Moral nicht hinwegzukommen, so findet er schließlich den Mut, seinem martervollen Dasein selbst ein Ende zu bereiten. Die tatsächlich rasch ansteigende Zahl der Selbstmorde regt aber den Spießbürger viel weniger auf als die viel weniger häufige Zahl der Morde, denn durch die ersteren fühlt er sich nicht in seiner Sicherheit bedroht.

Nun gibt es aber doch Menschen, wenn auch in geringerer Zahl, deren Lebenstrieb stärker ist als alle verstandesmäßigen und moralischen Hemmungen. Die werden zu Gewalttätern. Der Notstand, der zu Verbrechen drängt, muß kein unmittelbarer körperlicher sein. Viel öfter ist er ein geistiger und moralischer, der durch elende Lebensverhältnisse hervorgerufen wurde, sehr oft ist er von Eltern vererbt, die schon ihrerseits durch Geistes-, Nerven-, Geschlechtskrankheiten und Alkoholismus schwer belastet waren. Was hilft es uns aber, wenn wir in dem Verbrecher ein Opfer der Not, der Vernachlässigung, Mißhandlung und erblichen Belastung erkennen? Wir vermögen es gegenwärtig noch nicht, die Geistes- und Nervenkranken zu heilen, die Schlechterzogenen nachzuerziehen und der Not ein Ende zu setzen. Alles, was wir unter dem gegenwärtigen Wirtschaftssystem zu tun vermögen, ist, den Verbrecher, dessen wir habhaft werden, unschädlich zu machen. Das zu tun, sind wir gezwungen. Wir haben aber weder die Pflicht noch das Recht, uns an ihm zu rächen. Er selbst hat es versucht, sich für das Schlimme zu rächen, das ihm widerfahren ist, und wir stehen schaudernd vor der Auswirkung seines Rachedurstes. Die Erkenntnis, daß an dem, der gemordet hat, vorher ein geistiger und seelischer Mord begangen worden ist, hat die Gesetzgeber vieler Länder dazu bestimmt, die Todesstrafe abzuschaffen. Auch die Verfassung unserer Republik schließt sie aus.

Nun aber, nach zehn Jahren bürgerlichen Regierens, sind wir wieder soweit, daß ein christlichsozialer Bundeskanzler für die Wiederaufrichtung des Galgens agitiert und daß sich bürgerliche Blätter nicht schämen, ihren Lesern mit Argumenten zugunsten der Todesstrafe zu kommen, die schon vor mehreren hundert Jahren von gelehrten und verantwortungsbewußten Vertretern des Bürgertums als hohl und heuchlerisch verworfen wurden. So zum Beispiel kann man jetzt wieder die alberne Phrase hören und lesen, es mögen doch »die Herren Mörder mit der Abschaffung der Todesstrafe den Anfang machen«! Man könnte die Staatsgewalt und die Strafrechtspflege durch gar nichts andres so tief entwürdigen, als durch diese Gleichstellung der Befugnisse des Verbrechers und des Richters. Wenn wir keine höheren Verpflichtungen anerkennen als die »Herren Mörder«, mit welchem Recht bestrafen wir sie dann überhaupt? Ist das Menschenleben unantastbar, dann ist es jedes Menschenleben, auch das des Mörders – und wer einen Mord befiehlt und wer solchem Befehl gehorcht, hört darum nicht auf, ein Mörder zu sein, weil ihn das Gesetz dazu ermächtigt.

Eine andre, oft gebrauchte Phrase lautet, daß die Gesellschaft dem Opfer des Mörders »Sühne« schuldig sei. Nun klingt ja allerdings fast in jedem Menschen eine Gefühlssaite an, wenn für eine begangene Grausamkeit grausame Vergeltung gefordert wird, aber die Vernunft ist dazu da, um das Gefühl in den Schranken zu halten und uns zu sagen, daß sich hinter dem weihevollen Wort »Sühne« in Wahrheit nur Rachedurst verbirgt, dem wir als Kulturmenschen nicht Raum geben dürfen. Dem Ermordeten kann durch keine noch so grausame Rache an dem Täter mehr geholfen werden. Das geschehene Unglück kann nicht mehr ungeschehen gemacht, es kann nur neues verhindert werden.

Es ist heute bereits ins allgemeine Bewußtsein übergegangen, daß nicht jeder, der einen Menschen getötet hat, darum auch schon dem Leben andrer Menschen gefährlich ist. Es häufen sich zuweilen

Umstände so außerordentlicher Art, um einen Unglücklichen zu einer Verzweiflungstat zu treiben, daß wir das Schicksal des Verbrechers als fast unentrinnbar erkennen. Das sind die Fälle, in denen die Geschwornen freizusprechen pflegen. Die Forderung nach Wiedereinführung der Todesstrafe wird von den Proponenten (das müssen wir bei aller Gegnerschaft doch zu ihrer Ehre annehmen) auch nur für solche Fälle erhoben, in denen besondere Grausamkeit zutage tritt und kein ohne weiteres erkennbarer Notstand die Tat in milderem Licht erscheinen läßt, Fälle, in denen sich der Mörder als ein mit Mordgelüsten behafteter Mensch zeigt. Kein Zweifel, daß sich die Gesellschaft vor solchen Verbrechern schützen muß. Dazu bedarf es aber nicht der Hinrichtung, und weil diese nicht notwendig ist, darum bedeutet sie selbst ein Verbrechen, und zwar das allergrausamste.

Warum erfüllt uns die Möglichkeit, durch Mörderhand zu enden, mit furchtbarem Grauen? Wissen wir uns doch alle zum Tode verurteilt, und wissen wir doch auch, daß die Natur durchaus nicht mit jedem Sterbenden barmherzig umgeht. Wir fürchten aber die Todesstrafe noch viel mehr als den Tod selbst. Die Angst und Schmerzen, die das Opfer eines mörderischen Überfalls zu ertragen hat, sind in der Regel viel kürzer bemessen als die körperlichen und seelischen Qualen auf Sterbebetten. Zumeist ist der Überfallene derart durch Schrecken gelähmt, daß er das Unentrinnbare der Gefahr kaum voll zu erkennen vermag. Wie unmenschlich grausam wird aber die Todesangst des Verbrechers hinausgedehnt! Nicht selten durch mehr als ein Jahr. Solange Untersuchungen und Strafprozeß dauern, ist die Angst noch mit Hoffnung vermengt. Dann kommt der Keulenschlag des Todesurteils, der nicht tötet. Wie das Opfer, das mit einem Knüttel erschlagen, aber erst nach vielen Hieben endlich tödlich getroffen wird, richtet sich auch der durch die Justizkeule Getroffene immer wieder mühsam auf. Rekurs! – Bestätigung des Urteils – das bedeutet den zweiten Keulenschlag. Gnadengesuch – Ablehnung des Gnadengesuchs – das ist der dritte Keulenschlag. Dann noch endlose, entsetzliche Stunden bis zur Abschlachtung.

Bei dem Verbrechen folgt ein Schlag unmittelbar auf den andern, bei der »Sühne« vergehen zwischen den einzelnen Keulenschlägen Monate, Wochen, Tage, Stunden und schließlich die entsetzlichen Augenblicke, wie sie vielleicht in manchen Fällen auch der Ermordete zu ertragen hatte.

Bleibt noch die bekannte *Abschreckungstheorie.* In vergangenen Jahrhunderten, als es noch keinen Sicherheitsdienst gab, der irgendeine Ähnlichkeit mit dem moderner Kulturstaaten hatte, konnte man nur eines ganz geringen Teiles der Verbrecher habhaft werden. Um so mehr glaubte man, an diesen einzelnen ein abschreckendes Exempel statuieren zu müssen. Die Tötung allein genügte der damaligen Rechtspflege keineswegs. Ihr mußten körperliche und seelische Quälereien ohne Maß vorangehen, und neben Hängen und Köpfen gab es noch sehr viele langwierigere und grausamere Arten der Hinrichtung, wie Rädern, Vierteilen, Pfählen, Kreuzigen und Verbrennen. Haben alle diese raffinierten Schandtaten dahin geführt, die Verbrecher abzuschrecken? Das Volk, auf das solcherart moralisch eingewirkt werden sollte, drängte sich begierig hinzu und jubelte über die Schmerzen eines Mitmenschen, das heißt, es geriet in eine durchaus verbrecherische Gemütsverfassung.
Das dürfte ja wohl auch die Vorgeschrittenen und Nachdenklichen unter den Machthabern später dazu bewogen haben, die Öffentlichkeit von Hinrichtungen auszuschließen. Es läßt sich auch keineswegs behaupten, daß in Ländern, deren Strafgesetz gegenwärtig die Todesstrafe noch anerkennt, weniger gemordet werde als in solchen, die diese schon abgeschafft haben.
Eine Einwendung, die auch zuweilen gegen den Verzicht auf die Todesstrafe angeführt wird, wir hätten nicht die Mittel, um die Mörder im Gefängnis zu füttern, bedarf kaum einer ernsthaften Widerlegung. Wie groß ist denn die Zahl der Menschen, die nach der Meinung unserer Reaktionäre jährlich gehenkt werden sollten? Hoffentlich doch nicht größer als die, die in dem letzten Jahrzehnt der Monarchie die Todesstrafe erlitten haben, und diese Zahl ist Null. Seit dem Jahre 1902 ist tatsächlich in Friedenszeiten kein Todesurteil vollstreckt worden. In den allerletzten sechs Jahren sind in der Republik siebzehn Menschen zu lebenslänglichem Kerker verurteilt worden. Man hätte sie selbst zur Zeit der Monarchie nicht gehenkt, und schon gar nicht aus Sparsamkeit. Ein ganzes oder halbes Leben im Kerker verbracht, bedeutet wohl Qual genug, um jedes Verbrechen zu »sühnen«, und die geringfügigsten, gar nicht fühlbaren Abstriche von den Bezügen der Strafellas aller Sorten wären ausreichend, um alle Schwerverbrecher im Kerker zu ernähren.
Daß auch Fehlurteile vorkommen und immer vorkommen werden,

solange nicht allwissende Wesen, sondern Menschen Richter sind, bedarf kaum der Erwähnung. Wie entsetzlich aber, wenn es nach Jahren erkannt wird, daß ein völlig Unschuldiger durch die Justiz hingemordet worden ist.

Aber leben wir denn überhaupt in einer Welt, in der jedes Verbrechen seine Sühne findet? An solche Fibelweisheiten glaubt doch heute auch der Kindischste nicht mehr.

Erfreuen sich nicht in unserer Mitte Menschen eines ganz unangefochtenen Daseins, die, geleitet von unersättlicher Habgier, jahrzehntelang in allen Ländern zum Krieg gehetzt, den Krieg entfacht und trotz den entsetzlichen Menschenopfern, die dahingerafft worden sind, doch das Ende des Krieges durch vier Jahre hinausgezogen haben? Welche Sühne wurde diesen auferlegt? Welche Strafe hat die Machthaber der Rüstungskonzerne getroffen, die erwiesenermaßen während der Kriegsjahre in reger geschäftlicher Verbindung miteinander geblieben sind, aber zur gleichen Zeit durch ihre Soldschreiber von Schandtaten der »Feinde« an den eigenen Landsleuten berichten ließen?

Sind Offiziere zur Rechenschaft gezogen worden, die an ihren Untergebenen Henkerarbeit verrichtet haben? Hat man Kriegslieferanten bestraft, die den Soldaten durch Stiefel und Kleider, die nicht vor Kälte schützten und nach kurzem Gebrauch vom Leib fielen, oder durch unverdauliche und verdorbene Nahrung ein unblutiges, aber darum nicht weniger qualvolles Ende bereitet haben? Und wer richtet heute die Gewissenlosen, die Tausende Menschen von einem Tag zum andern aus Arbeit und Brot werfen und zugleich Banden bewaffnen, die sich für Geld anheischig machen, durch Einschüchterung und Abschlachtung der Arbeitervertreter, Sturz der Verfassung und Gewalttaten schlimmster Art, die Arbeitslosen um den letzten Notpfennig, ja sogar um das Leben zu bringen?

Alle diese Verbrecher unterscheiden sich von andern Mördern nur durch größere Feigheit. Sie zu strafen, liegt weder in unserer Macht noch in unserer Absicht, aber schützen müssen wir uns vor jeder Sorte von Mördern, Gewalttätern und Schädlingen, und die Macht, die dazu erforderlich ist, die müssen wir mit Anspannung aller Kräfte erringen.

Ja, es werden alltäglich abscheuliche, teuflische Verbrechen begangen, und jeder anständige Mensch muß alles daransetzen, um sie zu verhindern. Das gilt aber nicht nur von den Verbrechen der armen, sondern auch von denen der reichen Teufel. Die einen wollen wir dadurch beseitigen, daß wir die Kinder anständiger erziehen, den arbeitenden Menschen ihre Existenz sichern und die kranken pflegen. Den Menschenmördern aber, die uns immer wieder mit Krieg und Kriegsgewinnertum und mit der Niederknüppelung der Arbeiterschaft bedrohen, denen wollen wir endlich die entsetzliche Waffe entwinden, mit der sie so mörderisches Unheil anrichten: den Privatbesitz an den Produktionsmitteln.

III.

»Der Gestank der Tatsachen . . .«

Max Winter
IM ZEICHEN DER ROTEN LATERNE
EIN TAG BEI DER RETTUNGSGESELLSCHAFT
(1896)

In einer Fußnote bedankt sich die Redaktion der »Arbeiter-Zeitung« beim Chefarzt der »Ersten Wiener Freiwilligen Rettungsgesellschaft« für sein Entgegenkommen, das es einem ihrer Redakteure, eben Max Winter, ermöglichte, den Rettungsdienst am 23. Dezember 1896 mitzumachen. Es ist eine der ersten Reportagen, die Max Winter für dieses Blatt verfaßt. Und sicherlich eine seiner besten.
Jede Stunde dieser Nacht bringt ihm »hundert neue Erfahrungen«: Er weiß, daß man ganze Bände bräuchte, »wollte man alles schreiben, was man sieht, hört, was man erfährt und miterlebt. Wer erfahren will, wie das Volk lebt, siecht und stirbt, wer die Leiden der Proletarier intim studieren will, der studiere die Erfahrungen der Rettungsgesellschaft, denn mit Proletariern in erster Linie hat diese Institution zu tun.«
Es sind berührende Innenansichten, die Winter mit seiner detailgetreuen Beschreibung, seinem Sinn für Ambiente, seiner Fähigkeit zur Wiedergabe von Gesprächen und seiner dramaturgischen Gabe vorführt. Die Reportage endet mit einem Schlüsselsatz. Darin sind Intention, Idee, Verfahrensweise und Wirkung solcher Arbeiten auf den Punkt gebracht. Der unangenehmste Platz für den Reporter, so kann man daraus erlesen, ist der Schreibtisch. Er soll ausschließlich zur schreiberischen Zusammenfassung jener Dinge dienen, denen sich der echte Reporter zuvor persönlich ausgesetzt hat. Wer nicht zum Epizentrum des Geschehens, wer nicht zum Ursprung der Dinge strebt, der hat einfach nichts zu erzählen. Und das, was er erzählt, wird ihm niemand mehr glauben.
Glaubwürdigkeit entsteht durch die Bestätigung von Ereignissen, durch Gewährsleute also. Kaum einer hat so konsequent und kontinuierlich die journalistische Rolle des Reporters als die eines involvierten, eines zunächst teilnehmenden und schließlich anteilnehmenden Beobachters stilisiert wie Max Winter. Er war sich dessen immer gewahr: Wer Widersprüche in der Sache aufzuzeigen antritt, der darf sich keinerlei Widersprüche im Verfahren beziehungsweise in der Darstellung der sozialen Wirklichkeit erlauben. Und da war Max Winter tatsächlich über jeden Zweifel erhaben.

Die Rettungsgesellschaft! Die Leute bleiben stehen und schauen dem schwarzen Räderkasten nach, der durch die Straße saust. Das dumpfrollende Pfeifsignal ertönt fast unausgesetzt, und eh man sich noch recht umgedreht, ist der Wagen schon wieder außer Sehweite. Fünfzehn Jahre schon ist unser Straßenleben um dieses Bild reicher, und doch bleiben immer noch die Leute auf der Gasse stehen, wenn der Rettungswagen naht. Die rote Laterne am oberen Rande der Brustwand des Wagens, die rotvioletten Kappen der Rettungsmänner auf dem Kutschbock müssen beruhigende Vorstellungen erwecken, sonst wäre das Interesse für den Rettungswagen kein so lebendiges mehr . . . man hätte sich an seinen Anblick gewöhnt wie an den Anblick eines schnellfahrenden Fiakers. Während der aber eher beängstigt, beruhigt uns der Rettungswagen, durch die Vorstellung, daß er *so schnell fährt, um Menschen zu helfen,* ihnen in ihrer plötzlichen Pein *Erste Hilfe* zu bringen. Und das ist in der Millionenstadt, wo tausend hilfsbereite Hände sich finden, nicht so leicht, Erste Hilfe zu bringen, früher an Ort und Stelle zu sein, wie der oft im Nebenhause wohnende Arzt, und Minuten bedeuten oft ein Menschenleben. Eine Blutung, die eine Minute zu spät gestillt würde, kann schon Verblutung sein, ein Gift kann den vollen Effekt seiner Wirkung gerade in der Minute äußern, um die die Hilfe zu spät kommt, bei Erstickungsanfällen können Sekunden maßgebend sein. Dem bereits Erstickten bringt der Luftröhrenschnitt und die Einführung der Kanüle nicht mehr Rettung, und so gibt's Hunderte von Fällen, in denen nur raschestes Eingreifen Hilfe bedeutet.
Nach solchem Prinzip muß denn auch ein Rettungsdienst organisiert sein. Die Rettungsmänner vom Stubenring haben solchen Dienst. Es kann kaum ein ruhigeres Haus geben als die Zentrale der Freiwilligen Rettungsgesellschaft. In seinen Räumen wird fast kein lautes Wort gesprochen. Was die Techniker ersonnen haben, Verständigungsmittel ohne viel Geräusch zu schaffen, ist hier in Verwendung. Ein halbes Dutzend verschiedener Glockensignale, die dem immer vernehmbar sind, den sie angehen, ersetzt die Kommandoworte, mit denen sonst weise gespart wird. Nur so ist es möglich, daß zwischen der telephonischen Meldung und Aufnahme eines Unfalls und der *Abfahrt des Wagens* selten *mehr als eine Minute* verstreicht. Zehn Ärzte machen abwechselnd Dienst. Vier von ihnen haben stets Inspektion, und einer dieser vier ist der »Führer«, das heißt der *Verantwortliche*. Er ist stets

in der Nähe des Telephons. Jetzt klingelt's. In der nächsten Sekunde schon hat der Arzt die Hörschale am Ohr. Man hört nur ein halbes Telephongespräch: »Rettungsgesellschaft.« – »Wo?« – »Gasse?« – »Nummer?« – »Wer meldet?« – »Danke!« Während der »Führer« dies spricht, drückt er schon auf einen Knopf, der eine Klingel in Bewegung setzt, die die Ärzte und Diener verständigt, daß etwas los ist. Der Beamte steht bereits beim Tagebuch. Jetzt gibt der »Führer« das Hörrohr aus der Hand. »Dr. X. . . . – *Gegenmittelkasten – Irrengurten – Mariahilferstraße zirka 100;* Vergiftung.« Der ausfahrende Arzt und die zwei Diener sind auch schon bei der Tür draußen, und ehe noch der Beamte ein Wort geschrieben, rollt der Rettungswagen schon beim Tor hinaus, besetzt mit dem Rettungspersonal und ausgestattet mit den nötigen Rettungsmitteln. Der Führer sagt inzwischen noch dem Beamten an: »10 Uhr 25, Meldung Mayer und Sohn, Mariahilferstraße Nr. . . .« und wendet sich schon einem Ambulanten zu, der auf der Station Erste Hilfe sucht. Der Beamte trägt nun in sein Buch ein: »P. N. 7625, 10 Uhr 25 melden Mayer und Sohn, Mariahilferstraße Nr. . . ., die Vergiftung eines anscheinend Irrsinnigen, Mariahilferstraße zirka Nr. 100. Arzt: Dr. X. . . ., Diener: Y. Z.« Der Beamte hat diese paar Zeilen noch nicht geschrieben, und der Rettungswagen ist gewiß schon beim Schwarzenbergplatz, denn kaum zehn bis zwölf Minuten nach der telephonischen Meldung ist der Wagen schon vor dem Hause Nr. 100 der Mariahilferstraße und verabreicht der Arzt dem Vergifteten auch schon die entsprechenden Gegenmittel, die er im »Gegenmittelkasten« mitführt.
Inzwischen arbeitet die *»Ambulanz«*. Ein Druckereihilfsarbeiter erschien mit einer Hautlappenwunde auf der rechten Hand, die er mit einem schmierigen, blutgetränkten Tuch umwickelt hat. Ein zweiter Inspektionsarzt und zwei der anwesenden Mediziner, die zu Studienzwecken auf der Station sind, sind um ihn bemüht. Der Mann im blauen Arbeitskittel wird zunächst aufgefordert, sich in den Operationssessel zu setzen. Der Sessel ist so eingerichtet, daß er bei Ohnmachtsanfällen der Hilfesuchenden sofort in ein Ruhebett umgewandelt werden kann, ohne daß der Hilfebedürftige aufzustehen brauchte. »Setzen Sie sich!« . . . sagt der Arzt. Ein Mediziner ergreift die verletzte Hand und befreit sie von dem schmierigen Tuch. Der Diener hat schon auf das kleine Operationstischchen die Eiterschalen gerichtet, der Arzt nimmt aus einem Glas die karbolgetränkten Wat-

tepfropfen, und der zweite Mediziner macht den Schlauch des Irrigators los. Das alles ist das Werk weniger Sekunden. Die Wunde liegt bloß. »Wie ist Ihnen das geschehen?« – »Ich bin in die Maschine gekommen.« Weiter fragt der Arzt nicht. Der Irrigator ist in Funktion. In dünnem Strahl rieselt das Karbolwasser auf die Wunde, diese von der Fett- und Blutschichte reinigend, die sie verklebt. Die bereits gestillte Blutung beginnt wieder, die Wunde von innen heraus reinigend. Das ist notwendig. Eine Minute später beginnt das Verbinden. In kurzen Intervallen sagt der Arzt: »Kompresse«, ». . . formgaze« (das Wörtchen: »Jodo« wird erspart), »Battist« (hier erspart der Arzt die nähere Bezeichnung: »Billroth«), »Watte«, »Armschlinge«. Er sagt es ruhig, ohne Aufregung, ohne nervöse Hast, der Verletzte hört es kaum, und ebenso ruhig, aber rasch reichen die assistierenden Mediziner und die Diener das Gewünschte. In kaum drei Minuten ist das Rettungswerk vollbracht. *Nun erst* wird der Schützling gefragt: Wer er sei, wo und wie es ihm geschehen? Unser Patient ist Druckereiarbeiter bei der Firma *Reißer* in der Krugerstraße. Er hatte eine außer Gang befindliche Maschine geputzt und dabei den Zuruf des Maschinenmeisters, der die Räder in Gang setzte, überhört. So war er mit der rechten Hand in die Maschine geraten, und es war ihm in der ganzen Breite der oberen Handfläche die Haut aufgerissen worden, so daß die Fingergelenke fast bloßlagen. Das alles gibt er ruhig an. Der Beamte steht dabei und notiert, um die Eintragung vornehmen zu können. Der Arzt gibt ihm kurze Weisung, was er weiter tun soll. Eine Minute später verläßt der Verbundene die Station mit einem: *Ich danke schön, meine Herren.* Zwischen Kommen und Gehen liegen nicht ganz sechs Minuten.

Die erste Ausfahrt

Es klingelt wieder. Die Polizei-Inspektion Südbahnhof meldet eine – Ohnmächtige. »Herr Redakteur, wollen Sie mitfahren?« – »Ja.« – »Dann schnell.« – Wir sitzen im Wagen. Das rumpelt und rumort, daß man sein eigenes Wort nicht versteht. Schreiend erklärt der Arzt die Einrichtung. Da der Rettungswagen nicht so leicht gebaut werden kann, daß leichte Federn und Gummiräder tauglich wären, muß auf andere Weise der Kranke gegen das Stoßen geschützt werden. Darum sind die Tragbahren so eingerichtet, daß sie am Plafond des Wagens aufgehängt werden können und während des Transportes frei schweben. Um aber auch hier noch die Stöße abzuschwächen, hängen die Tragriemen in dicken *Kautschukringen,* die die Verbindung mit den ins Wagendach geschraubten *eisernen* Haken herstellen. Ein *Sprachrohr* vermittelt den Verkehr mit dem Kutscher während der Fahrt. Da ist es nun eigentümlich, daß der auch ganz leise gesprochene Worte hört, die dem Sprecher im Wagen infolge des Polterns der Räder ganz verlorengehen. Der Wagen ist vorn an der Lenkstange und im Innern mit elektrischem Licht versehen, das durch die Stellung eines kleinen Hebels aus- und eingeschaltet werden kann, wie man's eben braucht. Eine kleine Blechbüchse reguliert die Temperatur im Wagen. Es ist ein sogenannter Natron-Carbon-Heizapparat, der, einmal in heißes Wasser gesteckt, 24 Stunden lang Wärme ausstrahlt. Wo wir fahren, bleiben Leute stehen und sehen dem Wagen nach. In zehn Minuten hält der Rettungswagen vor dem Südbahnhof. Der diensthabende Wachmann weiß noch gar nicht, daß etwas geschehen ist, aber die Gepäckträger weisen uns in die Ausfahrtshalle.

Dort ruht auf einer Bank ein Proletarierweib. Die Lippen sind braunrot, wie mit gestocktem Blut umrändert. »Sie hat sich in d'Zungen 'bissen«, sagt der Wachinspektor. Die Sanitätsdiener haben einstweilen die kleine *Sanitätstasche* geöffnet, die bei allen Ausfahrten mitgenommen wird – sie ist sehr handlich, mäßig im Gewicht und enthält doch so ziemlich alles, was man sich bei kleineren Unfällen als nötig denken kann: doppeltes Verbandzeug, Schienen für Brüche, Phiolen mit »Gegengiften«, ein kleines Medikamentenkästchen, eine zweiteilige kleine Instrumententasche, eine Frottierbürste (für die aus dem Wasser Gezogenen), einen Esmarch'schen Schlauch zum Abbinden von Armen und Beinen bei Blutungen, Löffel, Trinkbecher, Cognac, Riechsalz, Kirschlorbeer, eine Spritze für Injektionen, einen Jodoformstauber, Sicherheitsnadeln, eine Uniformschere zum Aufschneiden von Kleidungsstücken und zwei Vormerkbücher – in jeder Seitentasche eines –, das alles ist in der kleinen Sanitätstasche untergebracht, und zwar so untergebracht, daß man's auf einen blinden Griff findet.

Der Arzt öffnet der Frau, die in epileptischen Zuckungen daliegt, die Lippen. »Ein epileptischer Anfall«, sagt der Arzt ruhig. Ohne daß er eine Anordnung getroffen hätte, haben die Sanitätsdiener bereits dem Tropfenkasten das Fläschchen mit Kirschlorbeer entnommen und auf einen Kaffeelöffel einige Tropfen gegossen. Der Arzt nimmt mit dem ruhigen Kommando: »Ein Glas Wasser« den Löffel und träufelt der Frau die Flüssigkeit in den Mund. Die Frau redet irre. »I hab den Zug versamt. Wie ich 'raufkomm, lieg i scho' da«, erzählt sie. Der Wachinspektor will sie aufklären: »Reden S' net. Sie haben den Zug scho' no erreicht, aber im Waggon san S' z'sammg'stürzt. Wir haben Ihna do außi'trag'n.« Für den Arzt ist dieses Zwiegespräch wichtig, denn er erkennt daraus, daß die Frau noch nicht ganz zum Bewußtsein gekommen. »Eine Kompresse.« Der Diener reicht ihm das Tuch, der Doktor reinigt die Lippen der Frau, die noch immer zuckt, wie wenn sie den Veitstanz hätte. Jetzt kommt das Wasser. Sie setzt das Glas an den Mund, stoßt es aber zurück mit den Worten: »Pfui Teufel, das ist bitter!« Sie kann sich nun schon aufsetzen. Das Bewußtsein kehrt allmählich zurück. Schon eine Greisin . . . ist doch die erste Regung . . . Eitelkeit. Ihr Haar ist in Unordnung geraten. Sie ordnet es und entdeckt dabei den Abgang ihres Kammes. »Wo ist denn mei' Kampl?« Ein Wachmann hält ihn mit den anderen Effekten in der Hand. Sie steckt sich das Haar auf, richtet sich das Tuch und, unterstützt von zwei Sanitätsmännern, geht sie ins Parterre des Bahnhofgebäudes. Sie wird zur Protokollaufnahme auf die Polizeiwachstube geführt, wo sie sich allmählich erholt.

Das Mütterchen wird redselig. Sie ist 63 Jahre alt und die Frau eines Stationsdieners in Mödling, den nun seine 71 Jahre aufs Krankenlager geworfen haben. Ihr Sohn ist in der Südbahnwerkstätte Wien beschäftigt, und dem führt sie täglich das Mittagessen von Mödling nach Wien. *»'s kummt ihm do billiger als in die Wirtshäuser«,* erläutert sie den ökonomischen Hintergrund der auffallenden Tatsache, daß sich ein *Wiener* Arbeiter von *Mödling* sein Mittagessen bringen läßt. »M'r soll si halt nia net tummeln. I bin so g'rennt, daß i no den Zug erwisch, mein Gott, unseran lassen die Herren *im Konsum bald lang warten. Wann die ›besseren Leut‹ kummen, dö geh'n vor, und a alt's Arbeiterweib muaß warten.* I hab's Ihna eh g'sagt, daß i in Zug versam – 's hat aber nix g'nutzt. Dann bin i halt so g'rennt mit mein Korb, und wie i 'naufkumm, is' aus.« Der Arzt fragt das Weib: »Was haben S' denn gegessen heut?« – *»'Gessen? Nix no, mein' Kaffee in der Fruah.«* – »Kummen S' a bissel her«, sagt der beim Schreibtisch sitzende Arzt. Er schreibt die Meldung der Gesellschaft an die Polizei. Und die Frau geht. »Na, es geht ja schon, Frauderl, glei wird's gut sein.« Das ist das Glück der Frau, denn sonst wäre die Polizei in Verlegenheit gewesen, wo sie untergebracht werden soll für die paar Stunden der Erholung. Die Spitäler nehmen Epileptiker nämlich nur dann auf, wenn der Betreffende im Moment der Übergabe ans Spital einen epileptischen Anfall bekommt. Sonst wird er abgewiesen. Auf der Polizei haben sie keinen anderen Raum zur Unterbringung solcher Kranker – als *die Pritsche im Arrest.* Und die Rettungsgesellschaft selbst ist auch in ihrer heutigen Zentralstation räumlich so beengt, daß sie kein *separates Krankenzimmer* einrichten kann. Im neuen Gebäude, das Ende April eröffnet wird, wird das anders sein. Da sind zwei Krankenzimmer eingerichtet für plötzliche Fälle, wo einige Stunden Erholung genügen.

Auf der Station der Rettungsgesellschaften wird ein merkwürdiges Buch geführt: das *»Simulantenbuch«.* Es enthält Namen und Adressen aller derjenigen, die so verelendet sind, daß sie ihren Lebensunterhalt dadurch erwerben, Anfälle von Epilepsie auf der Straße zu heucheln. Sie rechnen mit dem Mitleid der Vorübergehenden, die solchen armen Teufeln einige Kreuzer in den Hut werfen. Das treibt der Mann, bis der Rettungswagen in Sicht ist. Dann läuft er davon, oder sein »Anfall« ist vorüber. Es mag ein Gradmesser für das Elend sein, daß zirka hundert Arme zu diesem Erwerbszweig in Wien Zuflucht nahmen, um sich durchs Leben zu schlagen. Trauriges Brot!

Wehleidigkeit und Simulation

war auch die Diagnose, die ein anderer Arzt bei einer zweiten Ausfahrt stellen mußte. *»Mutter und Kind überfahren.«* So hatte die Meldung gelautet. Der »große Rettungskasten« wurde mobil gemacht, und fort ging's. Als der Wagen vor einer Möbelniederlage auf der Mariahilferstraße hielt, wo die »Verletzten« einstweilen untergebracht worden waren, harrte schon eine große Menschenmenge des Kommenden. Die Mutter saß schreiend auf einem Sessel in einer Tapeziererwerkstätte. Das Kind neben ihr auf einer Kiste. »Na, wo fehlt's denn?« fragte der Arzt. Die Frau, ein armes Maurerweib, die mit ihrem unehelichen Kind in Favoriten zu Bett ist, wies auf das Armgelenk. Der Doktor untersucht und findet nichts. Er drückt, und nun empfindet die Frau im Ellbogengelenk Schmerz. Der Arzt untersucht dort, findet wieder nichts, und so wird der »Schmerz« endlich ins Handgelenk verlegt. So wechselt der Schmerz, ohne daß der Frau etwas gebrochen oder verrenkt wäre. Dabei schreit sie fortwährend furchtbar. Das Kind ist heil. Der ganze Unfall reduziert sich auf eine leichte Kontusion. Der Arzt macht der Frau einen »Beruhigungsverband«, läßt einen Einspänner holen und schickt Frau und Kind nach Hause. Das Kind, ein lieber Bauxel, hat inzwischen Kaffee bekommen und ist glücklich über das »Glück« des Unfalls. In dem Fall hätte eine ganz *andere Rettungsgesellschaft* eingreifen müssen, um der hungernden Proletarierin zu helfen.

Geburtsort: Rettungswagen

»Alserbachstraße – Straßengeburt!« lautet eine nächste Meldung. Unterm Haustor Nr. 11 sind zwei ältere Zigarrenarbeiterinnen um eine junge Proletarierin bemüht. »Tragbahre!« ordnet der Arzt an. Das Mädchen wird auf die Bahre gelegt, der Arzt untersucht die von Mutterwehen Befallene. »Gebärklinik!« Und fort geht's, nachdem eine aufhaltende Formalität erfüllt ist. Der Rayonwachmann will nämlich Name, Alter, Stand und sonst noch was wissen. Der Arzt erfüllt den Wunsch. Knapp vor dem Ziele, dem Tor der Gebärklinik, kommt das Mädchen noch im Rettungswagen nieder. Der Diener kommt zum Fenster. »Ausladen?« – »Hebamme soll kommen.« Eine halbe Minute später schiebt sich eine rundliche Frau in den Rettungswagen, um das »Christkindl« in Empfang zu nehmen. Das Kind war asphyktisch, leblos, es atmete nicht, und der Arzt klopfte dem kleinen Wesen mit der flachen Hand auf die Brust und schüttelte es, um es zum Leben zu bringen. Die Wöchnerin atmet erleichtert auf. Der Arzt kümmert sich nicht um sie. Er hat nur Augen für das Kind. Zwei Minuten, und der jüngste Proletarier beginnt zu schreien, leise erst, dann immer stärker. Er reklamiert zum erstenmal sein Recht zum Leben, das ihm die Freiwillige Rettungsgesellschaft geschenkt hat. Wäre der Wurm nicht gleich in die Hände eines Sachkundigen gekommen, so wäre eine Totgeburt zu verzeichnen gewesen. Die Mutter empfindet dies. »Was is' denn?« fragt sie. – »Ein Bub.« – »Geb'n S' m'r die Hand, Herr Doktor.« – Sie drückt dem Retter die Rechte und will sie küssen. Es ist eine ungemein rührende Szene. »A Bua! Der bringt si do leichter durch als a Madel, küß d' Hand, Herr Doktor, küß d' Hand!« Das übrige geht rasch. Mutter und Kind sind dank der raschen Hilfe außer Gefahr.

Die Wachleute können nicht telephonieren

Der »Führer« kommt vom Telephon zurück: »So oft so ein Wachmann telephoniert, weiß man nicht, was los ist. Er schreit was hinein und läutet gleich ab.« 25 Minuten später klingelt's wieder: »Schlaganfall – Landstraßer Hauptstraße Nr. 110.« Die Rettungsgesellschaft ist in sieben Minuten auf dem Platze. »Na, drei Viertelstund' brauchert's do nöt zu dauern.« Das ist der Gruß, der den Rettungsmännern wird. »Es ist eben erst telephoniert worden«, sagt der Arzt. Einer aus der Menge: »Vor drei Viertelstund' is der Wachmann schon zum Telephon!« Es war derselbe, dessen Meldung der Führer nicht verstehen konnte. Der Fall wickelt sich gewöhnlich ab. Tragbahre – Rudolfsspital – Übergabe – Rückfahrt. *Eine halbe Stunde nach der Ausfahrt ist der Rettungswagen wieder in der Station.* Dennoch wird es Leute geben, die meinen, daß der Wagen zur Hinfahrt allein drei Viertelstunden braucht. Es ist nichts anderes schuld, als daß die Wachleute nicht telephonieren können. Das könnten sie doch lernen. Wir meinen so.

So geht's fort. Jede Stunde bringt hundert neue Erfahrungen. Man müßte Bände schreiben, wollte man alles schreiben, was man sieht, hört, was man erfährt und miterlebt. Wer erfahren will, wie das Volk lebt, siecht und stirbt, wer die Leiden der Proletarier intim studieren will, der studiere die Erfahrungen der Rettungsgesellschaft, denn mit Proletariern in erster Linie hat diese Institution zu tun. Er wird Dinge erfahren, die er sich sonst nicht erträumt, an deren Wahrheit er zweifeln würde, wenn er sie liest.

Egon Erwin Kisch
EINE NACHT IM ASYL FÜR OBDACHLOSE
(1912)

Kaum ein Reporter, der sich dieser Übung nicht unterzogen hätte: von Max Winter über Heinrich Holek bis Egon Erwin Kisch. Gelernt hat es Egon Erwin Kisch ganz sicher vom großen Sozialreporter Max Winter. Am 25. Dezember 1898 war in der »Arbeiter-Zeitung« seine Reportage »Eine Nacht im Asyl für Obdachlose« erschienen, und darin fanden sich die folgenden Zeilen: »Es ist vier Uhr nachmittags. Der Dezembertag geht seinem Ende zu. In der Blattgasse unter den Weißgärbern stehen wir – 300 Männer, Burschen und Greise, in qualvoller Enge aneinandergepreßt, einer dem anderen unsere Lebenswärme mitteilend, ein Haufen dunstender Leiber – und warten auf Einlaß in das Asyl für Obdachlose. Obdach für die nächste Nacht, das ist unser Gedanke. Die erste Reihe steht hart am Trottoir, wir Rückwärtigen stehen auf der feuchtkalten Straße. Ich habe die Elendsmaskerade angelegt und mochte ganz stilgerecht aussehen. In den Füßen friere ich; doch das Gesicht glüht. Der Geruch des Elends umfängt uns. Mir verschlägt das Gemisch von Fuseldunst, Schweißgeruch und der Ausdünstung alter Wäsche und Kleider eine Weile den Atem.«

Kisch ist für seine Reportage genauso vorgegangen. Auch er begibt sich in die Rolle eines Obdachlosen. Die Beschreibung seiner Maskerade braucht mehr Platz, dafür ist sie literarischer, witziger, ausführlicher. Kischs Reportage zeigt sich auch in der Rahmenhandlung von Winters Vorbild inspiriert: Die Maskerade erfolgte bei Bekannten, die in der Nähe wohnten, dorthin kehrt er nach getaner Arbeit zurück, um seine Kleidung zu wechseln. Und natürlich, um wieder in seinen gewohnten Alltag zu steigen.

Warum schreibt man solche Reportagen? Nun, primär vor allem wohl deshalb, weil sie sich idealerweise als journalistische Themen anbieten. In zweiter Linie reizt das Reportageverfahren, das hier angewendet wird: Auch dieses garantiert durch den Rollentausch eine ganz besondere Nähe zum Geschehen. Dem Reporter bietet sie neben der Abenteuerlichkeit auch die unmittelbare Vorortrecherche, sie ermöglicht ihm, die tatsächliche Stimmung, die Atmosphäre stilgerecht einzufangen.

Solche Reportagen verfolgen natürlich auch einen politischen Zweck.

Sie klagen an, berühren und erschüttern, und was das wichtigste ist: Sie sind praktisch unwiderlegbar. Denn jede Entgegnung muß verstummen, wenn ihr das Reporterische »Ich war dort und habe das alles selbst am eigenen Körper erlebt!« entgegenschallen könnte.
Bei solchem Vorgehen kann der Reporter seine Fähigkeiten voll einsetzen, vor allem in der genauen Beobachtung. Die Augenzeugenschaft garantiert die detailgetreue Wiedergabe des Gesehenen, die Ohrenzeugenschaft die im Dialekt geschriebene Wiedergabe des Gehörten, und gerade bei Themen, die das Elend und die Armut betreffen, kommt als wesentliches drittes Element die, nennen wir es ruhig »Nasenzeugenschaft«, dazu: Das Elend stinkt. Wie die Ungerechtigkeit.

Eine Minute von der Elisabethstraße entfernt, in der alltäglich Fiaker, Automobile, Straßenbahnwagen, Equipagen und Droschken nach dem Baumgarten hinausfahren, zweigt von der Klemensgasse die Neumühlgasse ab. Sie ist keine Verkehrsstraße; vier scharfe Ecken bildend, kehrt sie zur Klemensgasse zurück. Hier ist nichts mehr von Promenade, nichts mehr von Luxusfuhrwerken zu merken. Nur wenige Passanten bevölkern sie. Abends jedoch sammeln sich hier Gruppen von Menschen an, die des Augenblicks harren, wo sich das Tor des Hauses Nr. 11 eröffnet, auf dem in großen schwarzen Lettern die Worte »Útulna« – Asyl – stehen.
In diesem Haus, das Eigentum des Prager Asylvereins für Obdachlose ist, habe ich gestern übernachtet. Bei einem Freunde, der in der nahen Sametzgasse wohnt, hatte ich mich vorher in Fulldress geworfen. Den Rock, den ich anhatte, hatte voriges Jahr unser Dienstmädchen einem Bettler geschenkt, aber dieser hatte die Annahme des Geschenkes unter schweren Beleidigungen abgelehnt. Wenn in dem Hut, den ich aufgesetzt hatte, noch die Firmabezeichnung erkenntlich wäre, könnte man ihn als famoses Mittel für Erpressungen verwenden: Der Hutmacher würde jeden Betrag bezahlen, um diese seinen Namen tragende Schmach aus der Welt zu schaffen. Der Rock hatte zwar keine Fasson, aber dafür hatte er auch keine Farbe und Löcher, auf die jede Regimentsfahne stolz sein könnte. Die Risse der Stiefel waren durch die in sanften Wellenlinien hinabfallenden roten Socken teilweise verdeckt. Die Hosen – reden wir nicht davon.
So ging ich, in den wahrlich nicht verwöhnten Gassen des Petersvier-

tels peinlichstes Aufsehen erregend, zum Asylhaus. Hier waren schon Gruppen von Obdachlosen angesammelt. Einige saßen auf dem Geländer, das die schmalen Anlagen der Klemenskirche umfriedet, andere auf den Stufen am rückwärtigen Kircheneingang. Etliche standen vor dem Eingang eines Gasthauses in der Klemensgasse, wieder andere an die Häuser der Neumühlgasse gelehnt. Auch Frauen waren darunter. Im ganzen etwa siebzig Leute. Ein Doppelposten der Polizei hielt Wache.

In der Gruppe, in der ich mich anstellte, war ein fünfzehnjähriger Bauarbeiter, der gerade von seiner Fußwanderung aus Triest in Prag eingetroffen war. Dann ein Prager Geschäftsdiener, elternlos und ohne Verwandte, der ohne Stellung war. Vor anderthalb Tagen hatte er bei einem ehemaligen Kollegen eine Suppe bekommen, seither hatte er überhaupt nichts gegessen. Unter anderen Umständen hätte ich diese Angabe vielleicht skeptisch aufgenommen. Aber hier konnte ich nicht daran zweifeln. Was für ein Interesse hätte er gehabt, die Kollegen, die gleich ihm arg im Bruch waren, zu belügen? Erwarten konnte er von ihnen ja nichts. Ich versprach ihm meine Suppenportion für den Fall, daß ich, trotzdem ich kein Dienstbuch habe, in das Asyl eingelassen würde. Ich hätte einen verdorbenen Magen und könne nichts essen. Seither wich der Bursche nicht von meiner Seite, damit er in das gleiche Zimmer mit mir komme. Seine einzige Sorge, die er fortwährend zu mir äußerte, war die: »Ob man dich nur ohne Büchel hineinlassen wird?« Von Zeit zu Zeit kamen Besuche zu unserer Gruppe. Leute, die Arbeiter suchten. In meinem Leben habe ich nicht so viele Engagementsansträge erhalten wie vorgestern. »Bist du ein Müllergehilfe?« fragte mich ein wohlgenährter Herr, der auf unsere Gruppe zugetreten war. Nein, ich sei kein Müllergehilfe. Damit aber gab sich der Herr noch nicht zufrieden: »Willst du nicht in der Mühle arbeiten?« Ich müsse morgen abreisen, sagte ich, und der Vertrag war nun endgültig gescheitert.

Von den übrigen Aktionen, die nichts Geringeres zum Zwecke hatten, als meine wertvolle Arbeitskraft für verschiedene Unternehmungen, wie einen Brückenbau, eine Schneiderwerkstätte et cetera zu gewinnen, sei noch eine erwähnt. Ein Bäckergehilfe kam zu mir: »Du bist ein Bäcker?« Wieder verneinte ich. »Das macht nichts«, sagte jener. »Du könntest heute nacht bei uns in der Werkstätte statt meiner arbeiten. Mein Mädel ist heute früh nach Prag gekommen, und ich möchte gern mit ihr ausgehen. Du brauchst nicht viel zu machen, nur soll der Alte nicht merken, daß einer fehlt. Ich gebe zwanzig Kreuzer.« Ich erklärte, daß ich ablehnen müsse. Ich hätte schon drei Nächte nicht geschlafen.

Die Arbeitgeber waren nicht die einzigen Personen, die um unsere Gunst warben. Zwei Frauen traten auf einzelne von uns zu und boten uns privates Logis an. Mich forderten sie nicht auf; ich sah sehr schäbig aus. Aber auch bei den anderen hatten sie kein Glück, da ihre Forderung zu hoch war. Je zwei hätten in einem Bette schlafen und jeder dreißig Heller zahlen sollen. Ein jüngerer Wanderbursche ließ sich in Unterhandlungen ein, aber ein erfahrener Genosse zog ihn zurück. »Unsinn! Im Asyl schläfst du allein im Bett, zahlst keinen Heller und kriegst noch zweimal Suppe.« Da mußte denn die Wohnungsvermieterin wieder abziehen.

Wir standen von drei Viertel sechs Uhr abends bis sieben Uhr. Dann wurde das Tor geöffnet, entweder weil der Hausvater sehen wollte, wieviel Leute draußen seien, oder weil irgendein Angestellter des Asyls eingelassen wurde. Das Öffnen des Tores war das Signal zur Vergatterung vor diesem. In weitem Bogen drängte sich die Schar der Obdachlosen. Die Frauen wurden in die erste Reihe gelassen. An sie schlossen sich, auf Anordnung eines alten Kunden, zunächst die Leute, die schon tags vorher die Gastfreundschaft des Prager Asylvereines genossen hatten. In den nächsten Reihen standen die Obdachsuchenden, welche die Bestätigung ihrer Genossenschaft darüber in Händen hatten, daß sie stellungslos und »auf der Walz« in Prag seien. Dann kamen diejenigen, die durch ihr Arbeitsbuch den Nachweis ihrer Arbeitslosigkeit führen konnten und deshalb das Anrecht auf Annahme in das Obdach der Obdachlosen besaßen. Zuletzt die Schar jener Burschen, die zwar stellungslos waren, aber schon zwei oder drei Tage im Asyl genächtigt hatten; sie wußten wohl, daß sie kaum wieder Einlaß finden würden, und berieten, wo sie im Falle ihrer Abweisung nächtigen würden. Die einen schwärmten von einer sehr schönen Scheuer in Žižkow, die anderen waren entschieden für den Stall eines Prager Einkehrhauses, wo es allerdings drei Kreuzer Quartiergeld koste, wieder andere propagierten eine Exkursion in den Kinskygarten oder den Karlspark.

Auch die drei anderen Schichten – jetzt waren auch die Obdachlosen, diese untersten Repräsentanten der menschlichen Gesellschaft, in

Gesellschaftsschichten geteilt – debattierten eifrig. Ein Alter, mit schwarzem Bart und Havelock, führte das große Wort. Das Thema der Debatte war nichts Geringeres als – die Frage der Landtagstätigkeit. Es war die finanzpolitische Seite, welche diese in Lumpen gekleideten Menschen am meisten interessierte. In der Naturalverpflegsstation hatte man ihnen den Mangel verschiedener Gegenstände mit der Finanznot begründet, und deshalb waren viele für die Flottmachung des Landtages, aber einzelne waren dagegen, indem sie erklärten, wenn die Regulierung der Landstraßen wieder in vollem Maße aufgenommen werde, dann gäbe es wieder lauter Schikanen von seiten der Wegmeister.

Das neuerliche Öffnen des Tores machte diesen hochpolitischen Erwägungen ein Ende. Man ließ die Frauen – größtenteils beschäftigungslose Feld- und Fabrikarbeiterinnen – ein und schloß wieder. Dann, nach etwa zehn Minuten die Männer. Ein Asylbediensteter rief die Gruppe aus. Einzeln wurde man eingelassen, jeder mußte sich legitimieren. Bei der Gruppe »Arbeitsbücher« fand auch ich mich ein.

»Wo hast du dein Arbeitsbuch?« fragte mich der Mann an der Pforte.

»Ich habe keines«, war meine Antwort. »Ich komme aus Reichenberg und wollte ins Spital. Aber man hat mich nicht aufgenommen, weil überfüllt ist.«

»Warum fährst du nicht zurück?«

»Ich habe kein Geld. Auf der Polizei werden sie mir ein Rückreisebillett geben. Aber erst morgen. Nachmittag wird nicht amtiert, und da haben sie mich hergeschickt.«

»Wer hat dir das gesagt, daß du hergehen sollst?«

»Der Offizial S . . .« Ich nannte den Namen des Beamten, der die Reiseunterstützungen aushändigt, und dies genügte, um den Auguren von der Richtigkeit meiner Aussage zu überzeugen. Aber er hatte noch eine Besorgnis: »Weshalb wolltest du ins Krankenhaus?«

»Ich habe Herzschwäche.«

Er sah mir forschend ins Gesicht, ob ich wirklich krank sei. Nun aber war ich – welch ein Zufall! – ausnahmsweise, ganz ausnahmsweise in der vorigen Nacht »auf dem Flam« gewesen und war blaß. Da ließ er mich denn aus Mitleid ein. »Ein Neuer!« rief er einem anderen Bediensteten zu, der auf der anderen Seite des Tores stand und Protokoll führte. Ich gesellte mich zu den anderen Obdachlosen, die sich im Hausflur drängten. Der Asylbedienstete wandte sich nun an die, die draußen harrten. »Ist noch jemand, der noch nicht zwei Nächte hier war?« Keine Antwort. »Gute Nacht, hochgeehrte Herren«, mit diesem ironischen Gruß schloß er das große Tor. Nun stellte sich ein Angestellter des Asyls auf die erste Stufe der Wendeltreppe und ordnete an: »Stiefel abputzen, Hemdkragen öffnen, paarweise antreten!«

Geräuschvoll wurde diesem Befehle Folge geleistet, und vom ersten Stock erscholl die zweite Order: »Die beiden ersten herauf!«

Nach etwa einer Minute: »Die beiden nächsten herauf.« Und so fort. Oben wurden alle eingehend nach Ungeziefer untersucht. Von Zeit zu Zeit hörte man von oben Schimpfen und Protestieren, und dann kam immer ein Obdachloser wieder die Treppe herunter: Man hatte bei ihm das Gesuchte gefunden... Das Tor öffnete sich und der Paria ward entlassen. Ich war mit dem hungernden Handlungsdiener im Paar. Man fand nichts bei mir, und meiner Aufnahme stand nichts im Wege. Man wies mir ein Bett an.

In einem kleinen Zimmer, in dem vier Betten standen, wurde ich einquartiert. Meine Zimmergenossen zogen ihre Stiefel aus und nahmen je ein Paar der harten Lederpantoffeln, die auf dem Eisenofen lagen. Ich zog gleichfalls die »Batschkoren« an, setzte mich aber dabei auf das Bett. Das war ein Fehler, denn ein zufällig in das Zimmer tretender Angestellter des Hauses fragte mich sofort, ob ich eigentlich glaube, daß ich im Spital sei. Ich vermutete, daß dies eine rhetorische Frage sei, und beantwortete sie nicht. Damit gab sich der Asylbedienstete nicht zufrieden.

»Du bist aber ein Häuschen« (hajzl), meinte er. Was er damit sagen wollte, weiß ich nicht, aber ich vermute, daß dies ein Schimpfwort gewesen sei, da er gleich darauf die Mitteilung hinzufügte, daß ich ein »Bastard« (parchant) sei. Diese Angabe ist unrichtig; doch der Asylbedienstete konnte sich ja irren. Wieso er aber von mir behaupten konnte, daß ich ein »Lausbub« (všivák) sei, während doch die unmittelbar vorhergegangene Untersuchung vollständig negativ verlaufen war, ist mir unverständlich. Trotzdem habe ich es unterlassen, den Asylmann zu kontrahieren. Für einen künftigen Ehrenrat, der mich eventuell dafür zur Verantwortung ziehen würde, daß ich grundlose Beschuldigungen nicht mit der ritterlichen Forderung durch die Waffe beantwortet habe, sei gleich vorweg bemerkt, daß meine

Kartellträger in das Asylhaus überhaupt nicht eingelassen worden wären, da man eines Arbeitsbuches oder des Nachweises einer Gewerbeausübung unbedingt zum Eintritte bedarf.

Der Asylbedienstete, dessen Groll ich mir zugezogen hatte, kam nach einer Pause von etwa zehn Minuten wieder in unser Zimmer. Diesmal war seine Mission viel sympathischer. Er legte jedem von uns ein Stück Brot auf das Bett und bestimmte dann zwei von uns zum Holen der Suppe. Ich – war ich doch sein Feind! – war einer von den zweien. So ging ich denn mit meinem Arbeitsgenossen die Stiegen hinunter in den ebenerdig gelegenen Küchenraum. Hier stand ein Holztablett für uns bereit, das mit fünf gefüllten Blechtassen beladen war: die Suppe. Wir beförderten die Ladung in unser Zimmer. In den Blechtassen stak kein Silberlöffel, sondern bloß ein schlichter Zinnlöffel, was wohl der Grund dafür gewesen sein mag, daß jeder meiner Zimmergenossen den Gebrauch des Löffels verschmähte und den Inhalt direkt aus der Schale trank. Ich verkostete einen Löffel und erfüllte dann das Versprechen, dem hungrigen Handlungsdiener meine Suppenportion zu schenken, leichten Herzens. Leichten Herzens, weil mich die ungewohnte Auftischung des Kuverts beeinflußt hatte. Den anderen aber schmeckte die Suppe ganz famos, wie an ihren behaglichen Mienen zu erkennen war.

Ich benützte die Souperpause, um in den Räumen des Asyls Umschau zu halten. Einzelne Zimmer waren doppelt so groß wie das unsrige und beherbergten dementsprechend die doppelte Anzahl von Betten. Im ganzen sind in den beiden Stockwerken, die für die Männer bestimmt sind, achtundsiebzig Betten untergebracht. Es sind eiserne Kavalletts, die einen Strohsack, einen Roßhaarkopfpolster, eine benähte Drillichdecke und ein ziemliches reines Leintuch enthalten. Überhaupt herrschte auf den Wänden und Fußböden der Schlafsäle, auf den Gängen, Stiegen und auf der die ganze Front umgebende Pawlatsche eine peinliche Sauberkeit – kein Wunder bei der eisernen Disziplin, über die ich kurz vorher in so energischer Weise belehrt worden war.

Als die Suppe verzehrt und die Holztasse samt den Suppennäpfen unter meiner Mitwirkung wieder in die Küche getragen worden war, setzten wir uns auf die Stühle, und es begann die Konversation. Schon die Art des Bekanntwerdens war eine viel bessere, als sie in der Gesellschaft üblich ist. In den Salons geschieht die Vorstellung durch

eigene Initiative, sie ist aufdringlich, jeder gleichgültige Mensch stellt sich jedem gleichgültigen Menschen vor und nennt seinen gleichgültigen Namen, der überhaupt nicht verstanden wird. Im Asyl fragt einer den anderen: »Was für einen Beruf hast du?« Mit der Antwort ist alles Wissenswerte über den Schlafgenossen gegeben. Nach dem Namen wird nicht gefragt. Namen sind Schall und Rauch. Ich erfuhr, daß mein Bettnachbar zur Linken ein Kanalräumer beziehungsweise ein Kutscher sei, der nur in den letzten vierzehn Tagen mangels anderer Beschäftigung der Prager Gemeinde nächtlicherweise beim Entleeren der Kanäle behilflich gewesen, aber gerade tags vorher wegen allzu großer Trunkenheit im Dienst entlassen worden war. Er war übrigens nicht bös darüber: »Länger als vierzehn Tage bin ich ohnedies seit zehn Jahren in keiner Stadt gewesen.«
Das Bett zu meiner Rechten hatte mein neuer Freund, der Handlungsdiener, inne, links von dem Kanalräumer war ein Zuckerbäckergehilfe aus Hartburg bei Graz, der von dort geradewegs zu Fuß nach Prag gekommen war. Bei diesem kam ich durch ungeschickte Beantwortung seiner Fragen in den Verdacht, ein Protz zu sein. Er fragte mich nämlich, ob ich schon in Hamburg gewesen sei, und ich bejahte.
»Wie ist's dort im Asyl?«
Ich mußte wahrheitsgemäß antworten, daß ich dies nicht wisse. Ich hätte bei einem Freunde geschlafen, sagte ich.
»Und wie weit ist es von hier?«
»Zu Fuß?« schlüpfte mir als Gegenfrage aus dem Mund, und das war dumm.
»Willst mi eppa pflanzen?« fuhr er mich bös an. »I wer doch net im Fiaker hinfahren!«
Zum Glück machte der Kanalräumer, der sich auch jahrelang in Deutschland herumgetrieben hatte und nicht nur Deutsch, sondern auch Italienisch – der Verkehr mit den italienischen Erdarbeitern brachte das mit sich – verstand, weiteren Angriffen des steirischen Zuckerbäckers gegen mich ein Ende. Er teilte ihm mit, daß er von Prag nach Hamburg etwa zwölf Tage zu gehen habe, wenn er täglich fünfzig Kilometer zurücklege. In Hamburg gebe es zwei Asyle, er möge aber nicht in das Polizeiasyl gehen, denn dort werde jeder Kunde photographiert. Auch im Asyl der Magdeburger Arbeiterkolonie möge er sich nicht aufhalten; dort müsse man vor der Aufnahme das Arbeitsbuch abgeben und müsse Holz sägen und hacken, »ärger

wie im Arbeitshaus«. Dann gab der Kanalräumer dem Zuckerbäcker noch einige geographische Ratschläge. Er beschrieb ihm den Weg, den er einschlagen müsse, um vier Heller Überfuhr zu ersparen, und nannte ihm die Straße, auf denen gute Zwetschgen zu erhaschen seien. Auch über die Schubverhältnisse, über die Handhabung des Vagabundagegesetzes und über die Naturalverpflegsstationen und die Herbergen in den einzelnen Orten sagte er dem Zuckerbäcker manch kräftiges Wörtlein.

Während des Gespräches zog der Kanalräumer wiederholt ein Fläschchen aus der Tasche und stärkte sich. Schließlich war der Schnaps alle.

»Hol's der Teufel, daß man hier kein Bier kriegt«, brummte der Kanalräumer wütend.

»Ich wär wieder froh, wenn ich rauchen könnte«, sagte ich, um etwas zu sagen.

»Hast du denn ein Stückchen Zigarette?« meinte jener mit lauerndem Blick. »Ich würde mich draußen einsperren und rauchen.«

Ich brach in der Tasche eine »Sport« in die Hälfte und reichte meinem Schlafgenossen eine Hälfte. Der hatte sie kaum in der Hand, als sich schon der Zuckerbäckergehilfe an ihn herandrängte und ihn flehentlich bat: »Schenk mir ein Stückel.« Da wurde denn die halbe Zigarette redlich geteilt.

Um neun Uhr verlosch das Gaslicht. Ich benützte die Dunkelheit, um mich in Kleidern auf das Bett zu werfen. Während der Nacht schloß ich kein Auge. Rechts neben mir schnarchte der postenlose Geschäftsdiener wie ein Lokalbahnzug, links neben mir stieß der Kanalräumer in seinem alkoholschweren Schlaf wüste Drohungen gegen irgendein Mädel aus, von dem er träumte. Aus dem Nebenzimmer drang in Intervallen von je zwei Minuten ein Husten herein, als ob der Mann zu ersticken drohe. Es dauerte lange, lange, bevor es sechs Uhr wurde. Endlich aber schrillte eine Glocke: Reveille. Alles kleidete sich an und machte das Bett zurecht. Bald darauf kam der Aufseher und besah das Werk kritischen Auges. Hier fand er die Decke zuwenig geglättet, dort war das Leintuch unten zusammengefaltet, statt unterhalb des Kopfpolsters. Schließlich verließ er uns, um auch die Nachbarräume mit seiner Inspektion zu beehren. Als er wiederkam, legte er jedem von uns einen »Pandur«, einen runden Wecken, auf das Bett, und wir durften wieder Suppe holen.

Nach einer halben Stunde ertönte ein lauter Ruf des Asylvaters: »Magazin!« Das war das Aviso für die Obdachlosen, sich um den bis dahin versperrten Schrank zu scharen und daraus die Ranzen und Kofferchen in Empfang zu nehmen, die sie hierher in Verwahrung gegeben hatten. Um sieben Uhr wurde das Tor geöffnet, und der Strom der Obdachlosen mündete wieder in die Stadt. Der Doppelposten der Polizei stand wieder da und schaute uns mißtrauisch an.
Die meisten der Obdachlosen begaben sich zunächst in die Arbeitsvermittlungsanstalt im »Alten Gericht«, dann in jene von Žižkow. Ohne das Visum dieser beiden Institute finden sie anderswo weder eine Genossenschaftsunterstützung noch Aufnahme im Asyl. Ich schlich mich wieder in das Haus in der Sametzgasse, in dem mein Freund wohnte. Der Hausbesorger und die Hausbewohner, die mir begegneten, blickten mir mit unverhohlenem Mißtrauen nach, bis mir die Wohnungstür geöffnet wurde. Nun restaurierte ich mich soweit, um kein Refus von seiten eines Droschkenkutschers erwarten zu müssen, und fuhr dann nach Hause. Hier angekommen, telephonierte ich ins Büro, daß ich wegen Unwohlseins fernbleiben müsse. Ich gedachte einen langen Schlaf zu tun. Vorher habe ich aber noch gründlich gebadet – eine Tatsache, die zwar selbstverständlich ist, die ich hier aber im Interesse meiner nicht obdachlosen Bekannten doch besonders registrieren will.

Marianne Pollak
BEI DEN FRAUEN DES ELENDSVIERTELS
(1924)

Als Marianne Pollak diesen Text aus London an die Redaktion der »Arbeiter-Zeitung« in Wien schickte, hatte dieses Blatt – vor allem mit den Sozialreportagen von Max Winter – gerade in dieser journalistischen Kategorie eine eigene journalistische Kultur tradiert. Marianne Pollak kannte gewiß viele dieser Texte und konnte nun, in London lebend, nach diesem Vorbild eine andere Großstadt erkunden. In England lebte Marianne Pollak gewissermaßen im Geburtsland der sozialen Frage. Als Sozialdemokratin war ihr die klassische Schrift »Die Lage der arbeitenden Klasse in England« von Friedrich Engels sicher bekannt, die 1845 erstmals erschienen war. Übrigens gibt es auch von Egon Erwin Kisch aus der gleichen Zeit eine Reportage mit dem Titel »Unter den Obdachlosen von Whitechapel«. Auch er erlebt dieses London als ein »Lumpenquartier«, einen »Schlammdistrikt«, den er im zerfetzten Kostüm des Rollenreporters erforscht. Er geht die »Stufen zur Unterwelt hinab« und schildert die »Stadt in ihren tiefsten Abgründen« Detail für Detail. Am Morgen verläßt er diese Welt der Obdachlosen wieder und atmet befreit »der Luft entgegen«. Kisch vermeidet jede Wertung und vertraut – ganz im Sinne seiner damaligen Reportage-Theorie – auf die »Hingabe an sein Objekt«. Sein Motto: »Nichts ist verblüffender als die einfache Wahrheit, nichts ist exotischer als unsere Umwelt, nichts ist phantasievoller als die Sachlichkeit. Und nichts sensationeller in der Welt als die Zeit, in der man lebt.«

Marianne Pollak dagegen hält Distanz. Sie ist Besucherin, nicht teilnehmende, verdeckte Beobachterin. Aus dieser Distanz gibt sie eine sorgfältig dokumentierende Beschreibung. Dabei ist das Ziel ihres Ganges durch Whitechapel bei aller sachlichen Beschreibung die politische Tendenz. Aber sie bleibt verhalten, weil sie Reporterin, nicht Agitatorin ist.

Mit drei jungen Genossinnen, Ausländerinnen gleich mir, mache ich mich eines Abends auf den Weg nach *Whitechapel*. Das ist ein Teil des *East-End* (Ost-Endes) von London, in dem Not und Verbrechen zu Hause sind, eines der berüchtigtesten Elendsviertel der ganzen

Welt. Alles ist dort zusammengewürfelt: Gelegenheitsarbeiter, Lumpenproletarier, Ostjuden, chinesische Händler und lichtscheues Gesindel jeglicher Art. Es ist eine Gegend, in der das Elend förmlich aus dem ewig feuchten Pflaster zu dampfen scheint.

Abend in Whitechapel

Die breite Hauptstraße ist nicht viel anders als die irgendeiner anderen Vorstadt Londons, nur sieht man auffallend viel Juden. Aber schon bei der ersten Biegung in die schmale, finstere Seitengasse sind wir froh, zu viert zu sein. Kaum zehn Minuten Weges. Aber so grenzenlos traurig ist dieses Winkelwerk enger Straßen, so unheimlich düster in seiner Beleuchtung, daß es uns wie ebenso viele Stunden vorkommt. Aus den niederen Lebensmittelladen kommt ein trüber Schein, sonst sind zu beiden Seiten der Gasse nur die toten, finsteren Häuser, die wie Gefängnismauern aussehen. Diese kahlen, schmutzigbraunen Ziegelbauten mit den Fensterhöhlen wie blinde Augen gleichen einer dem anderen. Ganz wenigen Menschen begegnen wir. Verdächtige Gestalten, die Mütze tief in der Stirn, die Hände in den Hosentaschen, schlendern vorbei. An einer Ecke fällt grell das Licht aus der Schankstube eines »Pub«. Dann versinkt die Gasse in noch tieferes Dunkel. Eine ausgemergelte Frau trägt die Last der Mutterschaft müd und verzweifelt durch diese Welt des Elends.

Das Frauennachtquartier der Heilsarmee

Wir sind am Ziele. Eine kleine, verhutzelte Frau tritt in die niedrige Holztür: »Es wird schwer sein, Sie jetzt hereinzulassen«, sagt sie auf unsere Bitte und schaut uns über ihr Augenglas hinweg prüfend an. »Die Frauen sind gerade im Begriff, sich niederzulegen.« Die Pförtnerin läßt uns dann trotzdem in die spärlich beleuchtete Halle ein. Ein paar Blattpflanzen, dazwischen lassen halbverwelkte Narzissen in zwei braunen Tongeschirren ihre Köpfe hängen. Auf der anderen Seite zwei Öffnungen in die Küche, aus der ein übler, fettiger Geruch strömt. Wir sind in einer der Frauennächtigungsstationen der Heilsarmee.

Das kleine, freundliche Zimmer der Leiterin ist so eng, daß wir fünf kaum Platz darin haben. Die Leiterin, eine alte Frau mit offenem Gesicht und schneeweißen Haaren, die sich in schönen Wellen um die Stirn legen, trägt das Kleid der *Heilsarmee:* tiefblaues Tuch mit weinroten Aufschlägen. Wir erwarten den gewissen salbungsvollen Ton, aber einfach und schlicht antwortet sie auf unsere Fragen.

Die Besucherinnen

»Wir haben zweihundertvierzig Betten, und es gehört zu den ganz seltenen Ausnahmen, wenn wir einmal nicht ausverkauft sind«, erzählt die alte Frau. »Außerdem ist Platz für vierzig Kinder. Wir können Frauen doch nicht abweisen, weil sie für einen armen Wurm zu sorgen haben!«

»Alle möglichen Frauen kommen zu uns. Arbeiterinnen, die sich trotz harter Arbeit nicht mehr leisten können als die fünf Penny, die wir für die Nacht verlangen und die ihr ständiges Bett bei uns haben; Frauen, die mutterseelenallein dastehen und keinen Menschen kennen, zu dem sie sich flüchten könnten; vagabundierende Obdachlose, so heruntergekommen, daß sie kaum ein Hemd ihr eigen nennen; Greisinnen, denen ihre Kinder und Kindeskinder weggestorben sind; Frauen, die dem Trunke verfallen sind, Dirnen, die sich eine Nacht ausschlafen wollen . . .«

»Gibt es da keine Raufereien?«

»Betrunkene nehmen wir grundsätzlich nicht auf. Erst die Nacht darauf, wenn sie wieder nüchtern sind. Jeden Abend gibt es herzzerreißende Szenen. Aber wir dürfen nicht nachgeben. Schon im Interesse der anderen Besucherinnen, die ihre Nachtruhe brauchen, um am nächsten Morgen wieder arbeiten zu können. Und dann wollen wir es diesen Frauen nicht gar zu leicht machen, zu trinken!«

Wir brauchen keine Gewalt

»Vorige Woche kam der Sohn einer Quartalsäuferin zu mir«, erzählte die Leiterin weiter, »die in ihren nüchternen Nächten zu unseren regelmäßigsten Besucherinnen zählte. Ein prächtiger junger Bursche, nett gekleidet. Er wollte mir seine Adresse nicht geben. ›Ich hab jetzt die jüngeren Geschwister zu mir genommen, seit ich die Arbeit in der Maschinenschlosserei hab. Wenn die Mutter weiß, wo wir wohnen, und mich um ein Nachtlager bittet, hab ich nicht das Herz, sie abzuweisen. Aber dann haut sie im Rausche wieder mit der Petroleumlampe nach uns . . .‹«

»Lassen es sich denn die Frauen ruhig gefallen, wenn ihnen die Tür gewiesen wird? Ist gar kein Mann im Hause?«

»Während des Betriebes, von halb 3 Uhr nachmittags bis 9 Uhr vormittags darf kein Mann dieses Haus betreten. Das wissen die Frauen, das weiß die ganze Gegend. Wir brauchen keine Gewalt, wir kommen immer in Güte mit ihnen aus.«

Der Schlafsaal

Die Leiterin bittet uns, Fragen erst wieder in ihrem Zimmer zu stellen. »Die Frauen sind manchmal eigenartig und unwirsch.«
An der Küche vorbei mit ihrem brenzligen Dunst, in der die Frauen für je einen Penny eine Tasse Tee, eine Schale Suppe oder einen Reispudding bekommen – um wieviel appetitlicher muß die Fütterung eines Schoßhundes in irgendeinem Bürgerhause sein! –, gelangen wir in den großen Schlafsaal. Ein penetranter Geruch schlägt uns entgegen. Hundertdreiundfünfzig Betten in einem Raume von der Größe eines Turnsaals. In neun Reihen steht hier Bett an Bett so eng, daß wir uns seitlich gehend hindurchschlängeln müssen. Die Betten sind sehr schmal; auf einem Drahteinsatz ein mit Wachsleinwand überzogener Strohsack, die Decke aus Wachsleinwand ist mit Filz gefüttert. Der Besuch wechselt täglich – Leintuch und Kopfpolsterüberzug werden nur einmal in der Woche gewechselt.
Die Frauen sitzen am Bettrand und schlürfen ihren Tee oder die fettige Suppe. Andere ziehen sich aus, das heißt, legen Bluse und Rock ab und schlüpfen halb angezogen unter die Decke. Unmöglich zu erraten, wie diese Kleider eigentlich aussehen – das alles ist zu einem grauschwarzen Plunder geworden, der diese Elendsfiguren umhüllt. Ich hatte den Eindruck, als könnten Männer gar nicht in solche Untiefen der Verwahrlosung versinken. Eine schmale Holztreppe führt ein paar Stufen hinauf zu einer Galerie, die rings um den Saal läuft. In der gleichen Enge steht hier Bett an Bett an der Mauer. Mehr als 200 Frauen schlafen demnach in diesem Raum. Die Luft ist zum Schneiden dick; zwei Lampen verbreiten ein schwaches Licht; an den Wänden und um die Galerie herum sind – Bibelsprüche gemalt.

– und die Kinder!

Durch zwei weitere kleine Schlafsäle führt uns die Leiterin. Da höre ich in einer Ecke eine junge Frau zu ihrer Nachbarin halblaut sagen: »Oje, schau die an! Damen! Kommen her und gaffen! Wir sind auch

Damen . . .!« Wir hatten Hüte auf – das macht in dieser Umgebung die »Dame«. Und doch hat mich dieses gegen mich gerichtete Wort gefreut. Das erste und einzige Wort eines primitiven Klassenbewußtseins in diesem Milieu. Oder doch wenigstens eine Auflehnung!

Wir kommen in das *Kinderzimmer.* Das ist das ärgste. Kein Fenster, nur eine Ventilation in der Mauer; es ist wie ein Stall. Zwanzig Frauenbetten, ganz wie draußen. In jedem darf ein kleines Kind neben seiner Mutter schlafen. Aber die Betten sind kaum 60 Zentimeter breit. Und dann stehen da noch zwischendurch ein paar längliche Holzkisten für die größeren Kinder. Dort in der Ecke wäscht eine Frau ihrem Mädel den Kopf mit Petroleum, da hockt eines und strickt sich aus aufgetrennter Wolle ein Strumpfband, hier schreit ein Säugling ohrenzerreißend, da spielen zwei kleine Jungen Kopf und Adler. Es herrscht ein wüster Lärm. Die Wände, die Betten, der Boden, alles ist abscheulich schmutzig. Ein junges Ding in weißem Nachthemd sitzt im Bett neben ihrer noch jungen Mutter und schaut und schaut . . . Sie ist zum erstenmal in dieser Elendshöhle.

Wir haben alles gesehen, danken der Leiterin und gehen still nach Hause. Zufällig hatte ich vormittags von einem Kindermaskenball gelesen, der tags zuvor in einem Hotel des vornehmen Westens veranstaltet worden war. Irgendein Lord hatte für die schönsten Kostüme Preise verteilt, die in die Hunderte Pfund gingen. Und an den Hydepark mußte ich denken, in dem die Nonnen die wunderbar gepflegten Kinder der englischen Bourgeoisie spazierenführen, aus denen dann einmal die Männer und Frauen werden, denen bisher die Welt gehört hat. Die heranwachsende Jugend des Bürgertums, aber auch des Proletariats sollte einmal in die Massenquartiere des Großstadtelends geführt werden, damit sie wissen, wie so etwas aussieht. Dann sollen die einen den Mut aufbringen, dennoch ihr Genießerleben weiterzuleben. Die anderen werden den Trotz und die Kraft nach Hause nehmen, daß es anders werden muß.

Theodor Herzl
DER NOVEMBERTERMIN
(1899)

»Wohnen« ist eines der wichtigsten Themen in allen Sozialreportagen. Über die Inspektion der Unterkünfte erschlossen sich die Kenntnisse über die gesellschaftliche Wirklichkeit, besonders in den Städten. In schlechteren Beispielen artete diese Annäherung in »sozialen Voyeurismus« aus, in die Schilderung besonders pittoresker Bilder der Armut. In den guten Beispielen – und die finden sich bei Egon Erwin Kisch, bei Leo Lania, Franz Hessel, Arthur Holitscher oder Max Winter, bei Louis-Sébastien Mercier, Eugène Sue usw. – nähern sich die Reporter in Genauigkeit, Kontextualität und sozialem Verständnis den Verfahren der Sozialforschung an, wie wir sie von Paul F. Lazarsfeld beziehungsweise Siegfried Kracauer kennen.
Herzls »Novembertermin« zählt zweifellos zur letztgenannten Gruppe. Der Recherchegang durch die Straßen, in denen man die Habseligkeiten der gekündigten Mieter sieht, ist eben ein augenfälliger Anstoß für weiterreichende Überlegungen, die den Alltag der unteren Schichten, ihre Möglichkeiten und Chancen betreffen. Die Reflexionen gehen von Beobachtungen aus, aber sie überflügeln diese bald.
Herzl achtet die Intimsphäre der Leute. Weil die genaue Betrachtung ihrer privaten Gegenstände auf der Straße, knapp bevor der Möbelwagen eintrifft, diese verletzen würde, unterbleibt sie.
Bedenkt man das (groß)bürgerliche Umfeld der »Neuen Freien Presse«, für die Herzl arbeitete, so erstaunen nicht nur die Thematik, sondern im besonderen Maße die einfühlsame und mitleidende Darstellungsweise. Was Herzl von vergleichbaren Reportagen etwa eines Max Winter oder eines Heinrich Holek unterscheidet, ist ausschließlich das Fehlen der sozialen Anklage und das Nennen von Schuldigen für die aufgezeigten sozialen Probleme.

Das ist ein Stoff, der auf der Gasse liegt. Eigentlich sind es nur die Requisiten, die leblosen, von Schauspielen und Romanen, in manchen seltenen Fällen auch von Possen. Große verschlossene Wagen von plumper Gestalt schleifen diese Requisiten aus einer Straße in die andere. Sie enthalten den Hausrat der »Parteien«, und neben dem Hausrat steckt Traurigkeit daran. Im Mai sieht es nicht so betrübend aus, weil auf allen Unternehmungen des Frühlings noch Sonnenschein liegt; aber im Herbst ist das Ausziehen kummervoll.

Geht man um diese Jahreszeit durch die Stadt, so kann man in gar viele Haushaltungen hineinblicken. Es hat etwas Theatralisches. Auf der Bühne sehen wir Zimmer, denen nur die vierte Wand fehlt. Hier aber fehlen sämtliche Wände. Von allen Seiten ist es möglich, in die Verhältnisse hineinzuschauen, und da läßt sich viel, viel erfahren von den Lebensbedingungen der einzelnen wie der Gesamtheit. Die Haushaltungen liegen für die Dauer einiger Stunden zur öffentlichen Besichtigung aus. Was sich sonst mit Angst und Scham hinter Mauern, hinter geschlossenen Türen verbirgt, jetzt ist es jedem indiskreten Auge preisgegeben. Aber zum Glück haben die Menschen kein Verständnis für das Gewöhnliche. Der Alltag, der die Schmerzen und Freuden der Menge enthält, wird von den feineren Beobachtern nicht gewürdigt, denn diese schauen lieber nach dem Seltsamen aus. Und der gemeine Mann, der mitten drin steht, hat wieder keinen Sinn für die Kulturgeschichte oder Poesie, die aus alledem gewaltig atmet. So kommt es, daß die Völkerwanderung, die sich zu jedem Zinsviertel in den großen Städten vor aller Augen vollzieht, eigentlich von niemandem bemerkt wird.

Die mächtigen Möbelwagen und geringen Karren sind in den Bezirken verstreut. Aber wenn man sie einmal hintereinander fahren ließe, was wäre das wohl für ein verblüffender Zug! Wer ist imstande, sich vorzustellen, wie viele Familien jedes Vierteljahr aufbrechen und ihre Wohnplätze verändern. Man würde vielleicht staunen oder schaudern, weil doch die Neigung zum Beharren auf einer erworbenen Stätte im Wesen der Einzelwirtschaft liegt. Eine Übersiedlung ist immer eine kleinere Katastrophe und oft die Folge größerer Katastrophen. Das Volk weiß das, wenn es in seiner ahnungslosen Weisheit sagt: Dreimal Ausziehen ist einmal abgebrannt! Die Sachen werden beschädigt, und die Vandalen, welche sie beim Tragen zertrümmern, müssen dafür noch entlohnt werden. Dennoch wandert man von Ort zu Ort, worauf auf das Unbehagen geschlossen werden kann, das die Unsteten empfanden.

Aber ist es besser, die alten Übel regungslos zu ertragen, wie die *glebae adscripti* einer verwichenen Zeit? Festsitzen, in Schmutz und angejahrtem Elend verbleiben, aus Furcht vor einem neuen Zustande? Nicht wenigstens den Versuch wagen, sich auf eine andere Seite zu legen? Warten, bis man nicht weiter kann, weil man zu alt, zu schwach oder zu hilflos geworden ist, und ein Ungemach erdulden muß, das ehedem durch einen Entschluß abgeschüttelt werden konnte? Tag um Tag in einem engen, dumpfen, verwahrlosten Quartier verseufzen; melancholisch werden, weil der Baumeister nicht für genügend Fensterlicht gesorgt hat; sich krank ärgern lassen von bösen Nachbarn? Kurz: aus Feigheit und Trägheit verkommen – oder durch Wagemut einen unbestimmten Schaden erleiden? Was ist vorzuziehen? Es sind Hamletfragen, selbst wenn es sich nur um zwei Zimmer und ein Kabinett handelt. Man kann ja darüber auch bornierte Witze machen, weil der Alltag sich äußerst komisch ausnimmt, besonders in den Augen derjenigen, die seine Tragik nicht verstehen. Gequält von den Mängeln seiner Wohnlöcher, betrachtet ein Beamter oder kleiner Kaufmann sorgenvoll die Schränke, Stühle, Betten, ob sie wohl noch einen Umzug auszuhalten vermöchten. Bleiben oder Nichtbleiben? Es ist keine prinzliche, sondern nur gemeine Schwermut in der Frage.

Und dann sieht man die vielgeprüften Schränke, Stühle, Betten in den Straßen. Die ärmlichen sind, wie es sich von selbst versteht, weitaus in der Überzahl. Der große Haushalt hat natürlich ein stärkeres Beharrungsvermögen als der kleine, schlägt mehr Wurzeln, und diese klammern sich tiefer in den Boden. Das kommt ja auch in den Kündigungsfristen zum Ausdruck. Der große Hausstand hat vermutlich die Tendenz, noch größer zu werden; der kleine vielleicht die, sich zu verkleinern. Das hat wohlbekannte Gründe. Die Armen leben im Verhältnis teurer als die Reichen, und wie es die Spruchweisheit angibt, brennen sie auch öfter ab, weil sie häufiger ziehen.

Das ist das erbarmungslos Allgemeine. Aber jeder Möbelwagen enthält auch Materialien zur besonderen Geschichte einer Familie. Wie viele Sorgen, Hoffnungen, Kämpfe, Enttäuschungen haften an jeglichem Stück Einrichtung! Der Hausvater steht am Tor und sieht den Trägern zu, die seine Sachen aus dem vierten Stockwerke herunterbringen. Da hat man ein Jahr oder zwei gewohnt und zieht nun weiter. Ob es dort besser sein wird? Auch nur zwei Zimmer und ein Kabinett. Die Zimmer sind sogar etwas kleiner, aber das Kabinett ist merklich größer. Der Küchenherd wird dort vielleicht nicht rauchen. Der Hauptvorzug aber: aus jedem der drei Gemächer öffnet sich eine Tür in den lichten Vorraum. Was hat man in der alten Wohnung darunter gelitten, daß das Vorzimmer so dunkel war, und daß nur ein Ausgang darein mündete. Im neuen Hause wird eine ganz andere Einteilung möglich sein. Vater und Mutter nehmen das Kabinett, das zweite ist das Speisezimmer, im dritten werden die Kinder untergebracht, die schon mehr Platz brauchen. Jetzt schleppen die Träger zerlegte Betten herab. Als diese Holzgestelle frisch waren, da hatte man noch viel Mut, große Erwartungen. Wie hätte man auch sonst in den ungeheuren Kampf eintreten können? Da ist der Myrtenkranz unter Glas und Rahmen, der stets an der Wand zu Häupten der ehrsamen Betten hängt. Achtung auf den Myrtenkranz! Den sollen sie doch lieber in die Bilderlade stecken, das Glas könnte zerschlagen werden. Nun bringen sie die Wiege. Alle Kinder haben mit rosigen Beinchen in dieser Wiege gezappelt. Das letzte Kind ist darin gestorben, plötzlich, zwischen Nacht und Morgen. Was war das für ein süßer Schatz, es blickte schon so klug. Der Arzt meinte, wenn man ihn früher gerufen hätte, wäre es vielleicht mit dem Leben davongekommen. Wer das alles vorher wüßte! Da ist auch der hohe Kinderstuhl, in dem die Kleinen lachend und gefangen thronten, bis sie dem nachgewachsenen Brüderlein oder Schwesterlein Platz machen mußten. Auf das Brett vor dem Sitz haben sie alle gleichmäßig nacheinander mit den Fäusten gepatscht. Der Stuhl ist abzuheben, und dann dient das Gestell als eine Gehschule. Da haben sie alle stehen und gehen gelernt. Welche Kunst! Das ist das liebste Möbel. Nun brauchen sie es nicht mehr. Man wird es auf den Dachboden schaffen müssen, weil es keinen Zweck hat. Dort wird es verstauben, wird es vergessen werden, wie diese ganze Zeit, die trotz allem eine gute war. Nichts bleibt davon. In dem Zinsnomadentum verliert man die Anhaltspunkte der Erinnerung. Nur für das täglich Nützliche ist Raum, und das Gemüt wird von den Schauplätzen schöner und trüber Tage immer wieder losgerissen.

Aber die ihre Fahrhabe und standhafte Liebe von Ort zu Ort mitnehmen, sind die Ärmsten nicht. Sie kommen doch wieder zur Ruhe, wäre es auch nur für ein Jahr oder zwei. Die alte Uhr im Speisezimmer tickt wieder mit bekanntem Schlage neben dem Kachelofen, der dem früheren ähnelt und auch wieder die Gipsbüste des Apollo trägt. Die schmalen Jutevorhänge, deren Anschaffung eine solche Staatsaktion war, sind neuerlich über den Fenstern angebracht. Die schwitzende Petroleumlampe hängt auf den Tisch herab und leuchtet abends traulich, wenn Vater, Mutter, Kinder beisammensitzen und das sparsame Mahl genießen. Daß man die Heimstätte gewechselt hat, merkt man kaum, weil alle die Mietwohnungen dieselbe Charakterlosigkeit haben. Die Menschen der großen Stadt sind nicht mehr im Hause daheim, sondern in den Möbeln. Das Bewegliche ist ihre Heimat, nicht das Unbewegliche, wie bei Bauern und Kleinstädtern. Daraus erklärt sich auch die Leichtigkeit ihres Umzuges. Die Hauptsache ist, daß man sich selber mitnimmt, sich und die Seinen.

Es gibt Ärmere in jedem Sinne. Der Umzug ist oft ein letztes Kapitel im Roman der Familie. Jemand oder etwas ist verstorben: ein Mensch oder nur seine Liebe und Treue. Da muß man fort, weil alles im früheren Kreise zur Qual und Mahnung wird. So gibt es Menschen, die ihr Leben auf der Flucht vor Erinnerungen verbringen. Sie bleiben immer in einem Nest, bis eines Angehörigen Tod oder sonstiges Unglück sie daraus verscheuchen. Das sind die Übersiedlungen, die recht in den traurigen Monat November passen. Dann sucht man anderswo das gestörte Gleichgewicht wiederzufinden. Man richtet sich zwischen fremden Mauern ein und will vergessen. Da können die täglichen Sorgen zum Troste werden, weil sie die Gedanken ablenken. Not ist ein gutes Mittel gegen Kummer. Der Mangel, wie wunderbar, hilft über Schmerzen hinweg. Und diejenigen, denen nicht ihr Reichtum das Leben ertragen hilft, schöpfen die erforderliche Kraft aus ihrer Armut.

Man muß sie in den entlegenen Bezirken sehen, wie sie um die bange Zinszeit wandern. Keine stattlichen Möbelwagen, nur ein geliehener Karren. Der Mann ist selber vorgespannt, die Frau schiebt nach, die Kinder schleichen mit blassen Gesichtern hinterdrein. Auf dem Karren armseliges Gerät, Holzsachen, Bettzeug und Kochgeschirr, ein Häuflein Jammer. Die elegische Auffassung früherer Zeiten sah in den Auswanderern, die übers Meer gehen, die Bedauernswertesten der Unglücklichen. Aber diese Pilger der großen Städte sind übler daran. Auch sie ziehen fort und fort, nur fehlt ihnen die Hoffnung auf einen neuen Zustand. Die Ferne ist nicht entsetzlicher als die Nähe. Wer sich freilich die Laune nicht gründlich verderben lassen will, darf bei solchen Anblicken nicht verweilen. Er käme sonst auf den höchst polizeiwidrigen Gedanken, daß wir trotz Fortschritt und herrlichen Erfindungen doch nicht in der besten der denkbaren Welten leben. Güter werden mit Dampf in unendlichen Massen erzeugt, jetzt und jetzt erschüttert eine Überproduktion die allgemeine Wirtschaft, es gibt plötzlich zu viele Sessel oder Tischdecken oder Kochtöpfe – und dann lehrt uns der Blick auf einen solchen Umzugskarren, daß es Dumme oder Elende gibt, die zu wenig von dem haben, was in unverwendbaren Mengen vorhanden ist. Aber die Beschäftigung mit solchen Fragen überläßt man ironisch lächelnd den Utopisten und anderen hirnverbrannten Köpfen. Die praktischen Leute streiten sich um politische Schlagworte herum, die allerdings den Vorteil bieten, daß man zu Macht, Mandaten und Ansehen kommt. Die Wohnungsverhältnisse armer Leute, wie uninteressant!

Doch ließe sich viel darüber reden, und man geriete wohl aus dem Plaudern in den Ernst und vom Hundertsten ins Tausendste. Von allen sozialen Fragen, die dabei auftauchen – denn es gibt nicht eine –, ist die des umhergeschleuderten, vernachlässigten Kleinbürgertums die fesselndste. Jetzt, wenn sie aus einer Wohnung in die andere ziehen, liegt ihr schweres, tapferes Dasein flüchtig auf der Gasse, und es spricht aus ihrem Hausrat zu dem, der es vernimmt. Zur volkstümlichen Deklamation ist dabei wenig Anlaß, denn sie haben kein sogenanntes Klassenbewußtsein, vergeben ja auch ihre Wahlzettel nicht auf Grund ihrer eigenen wirklichen Bedürfnisse. Planlos, wie ihre Übersiedlungen, ist auch ihr übriges Tun. Sie haben sich noch nicht in die Gegenwart gefunden, die Kleinbürger, dieser Schatz einer jeden modernen Nation. Sie schließen sich vorläufig noch den Forderungen anderer Klassen, der unteren, wenn nicht der oberen an, weil ihre eigenen noch nicht treffend formuliert sind. Und sie werden doch wahrscheinlich berufen sein, die Rechte und Freiheiten des Individuums nach oben und nach unten zu verteidigen. Die Dichter, die Intellektuellen, die sich jetzt überall an die Arbeit machen, um den Berufspolitikern das schnöde Handwerk zu legen, können auch da Herrliches leisten, wenn sie uns diese Kreise sehen lehren. Da gibt es brave Mütter, Väter, die sich wie Helden um das tägliche Brot opfern, fleißige Söhne und vergessene Mädchen, die manchmal in Gedanken sitzenbleiben, weil sie keine Mitgift haben und sich nicht in Unterhaltungen den Mann erjagen. Das gäbe Dramen und Romane, die uns anders tief in die Seele griffen als die spielerische Kunst um der Kunst willen. Nein, die Kunst um des Lebens willen, um es zu verstehen, zu verbessern, zu erhöhen.

Max Winter
VIER STUNDEN IM UNTERIRDISCHEN WIEN
EIN »STROTTGANG« DURCH WIENER KANÄLE
(1902)

Das ist sicher eine der berühmtesten Wiener Sozialreportagen. Max Winter, der Meister der Großstadtrecherchen, begab sich in das Gedärm der Großstadt. Also in ihre Kanäle. Die Idee, in den Bauch der Straße zu steigen, kam ihm, als er während eines Morgenspazierganges im vorortlichen Wien einen Mann sah, der im Kanal verschwand und eindeutig kein professioneller Kanalräumer war. Winter ließ die Sache keine Ruhe, und in bewährter Manier aktivierte er seine Beziehungen zum Milieu. Mit einem »Specklmoriz« genannten Führer begibt er sich für »vier Stunden ins unterirdische Wien«. Daß diese Reportage unter beträchtlicher körperlicher Anstrengung und gleichzeitiger geruchlicher Belästigung erfolgte, darüber läßt Winter schon in der Einleitung keinen Zweifel.

Diese Reportage erschien in zwei Folgen in der »Arbeiter-Zeitung«. Sie war ein so großer Erfolg, daß Max Winter eine in Buchform erschienene Reportagensammlung mit diesem Titel versah. Der Text ist tatsächlich ein Meisterwerk. Alles darin stimmt. Von der Idee, der Vorgehensweise, der Umsetzung, der Recherche vor Ort, der Teilnahme am Strottgang bis hin zum Publikumsinteresse an dem, was unter dem Pflaster tatsächlich lag, was sich dort finden ließ, was die Stadt ausstieß und von den Strottern unter mühsamsten und beschwerlichsten Bedingungen aufgestöbert wurde.

Es sind die Grundfragen der Großstadtreportage, mit denen Max Winter uns hier konfrontiert. Nämlich: Was ist hinter den Fassaden, wie wohnen und leben die Menschen, wer sind die Etablierten, wer die Außenseiter dieser Gesellschaft, wie fristen sie ihren Alltag?

Es handelt sich um eine »Sensation des Alltags«, aber des Alltags eben einer bestimmten Gruppe von Personen und keineswegs des Alltags der »Arbeiter-Zeitung«-Leserschaft. Das Thema und seine interessante Aufbereitung waren aber ein ideales Vehikel, um auf die sozialen Probleme der Großstadt aufmerksam zu machen, um das Elend und die Not in breiten Schichten dieser Bevölkerung zu verdeutlichen.

Um zu zeigen, wie Max Winter und seine Sozialreportagen von den Zeitgenossen aufgenommen wurden, drucken wir auf Seite 349 die

Rezension des gleichnamigen Buches von Max Winter durch den wohl wichtigsten Kulturkritiker seiner Zeit, Alfred Polgar, ab.

Während eines Morgenspazierganges im vorortlichen Wien hatte ich einmal eine merkwürdige Begegnung. Ein Mann verschwand vor meinen Augen in einem Einstiegsloch des Kanals. Er hob, den kurzen Stiel einer Harke, eines sogenannten »Heinls«, als Hebel benützend, das Kanalgitter, stellte es auf, stieg in den Schacht und schloß es wieder, indem er es, mit dem Rücken stützend, langsam niedergleiten ließ. Drunten war er. Durch das Kanalloch sah ich nur noch, daß der Mann unten Licht machte und dann so rasch im Bauch der Straße verschwand, als sich der ganze übrige Vorgang abgespielt hatte. Vom Heben des Gitters bis zum Verschwinden des Lichtes da unten war keine Minute vergangen.

Wer war der Mann, und was wollte er da unten in den Kanälen?

Die Harke und das Licht, auch seine geschickte Art, zu verschwinden, ließen ihn als einen erkennen, der öfter da unten zu tun hat. Dazu trug er, um die Hüften gebunden, einen kurzen Sack.

Ich wußte mir diese Erscheinung nicht recht zu deuten. Ein professioneller Kanalräumer schien er mir nicht zu sein. Er trug nicht die bis zu den Becken reichenden schweren Stiefel. Der Schaft seiner Stiefel reichte nur bis unter die Knie. Und dann: Was sollte ein einzelner Kanalräumer bei Tag da unten? Höchstens daß er im Auftrag nach einem verlorengegangenen Wertgegenstand gesucht hätte. Das war möglich. Ich mußte mich damals mit dieser Erklärung zufriedengeben, denn noch war damals das Geheimnis des unterirdischen Wiens auch für mich ein Geheimnis. Ich wußte noch nichts von dem »Freig'schäft« der »Kanalstrotter«, wie in Wien jene Gruppe von armselig lebenden Menschen heißt, die die Schätze der Kanäle heben und damit ihren schweren Erwerb finden, den schwersten wohl, den man sich vorstellen kann. Heute bin ich um einen tiefen Blick in das harte Dasein dieser Gilde reicher. Ich kenne das Leben im Kanal und die mühselige Suche nach dem Strandgut der Großstadt, nach den verlorenen Hellern und Kreuzern, nach den Metallgegenständen und Stücken, die in den Kanälen ihr Grab finden, die Jagd nach den Knochen, die mit dem Spülicht der Großstadt da hinuntergeraten, und ich kenne *einen* Menschen wenigstens, der diesem Erwerb seit Jahren obliegt, der mehr als zwölf Jahre hindurch Tag für Tag in die Kanäle stieg und der auch heute noch strotten geht, wenn daheim das Brot zu knapp wird, wenn sein Handel mit altem Eisen, den er in der Umgebung Wiens unternimmt, nicht ertragreich genug ist. Mit diesem Mann – *Specklmoriz* heißt er in der Gilde – unternahm ich Freitag einen »Strottgang«, den ersten und wahrscheinlich letzten in meinem Leben, denn ganz abgesehen von den übrigen Annehmlichkeiten, die der Aufenthalt im Kanal bietet, ist so ein »Strottgang« eine harte körperliche Plage, doppelt hart für den Schreibtischmenschen, dem wenig Zeit für körperliche Übung bleibt.

Eine Schlieftour

Der Einstieg

Pünktlich kam mein Führer zum Stelldichein bei der Tramwayhütte beim Bahnhof Rudolfsheim der Betriebsgesellschaft. Den »Strottsack« hatte er mit einem Strick über die Schulter gehängt.

»Gut'n Morg'n! Warten S' scho lang?« – »Na, a paar Minuten.« – »Also geh'n m'r's an.«

»Wo wer'n m'r denn einsteig'n?« – »In der Hollergass'n, glaub i, wird's am besten sein.« – »Na, wia S' glaub'n.«

Wir gehen dorthin. In wenigen Minuten stehen wir vor dem Gitter an der Einmündung der Siebeneichengasse. Der Specklmoriz scharrt mit seinem »Heinl« ein wenig Eis weg, das sich am Rand des Kanalgitters festgesetzt hat. Dann versucht er, das Gitter mit dem kurzen Stiel zu heben. Er steckt den Stiel in ein Gitterloch und stemmt sich dagegen. Mit einem kurzen Ruck hat er das schwere Gitter aufgehoben. »Packen S' an jetzt!« kommandiert er. Ich lange zu, und mit vereinten Kräften stellen wir das Gitter auf. Die Gasse herauf kommen Heubauern mit ihren hochbeladenen Wagen.

»So, da haben S' Ihna Lampen. Steigen S' eini.«

In die Wand des Kanalschachtes sind eiserne Steigsprossen eingerammt. Auf diesen steige ich hinunter. Schon bin ich mit dem Kopf im Straßenniveau, da bückt sich der Specklmoriz nochmals und legt mir zwei Zündhölzchen hinters Ohr. »Daß S' gleich anzünden kinna.« Die letzte Sprosse fehlt. Auch ohne sie erreiche ich die Sohle des Kanals. Mein Führer langt mir nun die Harke herab, auf die er sein Öllämpchen gestellt hat.

»So, zünden S' glei an und stell'n S' das Lamperl hintri.« – »Ins Wasser eini?« – »Ja. Das macht nix.« Mit diesen Worten steigt auch er hinab, lehnt das Eisengitter an seinen Rücken und schließt es, indem er langsam tiefer steigt. Die eigene Schwere drückt das Gitter zu.
Noch zwei Sprossen, und auch er steht mit seinen schweren Stiefeln in dem Wassergeriesel auf der Kanalsohle. Der Specklmoriz entflammt nun auch den Docht seines offenen Öllämpchens und schlieft dann in den etwa meterhohen Kanal. Ein letzter Blick noch in das beginnende Dämmern ober uns. Einer der Heuwagen humpelt über das Gitter, polternd und ächzend. Ihn sehe ich noch, dann schliefe ich meinem Führer nach.

Aller Anfang ist schwer

Der Specklmoriz ist schon zehn Schritte voraus. Da ich ihm nun nachkeuche, scheint es mir, daß er lauft. So schnell kommt *er,* so langsam *ich* vorwärts. Schon nach den ersten zwanzig Schritten glaube ich, daß ich zurück muß. Mehr als zwei Fünftel meines Körpers muß ich unterdrücken, um durch den niederen gemauerten Kanalgang durchzukommen. Der Oberkörper ist in der Waagrechten, die Beine sind etwas gebeugt. In der Rechten trage ich das Lämpchen, dessen offene Flamme bei jedem Schritt nach vorwärts einen schwarzen Rauchschwall meinen Lungen sendet. Die linke Hand gleitet, für den gebeugten Körper Stützen suchend, an der nassen, stellenweise glitschigen Kanalwand dahin. So war ich zwanzig Schritte vorwärtsgekommen, aber schon verwünschte ich heimlich meinen Forschungsdrang. Schweiß tritt aus allen Poren. Der Atem, den es mir zuerst ganz verschlagen hatte, geht kurz. Meine Beine zittern. Auch sie sind an ein Vorwärtsschreiten in leichter Kniebeuge nicht gewöhnt. Mein Schritt stockt.
Der Specklmoriz mißversteht mein Stehen-, besser Hockenbleiben. Mir ist geradeso, als müßte ich mich in das schmutzigbraune Spülwasser werfen, das in dünnen Bächlein meine Füße umrieselt, um den Körper wieder strecken zu können. So sehr lehnt sich der Mensch, der Aufrechtgeher, gegen die Zumutung auf, wie ein Vierfüßler dahinzukriechen. »Anstöß'n tan S' Ihna da net, da brauch'n S' Ihna net z'fürchten. Gehn S' nur mir nach.« – »Das Anstoßen fürcht i net, aber i wer' glei dalieg'n. Das halt i net aus.« – »Setz'n S' Ihna a wengl. Das g'wöhnen S' scho.«

Er zeigt mir, wie ich mich setzen muß. Der Kanal ist etwa achtzig Zentimeter breit. Sein Profil hat Hufeisenfom. An die eine Wand mit dem Rücken gelehnt, verspreizt sich nun mein Führer an der gegenüberliegenden. Ich mache ihm das Kunststück nach und lerne so in der Luft sitzen. Die Beine sind straff gestreckt, und der Rücken folgt der Hohlfläche der Wand. Aufrecht ist er zwar noch immer nicht, aber etwas erleichtert bin ich doch.

»Da werd'n S' Ihna glei leichter tuan. Wia i ang'fangt hab, hat' m'r a 's Kreuz weh'tan, und später war i oft achtavierz'g Stund' lang herunt' und hab's a ausg'halten. Rasten S' a wengl, und dann gehn S' wieder langsam weiter. Beim nächsten ›Gadern‹ richten S' Ihna halt wieder amal grad. All's muaß g'lernt sein.«

So tröstet mich mein Führer und spricht mir zugleich Mut zu.

»Rauchen S' a Zigarett'n. D'rweil wer' i a bißl strott'n, daß m'r do a was im Sackl hab'n, wann uns wer begegnet. Sunst lachen S' uns aus.« Damit kriecht er etwa zehn Schritte fort von mir und beginnt in dem Sand, der auf der Kanalsohle liegt, mit der Harke zu scheren.

»An Kreuzer hätt' m'r scho«, so avisiert er den ersten Fund.

Gleich darauf ruft er: »An Heller!«

Und dann: »Wieder a Kreuzer!« – »Na also, das G'schäft geht ja heut!« rufe ich ihm zu.

Luft!

Mühsam keuche ich weiter und weiter. Ich zähle nun meine Schritte im stillen. Nach dem dreißigsten bin ich wieder am Ende meiner Energie. Abermals ein »Standerl« und dann wieder fort. Diesmal bringe ich es schon auf fünfzig Schritte und nach abermaliger Rast gar auf hundert. Mein Führer feuert mich im letzten Stück an. »Da hab'n S' jetzt an Gadern. Da können S' Ihna gradstell'n. Aber machen S' Ihna den Rock zua. Da ziagt's.«

Am ganzen Körper schweißtriefend und mit zitternden Beinen erreiche ich den Luftschacht. Zuerst stelle ich mich gerade, dann erst befolge ich die freundschaftliche Mahnung. Ich schließe meinen grauen Tuchrock über dem blauen Barchentleibl und stülpe mir den Rockkragen auf. Dann sucht mein Blick den Tag da oben, und gierig sauge ich die frische Luft ein. Mein Lämpchen flackert, und die schwarze Rauchstraße in der Luft zeigt mir, daß in den Kanälen gute Wetterführung ist. Ich trockne die Schweißperlen, die mir im Gesicht stehen.

»Bleib'n S' net z'lang stehen in der kalten Luft. Da können S' Ihna leicht was hol'n.«
»I hab überhaupt scho g'nua, mei lieber ›Speckl‹. Das halt i net aus . . .«
»Kummen S' nur, zum nächsten ›Gadern‹ is 's net so weit. Drei Gadern no, und dann san m'r im großen Kanal, da können S' dann gehn, wia S' woll'n . . .«
So schön weiß er zu reden, daß ich schließlich alle Bedenken überwinde und ihm folge.

Etwas für den Magen von Wien

Die Wiener wissen auch nicht, wovon sie fett werden. Wir sind jetzt im Untergrunde der Schwendergasse und schliefen der Winckelmannstraße zu. Der »Specklmoriz« macht plötzlich halt. »Essen S' gern Schampian?« so wendet er sich an mich. »Sehn S', da wachsen an! Da hab'n S' die Bruat'n.« Dabei weist er auf die Kanalwand zur Linken. Zwischen den Ziegelsteinen ringen sich wirklich die drapfärbigen Köpfchen der in Wien so beliebten Suppenschwämme durch, und daneben sind junge Bruten in den Mauerklumsen. Ich vergewissere mich noch: »Sind das wirklich echte Champignons?« – »Wann all's so echt war' auf der Welt! Was hab i von *dö scho gess'n! Ganze Sackln voll hab i scho hamtrag'n* . . . San ja guat.«

Schlechte Zeiten

Bei einer nächsten Raststation lehrt mich mein Führer ein neues Kunststück. Er stellt die Harke so auf, daß der Stiel nach unten und die herzförmige waagrechte Schaufel nach oben kommt und derart einen unter diesen Verhältnissen sehr bequemen Sitz bietet. Darauf sitzend, folge ich seiner Arbeit und notiere mir hie und da Schlagworte. Über mir höre ich das Warnungssignal der »Elektrischen«. Wir sind gerade unter der Ausfahrt der Rudolfsheimer Remise.
»Sehn S', so find't m'r an Kreuzer.« – Er fährt mit der Hand, der Strömung des Wassers folgend, über die Sohle, bekommt die Hand voll Kieselsand und wirft diesen gegen die schiefe Ebene, in die sich die Sohle verliert. Dabei klingt es, und gleich darauf hat er einen Kreuzer. Wieder und wieder wirft er den Sand aus und sichtet ihn dann. Sooft er ihn anwirft, klimpert es metallisch. Aber nicht immer sind es Münzen. Knöpfe, Blechlöffel, Nägel, abgebrochene Messer-

klingen, Stücke von Eisenreifen und was sonst an Metallgegenständen mit dem Schmutz der Straße oder durch die Abortschläuche in die Kanäle gelangt, schlagen da an die Wand und führen den Strotter nicht selten irre.

»Brauchen S' kan Wasserleitungsschlüssel?«

So kündigt er mir seinen nächsten Fund an.

»Wie viele Silberlöffel hab'n S' denn scho?« frage ich zurück.

»An a'brochenen Zinnlöffel. Das is all's. Hör'n S' m'r auf. Heutzutag finden S' ja nix mehr. Früher amal hat m'r do no dann und wann a Sechserl g'funden oder an Zwanz'ger, das hat si heut aber scho all's aufg'hört. Unsere heutigen Sechserln san ja scho bald so groß wia die alt'n Viertelguld'n. Dö rutschen ein'm net so leicht aus der Hand. Wann S' amal a Fünferl finden, so glaub'n S', sö hab'n scho was.«

»Aber Silberlöffeln!«

»Da werd'n S' erst recht alt, bis S' an find'n. Seit dö alt'n Aburt a'kummen, is 's damit gar nix mehr. D' Weiber san net weniger schlampert wia früher. Dös sehn S' an die vielen Kuchelmesser, dö da herunt' umlieg'n – aber um an Silberlöffel greif'n s' halt in d' Schalen und zahr'n 'n wieder aussi. Der kummt gar net in 'n Schlund, wann s' 'n a zehnmal mit 'n Abwaschwasser ausschütt'n tan . . .«

So bedingen die englischen Aborte und die Nickelwährung schlechte Zeiten für die Kanalstrotter.

Anpassung!

Während meiner nächsten fünfzig Schritte kann ich an mir eine eigenartige psychologische Beobachtung machen. Der Specklmoriz ist weit voraus. Sein Licht strahlt nur mehr verschwommen durch den dunklen Gang. Ich beeile mich also, ihm nachzukommen, und zwinge Beine und Rücken wieder in den Schlieftrott. Auf einmal hemme ich den Schritt. Im Gerinne sehe ich ein Federmesser liegen. So als ob sich dies von selbst verstünde, lange ich danach und werfe das Messer erst weg, da ich sehe, daß eine Schale abgesprungen ist. Erst jetzt kommt es mir zum Bewußtsein, bis zu welch hohem Grade von Anpassung ich es schon gebracht habe, und ich lache vergnügt vor mich hin. Damit habe ich meinen Humor wiedergefunden und mit ihm einen Freund, der mir die weiteren Strapazen tragen hilft.

Später bringe ich wieder die Rede auf die körperliche Qual eines Strottganges und meine zu meinem Führer, daß in der Gilde der

Strotter wohl nur kleine Leute seien. Der Specklmoriz selbst zählt nicht zu den Großen. »Da werd'n S' Ihna aber täusch'n. In Hernals drüb'n is aner, der is um an halb'n Meter größer wia Sö, *der kriacht wia a Regenwurm* durch'n Kanal. Dös glaub'n S' gar net, wia g'schwind der is!«
Der Mensch als Regenwurm – kann es ein besseres Beispiel für die Macht der Gewöhnung und für die Anpassungsfähigkeit der Menschen geben?

Eine Begegnung

Wenn etwas geeignet war, mir den guten Humor wieder zu verderben, so war es eine Begegnung, die ich bald darauf hatte.
Mein Führer ist weit voraus. Da sehe ich plötzlich, als ich mich an der Wand dahintaste, vor mir im Spülicht einen kleinen behaarten Körper liegen. Eine Ratte! Von allen Nagetieren mag ich – die meisten Menschen werden diese Abneigung begreifen – die Ratten am allerwenigsten. Mich schaudert. Ein Gefühl schier unüberwindlichen Ekels überkommt mich, und dennoch muß ich noch einen Blick auf den Kadaver werfen. Er ist zum Teil schon skelettiert. Weiße Knochen sind bloßgelegt.
Im Weiterschreiten merke ich, daß ich meinen zitternden Beinen zum Trotz auch schnell gehen kann.
Den Specklmoriz hatte die Ratte natürlich gar nicht geniert. Er ist mit den Kanalhasen zu vertraut, als daß ihn solche Empfindungen beschleichen könnten.
Er ist bereits im Hauptkanal und erwartet mich an der Einmündung.

Die Ausbeute der ersten Stunde

Ich sehe auf die Uhr. Es ist bereits 7 Uhr vorüber. Wir befinden uns an der Ecke der Winckelmannstraße und der Schwendergasse, dort, wo der Park »zur schwarzen Weste« beginnt. Zu einer kaum mehr als 500 Schritt langen Strecke haben wir also eine Stunde gebraucht. Mir schien's, als wären wir schon irgendwo in Breitensee. Der Specklmoriz lacht.
»Aber, aber! A Stückerl über d' Remise san m'r 'naus. Jetzt kumm'n m'r erst in d' Linzerstraß'n.« – »Und dazu braucht m'r so lang?« – »I net! Wo kummet i hin, wann i so langsam war. A Strotter muaß

dazuaschau'n, wann er bei die heutigen Zeiten was verdienen will. Sunst kemen ihm glei a paar vur.«
»Wie viel hab'n S' denn scho Kreuzer g'funden?« – »Glei werd'n m'r nachschau'n.«
An der Einmündungsstelle des Gassenkanals in den Hauptkanal macht er ein Platzl auf der Sohle rein, hält den Wasserzufluß durch einen Sandwall auf und schüttet dann den Inhalt seines Strottsackes aus. Er sucht die Münzen heraus.
»Fünfe, sechse ...« Blechklimpern ... »siebene«, wieder Blech und wieder Blech ... »achte, neune ... *Neun Kreuzer und an Heller hab i g'funden.*« – »Und was sonst noch?« – »An halben Zinnlöffel, den Wasserleitungsschlüssel und so a paar Messing- und Bleistückeln.«
Ich besehe mir seine Schätze. Auch die Bleihauben einiger Flaschenhälse, wie sie zur Ausstattung der Weinflaschen verwendet werden, sind darunter. Welche lustige Gesellschaft wird wohl diese Kapseln achtlos weggeworfen haben, ohne zu wissen, daß sie die Schätze eines Kanalstrotters mehren werden!

Im Hauptkanal

Der Strömung entgegen

Bei der Annäherung an die Ausmündung des Gassen- in den Hauptkanal höre ich schon das Rauschen des Wassers, das in diesem Sammelbett dem Wienfluß zufließt. Nach kurzer Rast bei einem Luftschacht – die Elektrischen fahren über unseren Häuptern – arbeiten wir uns gegen den Strom in die Linzerstraße und dann diese hinauf bis zur Westbahnbrücke. In starkem Gefälle eilen die Sammelwässer dem Wienbett zu. Das Wasser reicht uns jetzt bis halbscheit zu den Knien. Die Strömung hat ziemliche Gewalt. Das kümmert mich aber wenig, kann ich jetzt doch fast aufrecht gehen. Nur um einige Zentimeter – zehn vielleicht – muß ich mich kleiner machen. Mit gesenktem Kopf arbeite ich mich vorwärts. Hier ist es kalt, doppelt kalt nach der schweißtreibenden Schlieftour.
»Machen S' Ihna nur guat zua!« mahnt mein Führer. Im Weiterschreiten erzählt er mir vom »Kalten«, dem Wiensammelkanal, der so groß sei, daß ein Heuwagen durchfahren könnte. »Aber kalt is's dort, daß S' scheppern vur Kält'n. Und 's Wasser geht Ihna bis zum G'scham. Das war' nix vür uns. Da brauchat m'r hohe Aufziager.«

Schritt um Schritt arbeiten wir gegen den Strom. Ich höre nur das dumpfe Rauschen des Wassers und den schweren Tritt unserer Stiefel. Der Specklmoriz aber hört ganz andere Stimmen des Kanals. Sein Gehör ist für die Geräusche da unten geschärft. Jetzt steht er ruhig:

»Hör'n S', wia die Staner kommen?« Mehr aus Höflichkeit bejahe ich die Frage. Der Specklmoriz stellt seinen Fuß aber quer in das Wasser, bückt sich nach einer Weile und zieht einen walnußgroßen Kiesel heraus. Später unterscheide auch ich, daß der Stein springend wandert. Von einem Hindernis springt er, von der Strömung getragen, zum anderen, schlägt dort auf und springt weiter, um wieder aufzuschlagen.

»Jetzt kummt a Messer.« Mein Führer behält wieder recht. Er zieht es heraus und steckt es in eine der Mauerklumsen. So macht er es auch mit den nächsten Messern, die er beim Absuchen des Wassers findet, und er findet ihrer genug. Einige Male zwei, drei an einer Stelle. Alle steckt er in Mauerspalten. »Können S' die Messer nicht brauch'n?« – »Na, wann i mit'n Schleif'n umgeh'n könnt', dann wär' no eher was z'machen, aber so geht's nur als alt's Eisen, und das rentiert si net, mitz'nehmen.«

»Warum steck'n Sie's denn in die Mauer?« – »Das is so Brauch bei uns. Das g'hört für an Strotter, wann 'r herkummt, daß er's siecht. Das is a Zeichen. Und dann is's a, daß si's kaner einirennt. Wer a Messer oder a Gabel find't, legt's auffi. *A Bluatvergiftung und all's kann m'r kriag'n.* Is ja all's verrost . . .«

Der Specklmoriz vollführt da also Akte der Fürsorge für die anderen, die gegenseitig zu üben die Strottergilde zum ungeschriebenen Gesetz erhoben hat. Wirklich entdecke ich bald darauf solche Zeichen an den Wänden, die von anderen herrühren. Messer und Gabeln, die von einer grauen Kruste überzogen sind.

Aber nicht nur dadurch sorgt mein Führer für die anderen vor. Auch die *Knochen,* die ihm auf seiner Suche nach qualifizierten Metallen und Münzen unterkommen, wirft er auf den von ihm herausgeschleuderten Sand, damit sie der nächste, der vielleicht Knochen sammelt, vorfinde.

»Das is a hart's Brot, wann aner von die Baner leben muaß, die er im Kanal find't. Da wiss'n dö glücklichen Leut', die was in Fabriken

oder auf an Bau arbeit'n, gar nix davon von so aner Plag'. Bis S' da a paar Kilo Baner beisamm' hab'n, d'rweil glaub'n S' eh scho', daß Ihna 's Kreuz a'bricht. Zwanzig Kreuzer fürs Kilo war no schlecht zahlt, und dö Banerstrotter kriag'n zwa Kreuzer. Wann 'r an Guld'n aus'n Kanal auffizahr'n will, muaß er sechz'g, siebz'g Kilo im Sack nachschlepp'n. Da g'hört a Hamur dazua. Dö Baner san ang'soff'n vom Wasser, da muaß 'r s' erst trickern lass'n, und dann kann er s' erst auf Atzgersdorf aussiführ'n. So a Guld'n is schwar verdeant...«
So erzählt er mir, während er in dem halb klareren, halb jauchigen Kanalwasser nach den Schätzen sucht.
Daß er den anderen die Knochen an den Strand wirft, hält er für selbstverständlich. Er weiß es, daß die anderen noch ärmer daran sind als er selbst, darum hilft er ihnen. Er weiß nicht, wem er hilft, wer als nächster diesen Leidensweg menschlichen Erwerbes gehen wird, er hilft ihm aber aus der Erkenntnis heraus, daß dieser andere noch schlimmer daran ist als er, der Hilfe also bedarf.
So betätigt sich echte Sittlichkeit!
Von dem Strotter könnte gar mancher lernen!

Die Polizei und die Strotter

Später bringe ich das Gespräch auf die Polizei. »Ist es Ihnen erlaubt, in die Kanäle zu steig'n?« – »Wia kann m'r dös scho ein'm verbiat'n? Da müaßt'n s' die Gadern zuaspirrn, und dann tät'n m'r halt bei die Hauskanäl' einischliaf'n. *Na, uns kann die Polizei nix anhab'n.*« – »Da herunt' net, das gib i zua, weil s' euch da net nachschliaf'n können, aber beim Aussisteig'n können s' euch do erwisch'n!« – »Ja, d'rwisch'n scho, aber tuan können s' uns nix. Das wissen s' a. Es nehmen uns a nur die Frischg'fangten mit. Was a alter Wachmann is, schert sie um uns gar net. Höchstens a neucher. Und kummt m'r dann zum Kommissär, so sagt der höchstens: *›Fahrts a mit die Stinkerten.‹* Se san froh, wann s' uns los hab'n.«

Etwas von der Gilde

»Gibt's viel Strotter in Wien?« – »No, *a fufz'g* man i, san's.«
»Kennen Sie alle?« – »Bis auf dö von der Brigittenau alle. Dös san lauter Krowot'n. Auf an Reg'n auffi, da wachs'n s' die Strotter, wia d' Schwammer. Da kann bald aner was verdeana, weil's all's abischwabt. Da nimmt mancher Alte an Neuch'n aus Mitleid mit. Aber

wann 'r 's nächstemal allan abisteigt, da siecht 'r erscht, daß er sie da herunt sei Brot ehrli verdeana muaß und wie schwar! Bei an Reg'n, da is's ka Kunst, Strotter z'sein, freili is's dann a g'fährlicher, aber da braucht m'r net erscht in d' Stadt geh'n, wann m'r was finden will. Heut rennt ja all's in d' Stadt eini. A jeder schaut halt, daß 'r a bißl was verdeant.«

»Is's durt besser?« – »Ja, finden können S' mehr. Es hat aber a sei Hakerl. I möcht' Ihna amal aufs ›tiafe Neug'stift‹ führ'n. Da gengan glei zwaasiebz'g, vierasiebz'g Steigeisen abi. Durt is's tiaf wia in an' Brunn'. Da drunt' is's angstig . . .«

»Warum is's denn bei an' Regen g'fährlicher?« – »Weil S' leicht d'rsauf'n kinna. Wann so gach a Reg'n daherkummt, san S' glei bis über 'n Bauch in Wasser a, und dös reißt, daß S' Ihna kaum d'rhalten könn'n. Da muaß m'r schau'n, daß m'r g'schwind zu an' Gadern kummt. M'r hockt si halt dann auf die Steigeisen und wart', bis der Regen nachlaßt. Bei große Regen war'n m'r glei achtavierz'g Stund' a herunt'.«

»Aber da werd'n S' ja durch und durch naß, wann S' unterm Gitter sitzen.« – »Besser wia d'rsauf'n is's. Dös g'hört halt zum G'schäft. Da herunt' is aner oft sein Leben ausg'setzt. Ob 'r dann den Herrgott anruaft oder die liabe Frau, das bleibt sich gleich. Kummt's gach und er d'rwischt kan Gadern, dann därf 'r vo guate Eltern sein . . .«

Um Kanalräumerarbeit

dreht sich dann unser Gespräch. »Dös is a Freig'schäft wia unsers«, erklärt der Specklmoriz. »A Lehrzeit gibt's da net. Z'erst werd'n S' Tagwerker, da kriag'n S' an Gulden, dann werd'n S' Nachschliaf'r und mit der Zeit Schliaf'r, wann der Herr siecht, daß S' guat than und brav san . . . Danach halt aner is.«

»Was hat der Nachschliefer zu tun?« – »Der hat die eigentliche Plag. Der muaß in die Gassenkanal eini und mit der Kruck'n den Dreck z'sammschiab'n. Sö kennen s' ja, die Kruckna, lange Stang'n und vorn a rund's Brett, was grad in 'n Kanal paßt. Die Stang'n hat 'r am Bauch auflieg'n, und so schlieft 'r füri. Von jeder Seit'n kummt aner. In der Mitt bei an Gadern kummen s' z'samm. Durt steht auf der Höh' der Tagwerker und füllt die Kästen.«

»Was hat der Nachschliafer?« – »An' Guld'n zwanz'g, dreiß'g Kreuzer, je nachdem. Der Schliaf'r hat an Guld'n fufz'g Kreuzer, und der hat eigentlich nix z'tuan. Der geht nur nach und hat gar ka Plag. So is 's in der Welt, wer si wirkli plagt und d' ganze Arbeit macht, kriagt nix, und der andere, was zuaschaut, all's. Die härteste Arbeit da herunt' im Kanal is am schlechtesten zahlt, und wann m'r's geg'n draußt nimmt, so is die Kanalarbeit wieder viel schlechter zahlt als die draußtige.«

»Wie lang ist denn die Arbeitszeit?« – »Von Zehne auf d' Nacht bis Fünfe in der Fruah.«

»Wia viel Herren gibt's denn?« – »Das waß i net genau. Das meiste is eh' scho kommunisch. D' Brigittenau, d' Josefstadt... all's is scho' kommunisch.«

»'s Leichteste hat natürli der Schaffer. Jeder Herr muaß an Schaffer hab'n. Der muaß nachschliaf'n und schau'n, ob all's in Ordnung is, denn zwei, drei Täg nach'n Ram'n kummt der Aufseher vom Stadtbauamt und schaut nach. Net amal an der Wand därf dann was pick'n – sunst gibt's glei an Anstand.«

Ein Straßenkanal

Unter der Westbahn

Damit sind wir im Hauptkanal bis zur Westbahnbrücke, die die Linzerstraße übersetzt, vorgedrungen. Hier mündet der Kanal der *Felberstraße* ein. Es ist wieder ein Schliefkanal, nicht so nieder wie der in der Holler- und Schwendergasse, aber doch höchst unangenehm. Da ich in ihn steige und in dem Luftschacht mich aufrecht stelle, der knapp vor der Einmündung geteuft ist, beginnen die schwersten Minuten meines Aufenthalts da unten.

Wir befinden uns gerade unter der Westbahn. Ich weiß nicht, ob ich den Westbahnern daraus einen Vorwurf machen kann, sie sind wohl Menschen wie alle anderen – aber Tatsache ist, daß ich auf meiner ganzen bisherigen Wanderung nicht so viel zu leiden hatte als wie jetzt, da ich in die Felberstraße einbiege. Es gibt mir einen Rückschlag. Auf dieses Attentat – die Westbahner mögen mit verzeihen, wenn ich ihnen Unrecht tue – waren meine Geruchsnerven nicht gefaßt. Einen Moment lang glaube ich, daß mich Schwindel erfaßt – schon klammere ich mich an das nächste Steigeisen des Luftkanals –, dann aber kommt die Revolution von innen, ich glaube, den Magen reißt es mir heraus, Wasser tritt mir in die Augen, ich zittere in den Beinen . . .

Es währt eine Weile, bis ich mich erholt habe, und ich dränge nun meinen Führer, rasch ein Ende zu machen. Am liebsten wäre ich gleich hier herausgestiegen. Der Specklmoriz erklärte mir dies aber für unmöglich, und ich muß mich fügen. So kriechen wir also weiter – die Felberstraße hinauf.

»Das is a elendig's Leben«

So charakterisiert später, da wir die letzte Rast halten, mein Führer sein Dasein. Er scharrt wieder einmal einen Kreuzer aus dem Sand. »So müass'n S' Ihna durchs Leben durchhauen. Das is a elendig's Leben. I war' froh, wann i nix mehr wissert von dem ganzen G'schäft.«

Aus dem Hutfutter nimmt er eine Dramazigarette heraus und entzündet sie an der Öllampe. Dann steckt er die Lampe mit dem vorspringenden Rand der Basis in einen Mauerspalt und raucht. Ich biete ihm eine Sportzigarette an. »Da hab'n S' was Besseres.« – »I bitt' Ihna, da herunt is do all's ans, ob S' ›Drama‹ rauch'n oder a ›Spurt‹, das is a Teufl, es is nur, daß m'r an andern G'ruch in d' Nasen kriagt.«

Wir reden von seinem Daheim: Am Sonntag vorher war ich bei ihm oben in seiner Wohnung am Ende von Ottakring, um mit ihm den »Strottgang« zu besprechen. Er lag auf einem alten Canapé, das an der Fensterwand steht. Vor dem Liegebett steht der Tisch aus weichem Holz, angeräumt mit allerhand Zeug. Dem Ruhenden nahe eine Zigarettenschachtel mit ganzen Dramazigaretten und Stumpferln. Auf dem herabhängenden Deckel liegen einige Nickel und eine Krone – der ganze Zehrfonds der Familie, die aus sechs Köpfen besteht: Vater, Mutter und vier Kindern. Das jüngste liegt in einem der beiden mit altem Werg angefüllten Betten und schläft. Auf seinem Kahlköpfchen sind noch die Spuren zu sehen, daß es die »Vierziger« überstanden hat. Ein achtjähriger Bub, blondköpfig wie sein Vater, lehnt am Tisch und sucht Spielerei mit dem Vater, der lachend auf die Tändeleien des Kindes eingeht, während er mit mir spricht. Beim linken Fenster sitzt in einem Kindertischchen die bravste, ein etwa zehnjähriges Mädchen, und schreibt eben die Aufgabe. Die Größte ist nicht zu Hause. Dafür ist aber die Großmutter zu Besuch da.

Jetzt mischt sie sich auch ins Gespräch. »Also vier Kinder haben S'.«

– »Ja, viere!« – »Kummen S' in an Jahr« – sagt die Großmutter lachend – »und es san fünfe da. Die Leut werd'n ja net g'scheit.« Wir lachen alle. Auch die Mutter der Kinder lacht abwehrend mit.

Es ist Sonnenschein in dem armseligen Heim des braven Mannes, der sich sein Brot so schwer verdient . . .

In diese Stube waren meine Gedanken geflogen. Vielleicht war auch er gerade daheim.

»Was zahln S' denn Zins?« – »Elf Guld'n auf's Monat.« – »Sag'n S', Sie hab'n zwa Bett'n daham, wie schlaf'n S' denn da?« – »I schlaf mit'n Bub'n in den an', d' Frau schlaft mit'n ganz Klan' und mit'n klanern Madl in n' andern. Die Große schlaft auf der Sofa.«

»Wie viel verdienen Sie?« – »Das kann i net sag'n. Armselig gnua bring'n m'r uns durch, das hab'n S' eh g'sehn.« – »Auch annähernd wissen Sie nicht, wie viel Sie verdienen?« – »Na, i könnt's wirkli net sag'n. Viel is net, was so kreuzerweis eingeht . . .«

Dann strottet er wieder weiter und pfeift dazu einen Gassenhauer:

»Wann i amal heirat,
Muaß Haberstroh weg,
Hodarodahoho, Hodarodahoho.«

Das Bad des Strotters

Beim dritten Gitter endlich fällt das erlösende Wort: »So, da steig' m'r aussi!« Ich atme erleichtert auf. Endlich!

Der Specklmoriz setzt sich auf die unterste Sprosse und beginnt die Reinigung. Zuerst wäscht er die Röhren seiner Stiefel ab, dann reinigt er die Hände in dem Spülwasser und trocknet sie in dem blauen Fürtuch, das er um die Leibmitte gebunden hat. Dann zieht er einen reinen Lappen unter seinem braunen gestrickten »Ärmelleibel« hervor und beginnt damit Gesicht und Hals trocken abzuwischen. Das Tuch wird schwarz. »Das glaub'n S' gar net, was S' da für an' Schmutz auf sich hab'n.« Ich überzeuge mich sofort. Mein Taschentuch wird, da ich seinem Beispiel folge, wie von Ruß geschwärzt. »Wann S' aussi kumm'n, werden S' erst sehn, wia S' innerlich schwarz san. Da spucken S' dann Schuhwichs.«

Mein Führer spricht aus Erfahrung. Das Gleichnis stimmte. Der Auswurf, zu dem immer neuer Reiz sich einstellte, war glänzend schwarz. Die Lunge gab heraus, was ihr da unten aufgezwungen wurde.

Tag!

Nach der Reinigung versorgt er die Lampen und seine Harke in dem Strottsack, nimmt ihn über die Schulter und steigt voraus. Ein Regen von Spülwasser und Mist geht auf mich nieder, da ich nachsteige. Ein Ruck, und das Gitter ist gehoben. Der Specklmoriz steht auf der Straße – Sekunden später auch ich.

Zunächst habe ich nur eine grelle Lichtempfindung. Dann unterscheide ich. Einige Straßenkehrer besorgen eben die trockene Kehrung der *Kröllgasse,* an deren Einmündung in die Felberstraße wir wieder ans Licht gestiegen waren. Sie sehen uns wohl, beachten uns aber weiter nicht. Strotter . . . mag sich einer oder der andere denken. Strotter . . . Für die Menschen der Straße ist das nichts Neues.

Ich sehe auf die Uhr. Es ist 10 Uhr. Also vier Stunden waren wir da unten! Vier Stunden, und doch hatten wir kaum den Weg von einer Viertelstunde zurückgelegt. Vier Stunden . . . nach vier Tagen spürte ich diese vier Stunden noch in den Gliedern.

Wir wenden uns zum Gehen. Ein leerer Heuwagen kommt uns entgegen. »Der Heubauer tragt scho sei Geld ham und mir hab'n nix.« So faßt der Specklmoriz das Resultat zusammen.

»Wie viel hab'n S' denn g'funden?« – *»Zwölf Kreuzer, an Heller, an ganzen und an halben Zinnlöffel, an Wasserleitungsschlüssl,* und das andere wissen S' eh.«

»Also das is ja das höchste G'schäft. Das is ja wenigstens per Stund' fünf Kreuzer.« – »Mehr wird's selten. Da müass'n S' scho a Glück hab'n. Es is net mehr so, wia mancher glaubt. Heut werf'n m'r dem Werkelmann ka Handvoll Kreuzer mehr hin wia amal – heut san m'r selber Bettelleut' . . .«

Bei der Linzerstraße trennen wir uns.

Marianne Pollak
DIE GESCHICHTE EINER ZIGARRE
(1927)

Das ist keine aufregende Reportage. Es ist ein geschickter journalistischer Gebrauchstext für politische Zwecke.

Marianne Pollak, seit 1915 mit dem Journalisten Oscar Pollak verheiratet, hatte damals, 1927, gerade als Redakteurin beim volktsümlich-sozialdemokratischen »Kleinen Blatt« begonnen. Sie redigierte die Frauen- und Kinderseiten dieser kleinformatigen Tageszeitung, die ein breites – noch nicht besonders politisiertes – Publikum ansprechen und für die Sozialdemokratie gewinnen wollte. Diesem Zweck war auch »Die Geschichte einer Zigarre« untergeordnet.

Detailreich, aber sprachlich schlicht, ja beinahe zu variationslos, schildert sie, wie Zigarren in einer Wiener Tabakfabrik im Stadtteil Ottakring hergestellt werden. Einen Satz verwendet sie hierbei für einen Seitenhieb auf den Fabriksdirektor, ohne weiter darauf einzugehen. Doch dies ist nicht der politische Hauptzweck dieses publizistischen Unternehmens.

Erst am Ende der Reportage findet sich die politische Botschaft. Die vorbildhaften Tabakarbeiterinnen, in der Tat die damals bestorganisierten und bestbezahlten – letzteres hieß allerdings nicht viel –, die übrigens in den letzten Jahren von der Sozialgeschichtsforschung entsprechend aufmerksam mit Studien bedacht wurden, sie werden als Vorbilder präsentiert. Ihre im Arbeitskampf erreichten Sozialleistungen und Einrichtungen für Arbeitnehmer werden kurz dargestellt, und abschließend wird auf eine in Arbeitnehmer- und Frauenaugen löbliche Aktion hingewiesen: die Entsendung einer Vertreterin der Tabakarbeiterinnen »direkt aus der Fabrik . . . in den Nationalrat«. Denn: »Die Sozialdemokratie weiß diese aufsteigenden Frauen zu würdigen.«

Nachbemerkung: Die idyllisierte Sichtweise der Konfrontation Indianer–Kolumbus in der einleitenden Passage träfe – heute so formuliert – bei kritischen (sozialdemokratischen) Lesern wohl kaum mehr auf ungeteilte Zustimmung.

Als Kolumbus vor bald einem halben Jahrtausend amerikanischen Boden betrat, als die rothäutigen Indianer, das Stammvolk der Neuen

Welt, mit weitaufgerissenen Augen das wunderbare Schiff, die hellfarbigen Menschen, die fremde Sprache, die furchtbaren Flinten bestaunten, da gab es auch für die spanischen Entdecker eine Sensation: den indianischen Männern quoll Rauch aus Mund und Nase! Sie hatten zylindrische Rollen im Munde, und das trockene Kraut, das darin verqualmte, nannten sie *»Tabaco«*.
Seither hat dieses eigenartige Nachtschattengewächs, das mit so köstlichem Aroma glimmt, den ganzen Erdball erobert. Der Engländer mit seiner kurzen Pfeife, die ihm unentwegt im Munde steckt, der leidenschaftliche Zigarettenraucher, dessen Zähne, dessen Fingerspitzen und dessen – Herz Spuren des übermäßigen Nikotingenusses aufweisen, der Bauer, der seinen Knaster im zerschlissenen Lederbeutel trägt, der dunkeläugige Orientale mit seiner langschlauchigen Wasserpfeife, der behäbige Herr im Lederfauteuil, der, in das Studium der letzten Kurse vertieft, blaue Rauchringel aus seiner Havanna lockt – sie alle sind leidenschaftliche Liebhaber des *Tabaks*.

An der Wiege der Virginia

Draußen in Ottakring, dort, wo die Stadt schon anfängt, langsam und unmerklich in freieres Gelände überzugehen, steht hinter hohem Gitter kerzengerade und wie in Habtachtstellung die Tabakfabrik. Ein Oberinspektor führt uns durch die Säle. Der echte, rechte österreichische Beamte alten Stils: liebenswürdig und ein wenig herablassend. Da ist zuerst ein *Handlager*. In Rohrmatten, sorgfältig verpackt, sind die braunen Blätter, hart wie Stein, aufeinandergepreßt. Ganz geschwängert ist die Luft vom Duft des Tabaks. Die auffallende Reinlichkeit, mit der hier alles »wie aus dem Schachterl« auf seinem Fleck steht, herrscht im ganzen Hause. Weniger genau scheint man es mit der Reinlichkeit nur ganz oben, in der Direktion der Tabakregie, zu nehmen: dort, wo Herr Mataja seine nicht ganz sauberen Geschäfte macht . . . Aber hier im Lagerraum ist kein Stäubchen zu sehen. Da liegen die schöngeformten Blätter des »Sumatra«, aus dem die ganz feinen Zigarren gemacht werden, dort der hochwertige »Kuba«, hier eine Packung »Brasil«, der etwas wohlfeiler ist und für die Einlagen der Zigarren dient. Die Blattrippen, die vor der Fabrikation entfernt werden, kommen in den Pfeifentabak. Das kracht und pustet dann lustig beim Verbrennen. Je nach der Tabaksorte sind die Blätter ganz verschiedenartig geformt. »Java« und »Manila« haben lange, schmale Blätter, andere sind breit und bauchig, die dritten spitz zulaufend. In Büscheln, die teils fächerartig gebunden, teils aufeinandergeschichtet und mit Bast geknüpft sind, liegen sie in den Rohrmattenhüllen, und ihre ineinandergepreßten Formen muten wie Versteinerungen an.

Das Tröpferlbad

Die Blätter werden nun entbüschelt, aufgelockert, in Kisten gelegt, gewogen und an die Abteilungen zur Bearbeitung des Rauchmaterials weitergeleitet. Vor allem muß es befeuchtet werden. Unser Führer betont mit großem Nachdruck, daß in den Fabriken der österreichischen Tabakregie keinerlei Beizen, sondern ausschließlich frisches Quellwasser benützt wird. Die Behandlung der sogenannten »Deckblätter« – das äußere Kleid der Zigarre – muß sehr sorgfältig geschehen, denn jeder Wasserfleck auf ihnen bleibt sichtbar und mindert den Wert der Zigarre. Sie werden darum im »Tröpferlbad« mit einem staubfeinen Wasserstrahl schichtweise »benebelt«. Das innere Material der Zigarre verlangt nicht soviel Vorsicht. Die Arbeiterin schwemmt es einmal in Wasserbottichen durch, und mit einer hübschen rhythmischen Bewegung wird das lose Büschel ausgeschwungen.
Die *Deck- und Wickelblätter* gehen sofort in noch halbfeuchtem Zustand in die Fabrikation, denn nur dann sind sie elastisch genug, um gerollt zu werden. Die *Einlage* dagegen muß ganz trocken sein, damit die Zigarre ihre »Zügigkeit« nicht verliert. Diese weniger wertvollen Innenblätter kommen darum in gefächerte Trockenstuben, wo sie im nassen Zustand, gestapelt auf flachen Sieben, den »Horden«, liegen und durch Zufuhr erwärmter Luft getrocknet werden. In Kisten bleiben sie dann ein paar Wochen auf Lager, bevor sie verarbeitet werden.

Die Zigarren-»Puppen«

Im nächsten Saale ersteht in den gewandten Händen der Arbeiterinnen die Rohform der Zigarre: das in Wickelblätter gefüllte Einlagematerial, die sogenannte *»Puppe«*. Die Arbeiterin hat die Puppenformen vor sich. Holzbretter, in denen rund ein Dutzend Mulden in der Gestalt einer Zigarre ausgekerbt sind. Sie umwickelt ein paar innere Blätter mit dem Wickelblatt, stutzt das Röllchen nach der Größe der betreffenden Zigarrensorte und legt die nun fertige Puppe in die Mulde. Dabei muß sie sehr wohl darauf achten, daß die Spitzen der Blätter, die am wohlriechendsten sind, auch an die Spitzen der Zigarren, in die Brandnähe kommen. Die Stengel, die weniger Aroma haben, werden an das Ende gelegt, denn der Raucher wirft den »Zutzel« ja ohnedies fort. Wenn alle Mulden des Brettes mit Puppen gefüllt sind, wird es in eine Handpresse eingeführt, wo die noch rohen Zigarren die ihnen eigentümliche Form erhalten.

Es wird immer »verwickelter«

Jetzt kommt die *»Spinnerin«* an die Reihe. Die mit so vieler Mühe erzeugte Rohzigarre soll nun noch die elegante Hülle anlegen, das *Deckblatt,* das sie wie eine Fischblase, durchsichtig, dünn und elastisch, umschließt. Die Spinnerin nimmt die Hälfte eines fleckenlosen Deckblattes, schneidet es in zwei Teile, und mit ein paar blitzartig schnellen Drehungen ist die Zigarre umwickelt, die Spitze geklebt und abgeschnitten, mit einer Art Fingerhut, der Schlußkapsel, abgeschliffen. Jetzt wird die Zigarre, die weich und untadelig ist, noch mit einem »Walkerl« gerollt und kommt zur letzten Station: in den *Verpackungsraum.*

Die Herstellung der *Schachteln* ist das Werk einer Maschine. Sie heftet die dünnen Holzbrettchen mit kupferfarbigem Draht aneinander, durchlocht sie, befestigt die Ösen. Das geht eins, zwei, drei. In einem Nebenraum adjustieren Frauen die Schachteln innen mit weißem Papier, berändern sie, kleben ein hübsches Bild an die Deckelwand – und die Zigarren können hinein. Von da aus kommen sie in ein *Trockenlager,* wo sie drei bis sechs Monate ruhen, bevor sie über den Umweg der Trafiken in die Taschen der Raucher gelangen.

Die Tabakarbeiterinnen

Wer sich neben dem erzeugten Produkt auch für seine Erzeugerinnen interessiert, der findet in der Ottakringer Tabakfabrik erst recht viel Bemerkenswertes: kluge, lebendige Gesichter, gepflegtes Äußeres, nettes, sicheres Benehmen. Es sind ja die bestorganisierten, die bestbezahlten Arbeiterinnen Österreichs, die wir vor uns haben. Und dennoch: Wie klein ist ihr Verdienst! Die Übernehmerin, die in der vierten Lohnstufe, also in der höchsten Rangklasse steht, bekommt

nach fünfunddreißigjähriger Dienstzeit mit der Alterszulage *57 Schilling in der Woche . . .*
Da die Tabakindustrie in der übergroßen Mehrzahl Frauen beschäftigt – auch in Ottakring sind unter den mehr als siebenhundert Arbeitern nur rund achtzig Männer –, begegnen wir hier auch der entsprechenden Anzahl *weiblicher Betriebsräte.* Acht von den zehn Betriebsräten sind Frauen, und sie bewähren sich ausgezeichnet. In der Tabakfabrik in Stein bekleidet eine Frau sogar die Stelle des Betriebsratsobmannes, was in der österreichischen Industrie nicht oft vorkommen dürfte.
Die Tabakarbeiterinnen haben sich durch ihre ausgezeichnete Organisation eine ganze Reihe wichtiger Errungenschaften erkämpft: Die *Vierundvierzigstundenwoche,* die Anwendung des internationalen Abkommens von Washington über den *Wöchnerinnenschutz,* Wohlfahrtseinrichtungen, wie *Arbeiterbüchereien* und *Säuglingskrippen.* Diese bestehen in einigen Provinzbetrieben. Die Geburtenzahl in den *Wiener* Betrieben ist trotz der großen Anzahl junger Arbeiterinnen so niedrig, daß sich die Einrichtung nicht rentieren würde! In der Hainburger Fabrik gibt es eine *Tagesheimstätte* für Kinder und in mehreren anderen mustergültig geführte *Betriebsküchen.*
Die Betriebsrätin, die dies alles in ihrer lebendigen, intelligenten Art erzählt, sagt zum Schluß: »Wir haben aber zwei Herzenswünsche, die immer noch unerfüllt sind: die Durchführung der *Familienversicherung* und eine *Lockerung des amerikanischen Systems.* Wir Arbeiterinnen erhalten den vollen Wochenlohn nur ausbezahlt, wenn das vorgeschriebene Arbeitsquantum erreicht ist. Und so sind wir unausgesetzt zur höchsten Arbeitsleistung gezwungen.«
Das alles berichtet diese Arbeiterin mit einer selbstverständlichen Würde. Es ist eine wahre Freude, solch einer Fabrikarbeiterin zu begegnen, die schon allen Pflichten, denen sie im Betrieb gegenübersteht, ganz gewachsen ist. Die Sozialdemokratie weiß diese aufsteigenden Frauen zu würdigen. Sie hat, direkt aus der Fabrik, die Kärntnerin Marie *Tusch* als Vertreterin der Tabakarbeiterinnen in den Nationalrat entsendet.

Bruno Frei
SKIZZEN VOM UNTERGANGE
(1919)

Elend, Armut und dazu noch Kohlennot treiben im zweiten Winter nach Ende des Ersten Weltkrieges Scharen von Menschen in die Wälder. Holz! Brennholz! Der Wienerwald und andere Wälder lichten sich ob des Ansturms. Das Bürgertum alteriert sich über die Zerstörung der schönen Wälder, daneben wird der Protest der Waldbesitzer laut, die vor den Gerichten ihr Recht geltend machen.
Bruno Frei, 1919 gerade erst das dritte Jahr journalistisch tätig, ergreift Partei für die Ärmsten, schildert ihren Kampf um Brennholz für den Kochherd und den Wärmeofen. »Sie gehen unter im Kot, ein Bild der Menschheit, die im Kot untergeht.« Der Journalist Frei stilisiert die beobachteten Szenen in düsteren, dunkelgrau-braunen Farbtönen. Dazwischen flicht er Reflexionen über die Relativität von Gesetzen ein, die diesen überlebensnotwendigen Holzdiebstahl unter Strafe stellen. Forderungen nach Abschaffung des Privateigentums klingen an.
Frei widmet in dieser Zeit durch seine Gerichtssaalberichterstattung im Wiener »Abend« viel Raum dem Unrecht, das durch die Anwendung von Gesetzen geschah. Die aus der großen Not heraus zu Holzdieben Gewordenen und deshalb vor Gericht Gestellten verteidigt er publizistisch ganz vehement.

Regennasse Nacht. In der großen Abfahrtshalle des Westbahnhofes stauen sich die Holzfäller. In lumpigen Soldatenröcken die Männer, in fadenscheinigen Stoffblusen die Weiber. Alle tragen unter dem Arm einen zusammengeknüllten Sack, manche schwingen eine Säge oder eine Axt. Man sieht auch viele, deren Beruf leicht erkenntlich ist: dienstfreie Straßenbahner, Postbedienstete – und Schulkinder. Den Kopf vornüber gebeugt, den Blusenkragen aufgestellt, die Hände in den Tiefen der Fetzen vergraben, stehen sie da – eine Armee von Sträflingen, zerrissen, klotzig, kotig, mit zusammengebissenen Lippen, unheimlich schweigend, und warten auf Einlaß. Sträflinge ihrer Schwachheit, beugen sie demütig den Nacken, willig auf sich zu nehmen die Last, die zu tragen man ihnen mit einem Fußtritt gestattet.

Der Zug, bis auf die untersten Trittbretter überfüllt, fährt schwerfällig aus der Nacht in die Nacht. In Penzing wird er von einer zweiten Armee gestürmt, die sich, man weiß nicht wie, mit der ersten mengt. In Hütteldorf entleeren die Züge der Vorortelinie neue Massen, die entschlossen scheinen, sich ihren Weg zu bahnen. Die Puffer, die Leitern, die waghalsig zum Bremsersitz führen, die Waggondächer bevölkern sich mit verbitterten Schatten. Die nasse Finsternis beginnt grau zu werden. Wenn Tag sein wird, werden die Gespenster sicher in nichts zerfließen. Es können doch nicht wirkliche Menschen sein, die sich in diesen Todeskampf stürzen – um mit einer Handvoll *Holz* glückstrahlend heimzukehren?
Es wird Tag und es zeigt sich, daß sie um einen solchen Preis mehr tun als dies. Um halb 7 Uhr, in grauer Dämmerung, kreuzt der erste, in der Richtung nach Wien keuchende Zug den ausfahrenden. Übervoll des kostbaren Gutes, des unentbehrlichen Helfers bei der Zubereitung kärglicher Mahlzeiten, des wärmespendenden Trostbringers im kellerfeuchten Krankheitsgrauen – des Holzes, und übervoll der wertlosen Pofelware, der Lasttiere – der Menschen.
Der kleine Ausflüglerbahnhof in Purkersdorf bildet nach der Einfahrt des Zuges den Schauplatz eines irrsinnigen Treibens. Vom noch rollenden Zug stürzen sich die Massen der Holzfäller, kollern von den Wagendächern, um geschwinder den Ausgang zu gewinnen. Der endlos lange Zug speit etliche tausend Menschen aus, die alle als die ersten im Walde sein wollen, in der Hoffnung, bereits geschlagene Stücke zu finden. Die Menge durchbricht zu beiden Seiten der Geleise das dürre Heckengebüsch, um rascher die Straße hinaufzustürzen. Eine Holzbrücke muß überschritten werden. Beängstigendes Kreischen dringt durch Nebel und Rauch. Auf der Brücke treffen sich zwei Menschenströme, die ineinandergekeilt stillzustehen scheinen. Die ersten im Jagen haben den Berg bereits erreicht, der zum Einschnitt der Bahn sanft abfällt. Holzfäller kommen aus dem Walde und wollen in entgegengesetzter Richtung, schwer keuchend unter der Last ihrer Bürde. Immer neue Massen strömen nach. Auf der Brücke wird das Schreien immer angstvoller. Man sieht eine Säge hoch in die Luft starren und kennt den Arm nicht, der sie trägt. Der Bahnwächter steht vorschriftsmäßig da, die Fahrkarten abzunehmen. Niemand kümmert sich um ihn. Er scheint es seit einiger Zeit gewöhnt zu sein. »Barmherziger Gott, barm-

herziger Gott« – schüttelt er den Kopf – »was wird da draus werden!«

In dieser Jahreszeit pflegt sonst der Städter den Wald nicht zu sehen. Seit seinem Sündenfall an der Natur, da er sie, die göttliche, um den Preis des glitzernden Goldes verriet, geht es den Menschen schlecht. Schön ist der Wald. Im Sommer und im Winter, im Regen und im Sonnenschein. Ein trauriger, fröstelnder Dunst läßt nicht weit blikken; aber das Stückchen, das man sieht, ist schön wie am ersten Tag. Am letzten Tag aber kommt der Mensch aus seinem Elend zum Wald. Wie ein Dieb schleicht er sich an die Beute, weil er nicht den Wald, sondern den Besitz vor sich zu haben wähnt. Den Besitz, der so lange Besitz ist, solange er ihn als solchen anerkennt. Der Wald bleibt, was er ist, ohne auf die Anerkennung eines Menschen zu warten; – aber der Besitz ist nur, solange ihn menschliche Gesetze schützen und Menschen diese Gesetze anerkennen. Die Not wächst, aber die Erkenntnis wächst nicht mit ihr. Not bricht Recht, Not bricht sogar Unrecht, und der Besitz, wenn auch nur der Waldbesitz, ist nicht mehr. Der Wiener kommt aber noch immer nicht zum Walde, sondern zum Besitzer. Er nimmt, seine Not zu lindern und seinen Untergang hinauszuschieben. Er weiß aber noch nicht, daß er nehmen darf, daß er nehmen muß, daß der Besitz untergehen soll, aber nicht er und seine Kinder.

Der Zug der geängstigten Menschen, die vor der Sintflut der Not fliehen, ist fürchterlich. Am Fuße des Hanges ist eine Mulde. Alles Wasser der Regentage sammelt sich auf dem tonigen Grund. Mit 80 bis 90 Kilogramm am Rücken, die stämmigen Burschen, die Soldatenmütze in die schweißige Stirn gezogen, mit 60 bis 70 Kilogramm die Weiber mit den eingefallenen Wangen, mit 40 bis 50 Kilogramm *die Kinder, die Buben und Mädeln von der Schulbank* – hört es ihr Pharisäer des Schmerbauchs, aber auch ihr Erinnyen der Rache! –, alle noch einen mächtigen Zweig in der Hand, rutschen sie den Abhang hinunter und waten schmutzüberklebt im Kotbach der Mulde. Die zusammengeschnürte Last drückt sie in die klebrige Masse, daß sie schier zu versinken drohen. Viele kriechen so bis zur Haltestelle Purkersdorf-Ort dem Zug entgegen, um mit der teuer erkauften Last einsteigen zu können, denn die Schrecken der Rückfahrt sind ihnen wohlbekannt. Wie viele müssen zurückbleiben, wie viele im Wiener Straßenschmutz mit den letzten Kräften sich heimschleichen

durch nachtzeitlich öde Vorstadtgassen, in der endlos sich dehnenden Nässe, die von seltenen Gasflammen traurig durchbrochen wird.
Die Kreatur in Not! Sie gehen unter im Kot, ein Bild der Menschheit, die im Kot untergeht. Bald wird alles untergegangen sein. Und die Aasgeier werden ihren Fraß haben.

Bruno Frei
MENSCHEN IM ELEND
MENSCHENSCHUTZ
(1919)

Exil und Asyl wurden fast zum Dauerthema dieses Jahrhunderts, Flucht und Vertreibung bestimmen auch heute noch das Leben sehr vieler Menschen. Die Auslöser und Verursacher sind bekannt: autoritäre, faschistische und kommunistische Regime, Kriege, Nationalismen, Rassismus und – Antisemitismus.

Ausgelöst durch die zeitweise offensiven Erfolge der russischen Armeen während des Ersten Weltkrieges und durch Pogrome waren Zehntausende jüdische Flüchtlinge aus Galizien während des Krieges und in der Folge nach Wien gekommen. Zunächst geschah dies im Auftrag der obersten k. u. k. Heeresleitung. In Wien und in den österreichischen Bundesländern stießen diese Flüchtlinge vor allem in konservativ-katholischen und deutschnationalen Kreisen auf Kälte, oft heftige Ablehnung. Der von den Christlichsozialen vor der Jahrhundertwende geschürte Antisemitismus wurde wieder virulent und Juden in den Kriegsjahren für vieles zu Schuldigen gestempelt: für die schechte Lebensmittelversorgung, den Mangel an Kohlen, die Wohnungsnot. Im Wahlaufruf der Christlichsozialen für die Nationalratswahlen 1919 hieß es beispielsweise: »Die auch im neuen Staate hervortretende . . . Herrschaft jüdischer Kreise« zwinge sie, das deutschösterreichische Volk »zum schärfsten Abwehrkampf gegen die jüdische Gefahr aufzurufen« (»Reichspost«, 25. Dezember 1918, S. 1).

In dieser Situation setzt der junge, damals sozialdemokratisch eingestellte Journalist Bruno Frei sich vehement für die Bedrohten oder zumindest Mißachteten ein. Er schildert die leidvolle Lage der nach Kriegsschluß nach Wien gelangten jüdisch-galizischen Flüchtlinge. Bitter resümiert er: ». . . kein Gott erbarmt sich des ewig verfluchten Leidensvolkes. Aber auch kein Mensch.«

Den »Menschenschutz«, den Frei in diesen frühen Nachkriegsjahren für vertriebene Juden fordert, braucht er eineinhalb Jahrzehnte später selbst – als Linker und als Jude: 1933 muß Frei vor dem Nationalsozialismus aus Deutschland, wo er seit 1929 als Chefredakteur der Tageszeitung »Berlin am Morgen« beschäftigt war, fliehen.

Als ich den zwei amerikanischen Offizieren den Flüchtlingszug am Nordbahnhofe gezeigt hatte, waren sie erschüttert. Als ich ihnen aber auf ihre drängenden Fragen die Erklärung des erschauernden Schauspiels nicht länger verhehlen konnte, hielten sie mich für wahnsinnig. Zu groß war die Zumutung an fernenfremde Augen, die Sumpfblume Europas, den menschenschänderischen Bürokratismus Österreichs in seiner vollen Wirkung und Wirklichkeit zu erkennen.

Das Schauspiel und seine Vorgeschichte: Vor drei Wochen rollt ein langer Zug mit den aus der Kriegszeit wohlbekannten Menschenviehwagen in den Nordbahnhof. Der Zug wird auf ein Nebengeleise entlang einer Güterabladerampe geschoben, wo man ihn seinem Schicksal überläßt. In dem Zug hausten in jammervoller Verkommenheit gegen hundert polnisch-jüdische Flüchtlinge, Weiber in schrecklichem Aufzug, schwangere, stillende, gebärende, geschwollene und kranke; Kinder in allen Alterslagen, Burschen, Männer und schmutzige Greise. Eben kreischt ein wahnsinniges Weib mit wirr zerrauftem Haar und heiserer Stimme; sie schlägt sich mit einem Burschen. In das Gezänke mischten sich bald auch die anderen. Und der schmutzig-schweißige Menschenhaufen stob erst auseinander, als ein Finanzorgan die Autorität seiner Uniform wirken ließ. Die Leute waren als Flüchtlinge aus Galizien in einem Lager in Jugoslawien interniert. Das Königreich Jugoslawien aber erkennt in besonderer Würdigung der Tatsache, daß das große vierzehnpunktig verkündete Sonnenreich des Menschenschutzes gekommen ist, nur einerlei Menschen an: jugoslawische. Die polnisch-jüdischen Untermenschen werden also abermals ausgewiesen. Schleppen ihren Kleinkram in das rollende Wanderheim, in den Eisenbahnwagen. Man schiebt sie an die Grenze und atmet erleichtert auf. Es wiederholen sich die Schrecken von 1914. Kinder werden auf der Fahrt geboren, die Widerstandsunfähigen erkranken, alle dürsten, hungern, ein alter Mann wird sterbenskrank in einem Wagen, in dem noch zwei Familien wohnen; er bleibt in seinem Schmutzlager liegen. Keiner kümmert sich um sie, niemand hilft ihnen, niemand achtet ihrer, während sie von Geleise zu Geleise geschoben werden, immer die letzten, allen gleichgültigsten, fremden. Umsonst krümmen sich die gebeugten Rücken, umsonst flehen tränende Augen, umsonst winseln nackte Säuglinge – kein Gott erbarmt sich des ewig verfluchten Leidensvolkes. Aber auch kein Mensch.

Der Zug mit dem fremden Volke ist in Wien angelangt, der Hauptstadt des Reiches, für das sie schuldlos fünf Jahre Blutopfer brachten. In dem Wien des goldenen Herzens, in dem Wien, das weiß, was leiden heißt, in dem Wien, das stolz auf seine Kultur hinzuweisen pflegt.
Dieser Zug mit den hundert flüchtigen Menschen, mit den neugeborenen Kindern, mit den lungenschwachen Greisen, mit den hochschwangeren Frauen, dieser Zug des Teufels und der menschlichen Schande, dieser Zug voll Unrat und Schmutz *steht drei Wochen hindurch in Wien,* ohne daß eine Behörde von ihm Kenntnis nimmt. Es werden keine Lebensmittelkarten ausgegeben, es wird kein Amtsarzt entsendet, es geschieht nichts. Der Zug steht im Sonnenbrand, und unter den Dächern der Waggons brüten Menschen, durch die Wohltätigkeit der Glaubensgenossen am Leben erhalten, in Dumpfheit und Verzweiflung. Tag für Tag rücken sie enger aneinander, denn der Stationsvorstand braucht den kostbaren Waggonraum. Menschenschutz – – –
Die Erklärung: Auch die deutschösterreichische Regierung kennt nur einerlei Menschen: deutschösterreichische. Diese Flüchtlinge sind wohl keine jüdischen Kriegsgewinner, aber auch keine deutschösterreichischen Staatsbürger. Einer der amerikanischen Herren äußerte die an der Oberfläche liegende Frage, warum denn der Zug nicht weiter nach Galizien befördert wird. Was ein Pogrom sei, wußte er nicht, der Glückliche, der sich noch nicht schämen braucht, ein Kind des 20. Jahrhunderts zu sein. Als man ihm aber erklärt, daß die Herren des Landes, aus dem diese erbärmlichen Gestalten stammen, sich eben damit vergnügen, gerade diese tierähnlich lebenden Armen zu ermorden und daß es begreiflich sei, wenn jene es vorziehen, langsam zu verhungern, als mit einer Lokomotive zwei Wochen hindurch zur Schlachtbank geschleppt zu werden, murmelt er etwas, was einem *Ceterum censeo Europam esse delendam!* verzweifelt ähnlich klingt.
Während aber in irgend welchen Kanzleien die Frage der Aktzuständigkeit mit österreichischer (deutschösterreichischer?) Fachkenntnis geprüft wird, löst sich der Zug langsam, aber unaufhaltsam auf. Einzeln stehlen sich die Flüchtlinge vom Nordbahnhofe nicht wie Opfer, an denen man gesündigt, sondern wie Diebe vom Orte ihrer Schuld. Nach drei Wochen Bahnhofsobdachlosigkeit dürfen sie in die Herrlichkeit einer Wiener Kellerwohnung einziehen. Andere erbetteln sich den Eintritt in verwahrloste Flüchtlingsheime, und nur

einige Ungeschickte, Verlassene bleiben zurück. Menschenschutz nach dem gewaltigen Sturme der Läuterung, ein Motiv aus der großen Symphonie der Barbarei, aus dem Jahre des Weltfriedens 1919.

Klara Mautner
WIENER ARBEITSLOSENFÜRSORGE
(1919)

Wird über Arbeitslosigkeit und Unterstützung von Arbeitslosen heute diskutiert, so wird von manchen alsbald wenigstens ein Teil der Betroffenen als »arbeitsscheu« denunziert, wird von einigen (Nichtbetroffenen) die Unterstützungszahlung als zu hoch empfunden oder der Empfängerkreis als zu groß. All diese schlechten Argumente haben zwar wenig Fundament, dafür aber eine lange Geschichte. Dies macht der folgende Text aus dem Jahr 1919 deutlich.

Die sozialdemokratische Journalistin Klara Mautner entzieht bereits damals jenen Stimmen jede Berechtigung, indem sie ihnen einfach die Wirklichkeit gegenüberstellt. Sie sucht die Arbeitslosenfürsorgestellen auf, beobachtet, fragt nach, notiert und berichtet dann darüber ausführlich in der Wiener »Arbeiter-Zeitung«.

Was Jahrzehnte später die Wissenschaft präzis belegt, findet sich vordem und eindrucksvoll geschildert in Klara Mautners Reportage vom Oktober 1919: Lediglich rund 44 Prozent der etwa 420000 Arbeitslosen in Österreich erhielten 1919 auch eine Unterstützung. 1928, am Höhepunkt der Wirtschaftskonjunktur, sind bei den österreichischen Arbeitsämtern immer noch über 180000 als arbeitslos gemeldet. Dank der relativ guten Wirtschaftslage erhalten 85 Prozent davon Unterstützung. Danach geht es jedoch rapide bergab: Weltwirtschaftskrise. 1933 ist jeder vierte ohne Arbeit. Aber nur 60 Prozent davon bekommen Arbeitslosenunterstützung – für 20 bis 30 Wochen. Der dann immer noch Arbeitslose wird »ausgesteuert«, ein Fall für die Notstandsunterstützung. Doch diese steht ihm auch höchstens ein Jahr lang zu.

Vielfältig sind die wirtschaftlichen, sozialen und psychischen Folgen lang andauernder Arbeitslosigkeit, exemplarisch hervorragend erhoben und dargestellt zu Anfang der dreißiger Jahre in der berühmten Marienthal-Studie (Marie Jahoda / Paul F. Lazarsfeld / Hans Zeisel: Die Arbeitslosen von Marienthal. Leipzig 1933; wiederaufgelegt Frankfurt am Main 1975).

In ihrer Reportage zur Verteidigung der Arbeitslosen und deren Unterstützung geht Klara Mautner übrigens wie in vielen ihrer journalistischen Arbeiten vor: Sie bemüht sich, dem Umstand gerecht zu werden, daß gesellschaftliche Probleme Männer und Frauen häufig unterschiedlich treffen. Die Situation im »Arbeitslosenfürsorgeamt für Frauen« schildert sie daher zumindest ebenso ausführlich wie jene in der für Männer bestimmten Einrichtung.

Die Arbeitslosenunterstützung ist gegenwärtig in bürgerlichen Kreisen der allgemeine Prügelknabe. Wenn die Jugend verwahrlost, wenn die Schaffensfreude fehlt, wenn die Preise steigen – an allem ist die Arbeitslosenunterstützung schuld. Und ob ihr nicht auch die Valutaschwierigkeiten und der verfrühte Kälteeinbruch zur Last zu legen sind, bleibt noch sehr fraglich. Der wackere und wohlgestellte Bürger weiß nicht ärger zu fluchen als bei ihrem Namen. Dabei macht man sich selbstverständlich in den Kreisen des »guten Rockes« durchaus übertriebene Vorstellungen von der Höhe der gewährten Unterstützungen oder vielmehr, man berechnet den Wert der Krone gerade bei diesen Auszahlungen nach dem Friedensstand und erschrickt gewaltig, wenn man erfährt, daß ein Familienvater mit Frau und zwei Kindern täglich 15 Kronen erhält. 450 Kronen im Monat! Ein Vermögen! geiern die wohlversorgten Damen und Herren, die vielleicht mehr für Zuckerwerk und Zigarren ausgeben, und sie schreien über Verleitung zum Müßiggang. Unbesorgt, meine Herrschaften! Von dieser Unterstützung kann man ohnehin nicht leben, und die Menschen, die sie beziehen, sind gezwungen, andere Arbeit zu suchen. Es ist – ohneweiters sei das zugestanden – nicht immer die beste Art der Arbeit und des Gelderwerbes, die dabei gewählt wird. Die Männer beschäftigen sich vorwiegend mit Schleichhandel, die Frauen ergeben sich nicht selten der Prostitution. Aber daran ist nicht die Arbeitslosenunterstützung schuld, sondern die Not der Zeit. Übrigens wird auch genug ehrliche Arbeit von den Unterstützten übernommen – Gelegenheits-Handwerksarbeit, Zeitungsverkauf usw. Daß diese Verdienstergänzung heute unerläßlich notwendig ist, weiß jeder, dessen Einmaleins nicht von der Überzeugung verdrängt wird, daß für Proletarier Not und Hunger das naturgemäß Gegebene sind.

Hunderttausend Arbeitslose

In ganz Wien erhalten gegenwärtig 96 000 Arbeitslose die Unterstützung. 38 111 davon sind bei der städtischen Fürsorgestelle auf dem Neubaugürtel eingetragen, unter ihnen 21 000 Frauen. Die Facharbeiter erhalten den Beitrag in der Regel bei ihren Gewerkschaften, die Handelsangestellten beim kaufmännischen Gremium. Im Arbeitslosenfürsorgeamt der Stadt Wien sind fast ausschließlich die ungelernten Arbeitskräfte und sogenannten freien Berufe zuständig, und zwar haben nur jene Anspruch auf Unterstützung, die schon vor 1914 einem krankenkassenversicherungspflichtigen (an dieses Wort muß man sich im Arbeitslosenamt gewöhnen) Betrieb angehörten. Diese Bestimmung bedeutet natürlich für viele eine große Härte. Denn es ist für die Heimarbeiterin schwer zu verstehen, warum sie vom Bezug ausgeschlossen sein soll, während die Nachbarin, die keine Kinder aufzuziehen hatte und darum in die Fabrik spulen gehen konnte, nun beteilt wird. In berücksichtigenswerten Fällen, namentlich bei Witwen mit Kindern, dehnt und streckt man die Bestimmungen mit richtigem Verständnis für die zugrundeliegende Absicht, daß der selige Prokrustes sich beschämt zurückziehen müßte. Bei den Halbwüchsigen, namentlich halbwüchsigen Mädchen, die in großer Zahl Ansprüche erheben und denen zumeist die Unterstützung zugestanden wurde, trachtet man den Abbau in der Form vorzunehmen, daß man die Fortdauer des Bezuges davon abhängig macht, ob die Betreffenden irgendeine Berufsausbildung (in erster Linie kommen gewerbliche Berufe, Schneiderin, Hutmachen usw.) anstreben. Ausgeschlossen vom Bezug der Unterstützung sind auch alle jene Frauen, deren Männer unter dem Kollektivarbeitsvertrag stehen, so daß die von bürgerlicher Seite stets so anschaulich geschilderte Situation: der Mann Kriegsgewinner (nach Ansicht gewisser Leute ist jeder Arbeiter ein Kriegsgewinner), die Frau mit Arbeitslosenunterstützung reichlich versehen, sich niemals ergeben kann. Ein bürgerliches Märlein ist auch die Fabel vom arbeitsscheuen Unterstützten. Zur Arbeitslosenfürsorge gehören zwei Maßnahmen: die Arbeitsvermittlung und die Unterstützung. Wer *angemessene* Arbeit, die ihm geboten wird, ohne stichhaltigen Grund zurückweist, verliert jedes Recht auf Unterstützung. In Berufszweigen, wo Arbeitermangel herrscht, wie in der Konfektionsbranche (*gelernte* Schneider und Schneiderinnen), bei den Schuhmachern und Möbeltischlern, ist die Auszahlung der Unterstützung gesperrt. Auch sonst werden ja nicht so selten Arbeiter gesucht. Aber es handelt sich dann immer um schwere Arbeit, die die größten Anforderungen an die körperlichen Kräfte stellt. Und da die Wiener Proletarier selten in der Lage sind, sich durch Mastkuren im Sanatorium (der Tag »nur« 150 Kronen) zu stärken, so reichen ihre körperlichen Kräfte in der Regel nicht aus.

O diese Dienstboten!

Ein ganz anderes Kapitel ist das Kapitel der hauswirtschaftlichen Arbeit für Frauen: Es kann und soll nicht geleugnet werden, daß die Frauen nicht mehr »in Dienst« gehen wollen. Die Gebundenheit, die schlechte Bezahlung, die Abhängigkeit von persönlichen Launen, vor allem aber wohl der Mangel an Freiheit und Eigenleben hat diesen Beruf verhaßt gemacht. Aber natürlich wird auch hier von bürgerlicher Seite arg übertrieben. Die »vielen Hunderte« von Mädchen, die vor dem Krieg Hausgehilfinnen waren und nun auf dem Umweg über die Munitionsfabrik (!) »große Damen« geworden sind und nicht mehr arbeiten wollen, sind Erfindungen einer wohlwollenden Phantasie. Denn wie schon gesagt: wer vor dem August 1914 keinem gewerblichen Beruf nachging, der ist von vorneherein vom Bezug der Unterstützung ausgeschlossen. Das hat man nun schon oft genug auseinandergesetzt, aber trotzdem erhält sich die Legende mit jener Hartnäckigkeit, die dem Wohlwollen und der Gerechtigkeitsliebe ihrer Urheber entspricht. Daß sich beim Bezug der Arbeitslosenunterstützung keinerlei Zwischenfälle ergeben, soll gewiß nicht behauptet werden. Unter so vielen Tausenden von Menschen finden sich sicherlich auch zahlreiche unlautere Elemente. Aber wären die 96000, die man da versorgt, Geschäftsleute, Kriegsgewinner, Unternehmer, hei! könnte man da interessante Tricks, sinnreiche Einfälle, kluge Drehs studieren. So wird nur, meistens recht plump, geschwindelt. Man fälscht Eintragungen, macht Stampiglien nach, schickt einen Vertreter zur wöchentlichen Kontrolle und schreibt sich selbst schmeichelhafte Zeugnisse ins Arbeitsbuch. Aber in dem ausgezeichnet geleiteten Fürsorgeamt – und bedenkt man, daß die ganze Organisation in wenigen Wochen, ohne Vorbild, geschaffen werden mußte, so erscheint die Leistung wirklich bewundernswert –, in diesem Amt hat man schon »den Blick« für Fälschungen.

In der Halle

Der erste Eindruck in der großen Halle, in der sich die arbeitsuchenden Männer drängen, ist der denkbar erfreulichste: Man bietet den Eintretenden Zigaretten zum Kauf, schöne, dick gestopfte Zigaretten.

Natürlich heimlich unter dem Rockflügel. Auch sonst gibt es noch mancherlei Angebote, auf Wolle, auf ein Hasenfell, auf Zwirn. Man hört rundherum Geschäfte besprechen und zwischendurch gelegentlich ein bißchen fluchen. Das harte Deutsch der Tschechen (es besteht ein Verrechnungsvertrag mit der Tschecho-Slowakei und Polen, dagegen Ungarn und Jugoslawen ausgeschlossen sind) klingt überall durch. Die Mehrzahl der Männer trägt Uniform oder doch Uniformstücke, in kuriosen Zusammenstellungen. Ein weißhaariger Alter steckt in einem Soldatenmantel und hat einen verbeulten steifen Hut auf dem Kopfe. Er zeigt sein Arbeitsbuch – geboren 1853 in Moldauthein, Böhmen. Aber der Mann ist durchaus nicht mehr in den »besten Jahren« wie seine Altersgenossen im Salon, niemand will ihm Arbeit geben. Es sind ja so viele Jüngere da. Ein blasser hagerer Invalide mit einer tiefen langen Narbe, die von der Schläfe bis zum Kinn reicht, kann auch keine Arbeit finden. Er ist gelernter Schlosser, hat eine Frau und zwei Kinder. »Aber fürs Madel zahlen s' mir nix mehr«, klagt er, »weil sie schon über vierzehn is. Und verdienen kann s' ja do no nix.« Der Mann spricht mühsam und schwer verständlich, er hat ein schweres Nervenleiden aus dem Felde mitgebracht – eine »Erinnerung an den glorreichen Krieg«. Auch wenn er Arbeit fände, könnte er sie wahrscheinlich nicht ausführen. Dreieinhalb Jahre war er im Felde, sein Nachbar, ein junger, kleiner, rotwangiger Bursch fast ebenso lang. Siebzehnjährig, noch nicht »ausgelernt«, mußte er einrücken. Bis jetzt war er auf dem Lande, nun sucht er irgendwelche Arbeit, wo es »ordentlich zu essen« gibt. Gehungert hat er »draußen« genug. Im großen Saal, wo dic zweifelhaften Fälle überprüft werden, debattiert ein rothaariger Soldat eifrig mit dem Beamten. Er ist Hilfsarbeiter, kann aber seine Beschäftigung bei verschiedenen Baufirmen zwischen 1910 und 1915 nicht nachweisen. Die Unterstützung braucht er hauptsächlich für seine alte Mutter. »Ich kann sie ja doch nicht verhungern lassen!« sagt der Mann verzweifelt.

Der Intelligenzproletarier

Die Katasterblätter der Abteilung für freie höhere Berufe gehören zu den traurigsten Kriegsdokumenten. Da gibt es Musiker und Kanzlisten, Archivare und Ingenieure, Beamte auf Kriegsdauer, Bibliothekare, Photographen, Zeichner – das gesamte niedrigere Intelligenzproletariat. Sie können natürlich nicht darauf rechnen, in ihrem Beruf

Beschäftigung zu finden, und müssen sich bereit erklären, jede einigermaßen passende Arbeit zu übernehmen. Ein blasser, jüngerer Mann steht vor der Beamtin. Er trägt einen hellgrauen Überzieher, weißen Kragen, sogar Handschuhe. Seine Zeugnisse – er ist Ingenieur – sind ausgezeichnet. In den leisen Antworten, in den schüchternen Bewegungen spürt man Scheu und Beschämung. Aber bei der Frage: »Welche Art von Arbeit würden Sie übernehmen?« hebt der Mann den Kopf und sagt kurz und klar: »Jede.«

Arbeitslose Frauen

Das städtische Arbeitslosenfürsorgeamt für Frauen ist in der Rosinagasse hinter dem Westbahnhof untergebracht. Auch hier ist der Weg mit Pfeifentabak und nahrhafteren Bedarfsartikeln eingezäunt. Im Fürsorgeamt herrscht lebhafte Bewegung. Auf der Treppe, die zum »Kontrollesaal« führt, sind die Frauen in langer Reihe angestellt. Viele haben Kinder mit. Zwei blondschopfige Bübchen hocken auf der untersten Treppenstufe und erzählen einander äußerst wichtige und interessante Geschichten, von denen man leider kein Wort versteht, und ein etwa fünfjähriges Mädelchen sagt dreimal in der Minute: »Mutter, kauf mir nachher ein Muzzerl!« (eine kleine Badepuppe). Man sieht hie und da einen Hut, aber die meisten sind barhäuptig oder im Kopftuch. Ein paar Frauen plaudern miteinander, zwei junge Mädchen kichern, aber sonst geht es sehr still und sehr gedrückt zu. Die Notwendigkeit, Unterstützung anzusprechen, lastet schwer auf den blassen, müden Frauen, für die »Arbeitslosigkeit« alles eher denn Untätigkeit bedeutet. Viel lebhafter geht es in den Räumen zu, in denen die Anspruchsberechtigung geprüft wird. Hier ist fast täglich ein Schimpfkonzert zu hören, und die Wut der Enttäuschten nimmt nicht selten so heftige und tatkräftige Formen an, daß man, seitdem der »Abbau« begonnen hat, einen Wachtposten in das »Büro der Abweisungen« stellte. Heute wird nur geschimpft. Eine lange, hagere, zerlumpte Frau mit wirrem, dunklem Haare steht bei einem Tische und sagt der Beamtin alles Schöne, was die Wiener Zunge auszudrücken vermag. Gegen dieses liebenswürdige Wesen war eine der zahllosen Anzeigen (nicht gezeichnet natürlich) eingelaufen, die sie der Trunksucht und Faulheit bezichtigte. Aber so viele solcher Anzeigen auch einlaufen, wird doch jede genau auf ihre Stichhaltigkeit geprüft. In diesem Fall ergab sich, daß die Frau

Stammgast in einer Weinstube war, daß sie sich mit allerhand Gelichter herumtrieb und »Bekanntschaften« suchte, statt ihre drei Kinder (der Mann ist seit 1917 vermißt) zu betreuen. Daher half all ihr Temperament nichts. Mit der Versicherung, sie wisse schon, in wessen Tasche die Unterstützung jetzt fließen würde, und einem wenig schmeichelhaften Kollektivgruß an die Beamtenschaft verschwindet die Erregte. Die Beamtin ist schon mit dem nächsten Fall beschäftigt. Eine verstört und wild blickende Frau. Man hat ihr den Bogen abgenommen, denn sie hat wirklich nicht den leisesten Anspruch. »Aber wovon sollen wir denn nur leben?« jammert sie. »Ich kann ja nicht einmal morgen kochen, wenn ich heute nichts bekomm.« Flehentlich bittet eine junge blonde Frau mit einem Umschlag um den Hals, man möchte ihr doch Unterstützung geben – zwei kleine Kinder, der Mann krank und sie selbst »hat's im Hals«. Der Beamte schüttelt den Kopf, es geht nicht, da der Mann Krankengeld hat. Bitterlich weinend versucht sie es immer wieder. – »Habens mir gar nix mehr zum Versetzen«, schluchzt sie. Ihre dicke Landsmännin nimmt die Sache nicht so tragisch. Rosig ist ihre Lage auch nicht. Sie war Wäscherin, aber jetzt hat sie ein Unterleibsleiden und kann die schwere Arbeit nicht mehr leisten. Fünf Kinder hat sie aufgezogen, doch nur ein einziges ist der Mutter zu Hause geblieben – die blinde Jüngste. »Is a Kreuz auf der Welt«, sagt sie resigniert, als man ihr eröffnet, daß sie nur noch kurze Zeit den Beitrag bekommt. Zwei Hühneraugenoperateurinnen fragen an, ob sie nicht auch Unterstützung erhalten könnten. Das Bad, in dem sie angestellt waren, ist gesperrt worden. Man weist sie an ihren Fachverband. »Ach Gott«, sagt die kleine Dicke kläglich, und die Verzagtheit klingt deutlich durch, »wieder in ein anderes Amt!« Aber die andere rafft sich auf: »Kommen Sie nur!« kommandiert sie hart und mustert alles rundum mit einem scharfen Blick. »Zum Verhungern sind wir ja doch noch zu schad'!«

Arbeitsvermittlung

In der Arbeitsvermittlung geht es zu wie in einem Bienenkorb. Die Tür steht keinen Augenblick still, und die vier Beamtinnen haben alle Hände voll zu tun. Da kommen die Frauen von der »Vorstellung« zurück und bringen Bescheid über Aufnahme oder Ablehnung. Sie erzählen oft recht sonderbare Geschichten. Es gibt immer noch

Unternehmer, die im Jahre 1912 leben. Ein blasses hübsches Mädchen bringt die Karte zurück, sie hat den Platz nicht angenommen. Warum? »Vierzig Kronen hat er zahlen wollen«, sagt sie bitter, »aber da ist mir um die Kleider leid, die ich für die Arbeit brauche.« Eine ältliche eckige Frau scheint sich über den Bericht zu freuen. Sie ist Verkäuferin und findet jetzt keinen Posten, weil man die jungen, hübschen Mädchen vorzieht. »Mir haben sie gar nur dreißig ›K‹ geben wollen«, bekennt sie, »aber ich hab gesagt, das kann ich nicht, ich hab keinen Nebenverdienst.« Und sie wirft einen bedeutsamen Blick auf ihre Nachbarin, ein Mädchen mit grellgefärbtem, förmlich schreiend blondem Haar, geschminkten Wangen und flackernden Augen im nervösen Gesicht. Eine junge Frau mit einem Kinde auf dem Arme bittet um einen Posten in einem Kaffeehause, eine andere will nur in eine Gemeinschaftsküche gehen. Die Beamtin redet ihr zu, eine Stelle als Köchin in einem Privathause zu nehmen. Das hübsche Mädel lacht übers ganze Gesicht. »O nein, Fräulein, das tu ich nicht. Mein Bräutigam erlaubt das nicht. Der will nicht nur hinter der Haustür mit mir reden oder wenn ich den Hund ›äußerln‹ führ. Und dabei noch von den Launen der Gnädigen abhängen – ah, das ist nichts für mich.« Von einem blonden Mädchen raunt man einander die Geschichte ins Ohr. Sie war wegen Kindesmord angeklagt und wurde mangels vollgültiger Beweise freigesprochen. Jetzt sucht sie Arbeit als Büglerin. In eine Dampfwäscherei zu gehen, lehnen die allermeisten ab, die Arbeit ist schwer, der Dunst und die schlechte Luft eine unerfreuliche Beigabe. Nur eine ältere Frau, die ihre Tochter herführt, zieht die Sache in ernstliche Erwägung. Aber da rät die Beamtin ab. Das junge Mädchen ist »im sechzehnten«, sieht aber wie zwölfjährig aus, ein Kind mit kurzgeschnittenen, blonden Haaren. Sie hat ein entzückendes Gesichtchen, die kleine Bertha, und verspricht eine Schönheit zu werden. Aber die Kirchhofsrosen blühen auf den blassen Wangen. Trotzdem muß die Mutter sie in Arbeit geben, sie hat noch vier kleinere Kinder und ist Witwe, keine Kriegswitwe, sondern die Frau eines ganz zivil verstorbenen Geschäftsdieners. Eine Kriegswitwe hingegen ist die kleine häßliche Frau in tiefer Trauer mit dem Versuch eines Hutes – sozusagen – auf dem Kopfe. Ihr Mann ist in der Gefangenschaft gestorben, sie weiß noch nicht einmal, an welcher Krankheit, hat auch keine Zeit, Nachforschungen anzustellen. Sie sucht Arbeit, Arbeit jeder Art. »Wenn man drei

Buben hat, die immerfort hungrig sind, kann man sich nicht lange klauben«, sagt sie mit dem harten Akzent der Deutschböhmin. Die Frauen rundherum seufzen. Und eine junge Näherin mit einer Sportkappe auf dem Kopfe, die wegen eines Augenleidens ihre frühere Arbeit nicht mehr ausführen kann und einen Posten als Verkäuferin sucht, sagt leise: »Wenn das mein seliger Vater sähe, daß ich um Arbeit bitten gehen muß!« Sie hat Tränen in den Augen. Die anderen senken schweigend den Kopf – jede denkt an vergangene, glücklichere Zeiten.

So sieht der Beelzebub der Bürgerlichen, die Arbeitslosenunterstützung, in der Nähe aus. Man findet in den Räumen des Arbeitslosenfürsorgeamtes sehr viel Elend, sehr viel Not und nicht ein bißchen von jenem Übermut, von dem die Legendenerzähler der vornehmen Welt so viel zu berichten haben. Der Abbau der Arbeitslosenunterstützung, der jetzt am Wege ist, ist wohl vom finanzpolitischen Standpunkt aus eine Notwendigkeit. Vom moralischen Standpunkt aber könnte er unterbleiben. Die »Kriegsgewinner« sind dünn gesät in der Rosinagasse.

Käthe Leichter
FRAUEN IM KAMPF
BEI DEN STREIKENDEN GRUHNER-ARBEITERINNEN
(1928)

Die Entwicklung der modernen Arbeiterbewegung hing unmittelbar mit den gewerkschaftlichen Arbeitskämpfen zusammen. Streiks dienten nicht nur als Instrumente zur Abwehr von Unternehmerangriffen auf den – ohnedies geringen – Lebensstandard der Arbeiterschaft sowie zur Verbesserung von Entlohnung und Arbeitsbedingungen. Sie dienten maßgeblich auch der Bewußtseinsbildung in der Arbeiterschaft und damit der weiteren Herausbildung von Arbeiterorganisationen, vor allem von Gewerkschaften.

In diesem Sinne hatte die Berichterstattung jener Medien, die sich der Arbeiterbewegung verbunden fühlten, mehrfache Funktionen: Druck auf die politische Öffentlichkeit auszuüben, belehrende Informationen für Arbeitnehmer bereitzustellen, die von der Arbeiterbewegung noch nicht erfolgreich angesprochen wurden, sowie bestätigende Informationen für jene Arbeitnehmer zu bieten, die sich bereits als bewußter Teil der Arbeiterbewegung verstanden.

Die neue politische Situation, die mit 1918 eingetreten war, machte die gewerkschaftlichen Organisationen beträchtlich attraktiver. Die (sozialdemokratischen) freien Gewerkschaften erhöhten in Österreich ihre Mitgliederzahl innerhalb kurzer Zeit auf über eine Million. Die Inflationsperiode zwischen 1919 und 1922/23 mit der sie begleitenden Industriekonjunktur begünstigte die Arbeitskonflikte. Es kam zu durchschnittlich 1,6 Millionen Streiktagen pro Jahr, wobei die Lohnkonflikte für die Arbeitnehmer überwiegend erfolgreich verliefen.

Mit dem Übergang zur deflationistischen Wirtschaftspolitik unter dem christlichsozialen Regierungschef Seipel verschlechterten sich die wirtschaftlichen Verhältnisse vorübergehend. Die bis 1926 ansteigende Arbeitslosigkeit, vor allem die Langzeitarbeitslosigkeit, senkte die Zahl der gewerkschaftlich Organisierten – und verschlechterte damit die guten Voraussetzungen für Arbeitskämpfe.

1927/28, als die Wirtschaftskonjunktur sich vorübergehend stabilisiert hatte, standen die Chancen für erfolgreiche Streiks wieder deutlich besser. In dieser Zeit spielte sich auch der Arbeitskonflikt in einem Wiener Betrieb ab, der von der Arbeiterkammerfunktionärin

und Publizistin Käthe Leichter im folgenden lebendig und kämpferisch geschildert wird. Ungleiche Bezahlung von Mann und Frau, ausbeuterische Unternehmertricks, Gift am Arbeitsplatz, das die Gesundheit ruiniert: diese Themen stehen in Zentrum des Berichts. Die recherchierten Fakten und Stellungnahmen erweisen sich als stark genug und sind per se anklagend, sie bedürfen also keiner weiteren moralischen Entrüstung durch die Reporterin.
Mit dem Beginn der Weltwirtschaftskrise – 1929 – stieg auch in Österreich die Arbeitslosigkeit gewaltig an und schwächte damit die Kraft der Gewerkschaften. Die Arbeiterschaft war in der Folge weniger zu Streiks bereit. Die dann noch geführten Arbeitskämpfe blieben immer öfter ohne Erfolg: In den Jahren 1930 bis 1933 bewirkte zumindest jeder vierte Streik keine Verbesserung der Arbeitnehmersituation.
Mit der Zerstörung der Demokratie 1933 wurde in der Folge systematisch das Tätigkeitsfeld der organisierten Arbeiterschaft eingeschränkt. Nach dem Februaraufstand von 1934 wurden schließlich die freien Arbeiterorganisationen gewaltsam zerschlagen und durch autoritär geführte Standesvertretungen ersetzt. Zu einer der ersten Notverordnungsmaßnahmen der autoritären Regierung Dollfuß im Jahr 1933 gehörte ein Streikverbot für »lebenswichtige Betriebe«.

10 Uhr vormittags im Streiklokal. Dicht gedrängt sitzen die Frauen in dem langgestreckten Saale des kleinen Gasthauses in der Erdbergstraße. Frauen, denen man die harte tägliche Arbeit an den müden Gesichtern und den abgearbeiteten Händen ansieht, Arbeiterinnen, denen es ganz ungewohnt ist, um diese Zeit einmal ruhig sitzen zu können. Einige haben eine Näharbeit in der Hand: diese fleißigen Hände sind nicht gewohnt, im Schoße zu liegen. Eine andre preßt ihr kleines Kind ganz fest an sich – wie seltsam ist es ihr, statt des fremden, kalten Eisens der Maschine den warmen kleinen Kinderkörper bei sich zu fühlen! Sie alle, die es so lange als selbstverständlich hinnahmen, daß ihr Leben bei eintöniger, mühseliger Arbeit verrinnt, sind durch ein Übermaß an Ausbeutung zur Auflehnung gebracht worden. Das erzwungene Nichtstun gibt Muße zum Nachdenken: *»Wofür plagen wir uns eigentlich so?«* Das ist die Frage, die auf allen Gesichtern zu lesen ist.

Wofür sie sich plagen

Wofür sie sich so plagen, die fast hundert Arbeiterinnen der Nadlerwarenfabrik *Gruhner,* die nun schon vier Wochen im Streik stehen? Damit eine erwachsene Arbeiterin 22 Schilling, wenn es hoch geht 26 Schilling, eine jugendliche aber 11 Schilling, bestenfalls 13 Schilling als Wochenlohn nach Hause bringt! Und sie, die *Betriebsarbeiterinnen,* sind noch gut daran gegen die *Heimarbeiterinnen!* Die sitzen bis in die Nacht über die Karten gebeugt, auf denen sie die Nadlerwaren der Firma Gruhner, die Sicherheitsnadeln, Haarnadeln, Druckknöpfe und Schnallen befestigen. Der Mann, die schulpflichtigen Kinder arbeiten mit, und am Ende der Woche sind dann glücklich 7 Schilling, manchmal aber auch nur 3 Schilling verdient.

Eine leichte Arbeit, meinen manche. Aber man lasse sich doch einmal von diesen Frauen erzählen! Der Wiener Betrieb auf der Landstraße hat sich nach dem Kriege ganz auf die Erzeugung von *Holzmaßstäben* eingestellt. Die eigentlichen Nadlerwaren werden in einem zweiten Betrieb in Weißenbach erzeugt, in der Heimarbeit adjustiert und im Wiener Betrieb nur verpackt und versandbereit gemacht. Zwei dieser Holzmaßstäbe, wie man sie in jedem Geschäft zu kaufen bekommt, liegen frisch lackiert, mit glänzenden Metallbeschlägen vor uns. »Die Maßstäbeerzeugung, *das ist die Hölle!*« sagt ein Gewerkschaftsvertreter. Und nun werden die Frauen gesprächig. Da ist eine beim *Kantenfräsen* beschäftigt – sie sitzt Tag für Tag an einer Maschine, an der Hand und Fuß unaufhörlich in Bewegung sind – eine schwere und ermüdende Arbeit. Freilich, ein Mann würde sie für 22 Schilling nicht leisten! Die Direktion wird auch wissen, warum in letzter Zeit versucht worden ist, an die gefährliche *Rundiermaschine,* die immer von einem Meister bedient wurde, ein junges Mädel zu stellen – um 13 Schilling wird ein Maschinenmeister nicht zu bekommen sein. Da sind vierzehnjährige Mädchen – kaum der Schule entwachsen, stehen sie schon an der *Bohrmaschine.* Da sind Frauen, die *Kisten zu tragen* haben. »Eine ist oft 30 oder 35 Kilogramm schwer«, erzählen die Arbeiterinnen. Weibliche Arbeitskraft ist eben doch noch billiger als die zweckmäßigsten Transporteinrichtungen!

Die Kanarivögel

Und die schöne weiße und gelbe Farbe, mit denen die Maßstäbe bestrichen werden? Die weiße ist *bleihaltig.* Daß Bleiarbeit den

weiblichen Organismus ganz besonders schädigt, daß internationale Abmachungen und österreichische Verordnungen Frauen zur Bleiarbeit nicht oder nur unter ganz bestimmten Voraussetzungen zulassen – was schert es die Firma Gruhner? Freilich, da gibt es ein *Merkblatt* der Regierung für die bleiverarbeitenden Betriebe, das ein Rezept enthält: »*Kräftige, fettreiche Ernährung* macht den Körper gegen die Bleieinwirkung widerstandsfähig. Milch und Speck und andre fettreiche Nahrungsmittel sind darum besonders zu empfehlen.« Nur schade, daß dort nicht steht, wie man sich sie um 22 oder gar um 13 Schilling beschafft! Die Frauen erzählen, daß sich die Wirkungen der Bleiarbeit vor allem in Zahn- und Magenerkrankungen, in dauernder Appetitlosigkeit äußern. Während wir sprechen, wird eine der Frauen von Übelkeit befallen. »Das kommt oft vor, das hat s' von der Bleiarbeit«, meinen die andern.
Aber auch die *gelbe* Farbe hat ihre Tücken! Blei enthält sie wohl nicht, aber alle, die damit arbeiten, werden in einen feinen gelben Staub gehüllt, der überall eindringt: in die Kleider, in Mund und Nase. »Die *Kanarivögel* nennen s' uns schon im Bezirk«, erzählt die eine, »weil wir die gelbe Farb' nicht herunterbekommen. Jetzt zieh ich schon drei Paar Strümpf' übereinander an, und die Füße werden doch ganz gelb.« Ob sie sich wenigstens ordentlich waschen können? *Die Waschanlagen sind schlecht,* immer wieder gehen Leute von der Direktion vorbei, wenn sich die Frauen gerade gründlich waschen wollen. »Wir sind doch nicht am Gänsehäufel«, hat unlängst der eine sittlich entrüstet geäußert. Arbeitsmäntel hat die Gewerkschaft vor zwei Jahren bei der Firma durchgesetzt. Aber der feine Staub dringt doch durch, beschädigt die Kleider, zerstört die Lungen. »Jetzt bin ich schon die vierte Woche nicht im Betrieb«, erzählt eine Arbeiterin, »aber ich hust noch immer den gelben Staub aus . . .« Wenn Arbeiterinnen gelernte Berufe anstreben, Mittelschulkurse besuchen wollen, dann geht der Aufruhr los; das entspricht doch nicht der »weiblichen Eigenart«. Aber wenn Arbeiterinnen, künftige Mütter, bei Blei- und Farbstaub, bei Fräsmaschinen und schweren Lasten oft dauernde Schädigungen davontragen, so findet das ein zufriedenes Bürgertum ganz in der Ordnung.

Ausbeutermethoden

Aber noch mehr als all das sind die Frauen darüber aufgebracht, wie sie behandelt werden. *Unter den vier Betriebsräten sind drei Frauen,* kluge, tätige Vorkämpferinnen ihrer Kolleginnen. Aber die Direktion versteht es, sie auszuschalten, Aufnahmen und Entlassungen, Lohnkürzungen ohne sie vorzunehmen. Sie versteht es aber auch, gegen sie zu hetzen, Gerüchte auszusprengen. Besonders im Streik scheint jedes Mittel erlaubt. Und wie schäbig sind diese Mittel! Da wird verbreitet, daß eine der Betriebsrätinnen, eine Wortführerin im Streik, heimlich Heimarbeit übernehme. Da wird den Heimarbeiterinnen eine Lohnerhöhung von fünf Groschen zugestanden, weil sie »so schön brav sind«, das heißt, leider noch nicht so weit sind wie ihre Kolleginnen im Betrieb und mitstreiken. Immer wieder erzählen die Frauen, daß das Unerträglichste die Art ist, in der von oben diktiert wird. Vor dem *Urlaub* werden sie entlassen, vierzehn Tage darauf, nachdem der Urlaubsanspruch erloschen ist, wieder eingestellt. Im vorigen Jahre ist ein zwanzigprozentiger *Lohnabzug* durchgeführt worden. Verhandeln mit dem Betriebsrat, mit der Gewerkschaft? Die Direktion hat *eine Arbeiterin nach der andern* hineingerufen und ihr mit der Mitteilung, daß alle andern schon zugestimmt hätten und ihr die Entlassung drohe, die Zustimmung zur Lohnherabsetzung herausgepreßt. »Mir ist gesagt worden, daß so ein *altes Möbel* wie ich doch nicht auf eine andre Arbeit hoffen kann«, erzählt die eine. »Und mir, daß ich doch so eine *schöne Frau* bin«, die andre. Die hat also wohl andre Erwerbsmöglichkeiten, meint der Unternehmer ...

Ja, wenn sie diesen Unternehmer nur kennen würden! Sie wissen nur, daß ihr Betrieb wie so mancher andre dem steinreichen Herrn William *Prym* gehört, einem Ausländer, der in der Welt herumreist. Knapp bevor es zum Streik kam, als die Gewerkschaft eine zwanzigprozentige Erhöhung der Elendslöhne forderte, da hieß es und heißt es immer wieder, daß die Wiener Direktion zu einer Entscheidung nicht berechtigt sei. »Aber wenn es sich um Lohnabzüge handelt, da ist sie berechtigt«, rufen die Frauen. Und jetzt ist der Herr Prym einige Tage in Wien gewesen. Allerdings für die Arbeiterinnen war er nicht zu sehen. Und die Streikenden hätten dem großen Herrn doch so gern ein wenig erzählt, wie es in seinem Betrieb aussieht!

Kämpferinnen

Aber je weniger Entgegenkommen die Direktion zeigt, um so größer ist die Kampfentschlossenheit. Da wird oft darüber geklagt, daß die

Frauen in der Organisation nicht so verläßlich seien. Man gehe doch hin und sehe sich die Gruhner-Arbeiterinnen an. Oh, auch die Elendslöhne von 13 und 22 S entbehren sie schwer! Ist doch da der Vater, dort der Mann arbeitslos, sind doch Frauen mit Kindern unter ihnen – die eine in der Ecke wohnt mit ihrem Kinde in einer Fischerhütte an der Donau. Aber *nicht eine Streikbrecherin* war in ihren Reihen zu finden! Frauen stehen stundenlang Streikposten, gehen den Wagen nach, die den Betrieb verlassen, nehmen es auch mit den Hütern des Gesetzes auf, die meinen, daß sie streikenden Frauen mit Gummiknütteln drohen können. Noch viel fester und geschlossener als früher fühlen sie sich ihrer Gewerkschaft, dem Metallarbeiterverband, verbunden, der ihren Kampf führt und ihnen das Ausharren ermöglicht. Man muß sie nur sehen, wie sie den Worten der Gewerkschaftsvertreter lauschen, wie leidenschaftlich ihre Zustimmung ist, als der Bezirksobmann von dem »Schandfleck des Bezirkes« spricht. Immer wieder hört man: »Nicht nachgeben, bevor nicht menschenwürdige Verhältnisse im Betrieb sind.«
Die Gruhner-Arbeiterinnen kämpfen heute nicht nur für sich, ihr Kampf ist ein Stück des großen Kampfes, der der Ausbeutung der Frauen durch den Kapitalismus Schranken setzen soll.

Else Feldmann
DIE WÄRMESTUBEN SIND ERÖFFNET!
(1932)

Die »Wärmestube« bildete ein klassisches journalistisches Thema dieser Zeit. Mehr als zwanzig Jahre vor Else Feldmann hatte Egon Erwin Kisch aus »Prager Gassen und Nächten« (so der Titel eines 1912 erschienenen Sammelbandes) berichtet und sich, nach der Nacht im Asyl für Obdachlose (S. 190), verkleidet als »obdachloser Müßiggänger, als herabgekommenes Subjekt« in eine Wärmestube begeben. Else Feldmann wählt nicht das Format der Rollenreportage. Sie bleibt die anteilnehmende, aber nüchterne Beobachterin. Ihre Sprache ist lapidar. Unser Interesse gewinnt dieser Text durch die Realitätspartikel, die er versammelt. Der agitatorische Tonfall, den wir einem Parteiblatt wie der »Arbeiter-Zeitung« gerne unterstellen, taucht in keiner Zeile auf. Kühl wird ein soziales Phänomen registriert. Was die Berichterstatterin mit den Augen, den Ohren und der Nase (!) wahrgenommen hat, spricht für sich selbst. Der Bezug auf drei bildende KünstlerInnen – Käthe Kollwitz (1867–1945), Heinrich Zille (1858–1929) und den spanischen Maler und Grafiker Francisco José de Goya (1746–1828) – verweist aber höchst aufschlußreich darauf, welcher Moral sich die Journalistin Else Feldmann verwandt weiß. Es geht um eine Sozialkritik, die auf den Zeigefinger verzichtet und sich sozusagen der filigranen und differenzierten Mittel der Graphik bedient.

Bewundernswert, wie dicht dieser Text geschrieben ist. Es dürfte schwerfallen, ihn redaktionell zu kürzen, ohne ihn substantiell zu verändern.

Ein Jahr nach dem Erscheinen dieses Textes usurpierte Hitler die Macht in Deutschland und fünf Jahre später auch in Österreich. Eine zukunftweisende Tradition des Journalismus fand damit ihr brutales Ende. Else Feldmann wurde im KZ umgebracht.

Das letzte Haus, dort, wo alle Gassen und Straßen enden, nur freier Himmel. Ein Symbol. Hier hat die menschliche Gesellschaft ihr Ende. Aber die Räume sind trotzdem nicht unfreundlich. Deckenlicht: spärlich, sparsam beleuchtet, was vielleicht eine Wohltat für die müden Augen bedeutet. In der Mitte des Saales der Küchenraum, glänzende

Kessel, erlesene Sauberkeit wie in einer Klinik, der Anrichtetisch gescheuert und gerieben. Da stehen in der Reihe die kleinen Suppenbecher (ein Viertelliter), daneben die Brote. Dampf steigt aus den Kesseln, die Suppe kocht, gleich wird sie ausgegeben werden. Die Männer sitzen da und warten, schauen gierig in den Dampf.
Es riecht nach Heizung, Lysol, feuchten und schmutzigen Kleidern, nach Verwahrlosung und Verdammnis. Betrunkene dürfen nicht hinein; wer essen will, darf nicht trinken. Aber sonst werden die Gäste nicht allzuviel mit Verboten geplagt. Sie kennen die Ordnung, sie kennen das Programm, jeder richtet sich schweigend danach.
Die Männerabteilung liegt sozusagen im Freien, das heißt, dort gibt es keine schirmende Wand, keine abschließende Tür, der Wärter übersieht das Lager. Jeder zieht seinen Rock, Schuhe, wenn er welche hat, und was er sonst will, aus – es ist ja sehr warm, überheizt, was für die meisten eine Erquickung bedeutet.
Getrennt durch die Eingangstür liegt die Abteilung für Frauen. Es ist ein richtiger Verschlag, wenn sie schlafen gehen, können sie die Tür schließen und sind dann für sich. Um neun Uhr ist Schlafenszeit, da muß es ganz still werden.
In der Männerabteilung geht es schon jetzt lautlos zu. Jeder sitzt auf seinem Platz, jeder ist bemüht, den Wärtern sein nettestes Gesicht zu zeigen. Neben Altersglatzen gewaltige Haarschöpfe, struppige Bärte, Typen von Waldmenschen, auch feine, stille, leidverklärte, bebrillte Antlitze mitten unter den Tippelbrüdern. Zwei junge Männer hantieren schweigsam mit Rasierzeug. Einige waschen sich, ehe sie essen. Viele haben statt der Schuhe Fetzen um die Füße gebunden, die wickeln sie nun zutraulich ab und gehen barfuß mit den andern im Gänsemarsch an den Tisch um Suppe und Brot. Die Männer kommen zuerst. Wie Marionetten tapsen sie an dem Anrichtetisch vorbei, einer immer hinter dem andern, mechanisch greifen Hände nach dem Becher, nach Brot ...
In der Frauenabteilung geht es nicht so einfach zu. Die Frauen haben an ihrem Platze auf der Bank noch so etwas wie ein Privatleben, nicht einmal die ganz alten sitzen stumpf und ergeben da. Sie haben viele Erlebnisse zu besprechen. Eine wurde vor zwei Tagen um vier Uhr früh von einem Wachmann auf der Straße angehalten – da war die Wärmestube noch nicht geöffnet –, sie konnte sich ausweisen, er ließ sie ziehen.

In einem Sack, in einer Einkaufstasche oder bloß in Zeitungspapier haben sie ihre Schmutzwäsche mitgebracht, die dürfen sie hier waschen in dem großen Waschbecken, fünf solche stehen den Frauen zur Verfügung. Sie haben Seife, das Wasser ist kalt.
Auf der Bank, auf ihrem angestammten Platze, sitzt ein hübsches Mädchen, groß, schlank, ihre Miene ist durchaus heiter, ihre Augen klug, unverwüstliche Lebensfreude – und doch ... Sie erzählt, daß sie seit zwei Jahren hierherkommt, sie hat sich ganz und gar daran gewöhnt.
Man sieht viele Kollwitz-, aber auch manche Zille-Gestalten und einen »Francisco Goya«; eine hohe knochige Gestalt in einer knallroten zerfetzten Strickjacke, mit einem scharfkantigen unregelmäßigen Gesicht; im fahlen Licht sehen die bleichen Wangen totenhaft aus, brennende, traurige und böse Augen. Mit einer Kameradin steht sie beim Waschbecken. Die schwarze Mütze, die ihr schief über dem Ohr sitzt, nimmt sie auch jetzt nicht ab – sie wäscht schmierige weiße Zwirnhandschuhe, Strümpfe, eine Bluse. Die Frau nebenan hat ebenfalls große Wäsche.
»Frauen, Essen holen!« ruft der Wärter vom Tisch her.
Sie kommen einzeln, brächten es nicht zustande, wie die Männer, hintereinander zu trotten.
Drinnen im Verschlag gibt es Streit um einen guten Platz. (Nicht zu verstehen, wo ein *guter* Platz sein soll?) Der Wärter muß schlichten kommen.
»Werds euch doch nicht streiten, Frauen, ob der, ob jener Platz – wer früher kommt ...«
»Ich streit ja net.«
»Die hat immer was zu streiten.«
»Frauen, gebts Ruh«, mahnt der Wärter. Er will keinen Streit mit Frauen, sagt er, lieber streite er mit zehn Männern als mit einer Frau. Dann wird Ruhe, alle trinken ihre Suppe, essen ihr Brot. Eine hat einen Tiegel gelbes Schmalz, nimmt sich, gibt den andern, danke, sagen sie und lächeln.
Eine alte Frau hat drei regennasse Röcke zum Trocknen aufgehängt. Überhaupt hängen alle ihre nassen Überkleider und Strümpfe auf – es hat den ganzen Tag heftig geregnet –, dazu kommt die gewaschene Wäsche, so daß der Raum einem Hängeboden gleicht. Geht alles durch die stark funktionierende Dampfheizung in schlechtriechen-

den Dunst über, dann wird es wohl schrecklich hier zu atmen und zu schlafen sein.
Die alten Mutterln sind die ersten, die sich zur Nachtruhe begeben. Sie kramen alle möglichen Fetzen, die sie vielleicht tagsüber auf Misthaufen gefunden haben, hervor und bereiten sich ein Lager. Die Bänke sind harte Holzbänke und so schmal, daß der Dünnste und Magerste kaum Platz darauf hat.
Eine Frau bittet das alte Mutterl mit dem Kopftüchel, achtzugeben, nicht wieder runterzufallen, wie vorige Nacht, das Gepolter weckte sie auf.
Da kann sie lange reden, das Mutterl ist schwerhörig.
Eine in Hut und Mantel ist das erstemal da und bekommt Bescheid: »Wenn Sie nach Wien zuständig sind, brauchen Sie nicht hierher zu kommen, dann können Sie in das schöne große Asyl gehen im zehnten Bezirk. Dort ist es um vieles besser, statt der Bank ein Bett mit Drahteinsatz, Decken kriegen Sie dazu, drei, vier Stück, bis acht Uhr früh können Sie bleiben, nicht wie hier, um sechse raus. Wer will, kann unter die Brause; fühlt er sich krank, kommt er ins Marodenzimmer, drin stehen nur vier Betten, ein Arzt kommt, schreibt, wenn es notwendig ist, einen Spitalzettel.«
Die Neue sagt, daß sie kein Fahrgeld hat, eigentlich, daß sie es wohl hat, daß sie es aber für morgen braucht, sich etwas Essen zu kaufen.
Einige raten ihr, doch lieber hinauszufahren, bis gegen zehn Uhr ist Einlaß. Andre sagen, das zahlt sich nicht aus, sie soll heute nacht da schlafen und morgen hinausfahren.
Das will die Neue tun. Aber dann fährt sie plötzlich auf: »Ich fahre lieber, auf der Bank liegen die ganze Nacht, den Mantel kann ich nicht unterbreiten, wie schaut der sonst am Morgen aus, ich war Erzieherin.«
Stimmen für und wider.
»Ich sage es Ihnen, Sie sollen etwas für Ihre Gesundheit tun, fahren Sie, schlafen Sie in einem Bett.«
»Ein Unterschied, in einem Bett oder auf der Bank, vielleicht haben Sie Glück und kommen ins Marodenzimmer.«
»Warum müssen wir es aushalten? Ich schlafe seit acht Jahren hier.«
»Ich fünf.«
»Ich drei.«

»Hat sich nichts gebessert?« fragt die Neue und verabschiedet sich. Alles Gute. Gute Nacht. Viel Glück.
Die Frauen wollen sich lange nicht beruhigen: Warum kann die nicht hier schlafen, wenn wir es können?
Der Wärter ruft: »Ruhe!« und es tritt augenblicklich Stille ein. Neun Uhr. Selbst das Flüstern hört auf. Alle haben sich gehorsam hingelegt und die Augen geschlossen. Nur das junge Mädchen sitzt auf der Bank und treibt ein bißchen Schönheitspflege, schmiert sich mit einer Creme das Gesicht ein ...

Käthe Leichter
WIE LEBEN UNSERE HAUSGEHILFINNEN? EINE ERHEBUNG ÜBER DIE ARBEITSVERHÄLTNISSE VON 2831 WIENER HAUSGEHILFINNEN
(1926)

Käthe Leichter war zunächst einmal eine engagierte Sozialwissenschaftlerin, geprägt unter anderem von Max Weber. Aufgewachsen in einem materiell gutgestellten, liberalen jüdischen Elternhaus, findet sie über den Pazifismus und Friedrich Adler zum Sozialismus. Der später in den USA erfolgreiche Nationalökonom Joseph Schumpeter holt sie nach dem Ersten Weltkrieg ins Finanzministerium, Otto Bauer versichert sich zugleich ihrer Mitarbeit in der Sozialisierungskommission und dann als Sekretärin. In diesen frühen Jahren der Ersten Republik macht sie sich rasch einen Namen mit etlichen Arbeiten zu den Themen Marxismus, Sozialisierung der Wirtschaft, gemeinwirtschaftiche Betriebe und Betriebsdemokratie, die sie vor allem im Wiener sozialdemokratischen Theorieorgan »Der Kampf« publiziert. 1924 wird sie Referentin für Frauenarbeit in der Wiener Arbeiterkammer und redigiert fortan die Frauenbeilage der Zeitschrift »Arbeit und Wirtschaft«. Ihre Forschungs- und Publikationsschwerpunkte verschieben sich. Frauenarbeit und Sozialpolitik stehen nun im Mittelpunkt. Eine Reihe empirischer Studien über die Lebens- und Arbeitsverhältnisse verschiedener Berufsgruppen führen die Arbeiterkammer und einzelne Gewerkschaften unter ihrer Leitung durch.
So entstehen bis Anfang der dreißiger Jahre höchst informative, um Repräsentativität bemühte Studien über die Lebens- und Arbeitsbedingungen der Wiener Heimarbeiterinnen, der Industriearbeiterinnen und der Hausgehilfinnen Wiens. Die Ergebnisse veröffentlichte Käthe Leichter nicht nur zwischen Buchdeckeln, sondern in leicht zugänglicher Form für ein breites Publikum in Zeitschriften und Zeitungen. 1930 erscheint eine große Arbeit unter Käthe Leichters Leitung: ein »Handbuch der Frauenarbeit in Österreich«, das von der Arbeiterkammer herausgegeben wird und auf 674 Seiten alle Probleme der Frauenarbeit thematisiert. Selbst nach 1945 gilt es noch als ein Standardwerk.
Der nachfolgende Text, in eher trocken-wissenschaftlichem Stil ge-

halten und mit Zahlen reichlich bestückt, stellt die komprimierte Fassung der Studie über die Wiener Hausgehilfinnen dar, die Leichter gleichzeitig ausführlicher in der Zeitschrift »Arbeit und Wirtschaft« veröffentlicht hat. In einer späteren Arbeit gelingt Leichter dann eine bessere Aufbereitung ihrer ausgezeichneten Forschungsergebnisse. 1932 erscheint der 156-Seiten-Band »So leben wir. 1320 Industriearbeiterinnen berichten über ihr Leben«. Schon dieser Titel belegt den neuen, lebhafteren Stil mit Anleihen beim Journalismus. Statistik findet sich zwar auch in diesem Band, doch im Zentrum stehen zahlreiche Originalzitate der befragten Berufstätigen. Leichter schafft damit ein lebendiges Abbild der Gedanken, Sorgen und Gefühle der Wiener Industriearbeiterinnen zu Anfang der dreißiger Jahre.
Die linke Sozialdemokratin Käthe Leichter, 1934 vom »Ständestaat« in den Untergrund gedrängt, gerät 1938, als sie ihrer Mutter zur Flucht verhelfen will, in die Hände der Gestapo. 46jährig wird sie 1942 ermordet.

Die *Wiener Arbeiterkammer* hat es unternommen, *Fragebogen* zur Erhebung der Lohn- und Arbeitsverhältnisse an Hausgehilfinnen zu verschicken. Nur ein verhältnismäßig kleiner Teil konnte erfaßt werden und begreiflicherweise nicht die schlechtest Gestellten. Die herausgegriffenen Mitglieder der Wiener Krankenkassen, die Mitglieder der Hausgehilfinnenorganisationen, der Einigkeit wie der christlichen, das sind in der Mehrzahl die Bessergestellten, der Organisation zugänglichen, über ihre Rechte schon aufgeklärten Hausgehilfinnen. Das »kleine Dienstmädel vom Land«, das zu jedem Lohn arbeitet, keine Ahnung von seinen Rechten hat, hat den Fragebogen kaum erhalten oder ihn nicht zu beantworten gewußt. Um so ernster sind also die *2831 Antworten* zu nehmen, die eingelaufen sind, die Antworten der »Elite« unter den Hausgehilfinnen, und die uns dennoch zeigen, wie weit wir auch nur von der Durchführung der Minimalforderungen des Hausgehilfengesetzes sind.

Arbeitszeit und Ruhepausen

Das Hausgehilfengesetz hat infolge der Schwierigkeit, die Arbeitszeit im Haushalt ähnlich zu regeln wie im Fabriksbetrieb, eine neunstündige Ruhezeit und zwei Stunden Arbeitspausen festgesetzt. Danach hätte also die tatsächlich geleistete Arbeitszeit höchstens dreizehn Stunden zu betragen. Tatsächlich finden wir aber, daß 62,34

Prozent, also *beinahe zwei Drittel* der Hausgehilfinnen, eine Arbeitszeit von *mehr als dreizehn Stunden* haben.

Es arbeiten:

Unter	10 Stunden	9,65 Prozent der Hausgehilfinnen
10 bis	12 Stunden	7,91 Prozent der Hausgehilfinnen
12 bis	14 Stunden	18,86 Prozent der Hausgehilfinnen
14 bis	16 Stunden	42,28 Prozent der Hausgehilfinnen
über	16 Stunden	9,82 Prozent der Hausgehilfinnen

Die Regel ist also eine Arbeitszeit von 14 bis 16 Stunden, ja rund *10 Prozent* der Hausgehilfinnen arbeiten sogar *länger als 16 Stunden!* Freilich wird man sagen, es ist keine fortwährend angespannte Arbeitszeit wie etwa in der Fabrik. Aber das Schlimme ist doch auch dort, wo nicht ununterbrochene Arbeit geleistet wird, die unaufhörliche *Arbeitsbereitschaft,* die Notwendigkeit, jederzeit zu jeder Arbeit bereit zu sein. Und die Berichte der Hausgehilfinnen über die Arbeit, die von ihnen verlangt wird, zeigen, daß es kaum eine Arbeit gibt, vom Kohlentragen und Stiegenreiben bis zur Kinderbeaufsichtigung und Pflege Schwerkranker, die nicht als vollkommen selbstverständlich von derselben Arbeitskraft jederzeit gefordert werden kann. Mag es dazwischen auch manchmal einen Augenblick des Ausruhens geben, regelmäßige Ruhepausen, wie sie das Gesetz vorschreibt, werden nach dem Ergebnis der Untersuchung bei *65,77 Prozent* der Hausgehilfinnen *überhaupt nicht eingehalten.* Eine gelegentliche Arbeitspause kommt nur bei 6,85, regelmäßige Arbeitspausen nur bei 34,23 Prozent vor. Was Wunder, wenn uns aus allen Antworten immer wieder die Klage entgegentönt: *Wenn man nur einmal eine Minute Zeit für sich* hätte, wenn man auch nur einmal sein Essen ungestört einnehmen oder wenigstens am Abend, bevor man todmüde ist, noch ein wenig zu sich kommen dürfte!

Schlafraum

Zu den primitivsten Bedürfnissen eines arbeitenden Menschen gehört es auch, doch einen *Schlafraum* für sich zu haben, wenn er schon bei seinem Dienstgeber wohnen muß. Dem mag allerdings die Wiener *Wohnungsnot* im Wege sein, auch die Tatsache, daß früher die Küche als Schlafquartier der Hausgehilfin so selbstverständlich war, daß gerade bessere Wohnungen oft nicht einmal ein eigenes Hausgehilfenzimmer haben. Jedenfalls erfährt man aus der Erhebung, daß 43,09

Prozent, also *beinahe die Hälfte der Hausgehilfinnen keinen eigenen, versperrbaren Schlafraum* mit Fenstern ins Freie haben. Noch immer ist die Küche oder das Vorzimmer ein allgemein üblicher Schlafraum. So recht ein Bild unserer Wiener Wohnungsverhältnisse gibt es, wenn einzelne Hausgehilfinnen berichten, daß sie mit dem Ehepaar, bei dem sie im Dienst sind, in einem Zimmer schlafen müssen!

Ausgang und Urlaub

Das Gesetz sieht vor, daß die Hausgehilfin jeden zweiten Sonntag acht und einmal in der Woche vier Stunden frei haben soll. Diesen vierzehntägigen Sonntags- und einmaligen *Wochenausgang* haben 45 Prozent, also *fast die Hälfte aller Hausgehilfinnen nicht:* 43 Prozent haben nie einen freien Nachmittag unter der Woche, also nie die Gelegenheit, Einkäufe oder andre Besorgungen für sich zu erledigen. Der Sonntagsausgang wird wohl in der Regel nicht verwehrt, aber in der überwiegenden Mehrzahl sind es nicht die gesetzlichen acht Stunden, sondern weniger, die gewährt werden. Sonntagsausgang von 4 bis 9 Uhr kommt oft vor.

Und der *Urlaub?* Hier sieht es etwas besser aus. Die Tatsache, daß doch die meisten Dienstgeber auf Urlaub gehen, ohne ihre Hausgehilfin mitzunehmen, daß sie sie also während dieser Zeit beurlauben, führt doch dazu, daß mehr als *drei Viertel* – 79,32 Prozent – der Haugehilfinnen ihren Urlaub haben. 18 Prozent, die noch nicht lange genug im Dienste sind, sind noch ungewiß, ob sie ihn erhalten werden, und nur 12 Prozent der Hausgehilfinnen ist er tatsächlich vorenthalten worden, allerdings schwankt der Anteil für die verschiedenen Kategorien. Von den Erzieherinnen und Kinderfräulein hat rund ein Drittel keinen Urlaub. Auch häufen sich die Klagen, daß wohl der Urlaub, nicht aber das Kostgeld während des Urlaubs gewährt wird.

Die Entlohnung

Wie sind nun die Hausgehilfinnen entlohnt? Bei der Magistratsabteilung 14 der Gemeinde Wien werden von Zeit zu Zeit zwischen den Hausgehilfinnen und den Hausfrauenorganisationen *Mindestlohnsätze* für Hauspersonal vereinbart. Die jetzt geltenden sind seit 1. November 1925 in Kraft. Fragen wir uns nun einmal, wie weit die Mindestlöhne, die auch von den Hausfrauenorganisationen als solche anerkannt wurden, eingehalten werden.

Es erhalten von den
Köchinnen für alles 32,12 Prozent weniger als den Mindestlohn von 50 S;
Köchinnen neben Stubenmädchen oder Extramädchen 68,81 Prozent weniger als den Mindestlohn von 65 bis 70 S;
Tagesköchinnen 87,50 Prozent weniger als den Mindestlohn von 100 S;
Mädchen für alles 18,09 Prozent weniger als den Mindestlohn von 30 S; 44,71 Prozent weniger als den Mindestlohn von 40 S;
Stubenmädchen 27,54 Prozent weniger als den Mindestlohn von 45 bis 55 S;
Küchen- und Extramädchen 7,14 Prozent weniger als den Mindestlohn von 40 S;
Haushälterinnen 53,89 Prozent weniger als den Mindestlohn von 65 S;
Erzieherinnen 75,93 Prozent weniger als den Mindestlohn von 100 S;
Kinderfräulein und Kindergärtnerinnen 8,70 Prozent weniger als den Mindestlohn von 50 S; 55,75 Prozent weniger als den Mindestlohn von 70 S;
Kinderfrauen 50 Prozent weniger als den Mindestlohn von 60 S.
Es zeigt sich also, daß insbesondere bei den Kategorien, in denen entsprechend den höheren Anforderungen auch höhere Mindestlöhne festgesetzt sind, wie bei den Erzieherinnen, Haushälterinnen, fertigen Köchinnen, der *größere Teil die Mindestlöhne nicht erreicht*. Der *niedrigere Mindestlohn* der andern Kategorien wird *öfter eingehalten*. Dafür gibt es zum Beispiel bei den Mädchen für alles noch häufig *Löhne von zwanzig, ja von zehn Schilling* und darunter! Die Begründungen dafür sind meist lakonisch: wenn man mehr verlangt, so heißt es gleich: »Heute gibt es Mädeln genug; wenn Sie nicht wollen, findet sich halt eine andre!«
Überhaupt sprechen in dieser Erhebung nicht nur die Zahlen ihre beredte Sprache. Kaum ein Fragebogen, auf dessen Rückseite nicht die Berantworterin ihr bedrücktes Herz ausschüttet. Es sind durchaus nicht immer Klagen über die »Herrschaft«. Gerade dort, wo Hausgehilfinnen in Mittelstands- oder Angestelltenhaushalten sind, findet sich erstaunlich viel Verständnis für die Enge dieser Verhältnisse. Viele schreiben, daß sie ihr Gehalt oft um Wochen verspätet bekommen, aber es gehe jetzt beim Dienstgeber nicht anders. Es ist nicht

so, wie viele meinen, daß die Hausgehilfinnen auf jeden Fall klagen und schimpfen. *37 Prozent* der Hausgehilfinnen geben an, daß sie *mit der Behandlung zufrieden* sind. Dagegen findet man immer wieder die stumme Resignation: *»Man ist alles, nur kein Mensch, man ist doch nur ein Dienstbote.«* Das Gefühl, nie einen Augenblick für sich zu haben, die Unfreiheit, der Verzicht auf jedes Eigenleben, die Angst vor dem Alter, vor der Arbeitslosigkeit – sie beherrschen heute vor allem unsere Hausgehilfinnen, sie führen auch dazu, daß viele in die Senkung ihrer Lebensbedingungen einwilligen.

Daneben freilich auch die Fälle – 17,5 Prozent der Antworten –, in denen über sinnlose oder böswillige Behandlung geklagt wird. Daß sich schwerarbeitende Menschen noch Schimpfworte wie blöde Gans, Trottel, Mistvieh gefallen lassen müssen, daß sogar Fälle von Prügel mitgeteilt werden, das zeigt doch, daß viele Dienstgeber noch immer in der Hausgehilfin die andere Menschenkategorie, die Arbeitssklavin erblicken, für die auch andre Moral- und Sittenbegriffe zu gelten haben. Ist es nicht charakteristisch, wenn ein Mädchen erzählt, daß sie wegen ihres *Bubikopfes* fünfundzwanzigmal von Damen abgewiesen wurde, darunter allerdings meist von solchen Damen, die selber einen hatten. Daß Organisierte mitteilen, daß sie aus der Organisation austreten oder ihre Stelle aufgeben mußten, daß sie als »Rote« oder »Bolschewikin« beschimpft wurden, daß der Hinweis auf die gesetzlichen Vorschriften als »kommunistische Anschauungen« verhöhnt wurde, daß man Zeitungen und Zuschriften »konfisziert« hat – das zeigt wieder einmal, was jene Genossinnen leisten, die allen Schwierigkeiten zum Trotz auch unter den Hausgehilfinnen den Gedanken der *Organisation* bewahren. Und wie notwendig ist das gerade bei den Hausgehilfinnen! Auf wie vielen Fragebogen steht die erstaunte Frage: Ja, gibt es denn so etwas? Gibt es einen freien Nachmittag, Ruhepausen, Urlaub? Schon die Zusendung der Fragebogen an die Hausgehilfinnen war allein ein Stück Aufklärungsarbeit. Kein Wunder, daß viele erboste Zuschriften von geängstigten »Herrschaften« kamen, daß viele Hausgehilfinnen um neue Fragebogen ersuchten, weil die ersten, an die Hausgehilfinnen adressierten, *von Dienstgebern zerrissen* worden sind! Können wir uns eine derartige Verletzung der persönlichen Rechte noch bei irgendeiner anderen Arbeiterschicht vorstellen?

Arbeitslosigkeit und Alter

Die Arbeitslosigkeit lastet überhaupt schwer auf den Hausgehilfinnen. 63,94 Prozent, also beinahe zwei Drittel, haben in den letzten zwei Jahren Stellen gewechselt, 31,65 Prozent waren in diesem Zeitraum arbeitslos. Arbeitslosigkeit – das bedeutet bei der Hausgehilfin, daß sie nicht nur ihre Arbeit ohne Anspruch auf Arbeitslosenunterstützung verliert, sondern auch ihrer Unterkunft beraubt, vollkommen existenzlos wird. In dem mit arbeitslosen Hausgehilfinnen überfüllten Obdachlosenheimen kann man einen Begriff davon erhalten, was Arbeitslosigkeit der Hausgehilfin bedeutet. Die allgemeine Arbeitslosigkeit verschärft aber noch den Zuzug aus andern Berufen. Unter den Antworten finden wir solche von ehemaligen Verkäuferinnen, Büroangestellten, Fabriksarbeiterinnen, Schneiderinnen. Schulentlassene Mädchen, die sonst ein Gewerbe gelernt hätten, zwingt die Aussichtslosigkeit in allen Gewerben oder die Arbeitslosigkeit andrer Familienmitglieder dazu, irgendeinen schlecht bezahlten Hausgehilfinnenposten anzunehmen. So finden wir 12,68 Prozent der Hausgehilfinnen im Alter unter zwanzig Jahren, ein leichtes Objekt der Ausbeutung, in einem Beruf tätig, in dem es für sie keine Fortbildung, keine Verbindung mit der Außenwelt gibt.

Aber noch ernster als die Frage der jungen, ist die der *alten Hausgehilfinnen.* Rund 10 Prozent der Hausgehilfinnen sind *mehr als fünfzig Jahre* alt, unter ihnen aber auch einige *mehr als siebzig,* ja sogar eine *Einundachtzigjährige* ist noch im Dienst. Eine *Siebenundsiebzigjährige,* die 15 S Monatslohn hat, schreibt, daß sie zufrieden ist, weil sie nur überhaupt noch in der Stelle bleiben darf. Krank und alt geworden – keine Eltern und kein Heim – nichts zurückgelegt – das Zurückgelegte entwertet – 35 Jahre gedient und jetzt die Sorgen wegen des Alters – kcine Stelle zu finden – es gibt genug Junge, die arbeitslos sind – so heißt es immer wieder in diesen ergreifenden Antworten von im Dienst alt gewordenen Menschen, die meist davor zittern müssen, auf der Straße zu stehen. Gibt es eine schärfere Anklage gegen eine Regierung, die die Gesetzwerdung der Altersversicherung verschleppt, als die Tatsache dieser alten »Dienstboten«?

So gibt uns diese Erhebung zum erstenmal ein eindringliches Bild über die Lebensbedingungen einer Arbeiterinnenschichte, deren Geschick auf der einen Seite nur sentimental bemitleidet, auf der andern

Seite oft leichtfertig bagatellisiert wird, deren wirkliche Lage aber noch kaum zahlenmäßig erhoben wurde. Freilich in ihrer schwierigen Stellung wird erst dann ein entscheidender Wandel eintreten, wenn die heutige veraltete *rückständige Form der Haushaltsführung* sich ändert. Gerade jetzt ist uns eine ähnliche Erhebung zugekommen, die das amerikanische Womens Bureau gleichfalls über die Lage von 2900 Hausgehilfinnen in *Baltimore* veranstaltet hat. Auch dort ist noch viel Ungeklärtes in der Stellung der Hausgehilfin, die noch durch das Rassenproblem – der Großteil sind schwarze Arbeitskräfte – kompliziert wird. Und dennoch: welcher Schritt von unserer erst langsam das Haussklaventum abschüttelnden Hausgehilfin zu der größtenteils außerhalb des Dienstgeberheims wohnenden, bestimmte Stunden arbeitenden, unverhältnismäßig besser entlohnten amerikanischen Hausgehilfin!

Was not tut

Aber schon jetzt kann noch manches getan werden, um die Lage der Hausgehilfinnen zu verbessern, und daran muß zunächst gearbeitet werden: die Bestellung von *Hausinspektorinnen,* die, ähnlich wie die Gewerbeinspektoren in den Fabriken, auf die Durchführung der gesetzlichen Bestimmungen zu achten haben, die Einbeziehung der Hausgehilfinnen in die *Arbeitslosenunterstützung,* die Schaffung der *Alters-, Invaliden- und Unfallversicherung,* die Errichtung von *Stellenlosen-, Rekonvaleszenten- und Altersheimen* für die Hausgehilfinnen, ihre bessere *Schulung* (obligatorischer Fortbildungsschulunterricht), um ihre Qualifikation zu heben und ihre Abhängigkeit zu verringern, vor allem aber unermüdliche Agitation, um die Schar derer, die trotz aller Schwierigkeiten den Weg zu unserer Hausgehilfinnenorganisation findet, zu stärken. Das sind unsere nächsten Aufgaben, um einer, unter besonders schwierigen Verhältnissen lebenden Arbeiterschicht den Weg zum Aufstieg freizumachen. Dafür mögen diese Zahlen eine beredte Mahnung sein!

Klara Mautner
IN DER TUBERKULÖSENFÜRSORGESTELLE
(1919)

Am Ende der folgenden Reportage lautet Klara Mautners Fazit: ». . . der Krieg war ein furchtbares, ein nie wieder gutzumachendes Unrecht an der Menschheit. Wer es nicht weiß, wie damit an uns gesündigt worden ist, wer in der Gesichertheit seines wohnlichen Heimes an Übertreibung glaubt, der wandere hinaus nach Ottakring oder Hernals oder Floridsdorf. Tausend sieche Körper, tausend verkümmerte Kinder, tausendfach erstickte Lebensfreude sprechen den Fluch, den Fluch über den Krieg und das Elend, das er uns gebracht.« Klara Mautner selbst war im Frühsommer des ersten Nachkriegsjahres hinausgegangen in diese Wiener Außenbezirke, sie hat die Schwestern der Tuberkulosenfürsorgestelle auf ihren täglichen Rundgängen von Wohnung zu Wohnung, von Behausung zu Kellerloch begleitet. Und sie hat Stunden in Tuberkulosenfürsorgestellen selbst verbracht. Das von ihr so ins Blickfeld gebrachte Leid und Elend sind groß, ihr Bericht für die sozialdemokratische Wiener »Arbeiter-Zeitung« entsprechend lang.

Klara Mautners Reportage ist ein Aufschrei gegen die Selbstgefälligkeit und Genügsamkeit, gegen jene, die aus Halbwissen oder anderen Ursachen der Meinung anhängen, es werde schon für alles gesorgt: »Nein, meine Damen und Herren! Sie brauchen keine Angst zu haben: es geschieht noch lange nicht zu viel für unsere Lungenkranken«, klagt die Journalistin am Ende bitter an. Leider erschien dieser erschütternde Bericht »nur« in der sozialdemokratischen Tageszeitung.

Der Bericht beginnt mit dem schlichten Titel »In der Tuberkulosenfürsorgestelle«. Ebenso zurückhaltend knapp lauten die Zwischentitel: »Gespräche und Schicksale«, »Gewichtszunahmen«, »Was so eine Fürsorgestelle leistet« und schließlich »Die Gänge der Fürsorgeschwestern«. Der Leserin und dem Leser von heute mag diese Darbietung als trocken, vielleicht sogar fad erscheinen. Aber sie und er könnten sich auch als Kinder ihrer Zeit sehen, deren Sensitivität durch die Bemühung zu vieler optischer wie sprachlicher Reize im Journalismus von heute stark verändert ist. Stehen nunmehr hinter aufrüttelnder journalistischer Sprache nicht häufig ziemlich nebensächliche Sachverhalte des Lebens? Während es einer Journalistin wie Klara

Mautner mit wesentlich geringerem sprachlichem Aufwand, dafür aber mit Intellekt, Herz und mit bemühter Nähe zu den Verhältnissen gelang, tatsächlich aufzurütteln.

Spricht man mit einem der vielen Gedankenlosen über die gesundheitlichen Kriegsfolgen, so bekommt man es immer wieder zu hören: »Für die Lungenkranken geschieht jetzt bei uns sehr viel.« Das sagen alle die Herren und Damen, die im Grunde jede nicht ihrem Wohle gewidmete Aktion schon als eine Art Unrecht und einen Mangel an der schuldigen Aufmerksamkeit betrachten, im besten Glauben eines leicht beschwichtigten Gewissens. Es geschieht sehr viel – gewiß, das ist wahr. Und dennoch ...
»Wenn ein männlicher Lungenkranker zu mir kommt«, sagt der Arzt der Favoritner Fürsorgestelle, »dann wünsche ich in der Stille immer, es möge ein schwerer Fall sein. Da kann ich ihn – vorausgesetzt, daß Platz ist – doch wenigstens ins Spital bringen. Bei leichten Fällen kann ich nur Injektionen machen und, wenn die fruchtlos bleiben, warten, bis der Fall eben ›schwer‹ geworden ist.« Frauen kann man wenigstens nach Steinklamm bringen, wenn die Krankheit die Freundlichkeit hat, sich drei Monate zu gedulden. Denn so lange dauert es jetzt, bis in dieser Heilstätte ein Platz frei wird. Für Männer aber, die nicht Kriegsdienste geleistet haben (also auch für halbwüchsige Knaben), steht gegenwärtig überhaupt keine Heilstätte zur Verfügung. Kinder und Frauen wieder finden keine Aufnahme in Wiener Spitälern. Fünfzehn Kinder und siebzehn Frauen sind bei der Fürsorgestelle des »Settlement« seit Wochen zur Aufnahme in ein Krankenhaus vorgemerkt. Man telephoniert von Spital zu Spital – umsonst. Schwerkranke sind unter ihnen. Sterbende. Sie bleiben in der Familie, in den elenden Wohnstätten, eine ständige Gefahr für ihre nächsten Angehörigen, für unterernährte Kinder – »es geschieht jetzt sehr viel bei uns«. Auch die Tuberkulosenfürsorgestellen, diese nicht genug zu rühmenden segensreichen Einrichtungen, der erste Schritt in eine bessere Zukunft hinein, wurden bisher nicht aus öffentlichen Mitteln erhalten, sondern danken ihre Gründung und ihren Bestand privaten Vereinen. Den armen Weibern, mit dem Stempel des Elends und der Krankheit in den hageren Gestalten, die sich um die Fürsorgeschwester drängen, gilt das gleiche. Sie fragen nicht danach, wer ihnen die Hilfe bietet. Dankbar ergreifen sie die dargereichte Hand, die sie

retten soll, retten vor dem Grauen der Krankheit, retten vor dem frühen Tode. In hellen Scharen strömen sie herbei. Von fünf bis sechs Uhr ist die Ordination angesetzt – um halb acht fragt eine Schwester zaghaft die andere, ob man nicht doch schon absperren sollte. Der kleine Warteraum ist überfüllt, kein Plätzchen frei.

Gespräche und Schicksale

Fast lauter Frauen mit ihren Kindern sind es, die da versammelt sind. Da steht eine grobknochige Frau mit einem Säugling auf dem Arm und zwei Kindern an den Rockfalten. Ungeheuer gesprächig. Sie erzählt freimütig alles, was man nur irgend zu wissen begehren könnte. Alle sind sie krank: sie selbst, der »Große« (zehn Jahre), das Mädel und der Säugling. Man wollte sie in die Heilstätte schicken und ihre Kinder in Kolonien unterbringen, aber sie will den Kleinen nicht »abspennen«. Ohne den hält sie es ja doch nicht aus. Alle Frauen rundherum nicken verständnisvoll. »Neunzehn Tag' war ich im Jubiläumsspital«, sagte eine kleine magere Brünette, »aber dann hab ich dem Professor gesagt: ›Herr Professor, wenn Sie mich nicht nach Hause lassen, so lauf ich, so wie ich bin, im Nachtgewand, davon.‹ Da hat er gelacht und hat mich abschreiben lassen.« Eine hochschwangere junge Frau mit einem edel geschnittenen Gesicht mischt sich ins Gespräch. Sie ist tiefdunkelbraun, von der Sonne gebräunt »wie eine Aschanti«, sagt sie selbst. Vor sechs Tagen ist sie aus Steinklamm gekommen. Schön war es dort, aber ihr nützt ja jetzt doch nichts, bis »das« überstanden ist. Man hat ihr zugeredet, auf das Kind zu verzichten, sie hat es abgelehnt. *Ein* Kind möchte sie doch wenigstens haben. Ob die junge Frau klug, ob sie recht tut mit diesem Entschluß, ist fraglich. Aber sie ist sehr rührend, sehr ergreifend in ihrem Opfermut. Übrigens ist sie durchaus keine tragische Heldin und gebärdet sich auch nicht als solche. Sie stopft die leere Stricktasche als Kissen hinter den schmerzenden Rücken – eine Bewegung, für die man in der Fürsorgestelle viel Verständnis hat – und erzählt munter von Steinklamm. Sie hat auf einmal Angst um ihre Wirtschaft bekommen und durchaus nach Hause wollen. Der Chefarzt hat geschimpft: »Mit euch verheirateten Weibern ist nichts anzufangen. Immer wollt ihr nur räumen und Dreck putzen.« Hingegen die jungen Mädchen – »die waren wie im Paradies. Wie die Eidechseln sind die in der Sonne gelegen und haben an nichts gedacht wie ans Essen und dann noch einmal ans Essen und dann zur Abwechslung ans Milchtrinken.« Die Frauen lachen. »Ich soll im Juli hin«, sagt eine abgezehrte ältere Frau mit großen Narben am Hals, »meine Kinder kommen so lange ins Tagesheim, und für die Wirtschaft hat mir die Schwester eine Haushilfe besorgt. (Auch die Ordnung der häuslichen Verhältnisse übernimmt nämlich die umsichtige Fürsorgerin.) Wenn's nur noch hilft! Seit ich die Grippe hab, beutelt's mich alle Tag' so fest.« Die anderen nicken trübe – das kennen sie. Und eine ausgemergelte Frau, die strohblonden Haare straff nach rückwärts gespannt und zum winzigen Knoten geflochten, erzählt die Krankheitsgeschichte ihres Hauses. Der Mann, zwei Brüder, vier Kinder – alle sind an der Tuberkulose gestorben. »Das ist meine letzte«, sagt sie und zeigt auf ein ebenso strohblondes Mädelchen wie sie selbst, mit demselben Rattenschwänzchen und roten Augenlidern. Die redselige Frau mit dem Säugling drückt ihren Kleinen fester an sich und greift mit der freien Hand nach den beiden Köpfchen, die sich an sie lehnen. Wie reich ist sie doch noch!

Gewichtszunahmen

Mit strahlendem Gesicht kommt ein junger Arbeiter aus der »Untersuchungszelle«. Schon früher, als er gewogen wurde, hat er sich gefreut – 90 Dekagramm zugenommen in drei Wochen. Das ist doch schon etwas! Er wiegt zwar immer noch nicht mehr als 51, aber immerhin . . . Und jetzt hat der Doktor gesagt: »Sie machen sich ja, Herr Eichler!« Die roten Flecken auf den blassen Wangen leuchten dunkler, in freudiger Hast rennt der Mann von einem zum andern. Inzwischen gibt es eine neue, vergängliche Sensation. Die Tür tut sich auf, und frisch gestriegelt und geputzt, mit Wangen, die rot und glänzend frisch sind, und leuchtenden Augen treten drei Kinder herein, zwei Mädchen mit sieben und elf, ein Bub mit neun Jahren. Sie kommen geradewegs aus der Schweiz. Die beiden blonden Schwestern und ihre Helferin können sich gar nicht fassen vor Freude und Staunen. Nur schnell auf die Waage! Und die Mutter hat Tränen in den Augen, als man ansehnliche Zunahmen feststellt. »Was habt's ihr z'essen kriegt?« erkundigt sich ein kleiner Kerl im zerfetzten Röckchen eifrig. Aber ehe noch die anderen den Mund aufmachen können, sagt er schon patzig: »Wir essen jetzt bei den Amerikanern – alle Tag' Schokoladestrudel.«

Bei der »Aufnahme« geht es weniger heiter zu. In dem kleinen Zimmerchen drängt sich viel Menschenleid zusammen. Eine dunkelhaarige junge Frau kommt langsam und zögernd herein. Sie ist peinlich sauber gekleidet und glatt gekämmt. Trotz der Hitze hüllt sie sich immer wieder fröstelnd in ein kleines Wolltuch. Sie ist vierundzwanzig Jahre alt, ledig, hat zwei Buben von acht (!) und sieben Jahren, deren Vater vor sechs Jahren gestorben ist. Früher hat sie Zigarettenhülsen gemacht, jetzt ist sie schon länger als ein Jahr bei den Eltern und kann nicht arbeiten. Wovon die Familie lebt, fragt die Fürsorgerin. »Der Vater war eingerückt«, sagt die junge Frau einfach, »und jetzt hat er die Arbeitslosenunterstützung.« – »Können denn davon fünf Personen leben?« fragt die Schwester erstaunt. Das bleiche Gesicht vor ihr färbt sich mit leiser Röte. »O ja, wenn man muß, schon«, kommt es mit derselben Schlichtheit zurück. Die Wohnung ist groß – Zimmer und Küche, mit drei Betten. Zögernd kommen die Antworten, langsam, ausdruckslos und stumpf starrt das junge Weib vor sich hin. Aber die Hände zittern ihr vor Aufregung – es ist ein letzter Versuch, der hier gemacht wird. Ein Versuch, Gesundheit und Leben wiederzuerobern. Sechsundvierzig Kilogramm wiegt die mittelgroße Frau, und die stille Schwester blickt trübe hinter ihr drein. Aber sie belebt sich, um eine zarte kleine Mutter zu schelten, die ihren stämmigen Zweijährigen immerfort auf dem Arm trägt. Es gibt ein paar Tränen, ehe die kleine Frau gehorcht. Aber mit Schwester Lotte ist nicht zu debattieren – sie weiß, was sie will, und setzt auch ihren Willen durch.

Was so eine Fürsorgestelle leistet

Es ist ein ununterbrochener Strom des Elends und des Jammers, der da vor den Fürsorgerinnen vorbeiflutet. Immer wieder hört man dasselbe: die Grippe, der Hunger, der Krieg und die Arbeitslosigkeit. Die blasse hinkende Comptoiristin, die mit peinlichster Sorgfalt in schäbiges Schwarz gekleidete kleine Privatlehrerin, die Frau des Sattlergehilfen, der seit Monaten keine Arbeit findet, weil er Pferdezeug- und nicht Kragensattler ist, der arbeitslose 26jährige Metallgießer, dessen drei Kinder hintereinander an der Tuberkulose gestorben sind – sie sind alle Brüder und Schwestern im gleichen Leid. Auch die aufgeputzte Vorstadtdirne mit der roten Seidenbluse und der Angst vor dem ärztlichen Bescheid im blassen Gesicht und die

Dame, die sich vornehm erkundigt, wo denn hier »das Büro« ist und wo »Vormerkungen für die Heilstätte entgegengenommen werden«, gehören zusammen. Die Schwester bedeutet der Dame lächelnd, daß es hier kein »Büro« gibt. Aber sie hört auf zu lächeln, als sie das blasse, hochaufgeschossene Mädchen mit der charakteristischen schlechten Haltung sieht, für das die Frau Aufnahme sucht. Dann kommt ein blutjunger Hilfsarbeiter mit seinem zehnjährigen Bruder. Der Vater gestorben, die Mutter krank, die Schwester krank. Jetzt fängt der Kleine auch an. Wer ihn hergewiesen, fragt die Schwester. »Wir lesen ja Zeitung«, antwortet der junge Bursch stolz. Eine Bedienerin will ihren Buben zu den »gefährlichen« (soll heißen: gefährdeten) Kindern aufs Land bringen, andere bitten um Milchzettel. Vom Betrieb und von der Leitung einer Fürsorgestelle gibt der letzte Monatsausweis der Fürsorgestelle eine kleine Vorstellung. Es wurden 144 neue, 264 alte Patienten untersucht, 320 Injektionen gemacht, 27 Thermometer ausgegeben, 28 Kranke in Spitälern, 30 in Heilstätten, 26 Kinder in Tagesheimstätten untergebracht, außerdem für Kleider und Schuhe gesorgt, Ausspeisungen verschafft, beim Wohnungsamt eingegriffen, um Waisengelder eingereicht, unzählige Zubußekarten beschafft und hundert andere Dinge mehr, über die gar nicht mehr Buch geführt werden kann. Die Favoritner Fürsorgestelle gehört übrigens zu jenen, die sich sehr richtigerweise nicht mit Beratung allein begnügen, sondern die Kranken auch einer Behandlung unterziehen. Das ursprüngliche Prinzip des Nurberatens wurde mit der Einrichtung der Tuberkulosenfürsorge aus Deutschland übernommen, taugt aber nur für dortige Verhältnisse. »In Deutschland«, sagt der Favoritner Arzt, »steht ein gewaltiger Apparat hinter der Fürsorgestelle: Spitäler, Heilstätten, Einrichtung für kostenlose Gesundheitspflege. Dort genügt es, zu beraten, zu ›sortieren‹. Bei uns steht hinter der Fürsorgestelle das Nichts. Wir müssen selbst Hand anlegen, helfen.« Allerdings ist diese Stelle auch besonders gut ausgestattet, besitzt Röntgenapparat und künstliche Höhensonne, Errungenschaften, auf die mit nicht geringem Stolz hingewiesen wird. Ottakring kann sich diesen Luxus bisher nicht leisten. Um so wunderbarer, um so erstaunlicher sind die Leistungen, die auszuweisen sind. Hat man ein bißchen zugesehen, so steigt die Bewunderung ins Ungemessene. In den kleinen Zellen drängen sich die Kranken. Der Arzt geht von einem zum anderen, untersucht, rät, tröstet, muntert auf. Die gesprächige Frau berichtet, daß ihre Christel ein geschwollenes Kinn hat und oft vor Schmerzen aufschreit. Der Arzt verlangt eine Röntgenaufnahme. Ins Jubiläumsspital soll sie fahren. Verlegen schüttelt die Frau leise den Kopf – das kostet zwei Kronen vierzig Heller. Seufzend gibt sich der Arzt mit nassen Umschlägen zufrieden. Der kleine Handhilfsfonds fehlt, aus dem Straßenbahnfahrkarten gekauft werden könnten. Man muß also zuwarten. Eine Frau mit großen violettroten Flechten im Gesicht wird in die Lupusheilstätte zur Behandlung geschickt. Mit aufgehobenen Händen bittet sie um Aufnahme in eine Sonnenheilstätte. Es geht nicht. Man vertröstet sie mit dem Schafberg. Sie soll täglich hinfahren und Sonnenbäder nehmen. Die Kranke gibt keine Antwort, aber die Tränen, die ihr langsam über die Wangen fließen, sagen genug. Eine junge Mutter kommt mit einem Mädelchen im blauen, zierlich geputzten Kleidchen und Schleifen im Haar herein. Selten kann man einen kläglicheren Anblick haben als dieses Elendsgeschöpfchen mit verschwollenen Augen und krummen Beinen in seinem »Staat«. Angstvoll blickt die Mutter auf den Arzt. »Sie wird doch nicht die Skrofeln bekommen«, flüstert sie bange. Man weiß wahrhaftig nicht, ob man lachen oder weinen soll. Nach ihr erscheint ein anderer kleiner Gast, ein »Habitué« des Hauses, Fräulein Antscherl. Vier Jahre ist der ganze kleine Mensch, aber als sie auf dem Untersuchungsstockerl sitzt, beginnt sie unaufgefordert »tief zu atmen« – sie hat Übung. Von den vier Jahren ihres Lebens ist sie auch nicht drei Monate wirklich gesund gewesen.

Die Gänge der Fürsorgeschwestern

Begleitet man die Fürsorgeschwester auf ihrem täglichen Rundgang, so versteht man all das Elend und die Krankheit noch besser. Die Wohnungen von Ottakring und Meidling – so viel darüber schon gesprochen worden ist, es ist immer noch viel, viel zu wenig. Da hausen Menschen in lichtlosen, dumpfigen Räumen mit feuchten Mauern, hausen zusammengedrängt in Schmutz und Dunkelheit wie das Tier in seiner Höhle. Gleich der erste Besuch: die »Wohnung« besteht aus einem Kabinett. Ein Kabinett, sonst nichts. Ein Bett, ein Sofa, ein Kasten, zwei Sessel und etliche Kisten. Der Fußboden, schwarz von Schmutz, Ungezieferspuren an den Wänden, tausend Dinge verstreut, Kleider, Teller, Fetzen, ein Reindl, Bettwäsche, ein

Kübel mit Schmutzwasser, daneben ein »Lehrbuch der Geschichte für Bürgerschulen«. Vom schmierigen Bett erhebt sich ein junger Bursche. Er hat Nachtschicht gehabt, die Mutter – Näherin – ist schon in die Arbeit, sie hat keine Zeit zum Aufräumen. Wer die Wirtschaft besorgt? Nun, die Gustel. Ein zwölfjähriges, schwerkrankes Kind, das aufräumen, für den kleineren Bruder und sich das Essen holen, waschen und einkaufen muß, nebst gelegentlichem Schulbesuch. Kann man da schelten? Bei der nächsten Partei eine hochschwangere Frau, die gerade auf der Wanzenjagd ist. Die Wohnung reinlich gehalten, ein dreizehnjähriges, hübsches Mädchen hilft der Mutter beim Räumen. »In welche Klasse gehst du?« fragt die Fürsorgerin. »In die fünfte.« Die Schwester zuckt die Achseln – Proletarierkinder haben so oft anderes zu tun als zu lernen. Übrigens wohnen in Zimmer und Küche das Ehepaar, vier Kinder und eine Bettgeherin, eine Verwandte. Drei Personen sind lungenkrank, davon die Frau nicht unerheblich. Kann man sich wundern, wenn die anderen auch krank werden? Eine andere Frau, eine Witwe, erzählt uns ausführlich, wen sie schon begraben hat: zuerst den Mann, dann eine einundzwanzigjährige, dann eine siebzehnjährige Tochter und einen zwanzigjährigen Sohn. Die drei, die ihr geblieben sind, sind alle krank, der Bub am leichtesten, er hat nur Asthma. »Könntest der Mutter auch ein bißchen helfen«, mahnt die Pflegerin, »braucht nicht so viel schmutziges Geschirr herumzustehen.« – »Es ist ja eh nur anpatzt«, sagt der Lausbub schnippisch, »z'essen hab'n mir so nix.« Wir müssen beide lachen, und auch der Mutter zieht ein Lächeln über das durchfurchte, müde Gesicht.

Stumpfheit und Indolenz bekundet ein junges Ehepaar allen Bemühungen der Fürsorgerin gegenüber. Das zweijährige Kind, eine Jammergestalt, rachitisch, mit tränenden Augen, offenen Wunden im Gesicht und am Körperchen – ein richtiges Kriegskind. Der Vater hat sich die Tuberkulose im Felde geholt. Aber er geht nicht zum Invalidenamt. Das ist so weit, so schwierig, so umständlich – tausend Ausreden. Die Fürsorgerin ereifert sich. Sie möchte ihren Willen in diesen trägen Körper gießen. Es ist umsonst. Der Mann verspricht zwar schließlich alles, aber es ist klar, daß er gar nichts tun wird. Er wird mit langem Siechtum und frühem Tode seine Willenlosigkeit büßen – Frau und Kind mit ihm. Ganz anders die alte Tschechin, die wir dann besuchen. Sie ist 72 Jahre alt, aber die Wohnung blinkt vor

Sauberkeit. Und was für eine Wohnung! Ein Gassenladen mit kleiner Küche, finster, muffig, sonnenlos. Ob's nicht feucht ist, fragte die Schwester. »Nur bissel, nur klane bissel«, sagt die Alte und zeigt ihre gewaltigen Gichtknoten. Von ihren drei Töchtern – alle drei Comptoiristinnen – sind zwei krank. Und die dritte wird es wohl bald werden, sagt die Pflegerin traurig, während wir durch den übelriechenden dunklen Gang mit Holzfußboden davontappen.

Die Fürsorgerin hat Erfahrung. Sie weiß auch, daß alle diese Fälle, so verschieden sie aussehen, daß sie alle dasselbe sagen, daß alle die blassen Gesichter, alle die Elendsgestalten dasselbe erzählen: Der Krieg war ein furchtbares, ein nie wieder gutzumachendes Unrecht an der Menschheit. Wer es nicht weiß, wie damit an uns gesündigt worden ist, wer in der Gesichertheit seines wohnlichen Heims an Übertreibung glaubt, der wandere hinaus nach Ottakring oder Hernals oder Floridsdorf. Tausend sieche Körper, tausend verkrümmte Kinder, tausendfach erstickte Lebensfreude sprechen den Fluch, den Fluch über den Krieg und das Elend, das er uns gebracht. Und wer einen Nachmittag in der Tuberkulösenfürsorgestelle verbracht hat, der wird sehen, daß alles, was geschieht, nur ein leiser, leiser Anfang ist, ein Anfang der Sühne für die ungeheure Schuld, die unsere Gesellschaft auf sich geladen gegen die unglücklichen und unschuldigen Kranken.

Nein, meine Damen und Herren! Sie brauchen keine Angst zu haben: Es geschieht noch lange nicht zu viel für unsere Lungenkranken.

Joseph Roth
DIE INSEL DER UNSELIGEN
(1919)

Aus vielen Richtungen sieht man heute noch »die Kuppel der von Otto Wagner erbauten prachtvollen Kirche«. Wer mag, kann als Spaziergänger den Weg des damals 25jährigen Mitarbeiters der Tageszeitung »Der Neue Tag« folgen. Zum literarischen Ort wurde Steinhof, das großzügig an den Ausläufern des Wienerwaldes angelegte psychiatrische Krankenhaus der Stadt Wien, später durch verschiedene Werke von Thomas Bernhard.

David Bronsen, der Biograph von Joseph Roth, schreibt über diesen frühen Zeitungsartikel: »Roths ambivalente Einstellung zur Geisteskrankheit, eine Mischung aus Faszination und Furcht, spricht aus der ersten Zeile dieser kleinen Studie: Da liegt sie, die Gartenstadt der Irrsinnigen ... Nachdem der junge Journalist sich mit einigen Insassen unterhalten hat, weiß er nicht mehr, ob er von der ›Insel der Unseligen – oder der Seligen‹ sprechen sollte ...«

Sieben Jahre später schreibt Roth erneut über eine solche Anstalt, nämlich Hephata bei Kassel. Diesmal sieht er sich alles genauer an und setzt sich intensiver mit dem von ihm dort Erlebten auseinander. Er lebt sich in die Gefühlswelt der Kranken ein und macht sich Gedanken darüber, wie man mit ihnen in Kontakt treten könnte: »Nur das, was jenseitig ist in uns allen, ist bei ihnen intakt. Nur durch Ahnung, Einfühlung, Ertasten, Erraten, Güte, Instinkt können wir mit ihnen verkehren« (David Bronsen: Joseph Roth. Eine Biographie. München 1981. S. 345).

Und acht Jahre später, 1934, muß Joseph Roth als Besucher in die Landes-Heil- und Pflegeanstalt für Geistes- und Nervenkranke »Am Steinhof« zurückkehren. Nach nun schon langjähriger Erkrankung ist seine Frau Friedl dort untergebracht. Roth war von Berlin nach Paris emigriert, kam aber mehrfach nach Wien zurück. Friedl überlebte ihren Mann, wurde dann aber ein Opfer des nationalsozialistischen Euthanasieprogramms. Angesichts dessen mag es wirklich wie eine Vorahnung erscheinen, wenn Joseph Roth in »Hephata – Stätte der Menschlichkeit« (»Frankfurter Zeitung«, 18. 2. 1926) die Frage nach dem Recht Geistesgestörter auf das Leben so beantwortet: »Ich glaube nicht, daß wir das Recht haben, jemand aus der Welt zu schaffen, der nicht das Glück hat, so geartet zu sein wie die Mehrzahl der Menschen . . . (Wir Normalen sind ohnehin mit einer gewissen Leidenschaft fürs Morden begabt.) . . . ich ziehe einer durchwegs von normalen Dummköpfen bewohnten Welt immer noch eine vor, in der ein Teil sozusagen irrsinnig ist« (Bronsen, S. 346).

Ein Besuch in »Steinhof«

Da liegt sie, die Gartenstadt der Irrsinnigen, Zufluchtsort an dem Wahnsinn der Welt Gescheiterter, Heimstätte der Narren und Propheten. Goldregen leuchtet über weißem Kies, Kastanien haben festlich leuchtende Knospen angesteckt, und Lerchengeschmetter prasselt nieder aus blauen Lüften. Friedlich im Frühling und blau gebettet ist die Stadt mit dem lächelnden Antlitz und dem vergrämten Herzen. Die Häuser sind alle gleich gebaut und heißen »Pavillon«, haben römische Ziffern an der Stirnseite und fest verschlossene Pforten. Um manche ist ein Garten gebaut, und dort lustwandeln, sitzen, laufen, stehen die Hausbewohner herum. Es ist gerade die Zeit, da sie an die Luft geführt werden. Eine Frau hält beide Hände waagrecht vor sich hingestreckt, während sie auf und ab geht, rastlos, unermüdlich, immerzu, summt sie ein melancholisch-monotones Lied. Offenbar glaubt sie, ein Kinderwagerl vor sich herzuschieben. Ein Mann hockt auf dem Boden und bemüht sich vergeblich, deutliche Kreise in die noch harte Erde zu zeichnen. Ein anderer bewegt die Fäuste, dreht eine Faust nach innen, hält die andere waagrecht und still und verfolgt aufmerksam jede seiner eigenen Bewegungen. Aber um andere Häuser ist es still, da ist kein Garten. Das Haus der Tobsüchtigen, der Schwerverbrecher und Breitwieser-Kumpane ist dunkel und dräuend, hat fürsorgliche, feste Eisengitter, durch die von Zeit zu Zeit eine grinsende Menschenfratze heraussieht. Das Haus der Idioten ist dunkel, Trübsinn und Schwermut lagern über dem ganzen Trakt. Innen aber ist es hell, hat viele Glastüren, durch die die Sonne teilnahmsvoll ihre Stiefkinder besucht. Besucher kommen. Frauen, alte, junge, vergrämte, heitere, gleichgültige und bekümmerte. Alle tragen große Taschen, Pakete, Liebesgaben. Erst muß man zum Inspektionsarzt, bekommt einen blauen Zettel, geht in das betreffende Haus und läutet an. Ein Wärter öffnet, nimmt den Zettel ab. Dann kommt das Wiedersehen. Manche Kranke sind erfreut über den Besuch, manche sind verstört, nichts wissen wollend, die einen lachen, die andern weinen. Aber fast alle, die ich sah, durchsuchen zuerst die Taschen, die meisten freuen sich mehr über das Mitgebrachte als über den Besuch.

Hunger

Jawohl, Hunger. Auch hier hat er seinen Einzug gehalten. Ein schon genesener Patient, der jetzt mit dem Schreiben der Krankengeschichten seine Langeweile totzuschlagen bemüht ist, erzählt mir, daß Hunger und Unterernährung oft Geisteskrankheit hervorrufen und daß gerade in letzter Zeit häufig infolge Hungers tobsüchtig Gewordene eingeliefert werden. Die Nerven haben weniger Blutzufluß, sind nicht genügend »geölt«, und die Räderchen dieser göttlichsten aller Maschinerien geraten in Verwirrung. Der eine verdächtigt seine Hausgenossen, daß sie ihm das ihm gebührende Essen verweigern, um es sich selbst zuzuführen, wird tobsüchtig, schlägt drauflos. Ein anderer verliert die Fähigkeit zu denken überhaupt, starrt trübe vor sich hin: Er ist hungrig. Dem ist in der Anstalt freilich wenig geholfen. In der Früh ein fragwürdiger »Schwarzer«, zu Mittag eine Brühe, Kraut oder Rüben, zum Nachtmahl noch einmal Rüben. Erst in den letzten Tagen ist das Essen wieder etwas besser geworden. Heute ist gerade ein Fleischtag. Es gelingt mir, einen Speisezettel zu bekommen, ich zeige ihn einem Patienten. Er schüttelt den Kopf: »Süßkraut?! Ich weiß, es wird wieder Sauerkraut werden. Und mit dem Fleisch ist es auch nicht weit her!« Aber selbst wenn – es ist nicht alle Tage Fleischtag, es gibt vier Klassen, und auf die Patienten der vierten Klasse kommt Hunger – statt Fleischportion. Ihr Unglück ist im allgemeinen das gleiche – ihre Kost nicht dieselbe. Ich lasse hier den Speisezettel folgen:

Speisenfolge
für Sonntag, den 12. April 1919

	Mittags:	Abends:
III. Klasse	Graupensuppe Rindfleisch Sauerkraut	Gulasch Haferreis
IV. Klasse	Graupensuppe Gulasch Sauerkraut	Süßkraut

Militär:	Graupensuppe Rindfleisch Sauerkraut	Süßkraut
Pflegepersonen:	Graupensuppe Rindfleisch Sauerkraut	Gulasch Graupen
Traktpfleger:	Bröselnudeln	

Wien, am 11. April 1919

Interviews

Ich habe von einigen interessanten »Fällen« gehört, und ich lasse mich bei ihnen anmelden. Ob der Herr Doktor bereit wäre, mich zu empfangen? Jawohl, sehr gerne. Ein großer blonder Mann, glattrasiert, mit ausdrucksvollen Zügen, sympathischen blauen Augen, empfängt mich. »Dr. Theodosius Regelrecht, Advokaturskandidat.« Seinen Namen hat er abgelegt, er will überhaupt von seiner Familie nichts wissen, er heißt »Regelrecht« und damit basta. Er schreibt an seinen Memoiren, behauptet, viel erlebt zu haben, und ist jedenfalls eine Persönlichkeit. »Sie gehören zur Papierverwertungsbranche?« Seine erste Frage ist etwas verblüffend, ich erwiderte mit einem kleinlauten »Ja«. »Ich habe also die zweifelhafte Ehre«, fährt er fort, »in Ihnen einen Teil jener unmaßgeblichen Meinung zu sehen, die man die ›öffentliche‹ nennt? Sie sind einer jener ›freien Berufe‹, die sich infolge eines fatalen Versehens der Natur nicht am Strich anbieten können und es infolgedessen über oder unter dem Strich tun! Nun, stellen Sie Ihre Fragen?« »Wie denken Sie über die politische Lage Deutschösterreichs, Herr Doktor?« »Deutschösterreich ist ein kaiserloses Kaiserreich, aber keine Republik. Reichspräsident, Staatskanzler, oder wie das Oberhaupt heißt, würde sich zum rücksichtslosesten Bolschewismus bekehren um den Preis – einer Königskrone. Sämtliche ehemaligen österreichisch-ungarischen Nationen schließen sofort Frieden und Donauföderation, wenn man ihnen gestattet, noch einmal an einem Kaiserjubiläumsfestzug teilzunehmen. Sämtliche Zeitungen würden den Staatsanwalt – ich glaube, er hieß Dr. Mager – mit einem wahren Grubenhundefreudengeheul begrüßen, wenn ihnen gestattet würde, die Rubrik ›Hof- und Personalnachrichten‹

wiedereinzuführen. Alle Telepathen und Ringkämpfer verlieren sofort ihr ganzes Publikum, wenn irgendeine Hoheit noch einmal geruht, vor einem Grinzinger Kriegsspital wieder vorzufahren, und die Sehnsucht der Wiener nach der Burgmusik ist so unüberwindlich, daß sie aus Mangel an dieser Kommunistenversammlungen abhalten.« »Glauben Sie an den Kommunismus, Herr Doktor?« »Er kann kommen, aber wenn er kommt, wird er ein Kommunismus mit einem ›goldenen Herzen‹ sein. Auch in Budapest ruft man ja *›Eljen Kun!‹* nur deshalb, weil man nicht mehr *›Eljen Kiralyi!‹* rufen kann!« »Glauben Sie an die Widerkehr der Monarchie?« »Was ist das für eine Frage? Kommunismus oder Monarchie – beides ist deutschösterreichisch, und beide sind nicht. Im übrigen habe ich mich lange genug aufgehalten. Berichten Sie dem Irrenhaus, das sich ›Welt‹ nennt und für das Sie schreiben, daß ich, Dr. Theodosius Regelrecht, keineswegs gesinnt bin zurückzukehren. Ich bin nicht irrsinnig!«
Damit ging ich. Mein nächster Besuch galt einem würdigen, graubärtigen Herrn, der eine bunte Papierkrone auf dem Kopf trägt und sich den »letzten Kaiser« nennt. Offenbar liest auch er Zeitung, denn er ruft immer wieder: »Mich werden sie nicht absetzen!« Seine traurige Majestät ist unnahbar, also ging ich weiter.
Im Korridor eilt ein kleines, dürres Männchen auf mich zu. »Dr. Regelrecht hat mir von Ihnen erzählt. Ich bin bereit, stehe Ihnen zur Verfügung. Ich habe gehört: Die Monarchie ist aufgelöst, der Reichsrat nach Hause geschickt, und in der Nationalversammlung hat ein Staatssekretär eine Thronrede gehalten in Vertretung des Kaisers, den er zu diesem Zweck in die Schweiz geschickt hat. Oh, das Ende der Welt!« »Sind Sie nicht etwas zu pessimistisch?« »Ich? Im Gegenteil! Ich sehe nur, daß sich die Welt zu neuer Anschauung bekehrt. Seit Jahr und Tag predige ich: ›Die Welt steht auf dem Kopf.‹ Deshalb haben sie mich für verrückt erklärt. Aber jetzt *steht* sie auf dem Kopf!« »Wie sind Sie hergekommen?« »Oh, ganz einfach! Sieben Kriegsanleihen hatte ich ruhig mitgezeichnet. Als man mich aber aufforderte, noch eine achte mitzunehmen, bekam ich einen Lachkrampf und rief: ›Die Welt steht auf dem Kopf!‹ Hätte ich damals, wozu wohl mehr Anlaß gewesen wäre, einen *Weinkrampf* bekommen, man hätte mich eingesperrt. So kam ich hierher und hatte durch einen monatelangen Verkehr mit Menschen, die reiche und große Ideen haben und die man deshalb ›Idioten‹ nennt, Gelegenheit, meine

Weltanschauung zu vertiefen. Ich rate Ihnen: Kommen Sie zu uns! Sie sind Schriftsteller, und es dürfte Ihnen schon gar nicht schwerfallen! Denn die Ärzte glauben einem niemals, daß man vernünftig ist. Ich verzeihe es ihnen: Ihr Studium und ihr Verkehr mit Kollegen berechtigen sie zu diesem Mißtrauen. Aber kommen Sie zu uns, gründen Sie eine Zeitung. Ich will sofort abonnieren. Es soll eine satirische Wochenschrift sein, und Sie brauchen keine Witze zu verfassen! Drucken sie bloß psychiatrische Gutachten nach und behördliche Erlässe! Und jetzt leben Sie wohl!« . . .

Abschied

Offen gestanden: Er fällt mir schwer. Abend hüllt die Insel der Unseligen – oder Seligen? – in blauen Dunst. Nur die Kuppel der von Otto *Wagner* erbauten prachtvollen Kirche glänzt noch herüber. Vielleicht hat er recht, der kleine Professor? Ist die Welt nicht ein Tollhaus? Und ist es nicht praktisch, sich rechtzeitig ein warmes Plätzchen im »Steinhof« zu sichern? Ich werde es vielleicht doch tun. Und – eine Zeitung gründen. Ich suche auf diesem Wege Mitarbeiter . . .

Else Feldmann
MÄRCHEN DER WIRKLICHKEIT IN DER TAUBSTUMMENSCHULE DER GEMEINDE WIEN
(1928)

Die von den konservativen Kräften und der katholischen Kirche auf das heftigste bekämpfte Schulreform des Sozialdemokraten Otto Glöckel war eine der zentralen Streitfragen des Kulturkampfes der Ersten Republik. Die wichtigsten schulreformerischen Maßnahmen geschahen in der Zeit von 1919/20. Glöckel arbeitete damals als Unterstaatssekretär des Unterrichtsamtes mit einer Kommission die Grundsätze seines Reformwerkes aus: Demokratisierung der Schulverwaltung, Ansätze zu einer Schülerselbstverwaltung in sogenannten Schulgemeinden, Entrümpelung von Lehrplänen, Aufhebung des Zwangs zur Teilnahme an religiösen Übungen und zumindest Ansätze zur Herstellung des gleichen Rechts auf Bildung für beide Geschlechter. In der Volksschule wurde der »Arbeitsunterricht« eingeführt: Anstelle des mechanischen Lerndrills erhielt das Kind die Möglichkeit, seine Entdeckungsfreude auszuleben.
Nachdem auf Bundesebene die Sozialdemokratie nur kurze Zeit in der Regierung war, sie hingegen in der Wiener Gemeindeverwaltung die Mehrheit stellte, wurden die meisten Reformideen nur im »Roten Wien« Wirklichkeit. Eine davon schildert Else Feldmann – mit Herz – in der nachfolgenden Reportage. Vom neuen Geist in Wiener Schulen war sie um so mehr begeistert, als sie selbst die Schrecken der alten Schule – noch dazu als Armenschülerin – erlebt hatte.

Will ein erwachsener Mensch heute ein Märchen erleben, schöner, ergreifender und großartiger als die Märchen aller Dichter und Künstler einschließlich Shakespeares »Sommernachtstraum«, dann muß er eine von unseren Wiener Gemeindeschulen besuchen. Ich habe jetzt mit einer Einladung des Stadtschulrates einige solcher Schulen besucht, habe still im Winkel eines Klassenzimmers gesessen, atemlos vor Glück und Staunen über das, was ich hörte und sah, und mir Gedanken darüber gemacht, was wohl aus uns allen werden wird, wenn diese herrliche Saat einmal aufgeht!

Unbemerkt, in der Großstadt verstreut, ist eine *neue Lehrergeneration* herangewachsen, Männer und Frauen, die ihr Amt, Lehrer zu sein, wie eine höhere Sendung ausüben.
Wo sind die Schreckgestalten aus meiner Kinderzeit hingeschwunden, die für einen Tintenklecks im Hefte auf die Finger schlugen (wohlbedacht darauf, daß durch körperliche Züchtigung immer zweierlei Bestrafung erreicht wird: die körperliche Pein *und die seelische*)! Für die soziale Tat des Einsagens (die in der heutigen Schule Selbstverständlichkeit ist) mußte man viele Stunden in einem leeren Zimmer nachsitzen, und für Abschreiben wurde man mit der Sittennote »Zwei« als Betrüger und Schwindler der allgemeinen Ächtung preisgegeben. Diese und ähnliche Torturen machten die Schule zum Gefängnis; es wird wohl kaum einen Menschen geben, dem diese Zeit nicht sein Leben lang als *Angsttraum,* als *Prüfungstraum* wiederkehrt.
Mögen die fürchterlichen Spukgestalten niemals mehr ein Kindergemüt ängstigen und verderben!

Bei den taubstummen Kindern

Aber das Märchen aller Märchen ist doch *die Taubstummenschule.* Fast jeder von uns ist schon einmal erwachsenen Taubstummen begegnet, einem Ehepaar oder einer Familie oder ganzen Gruppen, und hat die charakteristische Gebärdensprache beobachten können. Und was meinten wir? Es gäbe nichts andres als die Gebärdensprache für Taubstumme. Vielleicht in Augenblicken der Angst, des Schmerzes oder des Zornes (ich sah einmal ein heftig streitendes Taubstummenpaar) stoßen sie unartikulierte Schreilaute aus, ähnlich den Tieren; heute wurde ich darüber belehrt und erlebte das Wunderbare, daß Taubstumme sprechen können.

In der ersten Klasse

Ein sonniges Zimmer; aus weit geöffneten Fenstern sieht man nur Bäume – ein überaus süßer Duft von blühenden Akazien und von Jasmin kommt herein. Bunte, lustige Lehrbilder hängen an der Wand; im Halbkreis zehn kleine, gelbe, glänzende Tische mit kleinen Sesseln – in der Mitte der Tisch für den Lehrer. Es ist gerade Zehnuhrpause. Die Kinder treiben sich im Garten herum. Läuten. Ich stehe mit dem Lehrer vor dem Kasten, sehe Schreibhefte an. Auf einmal

wird es im Zimmer lebendig; zehn Kleine, Buben und Mädel, sind da. »Auf die Plätze!« sagt der Lehrer. (Sie schauen ihm, während er spricht, auf den Mund, um abzulesen; jeder Taubstummenlehrer spricht so, daß das hörlose Kind im Augenblick alles ablesen kann.) Die kleinen Wichte sind noch lange nicht dazu zu haben, still zu sitzen. Die meisten können nicht einmal ruhig stehen, sie müssen fortwährend hüpfen, wie Eichhörnchen springen sie unter die Tische, lachen und rufen von dort hervor, der Lehrer treibt sie lachend herauf, da hocken schon wieder die andern unterm Tisch – eine allgemeine Balgerei voll Jubel und überschäumender Freude; was kann ich andres tun, als mitlachen, mitjubeln – so beginnt die Stunde. Auf einmal – die Mina will Wasser trinken. Der Lehrer: »Da hast du den Becher, Mina, geh Wasser trinken.« Die Poldi meldet sich, sie will auch. – »Mina, nimm die Poldi mit.« – Poldi und Mina bleiben längere Zeit; der Lehrer holt sie vom Gang herein. Da wollen auch der Hansi und die Anna Wasser. Endlich haben alle, die Durst hatten, getrunken, nun begrüßen mich alle zehn, rufen laut und ziemlich deutlich: »Guten Tag!« Auf Anstiften des Lehrers werde ich gefragt: »Wie heißt du?« Ich sage ihnen meinen Namen, sie sprechen ihn zuerst im Chor, dann jedes einzeln aus. Die Poldi schreibt mit energischen großen Blockbuchstaben an die Tafel: Wie heißt du? Der Karli setzt mit seiner flinken Schrift meinen Namen darunter; alle buchstabieren mit. Nachher machen die Kinder Vokalübungen – die r und die s werden durchgenommen – eine Art Sprachgymnastik – wie überhaupt bei allem Tun, allem Lernen der erweckte Sprachgebrauch im Vordergrund steht. In der ersten Klasse macht die Spracherweckung besondere Schwierigkeiten schon deshalb, weil ja in diese Zeit der Zahnwechsel fällt.
Im Mittelpunkt des Unterrichtes steht wie in allen Schulen von heute: *das Erlebnis*. Alles, was die Kinder sehen und fühlen, was irgendwie in den Bereich des sinnlich Wahrnehmbaren fällt, also ebensowohl die äußeren Dinge als auch die Erscheinungen des Gemüts, werden mit ihnen besprochen, so daß der ganze Unterricht nichts andres ist, als sie auf die leichteste und angenehmste Art von der Last des Nichtwissens zu befreien, was beim körperbehinderten oder organminderwertigen Kinde, das sich in die soziale Gemeinschaft einordnen soll, unendlich viel bedeutet. In der Taubstummenschule vollzieht sich in erster Reihe die Entwicklung vom hörlosen, stummen

Kinde zum sprechenden und seine Umgebung verstehenden – mit fast gänzlicher Ausschaltung des tierhaft stumpfen Gebärdenmenschen. Der Lehrstoff ist der Stoff der Hauptschule. Der Stadtschulrat hat der Taubstummenschule ein neuntes und zehntes *Lernjahr* bewilligt, so daß die Schulzeit bis über das sechzehnte Jahr hinausgeht – ein ebenso menschliches wie kluges Vorgehen –, das taube Kinder nicht, ohne sie genügend vorzubereiten, mit *vierzehn* Jahren in den Daseinskampf hinausstellt.

Wie Taubstummheit entsteht

Die angeborene Taubheit ist bereits im Säuglingsalter zu erkennen; sie ist ererbt; Kinder der Alkoholiker, der Syphilisbehafteten, der Epileptiker bringen sich das unheimliche Erbteil mit, wenn sie das »Licht der Welt« erblicken. Aber auch Scharlach, Diphtherie, Gehirnhaut- und Mittelohrentzündung können zur Ertaubung führen. Oft läuft ein Krankheitsprozeß im Innern des Ohres ab, ohne daß die Mutter davon weiß. Der Säugling schreit. Wenn ein Säugling schreit, ist es zum Volksglauben geworden, er habe nichts andres als Leibschmerzen, und mit allen Hausmitteln und ortsüblichen Medikamenten wird dem vermeintlichen Bauchweh begegnet – daß es das Ohr sein kann, daran wird nicht gedacht, und manches für immer ertaubte Kind hat eigentlich einem vernachlässigten Ohrenleiden im Säuglingsalter seinen Zustand zu verdanken.

Daß es sich natürlich in der Mehrzahl um Mütter handelt, die sich nicht mit voller Sorgfalt ihrem Kinde widmen können, weil sie in die Arbeit müssen, weil noch viele andre da sind, weil sie nicht mit »jeder Kleinigkeit« zum Arzt rennen können (90 Prozent aller Taubstummen gehören dem Proletariat an), braucht nicht hervorgehoben zu werden. Das hörlose Kind wächst also in Stummheit heran – die Stummheit wird durch die Hörlosigkeit bedingt –, Hören ist die Voraussetzung des Sprechens. Hat das Kind in den ersten Lebensjahren sprechen gelernt und erwirbt Taubheit, kann die Sprache verlorengehen; erst wenn die Taubheit in späteren Jahren erworben wird, kann die Sprache erhalten bleiben.

Kommt nun das sechsjährige Kind in die Taubstummenschule, besitzt es auch nicht die Gebärdensprache, ein Verständigungsmittel, das sich erst der erwachsene Taubstumme aneignet aus der Fülle der Erlebnisse und ihrer Sichtung heraus.

Das taubstumme Kind vor der Spracherwerbung ist eine lebende Puppe, ein Wesen, in ein Dasein gestellt, das es nicht versteht, zu dem es keine Beziehung hat. Hier ist es Aufgabe des Lehrers, mit unerhörter Liebe, Mühe und Geduld den *Laut* zu wecken. Was diese wunderbarsten aller Lehrer leisten, kann man an den neunzig Kindern der Taubstummenschule sehen.

In der zweiten Klasse

Schon in der zweiten Klasse ist ein großer Fortschritt zu bemerken. Jedes Kind spricht bereits artikuliert. Auch hier sehr viel Lachen, sehr viel unbändige Fröhlichkeit. Die Tafel ist vollgeschrieben. Eine Kleine kam heute mit verbundenem Finger in die Schule. Das gab neuen Stoff. An der Tafel steht: Die Liesel hat den Finger eingebunden. Alle lesen es laut von der Tafel ab. Weiter heißt es: Die Steffi hat den Kopf eingebunden. Der Lehrer sucht den Kopf der Steffi, macht ein erstauntes Gesicht, da er keinen eingebundenen Kopf sieht. Dauerlachen und Rufe: Es ist nur Spaß! Zum Schluß sollen sie meinen Vornamen erraten. Der Lehrer fragt: »Mitzi? Rosa? Alma? Steffi? Blanka?« Sie sehen gespannt auf mich – ich verneine. »Fragt einmal, ob sie Else heißt!« Sie fragen, ich bejahe – da ist des Jubelns kein Ende, weil sie es erraten haben ...

Im Park

Im Schatten alter Bäume stehen Schultische. Die Großen sind hier versammelt. Der Herr Direktor hält Schulstunde ab; mit den fünfzehn- und sechzehnjährigen Knaben und Mädchen kann er schon ein bedeutsameres Thema wählen. Er erzählt ihnen von den Wiener Festwochen. Zu wessen Ehren feiern wir? *Schubert!* rufen alle mit ganz lauten, deutlichen Stimmen. Es wird von Kunst und Künstlern gesprochen. Und wenn man nicht an der Art des Redens erkennen würde, daß den jungen Menschen ein verlorener Sinn in neuer Gestalt zu ersetzen versucht wird – den Antworten nach, die oft von tiefem Denken zeugen, würde niemand glauben, daß man mit taubstummen Kindern spricht.
Ein großer Knabe, ein Jüngling fast, erklärt, wie der Bildhauer schafft. Die andern nennen das Material, das er dazu verwendet. Ein Mädchen spricht von der Tänzerin, die mit ihren Körperbewegungen Lust, Freude oder Trauer darzustellen hat – sie sprechen von der Dichtkunst, von der Schauspielkunst und schließlich vom Tonkünst-

ler Schubert. Und seltsam, diese jungen Menschen, die niemals einen Ton hören können, denen Musik dem Hören nach fremd ist, erzählen von Schubert und seinen Liedern; schön sind der Ernst und die Weihe, mit denen sie von ihm sprechen.

Von dem prachtvollen Park, der noch vor zwei Jahren eine wilde »G'stetten« war und von den Kindern gerodet und bebaut wurde, von dem Gemüseanbau, der die Küche versorgt, von der Gruppe exotischer Anpflanzung, von den Gift- und Medizinalblumen, die gezogen werden zur großen Freude der lernbegierigen Kinder. Finden sie während eines Ausfluges eine neue Pflanze, wird sie in die Schule mitgebracht und in eines der Gartenbeete eingesetzt, und alle freuen sich dann über das Wachstum. Überhaupt die Blumen! In einem Teil des Gartens ist eine große Dahlienzucht angelegt. Im Herbst haben wir ein Farbenwunder – mehr als tausend Blumen, sagt der Direktor. Welches Glück für die *Kinder, die sich ihren Park mit allem, was darin grünt und blüht, selbst geschaffen haben!*

In der Küche bereiten die großen Mädchen unter Anleitung einer Kochleiterin das Mittagessen für alle. In den *Werkstätten* lernen die großen Knaben. Mit der Gemeinschaftserziehung beider Geschlechter (Koedukation) wurde die beste Erfahrung gemacht. Es ist nicht das geringste vorgekommen.

Die Kinder bleiben den ganzen Tag in der Schule. Um 8 Uhr morgens kommen sie – die Kleinsten um 9 Uhr –, spätnachmittags fahren sie nach Hause, in alle Bezirke Wiens.

Das eigentliche Problem der Taubstummenschule ist die Vorbereitung des Kleinkindes. Dieses Problem soll in nächster Zeit seine Lösung finden durch die Errichtung eines *Taubstummenkindergartens,* der im selben Hause untergebracht wird. Je frühzeitiger der Unterricht des Kindes einsetzt, desto mehr Aussicht besteht, dem Kinde durch Sprachgewöhnung und Lernerziehung seinen Platz im sozialen Gemeinschaftsleben zu geben.

So bewahrheitet sich Alfred *Adlers* Ausspruch: daß auch das organminderwertige Kind kein minderwertiger Mensch sein muß, wenn nur seine Fähigkeiten zur Gänze ausgenützt und verwertet werden. Alle Kinder der Taubstummenschule erlernen den für sie geeigneten Beruf und kommen nicht schlechter im Leben vorwärts als normal Hörende – insofern sie nicht von der allgemeinen Arbeitslosigkeit bedroht sind.

Der Direktor

Wenn aus all den Kindern der Taubstummenschule etwas wird, ist es vor allem *Direktor* Adolf *Freunthaller* zu danken, einem Menschen und Erzieher im *Sinne Pestalozzis*.

Man muß überall, wo er sich im Hause zeigt, die glücklichen Kinderaugen erstrahlen, man muß ihn im Umgang mit den Kindern – von denen er jedes einzelne in seinen tiefsten Regungen kennt – gesehen haben, um zu begreifen, was dieser Mann der Taubstummenbildung, was er seiner Schule bedeutet.

Jetzt ist Direktor Freunthaller damit beschäftigt, die Vorbereitungen für den neuen Kindergarten zu treffen, den er einrichten und führen wird. In bessere Hände könnten die Kinder nicht kommen.

Das Haus in der Hofzeile, man verläßt dieses Haus in der kleinen, eigentümlich stillen und entrückten Gasse Döblings, selbst entrückt und still geworden, als hätte man mitten in aller Wirklichkeit ein Märchen erlebt.

Joseph Roth
DAS SCHIFF DER AUSWANDERER
(1923)

Joseph Roth war Jude, geboren in Brody in Galizien. Noch bis zu seinem 19. Lebensjahr unterschrieb er als »Moses Joseph Roth«. Sein erster Vorname verschwand erst in seinen frühen literarischen Versuchen in Wiener Zeitungen ab dem Jahre 1914. Vor allem viele seiner Romane leben ganz aus den tiefen Eindrücken, die die ostjüdische Welt seiner »Heimat« auf ihn gemacht hat, bis er zum Studium nach Wien zog. Aber auch in seinem journalistischen Werk kommen jüdische Themen immer wieder vor. 1922 berichtete er für die »Neue Berliner Zeitung« aus Leipzig in einer Artikelserie über den Prozeß gegen die Mörder von Walter Rathenau, dem jüdischen Außenminister der Weimarer Republik, der das Opfer nationalistischer, reaktionärer Attentäter geworden war. 1924 unternahm er für die »Frankfurter Zeitung« eine »Reise durch Galizien«. 1928 berichtete er über das jüdische Theater in Moskau. 1927 schließlich veröffentlichte er das Buch »Juden auf Wanderschaft«, eine ganz persönliche Apologie des Ostjudentums. Es richtet sich an Leser, denen gegenüber man diese Menschen nicht zu verteidigen braucht: »Leser, die Achtung haben vor Schmerz, menschlicher Größe und vor dem Schmutz, der überall das Leid begleitet; Westeuropäer, die auf ihre sauberen Matratzen nicht stolz sind; die fühlen, daß sie vom Osten viel zu empfangen hätten, und die vielleicht wissen, daß aus Galizien, Rußland, Litauen, Rumänien große Menschen und große Ideen kommen; aber auch (in ihrem Sinne) nützliche, die das feste Gefüge westlicher Zivilisation stützen und ausbauen helfen – nicht nur die Taschendiebe, die das niederträchtigste Produkt des westlichen Europäertums, nämlich der Lokalbericht, als ›Gäste aus dem Osten‹ bezeichnet« (Werke, Bd. 2, S. 827).
Einerseits wollte Joseph Roth mit solchen Essays und Berichten antisemitische Vorurteile abbauen und andererseits die untergegangene Welt des mikrokosmischen »Schtetel« seiner Vorfahren und seiner Jugend noch einmal heraufbeschwören. Hier lebt sie an Bord eines Auswandererschiffes – Juden auf Wanderschaft. Noch vergehen zehn Jahre, bis Hitler an die Macht kommt. Aber auch jetzt ist Europa das »Festland der Pogrome«. Und dann wird die Emigration auch Joseph Roths Schicksal. Nun müssen seine Gedanken um die »peinliche« Frage kreisen, welches Verhältnis die Juden zu ihren Vaterländern

haben, »insbesondere das Verhältnis der deutschen Juden – oder der Juden mit deutscher Muttersprache – zum deutschen Vaterland« (Werke, Bd. 3, S. 521).
Das Ausmaß des Holocaust war für Roth schon in den ersten Monaten des »Dritten Reiches« ebenso prophetisch wie illusionslos klar: »Zum erstenmal seit der Emanzipation erleben die deutschen Juden eine mörderische Demütigung, mit der verglichen die Verfolgungen, denen sie im Mittelalter ausgesetzt waren, harmlos genannt werden können, mit denen verglichen die Pogrome im zaristischen Rußland, die antisemitischen Manifestationen im neuen Polen beinahe Sympathiebeweise für Juden sind« (»Der Segen des ewigen Juden«. In »Die Wahrheit«, Prag, 30. 8. 1934; Werke, Bd. 3, S. 529).

An Bord der »Pittsburgh«

Das Schiff der Auswanderer heißt »Pittsburgh« und soll um elf Uhr und zwei Minuten Bremerhaven verlassen. Die Auswanderer sind Menschen aus dem Osten, Juden in der Mehrzahl, dem Europa der Pogrome glücklich entronnen, russische Bauern und junge ukrainische Weiber, mit bunten, leuchtenden Kopftüchern, die lebhaft an Sonnenwiesen erinnern, blau- und rotgeblümt und fröhlich. Die White-Star-Linie, der die »Pittsburgh« gehört, hat endlich mit dem längst unzeitgemäß gewordenen Begriff des »Zwischendeckpassagiers« aufgeräumt – indem sie das Zwischendeck abschaffte und Kajüten dritter Klasse einführte. Verschwunden ist die ganze proletarische Romantik der ratlos herumkollernden Menschen und Koffer. Alle sind wohlverstaut in den schmalen Kabinen, die wie versperrbare Fächer in die Wände eingebaut sind. Juden, bärtige, und Kinder, russische Bauern, deren Gesichter zerfurcht sind wie Äcker, und leuchtende ukrainische Bäuerinnen sind eingeschachtelt. Ihre ganze Emigrantenärmlichkeit verborgen, nicht wie bisher preisgegeben forschendem und übermütigem Aug'. Dennoch gibt es viel sichtbares Elend, ehe es auf Deck verladen wird. Das Gepäck, seltsame, abenteuerliche Stücke, in alte Sackleinwand genähte Bettkissen, Matratzenüberzüge, rot und weiß leuchtende Intimitäten, hundertfach geknüpfte Bündel und Strohkörbe, mit vorsintflutlichen, groben Schlössern versehen. – Alles wird auf kleinen, rasch rollenden, mit Elektromotoren betriebenen Wägelchen an den Hafen geschafft. Die Emigranten haben trotzdem noch viel zu schleppen. Es gibt Dinge, von denen sich der Mensch nicht trennen kann – auch nicht für eine halbe Stunde. Deshalb schwitzen die alten Juden unter den teuren Lasten, die sie auf dem gekrümmten Rücken, in steifgefrorenen Händen bis zu dem pausbäckigen, behelmten Schutzmann schleppen. Dieser Schutzmann ist ein prachtvolles Exemplar einer halb ländlichen, halb seemännischen Behörde. Seine runden Wangen sind rot und gleichsam von innen heraus leuchtend, als wäre in seinem Mund eine Kerze angezündet wie in einem Lampion an Sommernachtsfesten. Alte Schiffsköche sehen so aus. Der Helm, der dunkle Mantel, der Säbel passen nicht zu diesem Salzluftgesicht. Eine große Ruhe geht von diesem unwahrscheinlich leuchtenden, breiten Antlitz aus und eine sanfte Güte, die alle Strenge der blinkenden Helmkuppel verleugnet und den Säbel desavouiert. Der Schutzmann steht am äußersten Ende der schmalen Brücke, die das Festland mit dem großen Meer verbindet. An ihm vorbei müssen die Auswanderer mit ihrem schweren Gepäck. Sie stellen mit großer Umständlichkeit ihre Bündel auf den Boden, sie suchen nach einer möglichst sauberen Stelle, sie möchten am liebsten zuerst eines ihrer großen rot- und blaukarierten Taschentücher auf die Erde breiten, ehe sie ein Päckchen niederlegen. Das alles dauert gute fünf Minuten, schon ertönt ein Gong auf dem Schiff, eine Mahlzeit verkündend, in zehn Minuten soll die »Washington« einlaufen, und die »Pittsburgh« muß den Hafen räumen. Aber der Schutzmann leuchtet rötliche Ampelruhe und Besänftigung; wenn man ihn ansieht, hat man sehr viel Zeit, mag das Schiff noch so große Eile haben. Man kramt aus unwahrscheinlich verborgenen, in Unterhemden eingenähten Brusttaschen Pässe und Schiffskarten hervor und zeigt sie vor. Der Schutzmann studiert sie eifrig im Lichte seines eigenen Angesichts.

Das Schiff (es hat einen Tonnengehalt von 16000) faßt 1800 Passagiere. Von diesen besteht ein Drittel aus Auswanderern. Sie kommen aus Rußland und den Randländern, aus Polen und Litauen, der Osten Europas schüttet sie aus. Seit Jahrhunderten wandert dieses Volk der Ostjuden, der armen Bauern, westwärts, Heimat verlassend, Heimat suchend. Eine große Traurigkeit geht von ihnen aus, ihren grauen Bärten, ihren zerfurchten Gesichtern, ihren rührenden, unbeholfenen Bündeln. Eine Familie aus Kowel ist hier, eine alte Mutter, in schwarzen Tüchern vermummt, zwei junge Töchter mit kurzgeschnittenem schwarzem Kraushaar und ein zwanzigjähriger Sohn, ein Kerl mit breiten Schultern und roten Händen, die wie riesenhafte Werkzeuge aus seinen Ärmeln baumeln. Er lacht und schüttelt seine starken Schultern, seit zwei Jahren wandert er mit seiner Familie durch den sterbenden, traurigen Westen Europas, seinen Vater suchend, der vor zehn Jahren aus Kowel ausgewandert ist – Gott weiß wohin. Sie waren in Budapest, sechs Monate in ständigem Schreck vor der Tag und Nacht erwarteten Ausweisung, endlich von ihr erreicht, nach Wien getrieben, wo sie ein Jahr lang in einem gemieteten Kellerloch in der Kleinen Schiffgasse wohnten. Auch hier erschienen sie der Behörde eine Last – der Sohn trieb unerlaubten Kleiderhandel –, sie wurden verweht nach dem traurigsten Osten Berlins, in die Hirtenstraße, wo die schwarze Börse ungeahnte Gewinne verspricht und nicht beschert. Endlich meldet sich ein Vetter in New York, der dort auf der Straße Zitronen und Orangen feilbietet, er schickte Schiffskarten und zehn Dollar pro Kopf – Gott hilft dem Verlassenen. Jetzt reisen sie nach Amerika, eine große, schöne Freiheit winkt den Kindern, ein Grab der alten Mutter, aber diesem Europa sind sie entronnen, dem Festland der Pogrome, der Polizei, der schwarzen Börse, des unerlaubten Kleiderhandels. Die ukrainischen Bauern fliehen vor Hunger, Pest und einer langsamen Wohltätigkeit. Der hat einen Schwager dort – Nikita heißt er – und jener einen Neffen namens Timofej. Die Adressen stehen verzeichnet auf alten, zerknitterten Umschlägen, sind kaum zu entziffern, seit vielen Wochen tragen die Bauern diese Kuverts in verborgenen Westentaschen, in Schnupftabakdosen und in ungebrauchten Pfeifenköpfen aus Weichselholz. Die Bäuerinnen sehen mit den furchtsamen, flackernden Augen erschrockener Tiere Getreibe und Tumult, große Kräne, die wie lebendige Wesen Kohlenmengen schöpfen, sich langsam in der Luft drehen, Schöpflöffel wie große schwarze Riesenhände öffnen, um die Last auszuschütten. Sie hören den fremden, schweren Klang einer Schiffsglocke, die warnenden Rufe der Hafenarbeiter, das Donnern oder Poltern der rollenden Lastwagen. Sie sehen, wie der Hafen sich weitet, dem offenen Auge Grenzenlosigkeit des Meeres darbietend und eine nie geahnte blaue Ewigkeit.

Hoch oben flattert das Sternenbanner der Vereinigten Staaten über der internationalen Schiffsfahne, die blau ist wie Meer und Himmel mit einem weißen Kreis in der Mitte, der wie ein kleines Wölkchen aussieht. Auf der Kommandobrücke steht ein Mann, den Riemen seiner Mütze um Kinn und Ohren geschnallt, er erteilt Befehle in unverständlicher Fachsprache, geheimnisvoll wie das Meer sind Fremden seine Befehle. Ein kleiner Schlepper zieht mit meterstarkem Tau an dem großen Schiff, wie eine willige Triumphpforte öffnet sich langsam und feierlich die Schleusenbrücke. Die Auswanderer stehen an Bord, sie rufen dem verschwindenden Land etwas zu, obwohl sie niemand hierher begleitet hat, sie winken fremden Menschen, dem leuchtenden Schutzmann, den Hafenarbeitern, den Trägern. Oben, auf dem Rand eines riesigen Schornsteins, erscheint eine schwarze Figur, ein Schornsteinfeger, er sieht aus wie das Spielzeug dieses Riesendampfers, so winzig und schmal ist seine Silhouette auf dem unendlich blauen Hintergrund. Aus den kreisrunden Fenstern der Kabinen sehen die Gesichter der Emigranten Europa zum letztenmal.

IV.

»Dort hinten aber residierte das Feuilleton . . .«

Eduard Pötzl
AM KAFFEEHAUSFENSTER
(1906)

Ein klassisches Feuilletonthema und eine ideale Positionierung des Autors: am Kaffeehausfenster. Es ist die Stunde der Beobachtung, der Blick schweift. Er wandert über das Interieur und den müden Betrieb im Kaffeehaus, schwenkt schließlich durch das Kaffeehausfenster auf die gegenüberliegenden Fassaden, ehe die daran hängenden Gedanken sich so richtig entwickeln können, bleibt er an den vorübereilenden Passanten hängen. Der Autor erkennt, daß er sich in der perfekten Lage des Beobachters befindet. Er kann alles überschauen, aber er selbst wird nicht gesehen. Das Kaffeehausfenster scheint durch eine besondere Spiegelung die Blicke der Passanten draußen nicht einzulassen, er jedoch kann sie genau sehen.
Pötzl bietet das die Gelegenheit, verschiedene Wiener Typen vorzuführen: den eitlen jungen Mann, den Mageren, den Lastträger, den Fleischer usw.
Das sind Leute, will uns der Autor mitteilen, wie ich sie sehe. Und Pötzl schaut genau hin. Das, was er beobachten kann, genügt ihm nicht: Er spinnt Geschichten um die Empirie der Gesichter, interpretiert Gesten und Gebärden und vertraut im übrigen voll und ganz auf seine literarische Begabung, aus solchen Alltagskleinigkeiten jene Geschichten zu machen, mit denen sich möglichst viele Leser identifizieren können.

Es regnete nachmittags.
Der Himmel mit seiner bleiernen Herbstfarbe schien sich bis zu den Dächern der Häuser herabsenken zu wollen, die Straßen zeigten den bei Regenwetter unvermeidlichen glänzenden Schmutz, und die Leute machten mit wenigen Ausnahmen so trübe Gesichter, als ob sie, wie das Sprichwort sagt, »bloß alle Karfreitag ein' Grill'n kriegeten«.
In der Fensternische des Kaffeehauses hingegen war es ganz behaglich. Aus dem Füllofen des nach alter Bauart noch gewölbten Lokales schimmerte eine tüchtige Glut, der Feuerbursche in der Kaffeeküche bräunte eben frische Kaffeebohnen, deren köstlicher Geruch den ganzen Raum durchströmte, die Marqueure vollendeten ihre Erzie-

hung, indem sie eifrig illustrierte Zeitschriften lasen, und nur auf einem einzigen Billard rollten die Kugeln. Die Spieler waren ganz ehrsame, ruhige Leute, die nur durch das Wort »Sau« in einige Aufregung gerieten; denn so oft dieses ausgesprochen wurde, lärmten sie und nahmen gegen einen aus ihrer Mitte eine drohende Haltung an.

Ich sah durch die dicke Spiegelscheibe auf die Straße hinaus, die, eng und ansteigend, ein Stück Alt-Wien durchzieht. Viele Häuser in Gesichtsweite tragen auf verwitterten Fassaden noch den Schmuck vergangener Jahrhunderte: geschmiedete Gitter im Erdgeschoß, zierliche Balkone im ersten Stockwerk, halb unkenntliche steinerne Wappen über dem Portale und reichverschnörkelte Fenstergiebel. Am Ende einer kleinen Seitengasse ragt über eine, oben mit langem Gras bewachsene Mauer das Türmchen einer Stiftskapelle empor. Gegenüber steht ein altes Haus mit Erkern in allen vier Geschossen und einer sonderbaren Bedachung. Gerne hätte ich mir die alten Menschen in diesen Rahmen hineingedacht, aber es liefen fortwährend die neuen dazwischen. Dabei fiel mir auf, daß viele mit einem so leeren Blick durch mein Fenster sahen, wenn sie vorbeikamen. Endlich blieb einer stehen, richtete seine Augen vollständig inhaltslos auf mich und rückte sich den Hut zurecht. Daraus war zu erkennen, daß die Scheibe infolge ihrer Stellung und des matt beleuchteten Hintergrundes Spiegelbilder nach außen gab. Bald erschienen mehrere, die sich dies, je nach dem Grade ihrer Eitelkeit, zunutze machten.

Ein junger Mann prüfte die Wirkung seiner einnehmenden Persönlichkeit zunächst durch einen schelmischen Blick in das Spiegelfenster. Er schien Gefallen an sich zu finden, denn er lächelte unmittelbar darauf in mehreren Arten, wobei er stehenblieb und seinen Rockkragen lüpfte, um andere Passanten glauben zu machen, er bediene sich bloß zu diesem Zwecke der Spiegelung. Dann trat er einen Schritt zurück, überflog seine ganze Gestalt zuerst im Spiegel und verglich sie hierauf mit der Wirklichkeit, offenbar ein wenig mißtrauisch, ob nicht etwa der Spiegel ein schönes Detail veruntreue. Beglückt, daß dieses nicht der Fall, wendete er sich wieder zum Gehen, doch nicht ohne einen letzten Seitenblick, durch welchen er sich den hinreißenden Eindruck vergegenwärtigen wollte, den seine edle Gestalt bei dem Übergange von Ruhe zu Bewegung zweifellos hervorbringen müsse.

Seine Miene beim Abgange war so von Befriedigung leuchtend, daß ich nur annehmen kann, er hätte in diesem Augenblick einen Vergleich mit dem berühmten Diskuswerfer oder dem sterbenden Fechter nicht errötend von sich gewiesen. Dabei muß der Wahrheit gemäß – wenn auch nur nebenbei – erwähnt werden, daß der vergnügte Jüngling, in Eid genommen, sicher nicht leugnen könnte, daß er durch bemerkenswerte Plattfüße vom Kriegsdienste für immer befreit worden. Nach ihm benutzten noch folgende Passanten den verlockenden Spiegel:

Ein magerer Herr, der sich heftig in die Brust warf und die Arme stämmig nach außen hielt wie die kraftvollen Lastträger oder Fleischer. Er schien sich ungemein breit und kräftig vorzukommen, da sein Gesicht einen trotzigen Ausdruck annahm, ehe er ging. Ich habe seither von einem Raufhandel gelesen, bei dem ein Mann, der nach der Beschreibung jenem gleicht, fast in Stücke gerissen wurde. Der Verwegene! Wahrscheinlich war der andere noch breiter, noch kräftiger und noch trotziger.

Ferner ein hypochondrischer Mitbürger, der die Backen aufblies, um dicker auszusehen. Er wurde traurig, als sie wieder einsanken, und um sich wenigstens über seinen augenblicklichen Gesundheitszustand zu beruhigen, streckte er rasch die Zungenspitze aus dem Munde. Allein so deutlich zeigte der Spiegel nicht, als daß er hier hätte das geringste wahrnehmen können. Schließlich begann er künstlich zu husten und beobachtete sich dabei im Spiegel, ob er vielleicht ein hektisches Aussehen gewänne. Er muß sich dabei verdächtig vorgekommen sein, denn im Weitergehen machte er eine Handbewegung, die wohl besagen sollte: »Natürlich, es steht bös mit mir.«

Ein gelehrt aussehender Herr, der mit der rechten Achsel nach vorwärts, die linke Hand zur Faust geballt, mit großen Schritten daherkam, blieb plötzlich stehen, richtete sich gerade und öffnete die Faust, während in seiner Miene Beschämung und Reue zu lesen waren. Kein Zweifel, daß ihm seine Frau wiederholt die schlechte Haltung vorgeworfen und er versprochen hat, sich zu bessern, während er immer wieder rückfällig wird.

Nach mehreren Damen, die sämtlich bloß mit einer eigentümlichen Körperverrenkung ihre Turnüren besichtigten, und einem Dienstmanne, der aus mir unbekannten Gründen vor dem Spiegel seine

Nase befühlte, preßte ein Gassenjunge sein Gesicht an das Fenster. Es wurde dadurch zu einer ungeheuerlichen Fratze, und ich deutete dem Burschen durch Zeichen an, daß es besser wäre, nicht so zu handeln.

Da er dessenungeachtet weiter grimassierte, wollte ich ihm die Ehre erweisen, die Sache mündlich mit ihm zu besprechen. Ich verließ das Fenster. Er aber klüglich auch.

Daniel Spitzer
AUS ISCHL
(1889)

Dann und wann mußte es sein: Der »Wiener Spaziergänger« verließ die geliebte Stadt, meist für eine lästige Arbeitsreise. Für den folgenden Text besuchte er die kaiserliche Sommerfrische im Salzkammergut: Ischl.

Seine Begeisterung hält sich – wie gesagt – in Grenzen. Er kann es erwarten, dort anzukommen, und zeigt das auch im Feuilleton. Es dauert einige Absätze und humorvolle Beobachtungen lang bis zur Ankunft in Ischl. Spitzer nutzt die Zeit für zynische Bemerkungen über Zeitungen und Journalisten, was halt gerade so anliegt, über die Zwischenstation in Linz und seinen Reisegefährten im Abteil.

In Ischl flaniert er auf der »Allee des Wiedersehens«, so benannt, weil man hier alle treffe, denen man zu Hause keinesfalls begegnen wollte und daher ausgewichen war.

Spitzer schlüpft in die Rolle des grantelnden Nörglers. Er legitimiert sie durch feinsinnige und detailgetreue Beobachtungen. Dieses Spiel mit Assoziationen und Variationen ist eine der großen Begabungen dieses Klassikers des Feuilletons. Er hat kein Auge für die Schönheit der Natur, sondern sieht nur die personifizierten Klischees, wie etwa den üppig essenden Baron, der von Jahr zu Jahr dicker wird. Spitzer macht sich über Modekuren lustig, über die sogenannten »Allee-Gigerln«, die wilden Ehen, das warme Bier und die Unzufriedenheit der vom Tourismus lebenden Ischler.

Sein Erzählrhythmus ist an die sommerliche Beschaulichkeit angepaßt. Den Inhalt dieser feuilletonistischen Korrespondenz aus der Sommerfrische dominiert eine Mischung aus Beobachtung, Alltagsempirie und viel satirischem Räsonnement. Spitzer wußte die Lacher auf seiner Seite, auch wenn dafür gelegentlich aufwendig gebaute Pointen notwendig waren. Als Hauptmotiv findet sich neben der Sympathie für die Daheimgebliebenen, vielleicht auch zu ihrem Trost, der Unmut über den eigenen Ischl-Aufenthalt.

Er mußte Wien kurzzeitig und ausschließlich aus beruflichen Gründen verlassen. Er hat ein Motiv für Ischl. Das trifft auf all die anderen, die er hier trifft, jedoch nicht zu: Und das macht sie zu Zielscheiben seiner spitzen Satire.

Denken Sie sich das Unglück, ich bin schon wieder in Ischl! Da ich gedacht hatte, es würde das beste sein, ein so tollkühnes Unternehmen vorher in Linz zu überschlafen, übernachtete ich daselbst, und erst am Morgen, nachdem ich noch vorher die Bußübung eines Frühstücks vorgenommen hatte, näherte ich mich mit einem Bummelzug dem eleganten Solen-Gomorrha. –

Der Pulsschlag der Saison war noch nicht fieberhaft erregt, als ich in Ischl anlangte, und die Leute in Lodenrock und Kniehosen boten einem noch nicht, wie in der späteren Rosenzeit, ein kleines Schlüßchen in Alpinen-Montan-Aktien auf der Esplanade an. Die meisten Anwesenden gehörten den geschätzten Nachbarstaaten im Osten unserer Monarchie an. Im Café Walter, in dem es, wenn die Hochflut der Saison zu rauschen beginnt, während der Frühstückszeit so stürmisch zugeht, herrschten noch Ruhe, Ordnung und Sicherheit, und man bekam sogar das Abendblatt der »Neuen Freien Presse«, während man später selbst auf die »Wiener Zeitung« warten mußte. – Aber bald traf die erste Schwalbe der hohen Saison ein, ein riesig dicker, jovialer Baron, eine wahrhaft elephantastische Erscheinung, mit einem majestätischen Kinn, das aus einem Mezzanin und drei Stockwerken bestand. Nicht ohne Rührung denke ich daran, daß es bald zwanzig Jahre her sein werden, als diese schwellenden Formen zuerst meine Bewunderung erregten, und daß es mir vergönnt war, alle Stadien ihrer Entwicklung bis in die Gegenwart zu verfolgen. Ach Gott, welche Veränderungen sind seit damals in der Welt vorgegangen! Die Fleischpreise sind gestiegen, und man darf dem Himmel danken, wenn man es noch erschwingen kann, einen ganzen Kalbsschlegel oder Schinken zu frühstücken; das Brot ist so klein geworden, daß man es gar nicht spürt, wenn man zehn bis zwölf Semmeln verzehrt; seitdem eigene Seminarien für künstliche Fischzucht errichtet wurden, in denen man die Forellen leider, statt sie zu gediegenen Charakteren zu erziehen, zur frühzeitigen Vergeudung ihrer Kräfte verleitet, haben diese viel vom früheren Aroma ihres Fleisches eingebüßt, und man muß oft drei bis vier große Portionen essen, um nur auf den Geschmack zu kommen.

Es ist beruhigend zu sehen, wie der beleibte Baron allen diesen gesteigerten Anforderungen der Zeit gerecht zu werden sucht, und sooft ich ihn in dem vortrefflichen »Hotel Elisabeth« die Herkulesarbeit des Mittagessens verrichten sah, fragte ich mich, ob es der

Menschheit nicht mehr gefrommt hätte, wenn die riesigen Fortschritte, die wir in der Erzeugung schnellfeuernder Gewehre gemacht haben, auf dem Gebiet der Fabrikation von Messern und Gabeln erzielt worden wären; denn wir würden sonst vielleicht schon in der Lage sein, zur Beschämung unserer Feinde, sieben Brathühner in der Minute zerlegen zu können, während nach der gegenwärtigen Beschaffenheit unserer Tischmesser selbst der geübteste Esser das zehnfache Zeitopfer zu bringen genötigt ist, um den hartnäckigsten Widerstand eines halben Brathuhns zu brechen. Der edle Baron pflegt schon seit geraumer Zeit nur mehr vierspännig zu fahren, während früher zwei Pferde edler Rasse für seine Weiterbeförderung ausreichten, und wenn sein phänomenaler Appetit ihm, wie wir hoffen, erhalten bleibt, dann sehen wir wohl nicht zu rosig, wenn wir prophezeien, daß er bald mit einem Sechsgespann durch die Straßen Ischls fahren werde.

Immer größer wurde die Zahl der Sommergäste, und endlich begannen auf der Esplanade jene Idealgestalten aufzutauchen, für welche die Denker der Wiener Ringstraße die metaphorische Bezeichnung »Gigerln« erfunden haben. So wie man Calais die Ville des Adieux genannt hat, so könnte man diese Esplanade die Allee des Wiedersehens nennen, da man hier alle jene wiedersieht, denen man zu Haus aufs sorgfältigste ausgewichen ist.

Dieser Spaziergang ist während der Mittagszeit, wenn die Kurkapelle spielt, gedrängt voll von Besuchern, die ihre Sisyphus-Promenade machen, und es wäre dann an heißen Tagen zum Ersticken, wenn nicht die Bewohner der angrenzenden Villen mitleidig ihre Fenster öffnen würden, um die Esplanade ein bißchen auszulüften.

So besucht aber auch Ischl ist, so soll es doch, wie die Eingeborenen seufzen, viel von seiner früheren Vornehmheit eingebüßt haben. Den größten Pessimismus in der Auffassung der Zeitverhältnisse legen Kellner, Kutscher und wer sonst noch auf eine größere Trinkgeldhaltigkeit der Gäste angewiesen ist, an den Tag, denn sie klagen über ein immer tieferes Versinken der badenden Menschheit in die Schmutzerei. Bei all diesem Jammer darf man nicht vergessen, daß die Ischler ein sehr verwöhntes Völkchen sind. Man findet nämlich noch immer eine Menge von Berufs-Millionären, denen man es übrigens nachrühmen muß, daß sie durchaus keine Protzen sind und vom Geld nichts halten als Maitressen, Pferde und Logen. Auch sieht man eine

Menge eleganter weiblicher Toiletten, die bestrebt sind, die üppigsten Geheimnisse zu verraten, deren Denunziationen jedoch nicht immer Anspruch auf Glaubwürdigkeit erheben können. Es ist ferner durchaus kein Mangel fühlbar an Exzellenzen, Hofräten und anderen zur Kur hier weilenden höheren rheumatischen Diätenklassen.
Die größte Anziehungskraft aber scheint Ischl in diesem Jahr auf Musiker ausgeübt zu haben. Derjenige allerdings, der weiß, wie schnell sich im hiesigen Alpengebiet ein Konzert zusammenballt, betrachtet nicht ohne eine gewisse Scheu alle diese Pianisten mit ihren gefährlichen Anschlägen und selbst die Cellisten mit ihren unheilschwangeren Knien. Es finden auch wirklich im Kursaal stets Konzerte statt, und zwar im großartigsten Stil mit hohen Eintrittspreisen, Verzögerung des Beginns um mindestens eine halbe Stunde, ja manchmal sogar gänzlichem Unterbleiben desselben wegen plötzlicher Verhinderung der Konzertgeberin. Damit des Sinnesrausches kein Ende sei, werden jedoch bei diesen Konzerten hin und wieder Gedichte deklamiert, die jedoch nicht allen vernehmbar sind, da die meisten Zuhörer schon vorher weggegangen zu sein pflegen. Ich habe mehrere dieser Ohrenschmäuse bei schlechtem Wetter genossen und dabei mit wehmütiger Aufmerksamkeit dem Plätschern des Landregens gelauscht. Geht man gegen zwei Uhr nachmittags ins Café Walter, so sieht man an einem Tisch im Freien, Kaffee trinkend und Zigaretten rauchend, einen sehr kräftigen untersetzten Fünfziger mit blondem Haar, die hochgeröteten Wangen von einem grauen Bart eingerahmt, und mit blitzenden blauen Augen, denen man es ansieht, daß in der geistigen Werkstätte dieses Mannes fortwährend gehämmert und geschmiedet und niemals gefeiert wird. In seiner Brust toben manchmal vielleicht wilde Stürme, aber an der Oberfläche sieht man nichts als ein ewig gleichbleibendes Jägersches Normalhemd. Es ist Johannes Brahms, der früher nur hin und wieder in jüdischen Kreisen verkehrte, sich aber diesmal entschlossen hat, einen Sommer ausschließlich in Ischl zuzubringen. Er ist in größerer Gesellschaft sehr wortkarg und brummt nur zeitweilig eine ironische Bemerkung; im intimen Kreis aber nimmt er lebhaft an der Unterhaltung teil, und da er Humor und Witz liebt, erzählt und hört er gerne namentlich jene prächtigen Anekdoten, in denen die Juden ihre eigenen Schwächen so treffend persiflieren, sie aber jetzt leider, um dem sterilen Antisemitismus die schärfsten Waffen gegen sie nicht

selbst zu liefern, nicht mehr in Umlauf setzen. Vielleicht wird noch Brahms selbst nächstens der Held einer jüdischen Anekdote, denn in einem Anfall guter Laune ließ er sich neulich überreden, die Zielscheibe einer allgemeinen »Pfefferkugel« zu werden, nämlich an einer Expedition Wißbegieriger in die hiesige Garküche von David Sonnenschein teilzunehmen, um die sabbatlichen Leckerbissen der jüdischen Kochkunst wie Pfefferkugel, Schalet und Schalet-Eier kennenzulernen. Brahms liebt überhaupt die exotische Küche, er ist beispielsweise ein leidenschaftlicher Verehrer von Gulyas und ähnlichen stark gewürzten ungarischen Nationalgerichten, und da er aus Dankbarkeit gegen das Vaterland des Paprikas die prächtigen »Ungarischen Tänze« komponiert hat, erwartet man jetzt von ihm einen Schalet-Eier-Tanz oder im Gegensatz zur Mondschein-Sonate Beethovens eine Sonnenschein-Sonate.

Theodor Herzl
MARMOLADA
(1902)

Dieses Feuilleton zeigt einen weithin unbekannten Theodor Herzl: Es ist eine glänzende Satire auf »die Gesellschaft«, den Klatschspalten-Journalismus und die Exklusivitätswünsche der mehr oder weniger Prominenten. Er persifliert eingangs seine Berufsrolle sowie die Redaktionshierarchie und schafft so die Einleitung für eine satirische Behandlung der Rundfrage nach dem Sommeraufenthalt mehr oder weniger bedeutender Zeitgenossen. Solche Rundfragen waren damals ein fixer Bestandteil der Tageszeitungen. Immer wieder wurden bekannte Persönlichkeiten mit Fragen wie: »Welches Buch lesen Sie gerade?«, »Welches Theaterstück haben Sie zuletzt gesehen?«, »Welche historische Persönlichkeit wären Sie gerne gewesen?« und ähnlichem belästigt.
Die meisten Befragten antworteten, auch wenn sie oft nichts zu sagen hatten. Herzl führt das in seinem Text sehr deutlich vor und macht sich lustig über die Eitelkeit dieser Menschen. Für viele der Befragten gehörte es geradezu zum persönlichen PR-Konzept, bei solchen Fragen vertreten zu sein und damit den eigenen Marktwert, die eigene Prominenz unter Beweis stellen zu können.
Er zeigt aber auch die andere Seite: die Berufsrolle eines Journalisten, der zwar hofiert wird, an dessen Namen man sich aber nicht und nicht zu erinnern vermag. Damit ist klar: Nur als Mittler, nicht aber als Person ist er für die Befragten von Bedeutung.
So wie es früher einmal hieß, daß man erst dann wirklich gestorben sei, wenn die Todesnachricht in der »Neuen Freien Presse« veröffentlicht ist, so zeigt Herzl, wie sehr die »Gesellschaft« die Erwähnung ihres Namens in der Zeitung braucht. Ihre Mitglieder verachten zwar den Berichterstatter, aber sie brauchen ihn: um sich im Gespräch zu halten wie der Künstler, um vor den Freunden gut dazustehen wie die Baronesse usw.
Alfred Polgar hat gemeint, die Kunst des Feuilletons sei es, auf einer Glatze Locken zu drehen. Wenn wir in diesem Bild bleiben wollen, dann war es die Kunst Herzls, diese Locken so zu drehen, daß daraus am Ende eine Frisur entstehen konnte. Aus einem eigentlichen Un-Thema machte er gekonnt ein interessantes und lustiges Feuilleton, das sich von Hunderten anderen »Sommerfrischler-Feuilletons«,

die regelmäßig zur Sommerzeit erschienen, angenehm unterschied. Oder, um die Metapher zu variieren: Die Frisur gelang ihm so gut, daß man am Ende das Fehlen der Haare durchaus verschmerzen konnte.

Mein Herr Chef, der Redakteur des lokalen Teiles, sieht es nicht gerne, wenn ich stillsitze. Er hat gewiß Angst, daß ich die Geschmeidigkeit meiner Glieder verliere, wenn ich nicht auf Erkundigungen herumlaufe. Oder er befürchtete, daß meine graue Gehirnsubstanz einen Stich ins Gelbliche bekommen könnte, wenn ich meine gesellschaftlichen Wahrnehmungen nicht ununterbrochen zu Papier brächte. Vielleicht hat aber die Rastlosigkeit, mit der er mich beschäftigt, nur einen rein menschlichen Grund. Es erhöht einfach sein Behagen beim nachmittäglichen Tarockspiel, wenn er weiß, daß ich mir zur selben Stunde in irgendeinem Vorzimmer die Beine in den Leib stehe oder Menschen, die mir nie etwas getan haben, mit Fragen foltere. Insbesondere meine gesellschaftlichen Beziehungen lassen ihn nicht ruhen. Denn ich habe gesellschaftliche Beziehungen, ich muß es zu meiner Schande gestehen. Ich kenne alle Menschen, die man unter den Anwesenden bemerkt, wenn getanzt, musiziert, geheiratet, begraben oder sonst etwas Wohltätiges vollbracht wird. Ich bin ja derjenige, der sie unter den Anwesenden bemerkt. Sie kommen eigentlich nur meinetwegen hin. Die meisten gehen auch immer gleich weg, nachdem sie bemerkt haben, daß ich sie bemerkt habe. Von der Gräfin Lizzie Strizzi-Witzi zum Beispiel weiß ich es ganz gewiß. (Lizzie ist ihr liebkoster Taufname, der dem altehrwürdigen Familiennamen der Strizzi-Witzi eine fröhliche Note aufsetzt.) Hat Gräfin Lizzie auf einem Feste gesehen, daß ich sie notiere, ist sie befriedigt und zieht sich bald zurück. Manchmal lasse ich sie schmachten und tue, als sähe ich sie nicht, denn ich liebe sie heimlich und möchte ihr darum gerne weh tun. Dann geht sie so lange vor mir auf und ab und spricht so laut, daß ich nicht umhin kann, sie zu entdecken. Lege ich aber meine ganze Seele in einen einzigen Blick, so ist es auch nicht gut. Einmal trat mir bei einer solchen Gelegenheit der Graf, ihr Gemahl, so stark auf die Hühneraugen, daß ich unwillkürlich »Pardon!« sagte. Sie weiß von mir freilich nur, daß ich ein Reporter bin. Meinen Namen kann sie nicht behalten, wie oft ich ihr auch schon von Komiteemitgliedern, mit denen mich eine enge

Notizenfreundschaft verbindet, vorgestellt wurde. Sie nennt mich Pollak oder Schlesinger oder sogar Teitelbaum. Wie es ihr gerade einfällt. Im Grunde ist es ja so gleichgültig, wie unsereiner heißt.
Aber meinen Herrn Chef, den Lokalredakteur, wird niemand davon abbringen, daß ich die glänzendsten gesellschaftlichen Beziehungen habe. Dieser Glaube wurde bei ihm unerschütterlich, als wir unlängst miteinander in der Dämmerung spazierengingen und ein wirklicher, wenn auch oft bei Juden speisender Graf mich zuerst grüßte. Im ersten Augenblick schien mein Chef ein wenig betroffen, und wenn es nicht gegen die Ehrerbietung wäre, die ich ihm kontraktlich schulde, so möchte ich annehmen, daß er mich beneidete. Auch mir gab es einen Stich, denn ich ahnte, daß der kleine Vorfall traurige Folgen haben würde. Ich kenne den Mann. Er ist unermüdlich, wenn es gilt, mich herumzuschicken. Und so war es.
»Lieber Freund!« redete er mich gestern plötzlich mit einer Leutseligkeit an, die mich gleich das Schlimmste befürchten ließ. Er legte mir sogar die Hand auf die Schulter. Da gefror mir das Blut.
»Lieber Freund, ich habe eine glänzende Idee für Sie.« (Der Angstschweiß trat mir auf die Stirne.) »Sie können sich auszeichnen.« (Meine Knie begannen heftig zu schlottern.) »Das wird Ihnen niemand nachmachen.«
»Was, was?« jammerte ich, indem ich auf einen Stuhl sank.
»Das mondäne Leben, das Sie als gewissenhafter Beobachter treu begleiten, neigt sich seinem Saisonende zu. Alle nennenswerten Leute gehen weg. Wohin? Das ist die Frage. Sie mit Ihren kolossalen Bekanntschaften sind besser als jeder andere in der Lage, diesen Zug im Bild unserer Großstadt festzuhalten.«
Ich sah mich unwillkürlich nach dem Stenographen um, für den er diese entschieden druckreifen Worte sprach. Aber wir waren allein.
»Was soll ich tun?«
»Ich denke an ein Saisonbild, welches die Stimmung der eleganten Leute in diesem Zeitpunkte wiedergibt, wo man genug Bälle besucht, Konzerte erduldet, Diners geschluckt, genug geliebelt und geklatscht, Nächte durchwacht und Tage dem lieben Gott gestohlen hat. Das Bedürfnis nach einer Erneuerung der Kräfte stellt sich ein. Die erschöpften Salonmenschen wollen sich an den Busen der Natur werfen. Zu schildern wäre demnach einerseits die Natur . . .«

»Andererseits der Busen«, ergänzte ich bereitwillig, um anzudeuten, daß ich die Absichten meines Vorgesetzten begriffen hätte.
»Sie sind ja sehr spaßhaft, wenn Sie nicht schreiben«, sagte er kalt. »Ich meinte: andererseits die Salonmenschen. Die Frage, die jetzt alle anderen verdrängt, ist: Wohin gehen Sie im Sommer? Verarbeiten Sie diesen Stoff! Haben Sie mich verstanden?«
»Und wie!« erklärte ich mit schwacher Stimme. Da nickte er befriedigt, stülpte sich den Hut auf die Glatze, ging ins Kaffeehaus und überließ mich meinen Qualen. Was mache ich mit dieser Frage? seufzte ich vor mich hin. Ich seufzte so lange, bis die Erleuchtung über mich kam. Eine Frage legt man vor. Ich entschloß mich, sie mehreren Personen vorzulegen.
Der erste, dem ich sie vorlegte, war ein berühmter Schauspieler. Der empfängt mich immer, ob es fürs Morgenblatt oder fürs Abendblatt sei. Er verschweigt mir keinen seiner Triumphe. Er hat mir schon mehr schöne und für die Kunstrubrik geeignete Züge aus seinem Leben erzählt als irgendeinem andern seiner Freunde.
»Man hört ja nichts mehr von Ihnen!« log ich zur Einleitung. »Es ist mindestens eine Woche her, daß Sie mir keine Notiz zur Veröffentlichung anvertraut haben.«
»Sie wissen, lieber guter Freund, ich beschäftigte die Öffentlichkeit nicht gern mit meiner Person.«
»Sind Sie krank?« fragte ich.
Er überlegte einen Augenblick, ob Krankheit oder Gesundheit wirksamer wäre und entschloß sich zum Mittelweg: »Hum – böh – böh – böh!« sprach er. »Krankheit wäre zu viel gesagt. Ein bißchen abgespannt.«
Da hatte ich ihn schon vor dem Schuß:
»Wohin gehen Sie im Sommer?«
»Es ist – hum – böh – eigentlich ein Geheimnis. Aber Ihnen will ich es anvertrauen. Ich suche heuer einen ruhigen Punkt auf, in den Dolomiten. Die Erfolge dieser Spielzeit sind mir auf die Nerven gegangen.«
»Wessen Erfolge?« fragte ich liebenswürdig.
»Böh – böh – die meinigen natürlich. Nun gibt es einen weltentlegenen Ort, den noch fast niemand kennt. Das Hotel heißt nach dem Gipfel, den man vor sich ragen sieht, ›Hotel Marmolada‹. Es gibt noch keinen Fremdenverkehr, keine Familien, keine Hofräte dort. Im

vorigen Sommer haben sich nur zwei frisch geschiedene Frauen dort aufgehalten, um ihr Glück ungestört zu genießen. Ferner eine kleine Künstlerkolonie, gute Kollegen. Wir lesen keine Zeitungen, lassen unsere Bärte schießen und tragen die Knie nackt. Es ist ein idealer Ort, wunderbillig, spottschön. Ringsum Natur, nichts als Natur, nur unterbrochen durch einige gute Kollegen vom Theater.«

Ich hatte genug, empfahl mich und setzte meine Nachforschungen fort. Ich ging zu einem Porträtmaler, der für höhere Preise höhere Persönlichkeiten malt. Wer beschreibt meinen süßen Schrecken, als ich in einer der eben zum Besuche anwesenden Damen die reizende Gräfin Lizzie Strizzi-Witzi erkannte. Sie lorgnierte die Bilder gütig. Der Meister drückte mir die Hand. Als ich mich tief vor ihr verbeugte, nickte sie mir lebhaft zu:

»Kommen S' auch die Bülter anschau'n?«

»Sie kennen den Herrn?« fragte der Meister.

»Freilich, das is ja der Herr Frankl.«

»Nicht ganz!« wagte ich einzuwenden und nannte meinen richtigen Namen. Es brachte sie aber nicht in Verlegenheit. Das Gespräch nahm dann eine Wendung ins Allgemeine. Es erschienen fort und fort neue Besucher. Die Gräfin schickte sich an, das Atelier zu verlassen. Ich weiß nicht, woher ich in diesem Augenblicke den Mut nahm, sie zu fragen:

»Wohin gehen Frau Gräfin im Sommer?«

Sie sah mich überrascht durch ihr Lorgnon an, und zwar merkwürdigerweise in einer Sekunde vom Kopf bis zu den Füßen. Ihre Mundwinkel senkten sich, und ihre Nase wurde beim Einziehen der Luft schmäler. Ich fürchtete schon, sie werde mir antworten: Das geht Sie nichts an! Aber sie dachte vielleicht an die Ballberichte des nächsten Winters und erwiderte halblaut:

»Hotel Marmolada!«

Auch? Ich sammelte mich eben zu einigen Bemerkungen über Marmolada, da bemerkte ich, daß sie schon fort war. Ich sprach dann mit der dicken Frau eines böhmischen Kattunfabrikanten. Sie sitzt dem Meister jetzt. Ihr Mann erzeugt so viel Kattun, daß der Meister in ihr Antlitz einen idealeren Zug hineinzubringen imstande war.

»Wohin wir im Sommer gehen?« sagte sie. »Nach Marmolada. Mein Mann will Ruhe haben. Marmolada gilt jetzt als der stillste Ort, den man überhaupt kennt.«

»Ja, das hab ich auch schon gehört«, bemerkte der Meister. »Ich werde mich auch ein paar Wochen dort erholen.«

Aus der Kunstwerkstätte begab ich mich in ein bürgerliches Haus zu einer Mädchenjause. Da gelte ich etwas, weil ich Schauspieleranekdoten weiß und zu Premieren Sitze verschaffen kann. Die vier jungen Damen sprachen, ohne gereizt worden zu sein, vom Sommerfahrplan. Ich brauchte nur mit beiden Ohren zuzuhören.

»Sie werden sich also bald trennen, meine Damen?« rief ich.

Warum? Wieso? Woher? Weshalb? war die ungemein harmonische Gegenfrage der vier Stimmen.

»Nun, Sie werden ja bald auseinander müssen. Der Sommer steht mit seiner Strenge vor der Tür.«

Und im Gemüte dachte ich mir: Eure Väter haben doch hoffentlich keine schlechten Geschäfte gemacht?

»Sie wissen nicht?« kicherte Elsa.

»Er weiß nicht«, lachte Fifi.

»Er ahnt nicht«, wisperte Frieda.

»Wir bleiben ja alle beisammen«, klärte mich die am wenigsten hübsche Eveline auf, deren bekannte Spezialität Herzensgüte ist.

»Warum? Wieso? Woher? Weshalb?« frage nun ich verblüfft.

»Unsere Eltern haben sich für den Sommer verabredet. Wir wollen einmal ganz allein sein. Die Väter werden Königrufen spielen, die Mütter Poker und wir Tennis. Außer uns ist dort niemand. Es ist ein stilles Hotel in einem Tale der Dolomiten.

»Und wie nennen Sie es?« fragte ich, indem eine entsetzliche Ahnung in mir aufstieg. »Bitte aber recht deutlich, denn ich will mir den Namen merken.«

»Mar . . .«, sagte Elsa.

»Mo . . .«, Fifi.

»La . . .«, Frieda.

»Da«, ergänzte die gute Eveline.

Ich empfahl mich bald darauf. In einem Kaffeehause versuchte ich meine Gedanken in diejenige Ordnung zu bringen, die zur Abfassung eines Artikels manchmal nötig ist. Da setzte sich ein Bekannter zu mir. Er ist wohlhabend genug, um aus seinem Menschenhasse kein Hehl machen zu müssen.

»Ich gehe bald fort«, erzählt er mir. »Heuer will ich mir's einmal gütlich tun. Ich vergrabe mich an einem Ort, wo ich all die widerwärtigen Leute nicht sehe, über die ich mich das ganze Jahr hindurch ärgere. Ich habe mir schon ein Zimmer für den ganzen Sommer gesichert.«

»Am Ende in Marmolada?« sagte ich unwillkürlich.

»Ja! Wie konnten Sie das erraten?«

»Reiner Zufall! ... Das heißt, ich hörte, daß dieses Hotel im vorigen Sommer schwach besucht war.«

»Leer! Sagen Sie: leer. Das eben brauche ich. Ich will keine Menschen vor mir sehen.«

Warum hätte ich diesem liebenswürdigen Manne seine Freude verderben sollen?

Auf der Gasse traf ich einen Dichter. Er wandelte so versonnen seines Weges, daß ihm jeder das Dichterische anmerken konnte. Wenn man ihn nur sieht und bevor man seine Werke gelesen hat, weiß man, daß er ein Dichter ist.

»Wohin gehen Sie im Sommer?« fragte ich ihn plötzlich.

»Ach – ich weiß noch nicht. Ich suche. Ich brauche etwas, das mich anregt. Ich bin, wie Sie wissen, von der Schule tranche de vie. Erleben! ist alles. Ich kann nichts dichten, was ich nicht erlebt habe. Davon sind meine Werke so tief und zugleich so leicht verständlich. Ich muß die menschliche Komödie vor mir ausgebreitet sehen. Dann bin ich köstlich und wahr und melancholisch – kurz, ich!«

»Sie gehören nach Marmolada!« rief ich.

»Herr, wollen Sie mich hänseln?« entgegnete er gereizt. »In Marmolada war ich im vorigen Jahre. Entsetzlich! Kein Mensch. Kein Leben. Ich kann aber sagen, daß ich mich an Marmolada gerächt habe. Überall habe ich erzählt, was es für ein verlassener Ort ist.«

»Das haben Sie gut gemacht!« sagte ich, und meine Stimmung wurde rosig.

Der Sommer kommt. Ich werde schwitzen. Jawohl, ich weiß es schon jetzt, ich werde schwitzen, denn ich kenne den Redakteur unseres lokalen Teiles. Er ist auch im Hochsommer rastlos im Herumschikken seiner Leute. Aber wenn der Schweiß mir auch in Strömen auf mein Brot rinnen sollte – ein Gedanke wird mich anhaltend erfrischen. Das ist der Gedanke an die Leute, die nach Marmolada gehen, um die Einsamkeit zu suchen.

Karl Kraus
Ö. G. Z. B. D. G.
(1908)

Hinter diesen Chiffren versteckt sich die »Österreichische Gesellschaft zur Bekämpfung der Geschlechtskrankheiten«.
Mit Vergnügen und Virtuosität wandelt Karl Kraus diese »geheimnisvollen Zeichen« sechsmal ab und gibt ihnen so Deutungen, die ihm den »wahren Sinn der Inschrift« näherbringen. Als geistlose Gschaftlhuber erscheinen ihm die Mitglieder dieser Kampfgesellschaft. Ölig und öde ihr Geschwätz. Die Gehirnerweichung, vor der sie als einer Folge der Syphilis die Menschen zu bewahren behaupten, hat sich offensichtlich ihrer selbst bemächtigt. Nachdem er diese Vertreter der Sittlichkeit satirisch erledigt hat, setzt Karl Kraus zu einem Plädoyer für die Liebe an und rät den Mitgliedern, sich »rechtzeitig von ihren Kindern darüber aufklären (zu) lassen, wie rege der Geschlechtstrieb im Menschen ist«.

So nannte sie sich. Ich fand die geheimnisvollen Zeichen auf dem Kuvert eines Briefs, den mir die Post brachte. So und nicht anders muß Belsazar zumute gewesen sein, als ein Finger an der Wand zu schreiben begann. Aber diese rätselhafte Inschrift zu deuten, hätte sich selbst ein Daniel vergebens bemüht. Ö. G. Z. B. D. G. Etwas stand mir bevor. Zögernd besah ich den Brief. Gewogen und zu leicht befunden? Legt mir das Schicksal Strafporto auf? Um der schrecklichen Ungewißheit ein Ende zu machen, entschloß ich mich, den Brief zu öffnen. Da stellte sich heraus, daß besagter Finger einem gleichnamigen Spezialisten für geheime Krankheiten gehörte, der es mit Rücksicht auf die öffentliche Gesundheit für notwendig fand, den Sündern dieser Welt zuzurufen: Ö. G. Z. B. D. G.! Ununterbrochen rief er es. In die Paläste der Reichen und in die Hütten der Armen drang sein Ruf, und wo zwei Übelberatene daran waren, der Stimme der Natur zu folgen, war der Ruf stärker als die Stimme. Ö. G. Z. B. D. G.! Es ward mir offenbar, daß es um nichts Geringeres ging als um die Gründung einer »Österreichischen Gesellschaft zur Bekämpfung der Geschlechtskrankheiten«. Ich hatte es also erraten, denn mir war sogleich beim Anblick der vorsichtigen Chiffre, die sich diese Kampfgesellschaft erwählt hatte, etwas wie die Öffentliche Geneigtheit zur Bewahrung des Geheimnisses eingefallen, und ich war nur im Zweifel, ob es sich nicht auch um eine Öffentliche Gelegenheit zum Beweise der Geistlosigkeit handeln könnte. Als ich aber erfuhr, daß der Verein die Veranstaltung einer Enquete vorhabe, da verlor ich die Spur meiner ursprünglichen Auffassung und dachte nur noch an die Österreichische Geneigtheit zur Betätigung der Gschaftlhuberei. Und siehe, auch diese Deutung brachte mich dem wahren Sinn der Inschrift nahe.

Es handelte sich also um einen Verein, dessen Mitglieder statutengemäß verpflichtet waren, keine Geschlechtskrankheit aufkommen zu lassen. Ich sympathisierte umsomehr mit den Bestrebungen dieses Vereines, als ich mich aus den Zeitungsartikeln, die der Vorstand zum Zwecke der Propaganda veröffentlichte, davon überzeugen konnte, daß er auch auf dem einzig richtigen Wege sei, das Ziel der Ausrottung der Geschlechtskrankheiten zu erreichen. Der Vereinsvorstand ging nämlich von der Ansicht aus, daß man ihnen durch Enthaltsamkeit und tadellosen Lebenswandel ein sicheres Ende bereiten können, und nichts schien mir logischer und unanfechtbarer. Hatte man doch auf Grund wissenschaftlicher Experimente festgestellt, daß die Ursache der Syphilis im Geschlechtsverkehr zu suchen sei. Nur Prüderie und falsche Scham hätten den Vereinsvorstand davon abhalten könne, der Welt das einzig unfehlbare Mittel gegen Ansteckung zu verraten! Freilich, so sehr man die Gesinnung anerkennen mochte, die diese Aktion ins Leben rief, so mußte man doch die Schwierigkeiten bedenken, die sich ihr in den Weg stellten, und sich sagen, daß die Welt leider noch nicht auf der Höhe einer solchen Wahrheit stehe. Denn die Menschen sind Heuchler genug, um einem Verein, der so wertvolle Erkenntnisse wie die vom Nutzen der Enthaltsamkeit verbreitet, vielleicht als unterstützende, aber nicht als ausübende Mitglieder beizutreten. Ich fürchtete vom ersten Augenblick an, daß die idealen Bestrebungen dieses Vereines an dem Widerstand des Publikums scheitern würden.

Die Ö. G. Z. B. D. G. ließ sich aber nicht entmutigen, und um den weitesten Kreisen die Zweckdienlichkeit der eingeschlagenen Methode darzutun, entschloß sie sich, eben jene Enquete einzuberufen, in der die tüchtigsten und fachlich geschultesten Vertreter der Sittlichkeit dem Publikum eindringlich zureden sollten, den Geschlechtskrankheiten das Feld zu räumen, da ja doch an ein nachgiebiges Zurückweichen der Geschlechtskrankheiten nicht zu denken sei. Noch weniger aber sei Hilfe von der Wissenschaft zu erwarten, die es vorläufig verschmähen müsse, sich mit einem Gegner einzulassen, der seine Macht auf der Basis der Unmoral behauptet. Aus dem Einladungsschreiben, das ich erhielt, entnahm ich zu meiner Genugtuung, daß man zwar von vornherein darauf verzichtet hatte, mich als Vereinsmitglied zu gewinnen, aber umso größeren Wert darauf legte, mich als Experten in dieser Frage zu hören. Beides schmeichelte meiner Eitelkeit, doch vor allem fühlte ich, daß man in mir den Schriftsteller sah, der das unvergängliche Verdienst hat, in einer Zeit, die die Geschlechtskrankheiten zwar zu haben, aber nicht zu nennen wagte, als erster das Wort »Syphilis« ausgesprochen zu haben. Denn sie galt bis dahin als eine Krankheit, bei der Diskretion Ehrensache war, ja mehr als das, Hauptsache, und die Zeitungen schwiegen von ihr, als ob es sich um einen Aktienschwindel handelte, oder drückten sich so respektvoll um sie, als wäre die Erlangung einer wirklichen geheimen Krankheit mit dem Exzellenztitel verbunden. Hatte man also die Syphilis bis dahin totgeschwiegen, so schien es jetzt, als ob man sie eher durch »Besprechung« bannen wollte. Hatte man früher heimlich gesündigt, so wollte man jetzt im vollen Lichte der Öffentlichkeit enthaltsam sein. Die neue Methode, die zur Ausrottung des Übels führen sollte, war die ungleich radikalere. Denn wenn es beim Dach hineinregnet, so wird diesem Mißstand gewiß durch eine Demolierung des Hauses eher ein Ende bereitet, als durch die Vertuschung des Naßwerdens. Wenn man aber vorsichtshalber auch die Bewohner des Hauses aussterben läßt, so ist die Behebung der Fatalität mit ziemlicher Sicherheit gewährleistet. Der Vorsatz nun, der Lustseuche nicht etwa durch eine Bekämpfung der Seuche, sondern durch Schutzmaßregeln gegen die Lust den Garaus zu machen, hätte mich keineswegs abgeschreckt, an der Enquete teilzunehmen, deren Plan mir im Gegenteil schon deshalb sympathisch war, weil ein Aussterben der Menschheit notwendigerweise auch ein Aussterben der Dummheit nach sich zöge, und in weiterer Folge dann auch jede Enquete zur Bekämpfung der Geschlechtskrankheiten im Keime erstickt würde. Aber leider konnte ich mit der Art, wie die Ö. G. Z. B. D. G. ihre Absichten propagierte, ganz und gar nicht einverstanden sein.

Nach der taktvollen Einführung auf den Kuverts der Ladungen hatte man erwarten dürfen, daß die Vereinsleitung sich mit der Empfehlung der Enthaltsamkeit begnügen und den ohnedies hinreichend verbreiteten geheimen Krankheiten nicht auch noch in einer das Schamgefühl des Zeitungslesers gröblich verletztenden Weise Reklame machen würde. Man kann es ohnehin nicht billigen, daß Spezialärzte von journalistischem Ehrgeiz befallen werden und gegen die Lues auch jene Schmierkur anwenden, die an und für sich schon mit der ärztlichen Schweigepflicht kollidiert. Wohl fand ich in einem Artikel, den der Einberufer der Enquete als ein Mahnwort an die Menschheit veröffentlichte, die Namen der Infektionen, vor denen gewarnt wird, diskret verschwiegen und diese bloß als »eine bestimmte Gruppe von Krankheiten« definiert. Aber dafür beklagte sich der Verfasser über die Heuchelei der Gesellschaft, die sie aus lächerlichen Schicklichkeitsrücksichten nicht einmal mit ihrem wahren Namen zu nennen wage. Nun, die Heuchelei ist gewiß eine noch gefährlichere anstekkende Krankheit, der auch die Ärzte nicht entgehen, und der Verfasser scheute sich trotzdem nicht, sie zu nennen. Wir erfuhren noch, daß Gelenksentzündung, Bauchfellentzündung und Wochenbettfieber die Folgen einer anderen Krankheit sind, aber diese selbst mußte sich damit begnügen, als »eine der uns hier interessierenden Krankheiten« bezeichnet zu werden. Leider bewahrte nun der Verfasser seine wohltuende Zurückhaltung nicht auch gegenüber der zweiten uns hier interessierenden Krankheit. Da er es nämlich für notwendig hält, daß wir den Standpunkt der Prüderie in diesen Dingen aufgeben, so ließ er sich dazu hinreißen, glücklicherweise erst ganz zum Schluß des Artikels, uns das Wort »Syphilis« zu verraten.

Diese Indiskretion verletzte mich derart, daß ich es nicht über mich bringen konnte, der Ö. G. Z. B. D. G. meine Expertise zur Verfügung zu stellen. Und der Verlauf der Enquete war nur zu sehr geeignet, mich in meinem Mißtrauen zu bestärken. Ein Hofschauspieler hatte zwar die ausdrückliche Versicherung gegeben, daß er gegen das Decolleté einer Kollegin Gott sei Dank gefeit sei, daß ihm also die Schönheit nichts anhaben könne, selbst wenn sie nichts anhabe; ich freute mich, daß die Propaganda der Unterlassung wenigstens in Theaterkreisen auf einiges Verständnis stieß, und ich schöpfte die Hoffnung, daß am Ende vielleicht auch die Geistlichkeit sich für die Abstinenz gewinnen ließe, wenn etwa ein Komödiant sich entschließen sollte, einen Pfarrer zu lehren. Aber sonst boten die Sitzungen wenig Erfreuliches, und zeitweise wurde man sogar über den Sinn der geheimnisvollen Initialen wieder in die Irre geführt. Denn manchmal klangs wie Öliges Geschwätz zur Beruhigung des Gewissens. Oder mit der Enthaltsamkeit schien einem das Mittel der Schadloshaltung sozusagen an die Hand gegeben, der Finger an der Wand schrieb seine eigene Schand, und das traurige Zeichen, in dem die Ö. G. Z. B. D. G. zu siegen schien, hielt einem die pädagogische Mahnung gegenwärtig: Öde Gewohnheiten zerstören bald die Gesundheit... Dann aber kam das Thema jener Liebe an die Reihe, bei der nach der landläufigen Ansicht der eine Teil immer der Not gehorcht und nur der andere dem eignen Trieb, nämlich die Prostitution. Hier glaubte man jeden Augenblick, der bekannte Blitzmajor werde als deus ex machina erscheinen, der auf deutschen Sittlichkeitskongressen zum Zwecke der Ausrottung der Prostitution eine schlechtere Bezahlung der Prostituierten zu verlangen pflegt, eine Reform, durch die zwar die Not vergrößert würde, aber wenigstens der eigene Trieb billiger befriedigt werden könnte. Zum Thema der »Sexuellen Aufklärung« hätte ich selbst sprechen sollen. Ich zog es vor, dem Vereinsvorstand abzusagen, und zwar schon deshalb, weil ich fürchten mußte, gerade durch die Besprechung dieser Frage Anstoß zu erregen. Nichts liege mir ferner, schrieb ich, als deren vitale Bedeutung zu unterschätzen. Ich sei ein Freund der Aufklärung; aber was mir darüber zu sagen notwendig scheine, hätte ich oft genug schon gesagt, und ich könnte nur wiederholen, für wie dringend geboten ich es halte, daß die Kinder endlich die Eltern in die Geheimnisse des Geschlechtslebens einführen. Denn dunkel und verschlungen sind die Pfade, auf die es führt, und wie oft strauchelt ein Erwachsener!

Ich zweifelte allerdings, ob mein Schreiben in der Enquete zur Verlesung gelangen werde. Mit Unrecht würde man es für den Ausdruck einer zynischen Lebensanschauung nehmen. Denn ich weiß, daß die Zukunft mir Recht geben wird. Vorausgesetzt natürlich, daß die Menschheit, soweit sie sich der Propaganda der Keuschheit anschließt, eine Zukunft hat. Aber auch jetzt schon kann man an täglichen Beispielen sehen, wohin die Unerfahrenheit der Großen führt. Hätten etwa die Mitglieder der Enquete sich rechtzeitig von ihren Kindern darüber aufklären lassen, wie rege der Geschlechtstrieb im Menschen ist, sie wären nie auf die Idee verfallen, eine Enquete einzuberufen. Denn die Enthaltsamkeit ist zwar nach Busch das Vergnügen an Dingen, welche wir nicht kriegen, aber Max und Moritz wissen sich zu helfen, und man glaubt gar nicht, wie vergnügungssüchtig die Welt im allgemeinen ist. Sie kriegt lieber Geschlechtskrankheiten, als daß sie auf deren Ursache verzichtet, denn sie ist von ihnen noch immer leichter zu kurieren, als von der Geneigtheit, sie sich unabsichtlich zuzuziehen. Daß die Gehirnerweichung mit der Syphilis zusammenhängt, erfährt sie allerdings aus den Sitzungsberichten jener Enqueten, in denen ihr zum Schutz gegen die Gefahr die Vermeidung des Genusses empfohlen wird. Sie läßt sich aber von Sittlichkeitskongressen ebensowenig bange machen, wie von medizinischen Versammlungen, die sich als Sittlichkeitskongresse entpuppen. Die Welt liest Ö. G. Z. B. D. G. und hofft, es werde ihr endlich die Örtliche Gelegenheit zur Betätigung des Geschlechtstriebes verraten werden. Denn diese ist es, die ihr stets durch einen Paragraphenzaun oder durch die Dornenhecke der Moral unzugänglich gemacht wurde. Müßte sie jetzt auch noch aus Furcht vor venerischen Krankheiten auf den Anblick der Venus verzichten – sie würde trübsinnig. Wir wollen aber nicht, daß die Trauer der Wollust vorangeht und diese ihr dann nicht folgt. Wir riskieren lieber die Liebe, als die Niete der Verzweiflung zu gewinnen. Schlimmeres kann uns nicht geschehen, als daß sich die Beschäftigung mit der Lues einigen strebsamen Professoren aufs Gehirn schlägt, so daß deren Beförderung zu Hofräten nichts mehr im Wege steht; und wir gehorchen dem Naturwillen, wenn es auch vorläufig immer noch mehr Titel für die Bekämpfer der Geschlechtskrankheiten gibt, als Mittel zu deren Bekämpfung. Die Spezialisten werden uns vielleicht einmal in der Ordinationsstunde wertvolle Dienste leisten. Wenn sie uns aber in einer Enquete Enthaltsamkeit verordnen, so ist im Himmel mehr Freude über einen Sünder, der nicht bereut, als über hundert Gerechte, die Karriere machen.

Anton Kuh
»CENTRAL« UND »HERRENHOF«
(1921)

Verglichen mit dem Text von Alfred Polgar (vgl. S. 326) erscheint dieser hier fast wie ein Auszug aus einer Kulturgeschichte des Kaffeehauses. Anton Kuh gibt eine fakten- und personenreiche Darstellung der sich wandelnden Rolle des Kaffeehauses im »Wiener Geistesleben«. Viele der erwähnten Namen haben heute einen festen Platz in der Literatur-, Philosophie- oder Politikgeschichte. Man kann den Text wie ein Lexikon des damaligen literarischen Lebens der Stadt lesen. Feuilletons über das Kaffeehaus gibt es viele. Meist schwelgen sie in schwärmerischer Verklärung. Anton Kuh macht sich als Zeitzeuge zum nüchternen Chronisten des Endes einer Epoche.

Im Jahre 1918, gerade zur Zeit, als in der schmalen, adeligen Wiener Herrengasse, an den Toren des Ständehauses, das Jahrtausendreich der Habsburger von ein paar »hoch«- und »nieder«-rufenden, unter dem Namen »Deutschösterreich« sofort neue Geschichtskraft erweisenden Gruppen abgelöst wurde, trat eine Sezession im Wiener Geistesleben ein, die zufällig dieselbe Gasse zum Schauplatz hatte.

Bis dahin war weit und breit ein einziges Literaturcafé vorhanden: das »Central«.

Bibiana Amon, die Strahlende, als Gretchen von Peter Altenberg entdeckt, aber nun schon zur Helena erblüht, stand auf der obersten der drei Eingangsstufen, blickte zum Gewühl beim Landhaus, sah ihren Geliebten mitten drin und rief: »Gib acht, Anton! Die Revolution!« Die hinter ihr versteckten, neugierig aus den Spielzimmern gekrochenen Mumien stoben zurück. Sie aber muß sich damals mit ihrem Blick zu weit, nämlich zum Neubau gleich an der Ecke links vorgewagt und das neueröffnete Café »Herrenhof« gesichtet haben. Denn kurz und gut, zwei Tage später saß alles, was politisch und erotisch revolutionär gesinnt war, drüben im neuen Café – die Mumien blieben im alten.

Die Scheidung war folgerichtig.
Das Café »Central« wurzelte in den neunziger Jahren, im Frühimpressionismus, im Hermann Bahrschen Reform-Österreich; hier hatte der abtrünnige Journalismus sein Dach, der Empörungswille junger Theater- und Musikrezensenten; weshalb es denn auch im Gebäude der ehemaligen Produktenbörse untergebracht war, weihevoll zwischen den Arkaden und Säulenhöfen des alten Liberalismus eingebettet.
Das Allerheiligste lag rückwärts und nannte sich Kuppelsaal. Nicht deshalb allein ... sondern weil Rauch und Lärm hier ins Grenzenlose stiegen, zu einer Höhe, wo eine Kuppel kaum mehr sichtbar war. Aber diese Kapellenhoheit, diese Unüberdachtheit des Qualms, bildete die Eigenart des Raumes.
In den anderen Trakten saß der Sozialismus, der Panslawismus, der k. k. Hochverrat; Dr. Kramarsch und Masaryk, slowenische Studenten, polnische und ruthenische Parlamentarier, gelehrte Arbeiterführer – der fanatische Leitartikel. Der Kaffee roch wunderbar, und auf dem großen Rundtisch schichteten sich die Zeitungen in allen Landessprachen.
Dort hinten aber residierte das Feuilleton.
Es schleppte sich um die Jahrhundertwende als Rattenschweif Peter Altenbergs ein, des ersten und eigentlichsten Kaffeehausdichters, der nebenan im alten Absteighotel »London« wohnte, inmitten improvisierter Liebespaare, aber als seine Adresse in den Kürschner eintrug: »Wien, 1. Bezirk, Café Central«.
Über dem Tisch, an dem er saß, hängt heute ein hundsmiserables, veredeltes Bleistiftkonterfei: der Zahlkellner, der an den Gehilfen eine von hier ergangene Bestellung weitergibt, orientiert ihn durch den Zuruf: »Einen Schwarzen zum Altenberg.«

Der Heerbann machte sich breit. Als der Herr aus dem Hause war, seine monomane, bald im Selbstgespräch klappernde, bald jäh erzürnte Stimme die Luft nicht mehr zerteilte, zog affektierte, nobelknisternde Ruhe ein; ein Rentnergeist, der auf den leisesten, sensitivsten Sohlen ging; Hamsunismus, im Kartenspiel versunken.
Exzessiv, von Natur aus, war nämlich nur der eine gewesen; die Apostel gaben sich eine stillere Haltung, trugen zugleich die wienerische Schopenhauer-Bitternis, die ihnen der junge Otto Weininger

vermacht hatte, im schmerzhaft-vergreisenden Antlitz. Bankbeamte mit ethischen Hintergründen. Ihre Geste war: der durch Zufall unterbliebene Selbstmord; ihr Werk: die Rezension.

Modrig, grabeskühl roch es hier immer; nun aber war die Kapelle ein Asyl der Resignationen, bewohnt von Klausnern, die sich alle gern den einstigen großen Karl V. vom Gesicht ablesen ließen.

Polgar Alfred – heute Klassiker – von so provokant in sich gekehrter Sanftmut, daß dieses piano seines Wesens die Tassen erklirren machte, spielte Tarock; es war aber nicht das Tarockspiel eines Bürgers, es war Buddhas Flucht ins Tarock; sah man ihn so stundenlang sitzen, dann war gewiß der Gedanke kaum unterdrückbar: »Herrgott, was könnte aus dem Manne werden, wenn er hier nicht stundenlang tarockspielend säße!« Diesethalben saß er und spielte.

Ähnlich war es bei allen. Sie schienen das, was sie hier trieben, nur nebenbei und resignationsmäßig zu tun, als Anonymitätsgeste ihrer Berufenheit. Der unbefangen Eintretende allerdings hätte mit Recht darauf geschworen, nichts als zeitungslesende und kartenspielende Spießer vor sich zu sehen. Nur dem tiefer Eingeweihten war das Trügerische dieses Eindrucks kund, er kannte die dünne Nuance zwischen Schein und Wirklichkeit, diese tägliche Zier des Abendblattes (gesammelt bei Ernst Rowohlt, Berlin).

So setzten sie hier Schimmel an bei blühendem Teint: Otto Weiningers Stern glomm auf ihren verweichten, vom Inzest halbscharfer, wehleidiger Beobachtungen verwitterten Mienen. Ihr Philosoph war der kleine, kurzsichtige Grüner mit der Schußnarbe auf der Schläfe.

Im Frühjahr wurde zwecks Durchlüftung der Räume ein Nebeneingang zur Straße geöffnet. Da sagte Grüner:

»Wenn die Tür zur Herrengasse geöffnet wird, ist der Frühling da.«

War es da nicht eine Lust, wenn Bibiana, in ihrem Analphabetismus mißbraucht, trotz der »Pscht!« und »Kssst!« der Feintöner sich auf die Empore des Arkadenhofes stellte, ein Kapitel Dostojewski vorzutragen?

Oder, wenn plötzlich ein Rummel im rückwärtigen Schachzimmer – wo auch Trotzki bekanntlich jahrelang mit Kopf und Knie, Züge überlegend, mitgezittert hat – die Halbwüchsige, die mit den ältesten Altkleiderhändlern der Monarchie um einen Gulden pro Partie Schach spielte, unter Verwünschungen hier hereinblies, weil sie den Tisch wirtschaftlich schon zu sehr geschwächt hatte?

Oder, wenn der verbettelte Dichter Ottfried Krzyzanowsky, schlottrig, knochig, häßlich, aber gebildet und edel und mit zwei Augen, die sich erpresserisch in jene Gegend des Mitmenschen einbrannten – die ein Franzose »Les manque du cœur« nennt –, wenn er sich wie ein mors imperator vor dem Spielversenkten aufpflanzte und ihn mit spitz vorgestrecktem Zeigefinger verurteilte:
»Zahlen Sie mir einen Pfiff Wein!«
Ach, es war eine Freude, da das qualvolle Dilemma der Gesichter zu sehen, mehrspaltige, spitzfindige Selbstquälereien über den Kampf zwischen Geben und Nichtwollen (oder eigentlich: zwischen Wollen und Nichtgeben) in einem Sekundenblick!
Als Krzyzanowsky dann verhungert war – er tat es aus gewissenbelastender Bosheit –, erschienen sehr viele Feuilletons der Geber und Nichtgeber; die Geber hatten ihn oft gefrotzelt und beweinten jetzt das Original; die Nichtgeber aber fluchten den Frotzlern!

Ein Bohemien verhungert? Wie konnte das in der Stadt der Mildtätigkeit, in der schützenden, zechensichernden Luft des Literaturcafés geschehen?
Es war eine Tragödie: »Untreue am Stammlokal.« Der Begriff »Stammgast«, so gefahrlos und gemütlich, er wurde hier zum erstenmal zu einem Aeschylos-Motiv. Nämlich so:
Bis zur Gründung des gegenüberliegenden Cafés verbrachte der Betteldichter seine Tage und Nächte im »Central«. Wenn er da in der Zeit von drei Uhr nachmittags bis zwei Uhr nachts auch nur eine Stunde fehlte, kam aus des einen oder anderen Bekannten Mund die Frage: »Was ist mit Krzyzanowsky los?« Als jedoch das »Herrenhof« eröffnet wurde, versah der Dichter, dessen Gönner jetzt anfingen, sich in zwei Lager zu teilen, einen Pendlerdienst. Sah man ihn einige Zeit nicht in dem einen Lokal, so wußte man: »Aha, er ist drüben.« So kam es, daß den Besuchern der beiden Kaffeehäuser mit der Zeit Krzyzanowskys Abwesenheit weniger auffiel.
Eines Tages fragte wieder jemand nach Krzyzanowsky. »Er wird drüben sein«, gab man ihm zur Antwort. – »Nein, ich komme von drüben, da ist er auch nicht.« Leute, die die Gepflogenheit hatten, beide Lokale zugleich zu frequentieren, stellten jetzt fest, daß sie Krzyzanowsky schon mehrere Tage nicht zu Gesicht bekommen hatten.

Man beschließt, in die Vorstadt hinauszufahren, wo Krzyzanowsky wohnt.
Der kleine böhmische Schustergeselle, bei dem er sein Kabinett hat, öffnet den gutgekleideten Herren voller Staunen. »Kommen S' nur weiter«, sagt er, die Hand an der Klinke, und als sich die Tür hinter ihm schließt: ». . . nämlich der Herr Krzyzanowsky ist gestern gestorben.«
Man vernimmt, daß der Arme, an Grippe erkrankt, seinen Quartiergeber während der letzten Tage immer wieder zu bestimmen versucht habe, doch ins »Central« oder »Herrenhof« zu gehen, wo »seine guten Freunde sitzen«. Der Schustergeselle nahm das für Fiebergerede. »Wissen S'«, sagt er voll Verlegenheit, »ich hab doch net glauben können, daß so feine Leut' mit ihm verkehren.«
Die feinen Leute zogen stumm von dannen.

. . . und um diese Zeit war auch das »Central« gestorben.
Die Grabrede hielt dem armen Ottfried (der übrigens, ohne daß ich mit dieser Feststellung Franz Werfel kränken will, niemand so gehaßt hat wie den Helden Ferdinand aus »Barbara«) kein Hinterbliebener von hier, sondern bereits der Doktor Franz Blei. Er nannte ihn zwar in seiner Anrede immer »Othmar« statt »Ottfried«, was an den weihevollen Punkten der Rede verwandtschaftliche Soufflierzischer ergab, aber er sprach gerechterweise schon namens der Besseren, Hungertodwürdigeren – namens des »Herrenhofs«.
Bruder – das war doch etwas anderes!
Ein helles, prächtiges, unpersönliches, bourgeoises Familiencafé. Emanzipation vom süffisanten Bohemegeruch. Der Kaffeesieder äugte weniger voll Wohlwollen als voll Mißtrauen.
Patron war nicht mehr Weininger, sondern Dr. Freud; Altenberg wich Kierkegaard; statt der Zeitung nistete die Zeitschrift, statt der Psychologie die Psychoanalyse, und statt des Espritlüftchens von Wien wehte der Sturm von Prag.
Daher war die Luft zunächst antiwienerisch, europäisch. Man debattierte zwar wieder (was durch Tarock, Schach und Poker bereits aus der Mode gekommen war), aber nicht mittels Bonmots und Pointillismen, sondern mit Skalpmessern und unter gleichzeitiger Wegnahme einer Geliebten.
Das war vor allem der Fortschritt: Es ging an jedem Tisch Wichtig-

stes, Beziehungsvollstes vor, oft unter Begleitung von Kokain – ja, und an die Stelle des Wortes »Verhältnis« war jetzt überhaupt die Vokabel »Beziehung« getreten.
Der Aktivismus zog ein: Werfel, Robert Müller, Jakob Moreno-Levy. Des Letztgenannten philosophische Einbildung, jeder sei sein eigener Gottvater, er aber vor allem, hatte einmal zur Folge, daß er, als ich arglos vor mich hinseufzte: »Ach, um Gottes willen . . .«, rasch vom Nebentisch herbeigesprengt kam und fragte:
»Bitte, wollen Sie etwas von mir?«

Die Menschen waren jung und der Kommunismus auch.
Es war das Heldenzeitalter. Der geniale Otto Groß, Champion der literarischen Bestohlenheit, Psychoanalytiker auf Barrikadenhöhe (Lebensweg: Sohn eines Kriminalwissenschaftlers, Dozent, Anarchist, Schiffsarzt, Ehe, Entmündigung, Giftmordverdacht, Irrenhaus, Schriftsteller, Heilanstalt, Tod), sprang alle zwei Minuten auf und nahm irgendeine Frau oder einen Mann auf seine peripatetischen Hüpfgänge durchs Lokal mit – er konnte nicht anders die letzte Konsequenz eines Gedankens entwickeln.
Der brave Melcher, Danton aus Ottakring, baumlang, stark, schön, machte in marxistischem Deutsch Liebeserklärungen. Ernst Polak aus Prag, Geburtshelfer Werfels, Kornfelds, Franz Kafkas, zerteilte mit messerscharfer Nase und Rede den Dunst; man orientierte sich jener und dieser entlang über die Zweckrichtung des Beisammenseins. Einstmals (Frühjahr 1919) saß ein junger Bursche neben ihm, ich dachte: linker Flügel Kurt Wolff.
Da flüsterte der Neuling auf Schwäbisch zu mir:
»Was sagst du zu dem Geiselmord?«
Ich erfuhr, daß es ein Schlächtergeselle war, dem Münchner Staatsanwalt entronnen, und daß ihm daheim gesagt wurde: »Im ›Herrenhof‹ sitzen die Dichter – da kann man bei jedem auf dem Kanapee übernachten.«

Ich wollte noch sagen, daß die Frauen im »Herrenhof« viel schöner waren als im »Central«. Kein Wunder, sie wurden nicht vernachlässigt; sie kiebitzten nicht dem Spiel, sondern bildeten es. Es ging um sie vom Augenblick an, wo sie sich hoffnungs- und übergangsfroh, auf Bestimmung wartend oder von ihnen ausruhend, hier festgesetzt hatten, bis zu ihrer letzten Zermürbung toll und heiß zu. Sie hatten sich oft ahnungslos in diesen Bärenzwinger der Eitelkeiten verlaufen und waren unrettbar.

Oder sie retteten sich, aber dann war es immer ein Todesstoß fürs Café.

Denn die trübseligen Hinterbliebenen konnten dann weder vom Standpunkt des Geistes noch des Fleisches die Einsicht verwinden, daß – um bei dieser Parallele der beiden Cafés zu bleiben – wie das »Central« ein Asyl männlicher Resignationen, das »Herrenhof« eine Remise für wartende Frauen war. Also ein Bürgercafé wie jenes.

Alfred Polgar
THEORIE DES »CAFÉ CENTRAL«
(1926)

Dieses Feuilleton bedarf heute einiger Erläuterungen. Sie finden sich bei Friedrich Torberg, der mit seinem Bestseller »Die Tante Jolesch oder Der Untergang des Abendlandes in Anekdoten« zum wehmütigen Historiker des Kaffeehauses wurde. »Kaffeehaus ist überall« ist eines der Kapitel überschrieben, in dem er ausführt, warum – in Anlehnung an Hugo von Hofmannstahl und dessen Essay »Das Schrifttum als geistiger Raum der Nation« – das »Kaffeehaus als geistiger Raum eines untergegangenen Lebensstils« zu analysieren sei. Das ganze Buch ist für ihn ein Buch vom Kaffeehaus. Im Anhang aber findet sich dann ein »Trakat über das Wiener Kaffeehaus«, der uns Spätgeborene in die Geheimnisse dieses geistigen Raumes einweiht: Im Ausland identifiziert man das Literatencafé gerne mit dem Wiener Kaffeehaus – »verständlicherweise, denn es waren notwendig Literaten, die über das Kaffeehaus schrieben, und sie stützten sich dabei notwendig auf die Wahrnehmungen, die sie in ›ihrem‹ Kaffeehaus, also in einem Literatencafé gemacht hatten. Das Literatencafé mag immerhin die ziselierteste Ausprägung des Kaffeehausbegriffs sein, aber es ist nicht repräsentativ für ihn, und es stellt nicht einmal in sich einen fest umrissenen Typus dar, der sich eindeutig definieren ließe. Eindeutig war, in neuerer Zeit, immer nur das jeweils ›führende‹ Literatencafé festzustellen, das Café Griensteidl etwa, wo sich um 1890 die Vertreter des damaligen ›Jung-Wien‹ – Schnitzler, Hofmannsthal, Beer-Hofmann, Hermann Bahr – zusammenfanden ...

Es folgte – mit Karl Kraus, Peter Altenberg, Egon Friedell und Alfred Polgar als sozusagen ›gründenden‹ Stammgästen – das Café Central, das seinen Rang bis zum Ende des Ersten Weltkriegs beibehielt und vom Café Herrenhof abgelöst wurde, dem letzten der großen Reihe, dessen Glanzbesetzung etwa durch die Namen Hermann Broch, Robert Musil, Franz Werfel und Joseph Roth gekennzeichnet ist, und das nach dem Zweiten Weltkrieg noch eine kurze, schon ein wenig asthmatische Renaissance erleben durfte, ehe es zum Mittagstisch für die Beamten der umliegenden Ministerien herabsank und 1960 endgültig seine Pforten schloß.

Dies also waren die führenden, die Literatencafés im engeren Sinn.

Im weiteren Sinn entsprachen der gängigen Vorstellung, die sich mit dieser Bezeichnung verband, mehr oder weniger alle Kaffeehäuser, in denen eine gewisse Anzahl geistig und künstlerisch interessierter Menschen – das, was man heute ›Intellektuelle‹ nennt – sich regelmäßig einfand. Solcher Kaffeehäuser gab es sehr, sehr viele, und solcher Kaffeehäuser gibt es heute nur noch sehr, sehr wenige.«
Als Ursache dafür nennt Torberg unter anderem, daß es zwar auch heute solche Intellektuelle gibt, diese aber keine Zeit mehr zum Kaffeehausbesuch hätten: »Sie sind . . . beschäftigt. Sie haben zu tun. Sie sind nur noch potentielle Kaffeehaus-Stammgäste, keine praktischen mehr. Sie bringen alle Erfordernisse eines Stammgastes mit, nur sich selber nicht. Sie haben keine Zeit. Und Zeithaben ist die wichtigste, die unerläßliche Voraussetzung jeglicher Kaffeehauskultur (ja am Ende wohl jeglicher Kultur). Auch die Stammgäste der früheren Literatencafés waren beschäftigt: zum Teil eben damit, im Kaffeehaus zu sitzen, zum Teil mit Dingen, die sie im Kaffeehaus erledigen konnten und wollten. Dort schrieben und dichteten sie. Dort empfingen und beantworteten sie ihre Post. Dort wurden sie telephonisch angerufen, und wenn sie zufällig nicht da waren, nahm der Ober die Nachricht für sie entgegen. Dort trafen sie ihre Freunde und Feinde, dort mußte man hingehen, wenn man mit ihnen sprechen wollte, dort lasen sie ihre Zeitungen, dort diskutierten sie, dort lebten sie: (Kürschners Literaturkalender verzeichnete jahrelang als Peter Altenbergs Adresse: ›Café Central, Wien I.‹) In ihrer Wohnung schliefen sie nur. Ihr wirkliches Zuhause war das Kaffeehaus« (Friedrich Torberg: Die Tante Jolesch oder Der Untergang des Abendlandes in Anekdoten. München 1977, S. 242 f.).

Das Café Central ist nämlich kein Kaffeehaus wie andere Kaffeehäuser, sondern eine Weltanschauung, und zwar eine, deren innerster Inhalt es ist, die Welt nicht anzuschauen. Was sieht man schon? Doch davon später. So viel steht erfahrungsgemäß fest, daß keiner im Central ist, in dem nicht ein Stück Central wäre, das heißt, in dessen Ich-Spektrum nicht die Centralfarbe vorkäme, eine Mischung aus Aschgrau und Ultra-Stagelgrün. Ob der Ort sich dem Menschen, der Mensch dem Ort angeglichen hat, das ist strittig. Ich vermute Wechselwirkung. »Nicht du bist in dem Ort, der Ort, der ist in dir«, sagt der Cherubinische Wandersmann.
Wenn man alle Anekdoten, die von diesem Kaffeehaus erzählt werden, zerstampft, in die Retorte gibt und vergast, wird sich ein trübes,

irisierendes, leicht nach Ammoniak riechendes Gas entwickeln: die sogenannte Luft des Café Central. Sie bestimmt das geistige Klima dieses Raumes, ein ganz besonderes Klima, in dem das Lebensunfähige, und nur dieses, bei voller Wahrung seiner Lebensunfähigkeit gedeiht. Hier entwickelt Ohnmacht die ihr eigentümlichsten Kräfte, Früchte der Unfruchtbarkeit reifen, und jeder Nichtbesitz verzinst sich. Ganz erfassen wird das ja nur ein richtiger Centralist, der, ist sein Kaffeehaus gesperrt, die Empfindung hat, ins rauhe Leben hinausgestoßen zu sein, preisgegeben den wilden Zufällen, Anomalien und Grausamkeiten der Fremde.

Das Café Central liegt unterm wienerischen Breitengrad am Meridian der Einsamkeit. Seine Bewohner sind größtenteils Leute, deren Menschenfeindschaft so heftig ist wie ihr Verlangen nach Menschen, die allein sein wollen, aber dazu Gesellschaft brauchen. Ihre Innenwelt bedarf einer Schicht Außenwelt als abgrenzenden Materials, ihre schwankenden Einzelstimmen können der Stütze des Chors nicht entbehren. Es sind unklare Naturen, ziemlich verloren ohne die Sicherheiten, die das Gefühl gibt, Teilchen eines Ganzen (dessen Ton und Farbe sie mitbestimmen) zu sein. Der Centralist ist ein Mensch, dem Familie, Beruf, Partei solches Gefühl *nicht* geben: Hilfreich springt da das Kaffeehaus als Ersatztotalität ein, lädt zum Untertauchen und Zerfließen. Verständlich also, daß vor allem Frauen, die ja niemals allein sein können, sondern hierzu mindestens noch einen brauchen, eine Schwäche für das Café Central haben. Es ist ein Ort für Leute, die um ihre Bestimmung, zu verlassen und verlassen zu werden, wissen, aber nicht die Nervenmittel haben, dieser Bestimmung nachzuleben. Es ist ein rechtes Asyl für Menschen, die die Zeit totschlagen müssen, um von ihr nicht totgeschlagen zu werden. Es ist der traute Herd derer, denen der traute Herd ein Greuel ist, die Zuflucht der Eheleute und Liebespaare vor den Schrecken des ungestörten Beisammenseins, eine Rettungsaktion für Zerrissene, die dort, ihr Lebtag auf der Suche nach sich und ihr Lebtag auf der Flucht vor sich, ihr fliehendes Ich-Teil hinter Zeitungspapier, öden Gesprächen und Spielkarten verstecken und das Verfolger-Ich in die Rolle des Kiebitzes drängen, der das Maul zu halten hat.

Das Café Central stellt also eine Art Organisation der Desorganisierten dar.

In diesem gesegneten Raum wird jedem halbwegs unbestimmten

Menschen Persönlichkeit kreditiert – er kann, bleibt er nur im Weichbilde des Kaffeehauses, mit diesem Kredit seine sämtlichen moralischen Spesen bestreiten – und jedem, der Verachtung bezeugt vor dem Gelde der anderen, wird die Unbürgerkrone aufgesetzt.

Der Centralist lebt parasitär auf der Anekdote, die von ihm umläuft. Sie ist das Hauptstück, das Wesentliche. Alles übrige, die Tatsachen seiner Existenz, sind Kleingedrucktes, Hinzugefügtes, Hinzuerfundenes, das auch wegbleiben kann.

Die Gäste des Café Central kennen, lieben und geringschätzen einander. Auch die, die keinerlei Beziehung verknüpft, empfinden diese Nichtbeziehung als Beziehung, selbst gegenseitiger Widerwille hat im Café Central Bindekraft, anerkennt und übt eine Art freimaurerischer Solidarität. Jeder weiß von jedem. Das Café Central ist ein Provinznest im Schoß der Großstadt, dampfend von Klatsch, Neugier und Médisance. So wie die Stammgäste in diesem Kaffeehaus, mögen, denke ich, die Fische im Aquarium leben, immer in engsten Kreisen umeinander, immer ohne Ziel geschäftig, die schiefe Lichtbrechung ihres Mediums zu mancherlei Kurzweil nützend, immer voll Erwartung, aber auch voll Sorge, daß einmal was Neues in den gläsernen Bottich fallen könnte, auf ihrem künstlichen Miniaturmeeresgrund mit ernster Miene »Meer« spielend, und ganz verloren, wenn, Gott soll hüten, das Aquarium in ein Bankhaus verwandelt würde.

Irgendwelche Scheu oder Heimlichkeit haben die Centralfische, die so viele Stunden ihres Lebens die gleichen paar Kubikmeter Atemraum teilen, natürlich nicht mehr. Der richtige Centralist führt das Privatleben der andern und treibt mit dem eigenen keine Hehlerei. Das schafft, unterstützt von der ortsüblichen Neigung zum Selbstspott und zur gelassenen Preisgabe der eigenen Schwächen, eine Sphäre verschwebender Gemütlichkeit, in der jederlei Prüderie welkt und abstirbt. Es gibt Centralgäste, die psychisch nackt gehen, ohne daß ihre kindlich-unschuldsvolle Blöße eine Mißdeutung als schamlos zu befürchten hätte. Diesem paradiesischen Einschlag in den Charakter seiner Stammgäste hat vor einigen Jahren der Besitzer des Cafés durch Aufstellen einer Palme Rechnung zu tragen versucht. Die Tochter aus dem Morgenland hat aber das Klima der Örtlichkeit, trotz dessen ziemlich östlichem Charakter, nicht vertragen. Sie wurde klein gehackt, und ihre zerteilte Substanz fand in der Küche – ob als

Brennstoff oder als Mokkabohne, darüber sind die Forscher nicht einig – Verwendung.
Teilhaftig der eigentlichsten Reize dieses wunderlichen Kaffeehauses wird allein der, der dort nichts will als dort sein. Zwecklosigkeit heiligt den Aufenthalt. Der Gast mag vielleicht das Lokal gar nicht und mag die Menschen nicht, die es lärmend besiedeln, aber sein Nervensystem fordert gebieterisch das tägliche Quantum Centralin. Mit Gewöhnung allein ist das kaum zu erklären, auch nicht damit, daß es den Centralmenschen, wie den Mörder an den Ort der Tat, immer dorthin ziehe, wo er schon so viel Zeit totgeschlagen, ganze Jahre ausgerottet hat. Also was denn ist es? Das Fluidum! Ich kann nur sagen: das Fluidum! Es gibt Schreiber, die nirgendwo anders wie im Café Central ihr Schreibpensum zu erledigen imstande sind, nur dort, nur an den Tischen des Müßiggangs, ist ihnen die Tafel der Arbeit gedeckt, nur dort, von Faulenzlüften umweht, wird ihrer Trägheit Befruchtung. Es gibt Schaffende, denen nur im Central nichts einfällt, überall anderswo weit weniger. Es gibt Dichter und andere Industrielle, denen nur im Café Central der verdienende Gedanke kommt, Hartleibige, denen nur dort die Tür der Erlösung sich öffnet, erotisch seit langem Appetitlose, die nur dort Hunger verspüren, Stumme, die nur im Central ihre oder eines andern Sprache finden, Geizige, deren Gelddrüse nur dort sezerniert.
Dieses rätselvolle Kaffeehaus beschwichtigt in den friedlosen Menschen, die es besuchen, etwas, das ich: das kosmische Unbehagen nennen möchte. An dieser Stätte der lockeren Beziehungen lockert sich auch die Beziehung zu Gott und den Sternen, die Kreatur entschlüpft ihrem Zwangsverhältnis zum All in ein pflichtenloses, sinnliches Gelegenheitsverhältnis zum Nichts, die Drohungen der Ewigkeit dringen nicht durch die Wände des Café Central, und zwischen diesen genießest du der holden Wurschtigkeit des Augenblicks.
Über das Liebesleben im Café Central, über den Ausgleich der sozialen Unterschiede in ihm, über die literarischen und politischen Strömungen, von denen seine ausgefransten Küsten bespült werden, über die in der Centralhöhle Verschütteten, die dort sehnsüchtig ihrer Ausgrabung harren, hoffend, daß sie nie stattfinden werde, über das Maskenspiel von Witz und Dummheit, das in jenen Räumen jede Nacht zur Fastnacht wandelt, über dies und anderes wäre noch viel

zu sagen. Aber wer sich für das Café Central interessiert, der weiß das alles ohnehin, und wer sich nicht für das Café Central interessiert, an dessen Interesse haben wir keines.
Es ist ein Kaffeehaus, nehmt alles nur in allem! Ihr werdet nimmer solcher Örtlichkeit begegnen. Von ihr gilt, was Knut Hamsun im ersten Satz seines unsterblichen »Hunger« von der Stadt Christiania sagt: Keiner verläßt sie, den sie nicht gezeichnet hätte.

Else Feldmann
BALLETT DER STRASSE
EIN ENTWURF FÜR JAZZMUSIK
(1930)

Dem Journalismus im klassischen Sinn kann dieser Text zweifellos nicht zugerechnet werden. Wenn er dennoch in einer Journalismus-Anthologie Aufnahme findet, so geschieht dies aus folgenden Gründen:
Die Skizze weist komprimiert und vielfältig Bezüge zur sozialen Realität der späten zwanziger Jahre auf, Arme und Ausgestoßene treffen in dieser Geschichte schroff auf Begüterte und Hofierte. Der Text spricht mit seiner Bezugnahme auf den Jazz weiters einen Teil der damaligen Populärkultur an. Traum und Wirklichkeit werden indes nicht als Klischee strapaziert. Der Wirklichkeit steht vielmehr ein Traum entgegen, in dem selbst die Wirklichkeit noch ihr ungerecht-sarkastisches Spiel treibt. Also: »Wirklichkeit und Alptraum?« Vielleicht. Aber der Traum ist zu vielschichtig. Da geht es beispielsweise um Frau-Mann-Beziehungen. Wichtiges Motiv ist auch eine je nach Besitz und gesellschaftlicher Stellung unterschiedlich agierende Polizei, eine Polizei ohne Kopf, die sich verselbständigt.
Dieser »Entwurf für Jazzmusik« wurde im Frühjahr 1930 in der Mitgliederzeitschrift des Vereins »Sozialdemokratische Kunststelle« veröffentlicht. Da die Forschungen über Else Feldmann noch recht jungen Datums und nicht abgeschlossen sind, wissen wir nicht, ob nach diesem Drehbuch jemals ein Tanztheater aufgeführt wurde.

Schauplatz: die Opernkreuzung. An einem frostigen Herbstabend zwischen neun und zehn Uhr.
Man sieht eine Kaffeehausecke mit Oberstock, rot und grün beleuchtet, mit Tanzpaaren. Daneben ein Kino mit reißerischen Plakaten, vor dem Eingang ein Ausrufer. In der Mitte der Straße ein Photographenkiosk – eine andere Ecke: ein Obststand mit Karbidbeleuchtung, etwas weiter entfernt eine alte Blumenverkäuferin, Krüppel und Hausierer sitzen und stehen herum. (Die Jazzmusik begleitet leise alles, sie scheint aus einem Lautsprecher zu kommen, der in dem Café aufgestellt ist, und versetzt die Menschen auf der Straße in eine Art

Tanzraserei.) Die vorübergehenden jungen Mädchen, seien sie noch so tugendhaft, sind nicht zu halten – trotz der kalten Nacht setzen sich einige Gäste auf die Terrasse, die Kellner kommen sofort und bedienen. Die Straße dringt ein, Krach. Es wird still – man hört nur Autohupen, Signale der Straßenbahn – eine junge Stimme ruft Zeitungen aus. Das Bild ändert sich mit einem Male. An einem Baum sind Zeitungen befestigt, der Baum ersetzt den Laden, eine niedrige Kiste dient als Sitzgelegenheit, dort hockt die Zeitungsverkäuferin. Sie ist ein sehr schönes, junges Mädchen, aber durch häßliche Kleider ganz vermummt, in großen Stiefeln, einem langen weiten, schäbigen Rock, einer dunklen, abscheulichen Jacke, als Kopftuch ein alter Sack. Sie verkauft an Vorübergehende Zeitungen. Augenblicklich ist nicht viel zu tun. Da kommen ihre beiden Liebhaber. Einer weiß vom anderen nichts, sie versteht es, die beiden voneinander fernzuhalten. Die zwei Strolche leben von dem, was das Mädchen mit Zeitungsverkauf verdient. Mit beiden hat sie einen fortwährenden Kampf. Sie braucht den Nervenreiz des Kampfes wie ein Morphinist das Morphium.

Die zwei Burschen haben die moderne Strolchtracht: Knickerbocker, karierte Strümpfe, braune Halbschuhe – braune Wollsweater, Kappen – sie sehen wie Zwillinge aus. Sie sind immer da, doch nie zu gleicher Zeit in der Nähe des Mädchens, so daß einer mit dem anderen nicht in Berührung kommt. Während das Mädchen an Passanten Zeitungen verkauft, hat sie Mühe, die Liebhaber abzuwehren, die sie werbend und drohend umtanzen; sie tut, als ob es sich um Augenblicksbekanntschaften handle, schließlich nimmt jeder von den Strolchen ihr einen Teil der Losung ab, um dafür bummeln zu gehen. Das Mädchen bleibt ohne einen Groschen allein zurück. Sie lehnt den Kopf an den Rollbalken eines Geschäftsladens, schließt erschöpft die Augen. Die alte Blumenverkäuferin, die in der Nähe hockt und soeben das letzte Sträußchen einem Straßenmädchen geschenkt hat, bringt ihr eine Schale heißen Tee, gießt aus einer Flasche, die sie bei sich trägt, Rum hinein, das Mädchen trinkt, sinkt in Schlaf zusammen, während sie einschlummert, stehlen ihr Vorübergehende die Zeitungen, die ihr übriggeblieben sind. Im Schlaf löst sich, durch unruhige Bewegungen, der Sack von ihrem Kopf, die schönen blonden Locken werden sichtbar, auch ihr Gesicht ist mehr und mehr zu sehen, ein Stiefel löst sich von ihrem Fuß, dann der andere, sie streckt

ihre schönen, schlanken Beine aus. Nun merken die Passanten, daß die vermummte häßliche Alte ein schönes junges Mädchen ist.
Ein Herr kommt mit großer Gesellschaft vorbei – er ist Chef eines großen Modellhauses –, als er das Mädchen sieht, engagiert er es sofort als Reklamemodell gegen gute Bezahlung. Schon will sie annehmen, da tauchen in einiger Entfernung die Schatten ihrer beiden Liebhaber auf, und so wagt sie es nicht. Der Chef des Modellhauses weiß sich indes zu helfen, er fingiert, daß an ihm ein Taschendiebstahl begangen worden ist, und verdächtigt die zwei Burschen. Es gibt einen Skandal, Schutzleute kommen – als sie den Chef des Modellhauses erkennen, verbeugen sie sich bis zur Erde, die Strolche werden als Diebe arretiert.
Inzwischen hat ein fixer Reklamechef, der sich stets in Gesellschaft des Modellhausbesitzers befindet, alles besorgt. Das Mädchen, das jetzt von ihren Liebhabern befreit ist, nimmt den Antrag an. Rasch geschieht folgendes: eine Lichtschrift erscheint:

IN ZEHN MINUTEN WIRD DAS SCHÖNSTE MÄDCHEN DER STADT ÜBER DIE RINGSTRASSE GEHEN.

Gleich darauf wird ein Ankleidezelt auf der Straße errichtet. Drei Wände, ein Ankleidespiegel, ein paar Lehnstühle, auf denen prächtige Kleider ausgebreitet werden.
Abermals erscheint die Lichtschrift:

UND WIRD DIE KLEIDER DES MODELLHAUSES
M. DANIELS UND BRUDER TRAGEN.

Leute stauen sich, Männer machen Zukunftspläne, sagen sich binnen fünf Minuten von ihren Gattinnen und Geliebten los, es entsteht Skandal, eine Keilerei, Schutzleute kommen von allen Seiten zu Fuß und zu Pferde, die Oper ist aus, Kavaliere in Frackmänteln machen sich von ihren Damen frei, alles wartet, schaut.
Zu gleicher Zeit tritt das Mädchen in das Zelt ein; wirft das abscheuliche Gewand ab, legt ein herrliches Brokatkleid an. Geht zuerst langsam und feierlich, wird immer mehr vom Abenteuer mitgerissen, verfällt in einen rasenden Tanz – Männer jeden Alters, jeden Standes, wie sie zufällig die Straße vorbeiziehen läßt, stürzen wie toll zu Füßen des Mädchens; da ergreift es auch die anderen Frauen, es macht sie toll, daß alle Männer nur für das eine Mädchen da sein sollen, und sie veranstalten einen Werbetanz um die am Boden kauernden Männer, wobei alle Temperamente vertreten sind, vom

lautesten bis zum rasendsten. Aber alles nützt nichts, die Männer sind behext von dem Mädchen. Da stürzen sich die rasenden Frauen auf das Mädchen, reißen ihr die Kleider vom Leib, tragen in äußerster Wildheit die Fetzen davon; wie nun das Mädchen fast nackt dasteht, erscheint ein schöner Malerjüngling, großer Hut, Radmantel – deckt den Mantel über sie. – Mitten im Pfeifen und Schreien erscheinen wieder Schutzleute, die die Ansammlung vertreiben. Reitende Schutzleute (Pferde aus Papiermaché) traben in die Menge. Geschrei. – Da erscheint ein kommandierender Oberinspektor, drängt alle Leute fort, wer nicht geht, soll erschossen werden. – Die Leute sind endlich vertrieben. Der Kommandierende befiehlt, die Straßenbeleuchtung zu verlöschen. In der Dunkelheit bemerkt der Oberinspektor, von seiner Blendlaterne beleuchtet, den Maler, der das Mädchen umfangen hält. Da will er auf den Maler anlegen, da erkennt er mit einem Fluch, daß er keine Waffen, sondern nur ein Pfeiferl bei sich hat; er pfeift, aber niemand kommt, der Platz ist ganz leer. Plötzlich kommen die beiden Liebhaber in Sträflingskleidern, die aus dem Polizeiarrest ausgebrochen sind und den Pfiff gehört haben, in großen Sprüngen daher, ergreifen den Inspektor und zwingen ihn, sich auszuziehen und mit den Kleidern eines der Strolche zu tauschen. Das geschieht; der Eifersüchtige legt die Polizistenkleider an und steht Wache vor dem Mädchen; der wirkliche Polizist zieht die Sträflingskleider an, wird vom zweiten Strolch fortgezogen, und an der Ecke werden beide vom Schutzmann festgenommen. Indessen will der als Polizist verkleidete Strolch den Maler verhaften, um wieder mit dem Mädchen beisammen zu sein. Der Maler umtanzt ihn mit geladenem Revolver. Da beginnt die Uniform automatisch zu funktionieren – der Strolch weiß nicht mehr, ist er Strolch oder Polizist, entreißt dem Maler den Revolver, legt auf ihn an – der Maler fällt, noch ehe ihn ein Schuß trifft, um.

Ein Pfaffe geht vorüber, beanstandet das entkleidete Mädchen – der Strolch als Polizist macht ihm Beine. Dieser ist nur mehr Amtsperson, die Uniform funktioniert von selber – er macht nun vollständig den Eindruck eines Automaten; wer vorübergeht, den verhaftet er, zuerst den Pfaffen, der rechts, das Mädchen, das links vom Strolch-Polizisten steht. Jeder Passant wird von der *Uniform* verhaftet, die gutgekleideten Herren und Damen schließen sich wie von selbst rechts dem Pfaffen an, die ärmlichen Gestalten dem Mädchen. Nachdem sie

ein paarmal im Trott den Platz umtanzt haben, löst sich der Knäuel um den Pfaffen herum und sie kneifen aus mit Selbstverständlichkeit, die ärmlichen Gestalten mit dem Mädchen bilden eine Kette, sie werden eskortiert, gehen wie besoffen, verschwinden in die Nacht.
Der Platz ist finster, leer, man hört nur ein paar Autohupen, ein paar Betrunkene grölen, ein furchtbarer Schrei, der in ein Stöhnen endet.
Aus der Dunkelheit kommen Maler und Mädchen heraus, sie tanzen in Selbstvergessenheit unter den Sternen, bis sie auf ein Stück Rasen erschöpft niedersinken.
Schlußbild wie am Anfang:
Das schöne Mädchen, das an dem Rollbalken lehnt, ist eingeschlafen – die Teeschale in der Hand, hinter ihr steht die alte Blumenverkäuferin, wartet, daß sie ausgetrunken hat, um die leere Schale fortzunehmen. In der Lebhaftigkeit des Traumes hat sich der Sack von ihrem Kopf verschoben – man sieht ihr schönes, junges Gesicht von blonden Locken bedeckt.
Ein Pfiff – sie fährt erschreckt auf.
Es ist alles, wie es war.

V.

»Schriftsteller ohne Schreibtisch . . .«

Theodor Herzl
DIE SCHULE DES JOURNALISTEN
(1895)

Als Paris-Korrespondent der »Neuen Freien Presse« war Theodor Herzl oft im französischen Parlament, dem »Palais Bourbon«. Er sah es als eine »Schule des Journalisten«, wo man »hören und sehen« lernte. Was Herzl dort hörte und sah, mündete in eine exzellente Analyse des französischen Parlamentarismus, eine Beschreibung der Stars und der Hinterbänkler, der gleichförmigen, ritualisierten Debatten.

Er zweifelte an der adäquaten Vertretung eines Volkes, das immer wieder überdurchschnittliche Geister hervorbrachte, durch die 500 Parlamentarier. Es regiere die Fadesse, weshalb sich die Journalisten auch zunehmend auf die Zwischenrufer konzentrierten und es im Erkennen und Zuordnen dieser Zwischenrufe zu einer bestimmten Meisterschaft gebracht hätten. Aber nicht nur beim Parlamentarismus, auch im politischen Journalismus sah er eine Krise. Für so manchen Redakteur sei die Parlamentsberichterstattung lediglich ein Sprungbrett, um selbst zum Abgeordneten oder später gar Minister zu werden. Wie den Parlamentsreden, so ergehe es auch den journalistischen Artikeln: Sie fielen dem raschen Vergessen des Tages anheim.

Nach dieser ausführlichen und dichten Beschreibung aus dem Parlament führt ihn ein Spaziergang an das Seineufer. Dort erst entdeckt er Spuren der Geschichte, die Bücher in den Läden an der Seine, das pralle Alltagsleben. Der Gang durch dieses Pariser Leben an einem schönen Frühlingstag läßt den Text mit der »Heiterkeit einer Versöhnung« enden. Im ersten Teil, als es um den Parlamentarismus ging, hat er noch resignierend über den Journalismus gemeint: »Angefangene Träume, halbe Einfälle, unbenützte Stimmungen – daraus setzt sich ein Journalistenleben zusammen. War es nicht besser zu verwenden?« An diesen Gedanken erinnert er sich, findet aber darin immerhin einen Teil des Shakespeareschen Traumes verwirklicht: »Immer und noch einen Tag!« Da gelte es zu wählen: Herzl entscheidet sich für die journalistische Version des Traumes: »Also einen Tag!«, denn: »Immer zu dauern wäre uns nicht möglich.«

Fast 100 Jahre später läßt es sich mit Gewißheit sagen: Herzl mag damit für den Journalismus in gewisser Weise durchaus recht haben, für sich selber jedoch irrte er. Und Texte wie der folgende machen ihn – nicht nur als politischen Denker, sondern auch als Journalisten – unsterblich.

Wenn man vier Jahre da oben versitzt auf dem Platze der fremden Zeitungsschreiber, in dem engen Verschlag zwischen den zwei letzten Säulen, lernt man einige nützliche und viel überflüssige Dinge – wie in jeder andern Schule. Nicht die einzelne Kenntnis hat Wert, sondern die Übung. Man lernt hören und sehen. Zuerst war es eine harte Anstrengung, das Hinunterhorchen nach jedem Ton und jeder Bewegung. Es lag darin die unerfahrene Meinung vom Parlament: als ob die Worte da mit Gedanken gesättigt sein müßten. Die Albernheit der öffentlichen Reden verwirrt den Menschen, der an die Büchereinsamkeit gewöhnt ist; denn er hält diese Albernheit für eine scheinbare, nur ihm vorkommende, und er lauscht mit um so mehr Ehrfurcht, je weniger er versteht. Ist es denn möglich, daß dummes Zeug oder veraltete Ansichten, die in der Bücherwelt vor dreißig, vierzig Jahren galten, hier mit solcher Dreistigkeit vorgebracht und mit solcher Aufmerksamkeit angehört werden? Es muß doch etwas dahinterstecken? Ja, ja, man entdeckt allmählich, was dahinter ist.
Es unterhält mich zuweilen, wenn ich denke, was wir in dem Journalistenloge genannten Verschlag für zwecklose Fertigkeiten uns aneignen. Ein Beispiel: das Erkennen der Zwischenrufer. Wir schreiben die Worte eines Redners nach und beobachten nur ihn, wenn nicht gerade unsere Gedanken irgendwo in der Ferne herumstreichen. Plötzlich stößt ein Zwischenrufer, dessen Stimme wir nicht kennen, einen Laut aus. Im nächsten halben Augenblick wissen wir, welcher von den fünfhundert anwesenden Deputierten es war. Unser Blick tastet sich an den Blicken der unten Sitzenden hin nach einer Richtung; eilig sind wir bei der Gruppe, aus welcher der Schrei kam, und den Rufer erkennen wir an der Bewegung seiner Nachbarn sowie an seinem eigenen Nachschwingen, das von leisem Zittern bis zu starkem Schaukeln des Oberkörpers geht. Dieses Nachschwingen hat ausnahmslos jeder. Ich stelle das wahrhaftig nicht als eine wichtige Beobachtung dar, ganz im Gegenteil. Aber wie lange dauert es, bis man diese geringe Kunst erworben hat.
Man kennt den verschiedenen Klang von hundert Stimmen, und man weiß im voraus, was ein Redner ungefähr sagen wird. Bald hat man

auch den Typus der großen Sitzungen herausgefunden. Eine »große« Debatte besteht aus dem Zitieren früherer Sitzungen – höchstens »Geschichte« der letzten zwanzig Jahre –, aus kleinen Geschicklichkeiten, die zusammen die formale Politik bilden, und aus der künstlichen Herbeiführung von Zwischenfällen. Das ist einer der zahlreichen Gründe für den Niedergang des Parlaments: die Gleichförmigkeit der als groß bezeichneten Debatten. Wir haben schon gesehen, daß der graue Vorhang dieser angeblichen Öffentlichkeit mancherlei verbirgt. Wer aber im Palais Bourbon nicht zu Hause ist, weiß das nicht oder kann es nur geärgert ahnen. Und da wirkt es betrübend, daß dieses Volk keine geistig bedeutendere Vertretung hat, wo das Volk doch selbst in Verfallszeiten, wie die jetzige, noch viele Denker und Schriftsteller über Mittelgröße hervorbringt.
An der Krise des Parlaments tragen diejenigen die größte Schuld, die über das Eindringen niederer Elemente jammern. Der gemeine Parlamentston ist überall eine Folge der Ausbildung jener Geschicklichkeiten, durch die sich Parteien oder einzelne an der Macht erhalten wollen. Diese Mittelchen der formalen Politik sind schwerer zu finden als nachzuahmen. Zur Nachahmung genügen minder feine Geister, die sich richtig auch roher ausdrücken werden. Spät sehen dann die verdrängten Intelligenzen ein, daß sie sich durch das am schwersten schadeten, wodurch sie sich zu nützen glaubten. Denn die Waffen, die sie ersonnen haben, geraten in brutalere Fäuste. Und davor hätte man sich um so mehr in acht nehmen müssen, als das Parlament volkstümliche Grundlagen hat. Das System enthält ja schon von vornherein die Begünstigung der stärkeren Schreier und dreisteren Komödianten.
Die Krise des Parlaments ist freilich nicht durch solche Fraktionssünden allein herbeigeführt worden. Der tiefste Grund liegt, glaube ich, in der Verkünstelung des Mandats. Der Auftrag des Volksvertreters ist in der Wurzel krank, das haben wir bei den Wahlen gesehen. Auf Versprechungen hin, deren Unerfüllbarkeit der Kandidat genau weiß, erhält er einen unbestimmten Auftrag zur Gesetzgebung. Und doch ist dies ungeachtet behördlicher Wahlbeeinflussung und der Erstickung einsichtiger Minoritäten noch nicht das Schlimmste; das Gegenspiel beschränkter Interessen hebt sich vielleicht in der Gesamtvertretung auf. Der mangelhafte Auftrag wird aber über die Gesetzgebung hinaus auf die Exekutive ausgedehnt. Wohl enthält die

Verfassung verschiedene Hemmnisse und Verkleidungen der Regierungswahl; dennoch ernennt das auch nur vom Parlament gewählte Staatsoberhaupt die Regierung nicht frei. Die Kammer bestimmt auf Umwegen die Regierung, die sie, wann es ihr beliebt, durch Intrigen entfernt. So steht alles in der Luft. Jeder kann sich auf die Fiktion des Auftrages berufen, und niemand trifft eine schwere Verantwortung. Die »allergetreueste Opposition Ihrer oder Sr. Majestät« drückt ein richtigeres Prinzip aus. Denn wie der Staat geschichtlich keineswegs durch einen *contrat social* entstanden ist, so muß in ihm auch ein anderes Rechtsverhältnis wirken. Das ist die *negotiorum gestio.* Das Volk ist und bleibt behindert, seine durch Größe und Umfang unübersehbaren Geschäfte zu führen. Der Gestor oder die mehreren Gestoren werden eine um so heißere Sorgfalt anwenden, je mehr sie ihre Geschäftsführung durch Taten legitimieren müssen. Sie werden, um sich einzusetzen, auch irgendeine Fiktion vorschützen; welche, ist eigentlich gleichgültig. Sie stehen jedenfalls im Dienste einer höheren Notwendigkeit. Das kann ausgedrückt werden je nach dem Kulturgrade des Volkes.

Diese Erwägungen möchte ich kurz zusammenfassen. Ich finde die Erklärung der schleichenden Krise, in der sich die parlamentarische Republik befindet, darin, daß man sich nicht von vornherein klar genug wurde oder es nicht für wichtig hielt, Regierungsprinzip und Staatsform zu unterscheiden. Es gibt nur zwei Regierungsprinzipien: das aristokratische und das demokratische. Und das Regierungsprinzip muß, glaube ich, in einem ausgleichenden Gegensatze zur Staatsform stehen. Regierungsprinzip und Staatsform müssen sich gegenseitig mildern.

Ich weiß nicht, wem es komisch erscheinen wird, daß ich in der Journalistenloge solchen Gedanken nachhänge. Doch wenn man sich nicht mit diesen Dingen beschäftigt, wozu geht man ins Palais Bourbon.

Hier in Frankreich werden derlei Betrachtungen von den wechselnden Machthabern und deren bleibenden Knechten mit einer offiziösen Ironie abgelehnt. Das beweist natürlich nichts. Der gegenteilige Beweis steigt aus der Tiefe herauf. In der Wahlbewegung sieht man ein würdeloses Unterbieten der Auftraghascher. Es gibt Bewerber genug selbst um befehlende Mandate. Und wenn der imperative Auftrag auch nach dem Gesetz nicht existiert, wird er doch durch die Herrsch-

sucht sonderbarer Wahlkomitees ersetzt. Diese Deputiertenmacher hielten wohl schon das äußerste Mögliche der Demokratie für erreicht. Es ist noch nicht. Erst im Referendum zeigt sich der ganze Unsinn einer vorgängigen Volksbefragung. Es gibt in der Politik keine einfachen Fragen, die mit Ja und Nein beantwortet werden können. Das Volk ist wohl – wenn ich das lustige Wort noch einmal anwenden kann – nicht Jurist genug, um das oder jenes unklar zu finden. Es dürfte dennoch einige Schwierigkeiten bereiten, der Menge eine Währungsfrage, einen Handelsvertrag oder irgendeine andere Ziffernsache zu erklären. Die Imponderabilien des Völkerverkehrs würde die Menge ebensowenig verstehen wie die weiten Gedanken der Volkserziehung, und wenn eine große Nation das Unglück hätte, das Referendum zu besitzen, stünde sie trotz aller Friedensapostel fortwährend vor dem Kriege, auf ja und nein, ohne Übergänge.
Wie mit der Anzahl von Beratenden auch deren Unfähigkeit wächst, das sieht man täglich im Palais Bourbon. Für diese Beobachtung eignen sich besonders die stillen Tage. Die Physiognomie der langweiligen Kammersitzung kennen wenige Leute. Man kommt nur, wenn Sturm erwartet wird, wenn eine Regierung in Gefahr und ein Mann über Bord ist oder beschämende Enthüllungen angesagt sind. Zwar sind die Galerien immer voll. Das ist die Blüte der Provinz oder rundreisendes Ausland. Die Leute hören, ohne zu verstehen, und sehen, ohne zu erkennen, was im Saale vorgeht. Die aber sonst jede Bewegung bewachen, die Zeitungsschreiber, laufen hinaus und sammeln den Kleinkram von Neuigkeiten, die zumeist nicht wahr sind, in der *Salle de la Paix*. Und dennoch ist immer die Sitzung das Merkwürdigste. Immer spielt sich etwas ab im weiten Amphitheater, unter der gläsern durchbrochenen Decke, die von Marmorsäulen so edel getragen ist. Wäre es auch nur das geringe Auf und Ab von Abstimmungen oder ein Beleuchtungswechsel im Oberlicht. Wenn der Tag jenseits der Decke stumpfer hereindämmert, sind die Umrisse der Leute unten verschwommen wie ihre Reden. Dann fliegt der warme gelbe Ton des Gaslichtes hinter der Glasdecke hin, und man sieht wieder, was hinter dem Sfumato war.
Von unserem Standpunkte erscheinen die Gestalten in einer Verkürzung, das weiß ich wohl; sie »plafonieren« sozusagen umgekehrt. Aber das Licht fällt auf ihre Köpfe, und es ist Einheit in unserem Standpunkte, also Verläßlichkeit.

Und so habe ich sie lange angesehen: die mit der mühsamen Pose, wie die Harmlosen, die sich im Palais Bourbon unbemerkt glauben. Die meisten fühlen allerdings immer die Augen einer Welt auf sich gerichtet. Es ist komisch. Und doch, wenn man von der einzelnen Lächerlichkeit auf den Gedanken zurückgeht, den sie närrisch ausführt, findet man, daß es ein zweckmäßiger ist. Der Parlamentarismus erfordert weithin sichtbare Masten mit groben Zügen und von schrecklicher Starrheit. Das menschliche Gesicht darf aus vielen Gründen in seiner unerträglichen Wahrheit nicht gezeigt werden. Der Politiker muß sich einen Charakter zurechtmachen, den er bis ans Ende spielen wird, unbeirrt durch alle natürlichen Wandlungen. Daß solche in jedem vorgehen, folgt aus dem Leben. Gäbe es nichts als das Altern, mit seinem tragischen Ausgang, wir wüßten schon, daß sich die Unveränderten verstellen. Aber es läßt sich noch gar manche andere Tragik denken, zum Beispiel die des Ehrlichwerdens. Ein Mann, der durch Phrasen hinaufkam, wird eines Tages vom Ekel vor der Phrase erfaßt; er sieht erschüttert das Unzulängliche oder Ungerechte der Gesetze, die er machen half und noch weiter hilft. Dennoch kann er von seiner angenommenen Person, die mit alldem verwachsen ist, ohne Selbstvernichtung nie mehr loskommen.
Die meisten politischen Charaktere entwickeln sich freilich anders. Wenn sie auftreten, ist ihre Begeisterung, ihr Mitleid für das Volk, ihr Zorn über das Unrecht der Zustände echt. So kommt der rednerische Schrei ergreifend heraus, und die Gebärde ist hinreißend. Plötzlich gewahren sie die Wirkung – und merken sich den Schrei, die Gebärde wie Talmi. Die endgültige Form ist gefunden. Aus dem Gesichte entsteht die Maske.
Und wer oder was steckt hinter den Masken? Unbeschäftigte Advokaten, die ihr Geschwätz zwischen den Bänken ausbreiten. Herumlungernde Kannegießer aus Provinzkaffeehäusern. Berichterstatter, die in den Ausschüssen fleißig, aber gedankenlos wie auf einer Schulbank hinaufrücken, bis sie in den Ministerien sitzen; dann halten sie das Ziel der Menschheit für erreicht und sind wie Beamte ohne die versöhnende Anciennität. Ferner sieht man gute Jungen, die laut und sicher Mittelmäßigkeiten zum besten geben. Anspruchsvolle Regenschirmfabrikanten, die Staatsmann spielen. Dagegen wieder Mundarbeiter, die den kleinen Mann vertreten und sich in den Debatten gleichsam die Stiefel ausziehen. Dort die erschöpften Ab-

kömmlinge des alten Adels, die schadenfroh und kraftlos zusehen, wie sich die *»gueuse«,* die Republik, verblutet. Zwischendurch Geschäftsleute, in die Politik verirrt, suchend, was sich verschlingen ließe. Und endlich die Überlebten, die eine Viertelstunde des Glanzes hatten, wie vergessene Gespenster umherwanken und verdrossen oder mit der letzten Anstrengung müder Gehirne zuhören am inhaltslosen Nachmittag ...

Palais Bourbon! Oft sind mir die Worte von David Copperfield eingefallen: »Ich habe das schreckliche stenographische Geheimnis bemeistert ... Nacht für Nacht schreibe ich Vorhersagungen nieder, die nie eintreffen, Glaubensbekenntnisse, nach denen nie gehandelt wird, Erklärungen, die nur in die Irre führen sollen ... Ich sehe weit genug hinter die Kulissen, um den Wert des politischen Lebens zu kennen. Ich bin in dieser Hinsicht ein wahrer Heide und werde mich nie belehren lassen ...«

Für den französischen Journalisten hat das Palais Bourbon doch noch einen anderen Wert. Diese Schule führt ihn wirklich ins Leben. Er wird selbst Deputierter und Minister, nachdem er sich mit den Kniffchen der normalen Politik gehörig vertraut gemacht hat. Aus dem »Friedenssaale« geraten mehrere durch kluge Benützung von Umständen in den Verhandlungssaal. Es handelt sich nur darum, den Augenblick zu erspähen, wo die Tür offen ist. Am nützlichsten ist eine mäßige Opposition, Lavieren vor dem Winde. Wer freilich den Windwechsel nicht gut beurteilt, der treibt und geht verloren. Das sind dann traurige alte Burschen, die sich immer haben ausnützen lassen, den Ruhm Undankbarer und das Glück von Schwindlern gemacht haben. Wer auf den Tag lauert, der verpaßt die Zeit. Plötzlich ist die Zukunft, die so groß dalag, verschwunden. Das Palais Bourbon verzehrt gar mächtige Talente. Der und jener schreibt entzückende Berichte aus der Kammer; was bleibt davon? Viele versprühen ihren Witz im Geplänkel der Plaudergruppen, versorgen andere mit Ideen und sind schließlich recht arme Leute, die sich verzettelt haben.

Angefangene Träume, halbe Einfälle, unbenützte Stimmungen – daraus setzt sich ein Journalistenleben zusammen. War es nicht besser zu verwenden?

Die Sitzung dauert fort, wie jener sagte, und doch gehen wir hinaus. Vom Palais Bourbon aus wollten wir ja Frankreich betrachten. Vor dem Gittertor ist eine anmutige Gegend, wo wir unsere Frühlingstraurigkeit spazierenführen und im Sommer aufatmen können. Das Seineufer, die Bücherlände! Das ist der Weg nach dem Louvre, wo die Gioconda lächelt, oder nach der Mazarinischen Bibliothek, wo man, umgeben von verblaßtem Grün, zwischen Hermen sitzt und sich aus alten Büchern wieder Heiterkeit ins Gemüt lesen kann. Und man braucht nicht einmal so weit zu gehen. Ganz Frankreich liegt an diesem Ufer hingebreitet. Der Strom, der immer fließende, bespült die Erinnerungen. Jenseits der Brücke der Concordeplatz, welch ein Palimpsest: Lebenszüge mit Kraft hingeführt über die unauslöschlichen Inschriften der Vergangenheit.

Aber ich gehe am linken Ufer flußaufwärts. Eine junge Ruine. Aus leeren Fensterbogen glänzt blau der Himmel, zwischen den halbzerstörten Mauern ist schon ein Wald gewachsen, und da haust allerlei Getier. Spatzenschwärme singen das ganze Jahr. Diese holde Wildnis ist der Rechnungshof, über den die Kommune ihr Petroleum ausgoß. Daß man den Palast nicht wieder aufbaute, soll vermutlich einen Regierungsgedanken ausdrücken: Seht ihr, wohin der Umsturz führt – auf den Überbleibseln unserer Kultur würden Spatzen singen, das ganze Jahr!

Nicht übel, der Regierungsgedanke. Aber wer betrachtet die Denkmäler? Das Leben geht vorüber, geht vorüber ... Ein junger Mensch aus dem Lateinischen Viertel kommt daher: ausgefranste Hosen, eine Blume im Knopfloch, ein Trällern auf den Lippen, und er reckt sich den Hals aus nach einem munteren Weiblein. Das Weiblein hat Augen für den Reitergardisten, der sein Pferd galoppieren läßt, daß die Funken stieben. Der Reiter hat es gar eilig, wie die umgehängte Ledertasche anzeigt. Und was enthält die staatsgeheimnisvolle Tasche? Vielleicht ein zärtliches Briefchen, das der Sekretär des Ministers der Herzallerliebsten schreibt.

Denn überall, wo man in den Menschen liest, findet man weniger als in den Büchern. Ein paar einfache Instinkte, mannigfach verkleidet, stets die gleichen, und dazu wichtige Gebärden, die leichter zu durchschauen sind als die Amtstasche dieses Reiters.

Aber das ist die Bücherlände. Napoleon, der Wunderbare, hat auch die jetzige Steinfassung der Seine gezogen. Vor ihm war der Büchermarkt schon in dieser Gegend, aber unordentlich. Die Elzevire lagen zwischen Kraut und Rüben auf dem Obstmarkt aus. Jetzt sieht man bis an den Pont-Neuf hin einen flachen Kasten neben dem andern auf der Steinbrüstung, und da sind Schmöker und Scharteken darin sowie neueste Sachen, die niemand mag. Die Legende behauptet, daß Napoleon als Lieutenant am Quai Conti in einer Dachstube wohnte und gern auf den Pont-Neuf büchern ging. Er stöberte in den freien Auslagen nach mathematischen, Geschichts- und Geographiewerken herum. Denn wie heute, konnte man auch damals alles auf dieser Lände finden. Hier liegt das Strandgut der Literatur aus, und nicht nur der Literatur. Von allem, was in Frankreich vorübergegangen ist, trifft man da Spuren. Hinter dem Pont-Neuf gibt es alte Waffen, Schmucksachen, Münzen, Schnitzereien, Bronzen, Bilder, Fetzen und Scherben, was man will, auf der Brüstung.

Oft begegnet man hier den besten Leuten von Frankreich, deren Ruf um die ganze Erde herumhallt. Sie stehen über die Kästchen gebückt, fischen nach Seltenheiten für ihre Sammlungen und finden beim Büchern häufig ihre eigenen Werke um den Spottpreis. Da sehen sie mit dem tiefen und feinen Schmerz der Künstler sich selbst vorübergehen.

Was holt man alles aus diesen ärmlichen Kistchen für zwei, drei oder zwanzig Sous heraus? Untersuchungen, die vor wenigen Jahrzehnten die mühsame Arbeit der größten Gelehrten vorstellten und über die heute ein Schuljunge schon lächeln darf. Gealterte Romane, häßlich und läppisch, weil sie einst diese verteufelte Schönheit hatten. Satiren, die nichts genützt, und Angriffe, die nichts geschadet haben. Gedichte aus vergessenen Frühlingen, Dramen, erschütternd, weil sie nie gespielt wurden. Da liegt eine ironische Sammlung in dreizehn Bänden: *»Théâtre des auteurs de second ordre, 1802–1810«*. Der Herausgeber hat sie gleich mit dem Titel gedemütigt. Ja, wer es vorher wüßte, daß er zweiten Ranges ist... Und weiter die lockeren Zerrbilder der Frauentracht, aus denen noch durchschimmert, was die Sinne Verschollener reizte. Und diese melancholischen alten Witzblätter mit den unverständlichen Anspielungen auf »Männer vom Tage«. Überall das Unterliegen der Persönlichkeit, die an sich glaubte. Alles durch den gewaltigen Fortschritt zerrieben, verweht. Nur Napoleon lebt noch; seine Züge – aus der gesunden Zeit – trägt Frankreich noch heute. Aber die Würmer wollen jetzt auch sein Werk zerfressen. Es erhebt sich ein neuer Ruf: Dezentralisieren!

So steht man unter den schönen Bäumen der Bücherlände mitten in der Welt. Die Sonne liegt auf dem lichten Strom. Kleine Schiffe tollen auf und nieder. Auf den Brücken Menschen, die eilen, als wüßten sie, wohin sie gehen. Und die Liebhaber der gestrigen Zeit beugen sich kurzsichtig über alte Schriften, so daß sie nichts bemerken vom Weiterblühen des Lebens.

Da überkommt uns die Heiterkeit einer Versöhnung. Jawohl, es sind nur angefangene Träume, halbe Einfälle, unausgenützte Stimmungen in unserer Tagschreiberei. Und dennoch enthält sie einen starken Gedanken. »Immer und noch einen Tag!« ist ein Shakespearescher Traum. In der Wirklichkeit müssen wir zwischen den beiden wählen. Immer zu dauern wäre uns nicht möglich. Also einen Tag!

Mitte Juli 1895.

Alfred Polgar
IM DUNKELSTEN WIEN
»STROTTGÄNGE« VON MAX WINTER
(1904)

Alfred Polgar rezensiert ein Buch von Max Winter, dem Vater der Wiener Solzialreportage. Er tut das mit einem meisterlichen Sensorium für dessen Arbeit. Aber Polgar bespricht nicht nur eine zum Buch gebundene Sammlung ausgewählter Winter-Texte, er würdigt nicht nur die in dieser Qualität und Kontinuität einmalige Leistung. Er versteht es, auf engstem Raum Hinweise auf eine Wintersche Reportagetheorie zu geben, die Einmaligkeit seiner Texte und seines Vorgehens aufzuzeigen.
So nebenbei gelingt ihm auch eine Abrechnung mit den minderbegabten Plagiatoren und den ästhetisierenden Elendsmalern, den feinnervigen Fin-de-siècle-Artisten, denen das eigene Mitleid allemal wichtiger war als das fremde, anonyme Leid.
20 Jahre vor ihrem eigentlichen Durchbruch entdeckt er in den Reportagen Max Winters die ästhetische Relevanz und Genauigkeit der »Neuen Sachlichkeit«. Und auch auf anderem Gebiet erweist sich Polgar als weitsichtiger Journalismusexperte: Er hat keinerlei Probleme damit, daß ein Journalismus für die Tagespresse aus dieser zeitlichen Korsage gelöst und zum zeitlosen Buchdokument zusammengestellt wird.
Der Schlüsselsatz der Besprechung heißt: »Ein Buch, in welchem der Gestank der Tatsachen durch keinen Tropfen literarischen Parfums ästhetisch verfälscht ist.«
Und da muß man über den Rezensenten hinzufügen: ein Polgar, der in Kenntnis aller zeitgenössischen Sozialreporter mit traumwandlerischer Sicherheit die Spreu vom Weizen zu trennen vermag.

Es ist mir eine wahrhaftige Freude, über Herrn Max Winters »Strottgänge« berichten zu dürfen. Endlich hat er den guten Einfall gehabt, seine Studien über die Elends-Winkel Wiens (in der »Arbeiter-Zeitung« von Fall zu Fall erschienen) in ein Buch zu versammeln. Der Journalist hat sich sozusagen zum Schriftsteller summiert, aus Journalbeiträgen ist ein Buch geworden, und der Kritiker darf der Sympathie und Wertschätzung Ausdruck geben, die er als Zeitungsleser bei der Lektüre dieser Studien so oft empfunden hat. Max Winter ist ein unnachahmlicher Spezialist im Beschreiben armseligster proletarischer Existenzen geworden. Viele haben ihn imitieren wollen. Aber keiner hat die schmucklose Geradheit, die unsentimentale Wärme, die ruhige, so wirksame Sachlichkeit seiner Schilderungen erreicht. Er hat sich unter die tristesten Großstadtbewohner gemischt, unter Kanalstrotter, Obdachlose, Trockenwohner, unter das große Heer der »Gesellschaftsfeinde«. Er hat ihren Jargon gesprochen, für Stunden das schmutzige, elende Leben mitgelebt, das sie *immer* führen, ihre Händel mit der Wache mitgemacht, die stinkige Luft der Arrestlokale geatmet und den sanften Griff polizeilicher Fäuste am eigenen Kragen verspürt. Er hat in die Werkstätten der Not einen Blick getan und zugesehen, wie sie daran arbeitet, den Menschen zu vertieren. Von all diesen Erfahrungen und Beobachtungen erzählt er sehr ruhig, trocken, einfach, objektiv, ohne »rote« Drastik, mit Verzicht auf Pointen und effektvolle Kapitelschlüsse. Und doch mit der starken Wirkung, die hier aus persönlichem Erleben in die Schriftstellerei fließt. So ist es ein erfrischend unliterarisches Buch geworden. Ein packendes und aufrevoltierendes Buch. Ein Buch, in welchem der Gestank der Tatsachen durch keinen Tropfen literarischen Parfums ästhetisch verfälscht ist. Der Schreibtischmensch, der Mann der bürgerlichen Sphäre liest diese Schilderungen abenteuerlich tiefen und bösen Elends wie irgendeine ethnographische Studie, die von den unglaublichen Lebensgewohnheiten erzählt. Daß viele Tausende Menschen zu *so* trostlosem, unerträglichem Vegetieren, zu *solchem* Wohnen, solchem Schlafen, solcher Arbeit, solchem Schmutz verurteilt sind, daß der Ring des Elends *so* dick, pressend und schwer den Leib der Großstadt umschließt, würde man doch schwer glauben, wenn davon nicht ein Kenner dieser traurigen Materie erzählte, der nur von dem berichtet, was seine eigenen Augen gesehen haben und – seine eigene Nase gerochen hat. Nicht die Spur einer Affektation, einer zweckgemäßen Retusche ist in dem Winterschen Buch zu merken. Und man stellt sich mit Entsetzen vor, wie es geworden wäre, wenn einer unserer Sensitiven, unserer feinsinnigen Stilisten diesen Stoff in seine entzückend nervösen Hände bekommen hätte. Man denkt mit Schaudern an den triefenden Schwamm voll milder Ironie, der darüber ausgedrückt worden wäre, an die ästhetischen Zuckungen, in denen ein empfindsamer Stil sich ausgelebt hätte. Und vor allem an die vielen Bilder aller Zeiten und Länder, Niederländer besonders, an die sich der literarische Beobachter unwillkürlich, *malgré lui,* hätte erinnern müssen. Das besonders sei dem Buch des Herrn Max Winter dreimal lobend angemerkt, daß ihm kein einziges Bild und kein einziges Zitat, nicht einmal eines von Zola, unwillkürlich eingefallen ist.

Alfred Polgar
DAS WIENER FEUILLETON
(1906)

Einer der Klassiker des Feuilletons macht sich zum Grabredner ebendieser »Sorte« von Journalismus. Eine bemerkenswerte, aber nur scheinbar widersprüchliche Konstellation. Als Alfred Polgar hier 1906 in Feuilletonform den Niedergang dieser Gattung feierte, da meinte er – dies klärt sich bei genauerer Lektüre – nicht das Genre an sich, sondern seine zur inhaltsleeren Harmlosigkeit verkommene Variante. Auch Karl Kraus wählte die sprachverliebten und sinnentwöhnten Produkte gerade der Wiener Zeitungen immer wieder zu Objekten seiner unbarmherzigen Kritik. In seinem Essay »Heine und die Folgen« hat er mit solchen Fehlentwicklungen des zeitgenössischen Journalismus auf eine Weise abgerechnet, hinter deren Argumentationsniveau nicht mehr zurück konnte, wer als Journalist des eben beginnenden 20. Jahrhunderts ernst genommen werden wollte. Zwei Jahre nach dieser Kritik am Feuilleton erschien Alfred Polgars erste Buchpublikation, der bis zu seinem Tode im Jahre 1955 noch viele Dutzende folgten. Heute ist sein Werk in einer sechsbändigen Ausgabe verfügbar, in deren Vorwort Marcel Reich-Ranicki schreibt: »Was wir Polgar zu verdanken haben, ist Weisheit ohne Gewichtigkeit, Charme ohne Koketterie, Esprit ohne Eitelkeit, Ironie ohne Hohn, Witz ohne Schnoddrigkeit, Liebe ohne Sentimentalität. Er war ein Grandseigneur der deutschen Prosa – immer gelassen, bisweilen lässig, nie nachlässig. (. . .) Seine Bagatellen haben Format, seine Miniaturen haben Größe; doch ihrer Größe fehlt nie die Anmut. In diesem Werk, das sich so unauffällig darbietet, finden Intellekt und Takt, Gewissen und Geschmack zu einer makellosen Einheit« (Marcel Reich-Ranicki: Alfred Polgar, der Klassiker des kleinen Lebens. Vorwort in: Alfred Polgar: Kleine Schriften. Band 1, Reinbek/Hamburg 1982, S. XXXII).

So wurde Alfred Polgar, der am Beginn seiner journalistischen Karriere kritisch vor Fehlentwicklungen des Feuilletons, dieser eigenständigsten Form, die die Zeitung hervorgebracht hat, warnte, zu einem Journalisten, der diesem Genre zu neuem Glanz verhalf. Zu keiner anderen Form gibt es heute so viele Anthologien. Und auch innerhalb der Zeitungswissenschaft hat nur diese eine eigene Disziplin gefunden, die Feuilletonkunde (vgl. das Standardwerk von Wilmont Haacke: Handbuch der Feuilletonkunde. 3 Bände, Emsdetten 1951ff.).

Man hört klagen, es sei tot. Die großen Meister des Wiener Feuilletons, die schon gestorben sind oder in unverbrüchliches Schweigen sich eingekapselt haben, fanden kümmerliche Nachahmer. Und allenthalben sagt man: O weh! Statt zu sagen: Gott sei Dank! Es ist hocherfreulich, daß das Talent zu dieser Sorte dünnster Literatur verlorengeht. Und daß heute einer, der bemerkt werden will, doch schon etwas sagen muß und nicht mehr damit auskommt, in einer süß-verringelten Manier nichts zu sagen.

Denn das ist das Wesentliche des Wiener Feuilletons: die Leere; die wässerige Visage, von gekräuselten Stil-Löckchen hold umscherzt. Sanftmut, Milde, Freundlichkeit überall. Nirgends eine grimmige Falte, eine tiefere Furchung, eine energische Willensgrimasse, von der die Glätte dieses Antlitzes unterbrochen würde. Vom Wiener Feuilleton kann man nur in Diminutiven sprechen. Es hat nicht Hand und Fuß, sondern Händchen und Füßchen; es geht nicht, sondern es hüpft, es singt nicht, sondern es tiriliert, es lacht nicht, sondern es lächelt, es ist nicht graziös, sondern grazil, es denkt nicht, sondern es sinnt, es redet nicht, sondern es plaudert.

Das Wiener Feuilleton ist nicht merkbar. Es verdunstet sofort vom Gehirn, auf das man es schüttet. Man ist mit dem Lesen fertig und spürt nichts davon. Was stand in diesen sechs tadellos plissierten Spalten? Eine Minute nach beendeter Lektüre weiß man darauf keine Antwort mehr. Man weiß nur, daß alles liebenswürdig und grazil war. Nicht nur das Leben, auch das Wiener Feuilleton ist eine Rutschbahn. Man ist unten und könnte nicht sagen, wie man hinunter kam. Die sechs Spalten eines solchen Feuilletons abzugleiten ist eine der unbeschwerlichsten Gehirnübungen. Daher ist auch – besonders an Sonntagnachmittagen, nach dem schwarzen Kaffee, zur Verdauung – das Feuilleton-Rutschen mit Benützung der »Neuen Freien Presse« eine der populärsten niederösterreichischen Volksbelustigungen.

Natürlich ist es nur in Ordnung, wenn das Feuilleton seinen Charakter als leichteres Kunstprodukt wahrt, wenn es den ruhigen Atem nicht verliert, unter allzu schwerer Gedankenlast nicht ins Keuchen und Schwitzen fällt. Aber, ob es auch nur für rasche Minuten das Interesse des Lesers zu befriedigen hat, nicht für die Ewigkeit dastehen soll – mit ein paar Gedankensteinchen sollte es doch beschwert sein, um nicht einfach weggeniest werden zu können.

Ich vermisse diese paar Beschwerungen im Wiener Feuilleton, das sich mit Vorliebe um die Gedanken anderer, um Bücher vor allem, schlängelt und im verwickelten Geschlängel allein seine Besonderheit sucht. Das ist die Formel des Wiener Feuilletons: erst die Sprache und dann der Gedanke. Das Primäre ist das Geplauder; das Sekundäre: das »Worüber«. Man hat nicht den Eindruck, daß ein gedanklicher Kern sich sprachlich kristallisiert, daß eine Idee die ihr organischen Worte ausgeschwitzt habe. Man hat nicht den Eindruck, daß um einen (oder mehrere) fixen, vom Gehirn des Schreibers selbstherrlich erschaffenen ideellen Mittelpunkt Verwandtes sich gefügt, Assoziiertes in allen Abstufungen der Innigkeit sich angegliedert habe. Sondern man hat den Eindruck, daß zuerst das Sprachgewässer da war und dann durch allerlei Hineingeworfenes (meist, wie gesagt, dem Autor nicht Gehöriges) in sanfte wellige Bewegung versetzt wurde.

Das Wiener Feuilleton atmet Zärtlichkeit aus. Es hat eine merkwürdig betuliche Intimität zu allen Dingen, mit denen es sich einläßt. Für seine Kraftlosigkeit ist die praktischste Beschäftigung: das Streicheln. Es streichelt. Wohlwollende sagen: es hat einen lyrisch-persönlichen Zug. Es streichelt den Wienerwald, kratzt der Votivkirche das Goderl, läßt die Arabesken seines gütigen Lächelns um den Stephansturm flattern und betupft mit sanften Wehmutszähren das tote und sterbende Wien: das »Wien des Canaletto«, das Kongreß- und Barock-Wien und das zurückweichende Wien der heimlichen, schiefen Gäßchen.

Das Wiener Feuilleton duzt sein Thema. Sei ihm dieses Thema noch so fern, etwa distanziert durch den Nebel der Jahrhunderte. Es sagt der Madame Pompadour: »Liebe Madame« und behandelt Louis quatorze intim mit der gleichen Du-Jovialität wie den Guschelbauer. Nichts ist hoch, groß, fern, stark, alt, tragisch genug, daß es im Wiener Feuilleton nicht zu einem Brei, zur literarischen Kost für Zahnlose zerplauscht würde.

Am intimsten ist das Wiener Feuilleton mit der Landschaft. Seine Rührung über den Wienerwald und den Prater kennt keine Grenzen. Unermüdlich singt es von der Behendigkeit, mit der der Wind über die Hänge des Wienerwaldes herabläuft und sich in der Stadt tummelt; unermüdlich schöpft es den Zauber, der vom Kahlenberg rinnt, in zärtliche Sätze ein; unermüdlich verarbeitet es das Silberband der Donau zu preziösen Krawatten. Und belästigt mit seiner zärtlichen Verliebtheit alles Grüne, das sich irgendwo an den Grenzen der Stadt zeigt, zumal dann, wenn es, wie in den westlichen Vororten, sich ein wenig tiefer in das Häuserensemble hineinwagt. Wenn das Wiener Feuilleton etwa über die Premieren eines Wiener Theaters in stiller Versonnenheit anmutige Sätze spinnt, so wehen die Buchen des Praters hinein, die Luft geht silbern, und der Duft späten Weines krabbelt vom Wienerwald direkt in die Nasenschleimhaut des verzückten Dichters. Solche kleine Gegenleistung ist die Wiener Landschaft ihren Sängern schuldig, auch wenn nicht geradezu von ihr die Rede ist.

Das Leben mit einem Spiel zu vergleichen, ist alter, guter, freundlich geübter Brauch des Wiener Feuilletons, welches gern in allerlei Träume versinkt und in allerlei Versunkenheiten träumt. Wenn ein Wiener Feuilletonist für die Blässe seines stilistischen Antlitzes irgendeinen koloristisch wirkenden Fleck braucht, muß das Leben her. Es ist wehrlos. Es läßt sich mit allem vergleichen; jeder ihm angetane Schimpf ist plausibel, jedes ihm angesungene Lob gleichfalls. Über das Leben hat der Wiener Feuilletonist immer etwas Grazil-Neuartig-Apart-Ironisches zu sagen, wenn er auch über den winzigen Teil des Lebens (über das Buch, den Menschen, das Ereignis), den er einer Erörterung unterzieht, absolut gar nichts zu sagen hat. Und die Frauen, die Wiener Frauen! Ich hätte sie fast vergessen. Aber das Wiener Feuilleton vergißt sie nie. Ob sie von der Mariahilf in die Leopoldstadt oder von der Leopoldstadt in die Mariahilf gehen, der Feuilletonist steht auf dem Stephansplatz und fängt sie ab. Er beugt das Knie vor den Wiener Frauen, tut so, als ob er eine gepuderte Perücke auf den Locken sitzen und einen vergoldeten Degen an der Seite tänzeln hätte. Die Buchen wehen, und von den Hängen des Wienerwaldes läuft der Wind, und überhaupt: Was ist das Leben? Ein Spiel. Ach!

Ein ganz besonderes Charakteristikum des Wiener Feuilletons ist die jokose Mischung von Urjudentum und Urariertum. Von synagogaler Wehmut und Grinzinger Alkohollaune. Ist der Kummer über die tausendjährige Diaspora am besten in Wiener Heurigen zu ersäufen?

Es scheint so. Das Drah'n, das ist mein Leben – so wahr ich lebe! Die Mischung zeigt sich durchaus in Bau und Art des Wiener Feuilletons. Es hat einen gefühlvollen Intellekt und ein bemerkenswert intelligentes Gefühlsleben. Es übt verschnörkelte logische Denkspiele mit Empfindungen und hat andererseits immer eine Portion Rührung weich im Gehirn sitzen. Das Wiener Feuilleton hat eine resignierte Weltanschauung, wo ihm die Gedanken fehlen, und zerebrale Geschäftigkeit, wo es mit der Empfindung nicht nach kann.
Das Wiener Feuilleton verdünnt den Ernst zur flüchtigen Laune der Ernsthaftigkeit, den Humor zu zarten Späßen. Kommt es malheureuserweise über ein Thema, bei dem mit stilistischen Grimassen durchaus nicht auszukommen ist, so versickert es spurlos darin, wie ein armes, mageres Bächlein im Erdreich. Es macht das Thema höchstens ein wenig feucht. Voilà tout. Über gedankliche Hindernisse klettert es nicht, wirft sie auch nicht mit Elan nieder, sondern kriecht um sie herum. Plauscht sich halt so fort. Es macht dem Leser so wenig Arbeit, wie es dem Schreiber machte. In einem Wort: es ist die purste Damen-Sache. Nichts für Männer. Süß, kokett, harmlos, leer, nichtig, von allen Giften frei, glatt und belanglos bis zur Abscheulichkeit. Loben wir die Zeit, die es nicht mehr mag, die Leser, die es nicht mehr goutieren, die Journalisten, die es nicht mehr schreiben können. Seine sanfte Öligkeit ist unangenehm ranzig geworden. Sie stinkt. Alle Buchen können dieses peinliche Odeur nicht hinwegwehen, aller grazil vom Kahlenberg herabkommende Wind es nicht fortblasen. Das Wiener Feuilleton ist tot. Friede seiner Asche – sofern sie sich nicht mit Versuchen, Phönixln zu gebären, aufdringlich bemerkbar macht.

Theodor Herzl
FRANZÖSISCHE ZUSTÄNDE
(1897)

Die Schilderung und Analyse ist eine Momentaufnahme des Pariser Korrespondenten der »Neuen Freien Presse«, Theodor Herzl. Aus den darin beleuchteten Zuständen wurde schließlich die »Affäre Dreyfus«. Im Selbstverständnis des Journalismus der Moderne bezeichnen diese Ereignisse einen epochaler Wendepunkt. In diesen Jahren wurde der politische Begriff des Intellektuellen geprägt, und seitdem sind es nicht zuletzt viele Journalisten, die sich als Intellektuelle verstehen.
Kurz zusammengefaßt, läßt sich die Entstehungsgeschichte dieser Affäre so skizzieren:
»Im September 1894 tauchte im Großen Generalstab der französischen Armee ein anonymer (Begleit-)Brief auf, der alsbald unter dem Namen ›Bordereau‹ weltberühmt werden sollte. Ein ungenannter Absender kündigte da einem ungenannten Empfänger die Übersendung verschiedener Informationen über die französische Armee und ihre Ausrüstung an. (...)
Bezichtigt wurde Alfred Dreyfus, Hauptmann im Generalstab. In Wahrheit hatte den Brief aber ein gewisser Major Esterházy geschrieben, sei es auf Befehl des Generalstabs, sei es im eigenen Interesse, jedenfalls zu dem Zweck, Dreyfus in Spionageverdacht zu bringen und zu vernichten. Der tückische Anschlag mußte mit Sicherheit gelingen, denn gegen den Hauptmann sprachen das rassische und das nationale Vorurteil zugleich: Dreyfus war Jude und stammte aus Deutschland, genauer aus dem annektierten Elsaß. (...)
Im Dezember 1894 wurde Dreyfus vors Kriegsgericht gestellt. Falsche Zeugen beschworen seine Schuld. (...) Einstimmig wurde Dreyfus zu lebenslanger Verbannung verurteilt. (...) Ohne jede Aussicht auf Erfolg nahmen nur wenige Verwandte und Freunde den Kampf um die Revision des Urteils auf. (...)
Den Höhe- und Wendepunkt dieses Kampfes bildet ein einzigartiges Dokument. Am 13. Januar 1898 veröffentlichte Emile Zola in George Clemenceaus Zeitung ›L'Aurore‹ einen offenen Brief an den Präsidenten der Republik, Félix Faure. Er legte hier die Fakten und Hintergründe der schändlichen Affäre schonungslos offen und schleuderte abschließend mit siebenmaligem ›J'accuse‹ (›ich klage an‹) seine Anklagen gegen verdächtige Offiziere, gegen Generäle,

gegen die Schriftsachverständigen, gegen das ganze Kriegsministerium und gegen das Kriegsgericht, das aufgrund geheimer Dokumente geurteilt habe. (. . .)
Die Verfechter einer Revision, die ›Dreyfusards‹, hatten nun ihr ›Credo‹. (. . .) Zola wurde wegen Beleidigung des Kriegsgerichts der Prozeß gemacht. (. . .) Zola blieb nämlich mit seinem Protest gegen Ungerechtigkeit und Willkür nicht allein. ›Für einen Augenblick verkörperte er das Gewissen der Menschheit‹ (Anatole France: Am Grabe Zolas), aber schon einen Tag, nachdem sein ›J'accuse‹ Paris und die Welt wachgerüttelt hatte, griff, seinem Vorbilde folgend, die ›neue Macht‹ mit gesammelter Kraft in den Kampf ein: ›Das Denken kam nunmehr zum Bewußtsein, auch in der Demokratie eine Macht darzustellen‹ (P. Miquel)« (Dietz Bering: Die Intellektuellen. Geschichte eines Schimpfwortes. Stuttgart 1978, S. 33–38).

Einige treue und mutige Männer haben es versucht, den schweren Stein der Gruft aufzuheben, in der er liegt. Aber eine große Rotte warf sich auf die Befreier und überwand sie. Der Stein ist wieder auf dem alten Platz, und der Lebendige da unten bleibt weiter begraben. So sieht heute die Angelegenheit aus, die unter dem Namen »Affaire Dreyfus« einen traurigen Ruhm in der ganzen Welt erlangt hat. Das Volk von Frankreich, das großmütige, in die Gerechtigkeit verliebte, das Volk der Menschenrechte, das alle Prozesse revidiert, nie eine Sache für endgültig abgeurteilt halten mag – es will nicht, daß man die Schuld des jüdischen Hauptmannes überhaupt noch in Frage stelle. Stürmische Kundgebungen auf der Straße, patriotische Deklamationen in der Kammer, Pöbelhaftigkeiten in den Blättern, alles wirkt zusammen, alles hat nur den einen Zweck: den Juden dort drüben auf der Teufelsinsel festzuhalten. Sie schlagen ihn noch immer tot, obwohl er schon so gut begraben ist. Und man muß dabei an ihr Sprichwort denken: *Quand on est mort, c'est pour longtemps.* Ach, besonders, wenn es einen Lebendigen trifft, dann ist er für lange Zeit tot.
In Herz und Hirn mancher, und eben nicht der schlechtesten Menschen und nicht nur von Juden, hat sich aber der Gedanke festgenistet, daß dieser arme Jude auf der Äquatorinsel, dem sie die Kapitänsstreifen beim prunkhaften Leichenbegängnisse seiner Ehre von den Ärmeln gerissen haben, daß dieser arme Jude unschuldig sei. Der

Gedanke ist durch Straßenlärm und Zeitungshetzereien nicht mehr zu verscheuchen, und wer ihn hegt, der gehört auch zu den Leidtragenden jenes Lebendigen. Man darf sagen, daß der Zweifel durch das widerspruchsvolle, scheue, offenbar vom Selbsterhaltungstrieb diktierte Betragen der französischen Regierung nicht entkräftet wurde. In jedem anderen Falle wäre nach neuen Umständen, wie sie da bekannt wurden, das Verfahren wieder aufgenommen worden. Auch die zweite Verhandlung konnte ja – wir wollen das Äußerste zugeben – zur abermaligen Verurteilung führen, so wäre doch wenigstens dem beunruhigten Rechtsgefühle Rechnung getragen worden. Aber das ist es: Man wagte nicht einmal die Wiederaufnahme des Verfahrens, weil – weil der Kapitän Dreyfus nicht unschuldig sein durfte. Das Volk hätte sich in diesem Falle gewiß für betrogen gehalten. Es hätte geglaubt, daß man ihm eine Gerichts- und Freisprechungskomödie vorspiele und daß in Wahrheit der Einfluß jüdischer Financiers gewirkt habe. Und es war dann ein fürchterlicher Ausbruch der Volkswut zu besorgen. Das mag die Staatsraison gewesen sein, welche zur »beschwichtigenden« Erledigung des Revisionsverfahrens führte. Das Kabinett Méline konnte sich in dieser bedrohlich angeschwollenen Sache vielleicht nicht anders helfen; Regieren ist ja häufig nur eine Option zwischen verschiedenerlei Unrecht. Es läßt sich sogar denken, daß dieser oder jener Jude in Frankreich den Ausgang der Tragödie mit nur einem Toten vorzog. Unter Umständen hätte die Sache noch schlimmer enden können. Heiliger Florian, beschütz mein Haus, zünd andere an! betet auch mancher, der kein Bauer ist. Der arme Dreyfus ist jedenfalls verloren, mögen also wenigstens keine weiteren Opfer hinzukommen.

Aber dieses Raisonnement ist nicht nur lieblos, es ist auch ungenügend. Der Fall Dreyfus ist damit keineswegs erledigt, daß der arme Mensch auf jener fernen Fieberinsel allmählich zugrunde geht. Längst ist aus der bitterlichen Not dieses einzelnen eine Frage von größerem Wurf geworden. Die Frage lautet: Für wen büßt er? Für wen?

Wir meinen da nicht den jetzt noch unbekannten Schurken, der den Dreyfus zugeschriebenen Verrat begangen hat – wenn überhaupt ein Verrat begangen wurde und nicht nur eine Fälschung wie in der berüchtigten Affäre Norton vorliegt. Wir meinen vielmehr diejenigen Personen oder Gruppen, denen er seine Leiden verdankt. Es gibt solche, das ist kein Zweifel. Stellen wir uns einen Augenblick auf den Standpunkt, er habe das ihm zugemutete Verbrechen wirklich begangen. So verrucht waren vor ihm auch andere, ja kurz vor seiner Verurteilung gab es in der französischen Armee noch ein paar ähnliche Fälle. Man hat nichts davon gehört, daß diese Missetäter mit solchem Kannibalengeheul zum Grabe ihrer Ehre geleitet worden wären. Aber auf ihn warf man sich mit einer wollüstigen Wut. Am liebsten hätten sie ihn geteert und gefedert und ich weiß nicht welche Scheußlichkeiten an seinem Leibe begangen. Warum? Das war nicht mehr die Rache für einen Verrat militärischer Geheimnisse, der, wie die anderen Fälle beweisen, in Friedenszeiten keinen tollen Grimm erregt. O, das war ein ganz anderer Zornesausbruch, viel verwandter mit den Exzessen eines Aufruhrpöbels. Und sie waren auch gleich fertig mit der allgemeinen Anklage. Nicht »Nieder mit Dreyfus!« johlten sie, sondern »Nieder mit den Juden!« Das war's vom ersten Augenblick an, und das ist es geblieben. Jawohl, der Kapitän Dreyfus wurde auf Grund des einen Schriftstückes, jenes heute von aller Welt verdächtig erkannten »Bordereaus«, vor ein Tribunal von sieben Ehrenmännern der französischen Armee gestellt. Aber diese richtenden Offiziere standen unter einem furchtbaren Drucke. Gerade weil die Verhandlung eine geheime gewesen, war der Druck der öffentlichen Meinung ein ungeheurer. Diese sieben Tapferen, denen um ihr Leben gewiß nie bange war, mögen damals ebenso gewiß Angst gehabt haben um ihre Ehre. Denn draußen auf der Gasse, vor dem Kriegsgericht, lauerte schon sprungbereit die Verleumdung. Zeigte es sich denn nicht schon vom Anbeginn, das böse, das listige Märchen vom Judengelde, das den Verräter befreien wolle?

Armer Jude, beladen mit dem Fluch des Geldes, mit dem Fluch des Geldes anderer. Er hatte nichts mit ihnen zu tun, sie nichts mit ihm, und doch wurde augenblicklich eine Beziehung zwischen ihm und ihnen hergestellt. Wenn man die nicht greifen kann, die man haßt, so haßt man diejenigen, die man greifen kann. So hat uns der Fall Dreyfus einen angesammelten Judenhaß gezeigt, den wir in solcher Fülle in Frankreich gar nicht vermutet hätten. Wer trägt daran die Schuld? Doch nicht der strebsame Artilleriehauptmann aus dem Elsaß, der bereit war, für Frankreich sein Leben auf dem Schlachtfelde zu lassen. In der republikanischen Kammer dieses Landes ist ein Abgeordneter mit dem Antrage aufgestanden, daß fortab kein

Jude ein Staatsamt bekleiden dürfe. Ein ähnlicher, wenn auch etwas mehr verschleierter Antrag war schon vor einigen Jahren nach der Panamageschichte eingebracht worden und hatte gegen 160 Stimmen vereinigt. Wenn dieser Antrag jetzt zur Verhandlung kommen sollte, wieviel Anhänger mag er haben? Frankreich ist heute durch und durch antisemitisch, darüber kann man sich nicht mehr täuschen. Der »Figaro«, eine der reichsten und mächtigsten Zeitungen, der eine Zeitlang für Dreyfus einzutreten versuchte, ist von der öffentlichen Meinung zur Kapitulation gezwungen worden, der Chefredakteur mußte sich von der Führung des Blattes zurückziehen, um dessen Bestand nicht zu gefährden. Und ein Journalist in der Stellung des »Figaro«-Chefs ist unabhängiger als die Volksvertreter. Deren Popularität lebt sozusagen von der Hand in den Mund. Die Parlamentsskandale der letzten Jahre haben das Ansehen der Deputierten ohnehin schwer erschüttert. Würden diese es wagen, selbst wenn sie bessere Einsicht haben, den Volksleidenschaften Widerstand zu leisten? Die Kammerwahlen stehen vor der Tür, und es ist leicht vorauszusagen, daß der Antisemitismus zur Wahlplattform werden wird. Von den Hochkonservativen bis zu den Hochrevolutionären fliegt ein Ruf durch das Land: »Gegen die Juden!« Es ist eine Stimmung wie in Aufruhrzeiten. Die es angeht, sind aber wie mit Blindheit und Taubheit geschlagen, und sie meinen noch immer, es werde vorübergehen. O ja, das wird es, denn alles geht vorüber; die Frage ist nur: wie?

Glaubt man, daß die Judenfresser, die soeben an dem unglücklichen Dreyfus ihre Macht erprobt haben, sich es an dem einen Opfer werden genug sein lassen? Sie haben nun Blut geleckt und werden anderes fordern, um so gieriger und siegesgewisser, als sie nun anfangen, die Unwiderstehlichkeit ihres Auftretens zu kennen. Dieser ganze Fall hat die Regierungsautorität in Frankreich in einer bedenklichen Verwirrung und Schwäche gezeigt. Die Gewässer sind immer zum Ausbruch bereit, wenn der Damm locker wird. In Frankreich fallen die konservativen Interessen nicht mit denen der Regierung zusammen, obwohl die Konservativen sich jeder beständigen Regierung »ralliieren«. Nun hat es sich bei der vielbejubelten Rede des Grafen Mun gezeigt, daß auch die Ralliierten gegen die Juden sind. Nur an den Opportunisten haben die Juden noch einen Halt, der nicht der Rede wert ist – denn die Opportunisten schweigen verschüchtert. Man pflegt zu sagen, der Opportunismus sei an den Juden zugrunde gegangen. Richtiger mag sein, daß umgekehrt die Juden am Opportunismus zugrunde gehen. Radikale und Reaktionäre haben sie gegen sich, und die Mittelparteien können sich nur retten, wenn sie die Juden aufgeben. Man sieht, die Lage in Frankreich ist ernst genug.

Schon handelt es sich nicht mehr um den armen degradierten Hauptmann, von dem auch die schlimmsten Gegner nicht behaupten konnten, daß er sich durch sein hypothetisches Verbrechen bereichert habe. Wehe, wenn die Bereicherung selbst unter Anklage steht. Da wird nicht mehr nach Schuld oder Unschuld gefragt. Es gibt auch nicht den Schein eines Gerichts. Und die Leidenschaft spricht das Urteil.

Moriz Benedikt
JOURNALISTEN ANLÄSSLICH DER REDE DES GRAFEN HARRACH
(1899)

Mehr als ein Jahrhundert lang gab es in Österreich einen »Zeitungsstempel«, der von den Verlegern und Journalisten als eine harte Fessel erlebt wurde. Der Kampf dagegen war ein Teil des jahrhundertelangen Kampfes um die Pressefreiheit. Mit Wirkung vom 27. Dezember 1899 wurde dieses Gesetz abgeschafft. In der Debatte darüber hatte Johann Nepomuk Graf von Harrach (1828–1909) am 21. Dezember 1899 eine Rede im Herrenhaus gehalten. Er war schon seit 1873 Reichsratsabgeordneter und auch durch zahlreiche andere Funktionen eine bekannte Politikerfigur seiner Zeit. Seine Äußerungen zum Zeitungsstempel boten Moriz Benedikt die Gelegenheit, einiges zum Selbstverständnis des journalistischen Berufes zu sagen. Derartige Äußerungen galten unter den führenden Journalisten bis in unsere Zeit eher als unüblich und unpassend. Und so betont Benedikt am Ende auch, daß dies – von den Journalisten zu sprechen – nicht oft geschehen solle.
Der Text ist der Ausgabe vom 20. März 1920 der »Neuen Freien Presse« entnommen, die nach dem Tode Benedikts dessen Lebenswerk würdigte. Da die Redaktionsangehörigen in der Regel anonym schrieben, ist uns erst durch diese Wiederveröffentlichung des ursprünglich im Dezember 1899 geschriebenen und veröffentlichten Textes die Zuordnung zu Benedikt möglich. Der Text ist ein ungewöhnliches Dokument, weil er die Auffassung von Journalismus für ein ganzes Jahrhundert zusammenfaßt und in vielen Facetten deutlich macht, was sich bis zur Jahrhundertwende an »Theorie« dieses Berufes entwickelt hatte und wohin die politischen und sozialen Wandlungen dann zu Beginn des neuen Jahrhunderts führten. Die Schnittmenge von Parlamentarismus und Journalismus, die Benedikt mehrfach beschwört, ist heute zwar sehr viel schwächer geworden, dafür gibt es aber eine denkbar enge Symbiose zwischen der Politik allgemein und den Kommunikationsmedien. Ganz anders dürften sich die meisten Journalisten heute hinsichtlich der Gleichsetzung von »Beruf« und »Berufung« interpretieren. In immer neuen Variationen umschreibt Benedikt diesen Sachverhalt und bedient sich dabei all der Metaphorik und der Stereotypen, die die Selbstdeutung des journalistischen Berufes zum Teil bis heute bestimmen.

Der Bezug auf den Fürsten Bismarck erinnert daran, daß Benedikt mit seinem Bismarck-Interview (siehe Seite 27) ein journalistisches Glanzstück seiner Zeit gelungen war. In der Summe wird hier eine Auffassung deutlich, die man als »Journalismus aus Staatsräson« bezeichnen könnte. Ihre typische mediale Erscheinungsform ist die »offiziöse« Zeitung. Während Benedikt dies in der »Neuen Freien Presse« schrieb, entwickelte sich auf der linken Seite des politischen Spektrums schon intensiv und mit einem auch handwerklich ganz anderen Anspruch der »Journalismus aus Anwaltschaft«, dessen zukunftsträchtige Form die Sozialreportage war.

Erlaucht! Ihnen möchten wir antworten. Aus zwei Gründen. Die erlauchten Grafen von Harrach haben die Zacken ihrer Krone nicht uns zu danken und gehören nicht zu jenem Adel, der publizistisch hergestellt wird, den unsere Feder geschaffen hat, der zurückbleibt in den Abfällen unserer politischen Erfolge. Mit dieser Aristokratie ist nicht viel zu reden, denn sie hat keine Überlieferung, stammt aus dem Freisinn und schlägt ins Gegenteil um mit dem Wandel der Zeit und dem Wechsel der Geschlechter. Der zweite Grund ist noch wichtiger. Erlaucht! Ihre Rede über den Zeitungsstempel im Herrenhause war die einzige, in der ein Schimmer der Erkenntnis von der Bedeutung der Journalisten aufleuchtete. Sie haben die Unterstützung der Presse verlangt, um zu verhüten, daß Österreich im Kampfe der Parteien zerrissen werde. Wissen Sie, Graf Harrach, daß in diesen allgemeinen Worten für Österreich eine fast neue Wahrheit steckt? Parlament und Presse sind Geschwister, von derselben Mutter geboren, aus den gleichen Bedürfnissen entsprungen, nur verschieden in den Mitteln, aber untrennbar miteinander verbunden. Was sie unterscheidet, ist weniger die Beglaubigung durch Mandat und Ernennung als die Form des Ausdruckes. Der Redner stellt seine Persönlichkeit zur Schau, er wirkt durch den sinnlichen Zauber der Stimme, durch den Reiz, geistiges Schaffen am Körper, in Mienen und Augen zu sehen. Die Kunst des Schreibens ist viel schwieriger, denn der Zuhörer ist nachsichtiger als der Leser, der Ton dringt leichter in die Seele als der Gedanke. Tribüne und Presse sind wetteifernde Zwillingsschwestern, und deshalb ist es so eigentümlich, daß die Journalisten im Parlament zuweilen wie Fremde behandelt werden und daß unser innerstes Wesen so unbekannt ist. Wenn von uns gesprochen wird, so staunen wir immer über den Mangel an Fähigkeit, sich in uns hineinzudenken, uns anders zu begreifen als in Äußerlichkeiten, uns besser zu verstehen als in unseren Fehlern und Gebrechen. Von der unentbehrlichen Eigentümlichkeit des Journalisten, von jenem Merkmal, das ihn über gemeine Nützlichkeit erhebt, wird nie gesprochen, nicht im Reichsrate, nicht auf der Bühne und nicht im Roman. Die Passion ist das letzte, tiefste Geheimnis des Journalisten. Nur die Passion macht ihn zum Journalisten. Wer nicht in Schmerzen und Aufregungen die Freude am Berufe fühlt, ist keiner; wer nicht den Tropfen von Zigeunerblut in sich spürt, der selbst den bittersten Ernst durch hellen Frohsinn mildert und durch künstlerische Wallungen ein Handwerk adelt, ist kein Journalist. Der sich wegsehnt und bedauert, es geworden zu sein, war es nie. Wir verbringen unser Leben auf der Gasse, wir sitzen auf der Galerie des Parlaments, wir verrichten unsere Arbeiten vor ihren Augen, laufen, keuchen, schreiben bis zum Morgengrauen, und niemand hat eine Ahnung, was uns drängt und schiebt. Ein Journalist ohne Passion wäre erbärmlich, und erst durch sie bekommt er das Recht, gehört zu werden, weil jede große Leidenschaft den Menschen erhöht und ihm die Macht gibt, alles zu erfüllen, was die Natur in ihn gelegt hat. Eine Geißel ist diese Passion; sie treibt uns vorwärts, bis die Knie zusammenbrechen; sie verleitet uns zur Torheit, das Herzblut durch die Feder fließen zu lassen; sie reißt uns aus dem Kreise der Familie, raubt uns die einfachsten Genüsse des bürgerlichen Hauses und öffnet uns eine Quelle der Freuden, die gekostet, nein gierig geschlürft zu haben, ein großes Lebensereignis wird.

Nur wenige Journalisten haben das Glück gehabt, daß diese vornehme, auf ein politisches, wirtschaftliches oder künstlerisches Ziel gerichtete Passion als ein Werkzeug der Geschichte erkannt wurde. Einer war Armand Carrel, dem John Eduard Mill in der Westminster-Revue ein prächtiges Denkmal gesetzt hat. Und ein trauriges Lächeln wird die Lippen des Journalisten umspielen, der jetzt diesen Aufsatz liest. Er beginnt nach einer kurzen Einleitung mit der Frage: Wer und was war denn also Armand Carrel? Herausgeber eines Blattes. So muß einer der größten Journalisten aller Zeiten, der zwanzig Mandate hätte haben können und vorzog, nur Journalist zu bleiben, dem Publikum vorgestellt werden. Ein zweiter war Jakob Kaufmann, den Gustav Freytag durch einen Nachruf ehrte, herrlich in Gedanken und

Stimmung, einfach und schön wie Atlas. Das sind nur Anfänge und spärliche Zeugnisse hervorragender Männer für den Stand, der nicht allein eine öffentliche, sondern auch eine persönliche Notwendigkeit ist. Persönlich deshalb, weil es immer Menschen geben wird, die es nicht vertragen, langsam die Rangstufen hinaufzuschleichen, die sich nicht fügen und beugen wollen, sondern ungebunden dem Drange ihrer Individualität folgen, als fahrende Leute ohne Fessel und Zwang des öffentlichen Amtes sich durchs Leben schlagen möchten. Was kann ein junger Mann tun, der Talent und Passion für die Öffentlichkeit hat? Soll er nach einem Mandat haschen? Es sind nur einige hundert für ganz Österreich. Wären auch mehr, es ist eine fürchterliche Demütigung, den geehrten Wählern alle Wonnen zu versprechen, die schon auf Erden nach dem Verbote des Handels mit Flaschenbier zu genießen sein werden. Nichts stößt das Feingefühl mehr ab, als der Wetteifer in der Lüge unter den Höflingen der Massen. Die Presse hat ihre Schlacken, aber sie ist jetzt geistig freier als die Abgeordneten; das Publikum ist ihr Richter, aber sie ist auch Richter über das Publikum und bietet allen Talenten, die mehr wollen als einige Litzen am Rocke, ein weites Feld, wo jeder Keim echter Begabung in die Halme schießen und reifen kann. Fürst Bismarck, scheinbar der größte Verächter, in Wirklichkeit der unerreichte Meister in der Behandlung der Presse, ist selbst bei ihr eingekehrt, als er nach seinem Sturze ohne jedes Amt blieb und doch nicht teilnahmslos gegen die Schicksale des deutschen Volkes sein wollte. Da hat er den Journalisten in sich wiederentdeckt und sagte freimütig, er habe die Presse verkannt, sie sei ein Schutz gegen die bürokratische Verknöcherung der Gesellschaft, ein Bedürfnis der Fähigen, die sich zur amtlichen Laufbahn nicht eignen und doch dem Volke und Staate dienen wollen. Er ließ die Journalisten zu sich kommen, und mancher, den er zu einem Gespräch einlud, dürfte sich gesagt haben: Als ich von meinem heimatlichen Dorfe in die Fremde zog, um das Glück zu suchen, hätte ich nicht gedacht, daß der unsterbliche Gründer des Deutschen Reiches mich holen lassen und mit mir von Krieg und Frieden, von Kaisern und Völkern reden werde. Das ist der Journalist. Er ist nichts, aber er hat etwas, das zuweilen unentbehrlich werden kann, eine Feder, geführt von der Passion.

Noch einen Vorzug braucht der Journalist: die höchste Selbstaufopferung. Er muß den Samen auf die Bodenkrumen streuen, ohne zu fragen, ob die Schnitter bei der reifen Frucht des Sämannes gedenken. Er muß Leib und Seele hingeben, ohne sie zu schonen. Mehr als das. Er muß das Beste verschleudern, was er hat, seine Gedanken und Worte. Nicht einmal seinen Namen darf er ihnen geben, wenn sie, von Mund zu Mund getragen, durch den Widerhall zu ihm zurückkehren. Seine höchste Kunst besteht darin, Stimmungen hervorzurufen, in denen Beweise und Gründe selbstverständlich werden wie die Luft. In der Öffentlichkeit vollständig aufzugehen und sie niemals auf die eigene Person zu lenken, einer Idee zu dienen wie ein Soldat, der selbst ruhmlos bleibt und für den Ruhm seines Feldherrn kämpft, ist die harte Ordensregel der Journalisten. Die Arbeit ist trotzdem nicht freudlos. Diese Tage und Nächte, zitternd verbracht in banger Erwartung, in der Schwebe zwischen Sieg und Niederlage, haben ihren Lohn. Wenn die Nachrichten einstürmen, sich verwirrend kreuzen und das rasche Urteil mehr dem Instinkt gehorchen muß als klügelnder Überlegung, wenn dann der Blick in den Kern dringt und die Wahrheit erfaßt, das ist Vergnügen, mögen auch die Nerven aufgerieben werden. Darum sollten die Mitglieder des Parlaments in jedem Journalisten einen Freund und Bundesgenossen achten. Geringschätzig hat Treitschke von der Unentbehrlichkeit der Neuigkeitskrämer gesprochen und hätte gern die Publizistik in ein akademisches Joch gespannt, obschon er selbst die oft irregeleitete Passion eines großen Publizisten hatte. Er wußte jedoch nicht, daß alle Journalisten, die wert sind, so genannt zu werden, die Passion erfüllen: daß die Neuigkeitskrämer dem Leser die Kenntnis der Menschen und Dinge vermitteln, ohne die jede Meinung willkürlich und hohl wäre; daß sie einen berühmten Kollegen haben, jenen Dickens, der noch Parlamentsberichterstatter war, als die von ihm entworfene Gestalt des Sam Weller ganz England in heiterem Entzücken hinriß. Der Journalist kann nur aus einem freien Berufe hervorgehen, denn niemand wird ihn lehren, was er braucht und was Armand Carrel in so hohem Maße besaß: die rasche Auffassung, die Feder, die einer Degenspitze gleicht, *il semblait écrire avec une pointe d'acier,* das Auge für kleine Vorfälle, in denen sich große Richtungen verraten, die Passion. Was hat dieser berühmte Journalist in seiner Jugend getrieben? Er wurde zum Kaufmanne erzogen und wollte später Offizier werden. Mögen sie uns Neuigkeitskrämer schelten, auf den Namen kommt es nicht an, seitdem Geusen die Niederlande befreiten und Sansculotten die alte Welt zertrümmerten. Dieses Jahrhundert hat uns erzeugt, und mit dem nächsten steigen wir empor, weil die Schrift weiterdringt als das gesprochene Wort, weil die Edelsteine den vollen Glanz nur dann bekommen, wenn sie geschliffen und gefaßt werden, weil die Journalisten sich stets Achtung erzwingen werden, wenn sie die Passion nicht verlieren, die Kampflust für eine starke Überzeugung, die Liebe zum Fortschritt und den Zusammenhang mit den Leiden des Volkes. Am Schlusse seines Lebens sagte Fürst Bismarck: Ich habe eine große Achtung vor der Presse, sie hat mir in den letzten Jahren viel Liebes erwiesen. Ich erkenne ihre Macht an.

Graf Harrach hat von den Journalisten verlangt, daß sie das Parlament unterstützten, für Mäßigungen eintreten und die vaterländische Gesinnung pflegen sollen. Darauf antworten wir einfach: Ja! Aber niemals soll vergessen werden, daß ein großer Staat eine große Presse braucht, daß es eine Sünde am eigenen Lande war, als die Politik der österreichischen Regierungen durch zwanzig Jahre darauf gerichtet wurde, das Ansehen der Journalisten zu schwächen und sie dem Volke zu entfremden. Die Zeitung ist ein Glied der politischen und wirtschaftlichen Organisation, und in einem gesunden Staate wird es stets als Notwendigkeit empfunden werden, daß Minister, Parlament und Volk der Presse mit grundsätzlicher Freundschaft entgegenkommen und das Vertrauen in sie kräftigen. Die Presse ist die natürlichste Verbündete des Vaterlandes, denn sie steckt mit allen Wurzeln im heimischen Boden, sie schöpft die nährenden Säfte aus heimischer Eigenart, sie wächst mit dem Einflusse des Reiches, sie fühlt den wirtschaftlichen und geistigen Rückschlag am stärksten. Draußen in der weiten Welt wird die Presse von den Landesgenossen wie ein Bote empfangen, der Grüße bringt, und draußen kann sie in der Not und Gefahr ihre nachhaltige Stimme erheben, wenn das Reich selbst noch nicht sprechen darf. Graf Harrach hat recht. Wir stehen vor einem wichtigen Abschnitte in der Geschichte der Presse, der leider zusammenfällt mit den trübsten Ereignissen in Österreich. Da sollten Parlament und Presse sich vereinigen in Erinnerung an den gemeinsamen Ursprung. In diesem sorgenvollen Augenblicke war es vielleicht gestattet, die Journalisten auch dem Publikum gemütlich ein wenig näherzubringen, sie zu schildern als Menschen, die, bedrückt von Arbeitslast, immer frisch sein müssen, die jeden Tadel als Stachel zur höchsten Leistung empfinden, die in den Mühen des Tages wie der Nacht verbraucht werden durch eine das Herz zerstörende und doch beseligende Passion. Von den Journalisten haben wir gesprochen. Es soll nicht oft geschehen.

Joseph Roth
EMILE ZOLA – SCHRIFTSTELLER OHNE SCHREIBTISCH (1927)

Die »Umfrage« war in den zwanziger Jahren ein beliebtes redaktionelles Mittel, um möglichst vielfältige Aspekte zu einem bestimmten Thema durch möglichst viele unterschiedliche und möglichst prominente Beiträger zu beleuchten.
Die folgende kurze Antwort auf eine solche Umfrage anläßlich des 25. Todestages von Emile Zola fällt in eine Schaffensphase, in der sich Joseph Roth ausdrücklich zur literarischen Zeitströmung der sogenannten »Neuen Sachlichkeit« bekennt. Auch vom Roman fordert er in diesen Jahren weniger das Erdichtete als das Beobachtete. Emile Zola wird für eine solche Ästhetik zum Vorbild. Und ebenso hat Zolas Moral Vorbildcharakter, die in dem berühmten Text »J'accuse« in der Dreyfus-Affäre Journalismusgeschichte machte.
Egon Erwin Kisch hat diesen Zeitungsartikel von Emile Zola in seine Anthologie »Klassischer Journalismus« aufgenommen und in der Einleitung notiert:
»Emile Zola hat die unendlichen Gebiete der Wahrheit in den Roman eingeführt, er hat die Konflikte, die Situationen, die Lokalitäten, die Figuren des Alltags und des Heute gegeben, die Reportage in den Dienst der großen Epik gestellt. Es hätte sich erwarten lassen, daß in reziproker Weise die Journalistik von ihm profitieren werde. Ein Bergwerk, die Börse, einen Bahnhof, ein Elendenviertel, ein Pferderennen, einen Hochofen, ein Theater, einen Park, ein Wirtshaus, eine Waschküche, einen Wallfahrtsort, eine Polizeistube, eine Lokomotive, die Markthallen, ein Maleratelier – allerdings wird es nie einer so hinzeichnen können, wie dieser größte Reporter aller Zeiten, der Tag und Nacht an sein Objekt hingegeben war, er berichtigt, behorcht, umlauert es, das Notizbuch in der Hand, es mit den »ébauches« zu seinen Schilderungen anfüllend. Aber wer Zola gründlich kennt, wird ein unvergleichlich besserer Journalist sein als der, der nur das Übliche von ihm weiß. In Zolas rein journalistischen Artikeln (z. B. in »Mes haines«) ist er so hinreißend wie in seinen Romanen, weil er auch hier von der Tatsache ausgeht und von der Autopsie. Und nichts hat wohl eine Welt so erregt, so aufgewühlt und so gereizt, wie seine Aufsätze in der Dreyfus-Sache, und noch heute kann man diesen Band der Zolaschen Artikel kaum lesen, ohne von Fieber befallen zu

werden« (Egon Erwin Kisch [Hrsg.]: Klassischer Journalismus. Die Meisterwerke der Zeitung. Berlin 1923, S. 456).
Emile Zolas Werk ist für Joseph Roth ebenso wie für Egon Erwin Kisch das wichtige Beispiel dafür, daß zwischen Literatur und Journalismus keine Kluft besteht. Der Titel »Emile Zola – Schriftsteller ohne Schreibtisch« stammt vom Herausgeber der Werkausgabe.

Lieber Gerhart Pohl!
Ihre freundliche Aufforderung, mich an Ihrer Enquete über Zola und die Möglichkeiten seiner Wirkung auf die heutige deutsche Generation zu beteiligen, erreicht mich erst heute – und gerade in der Stunde, in der ich von der Hinrichtung Saccos und Vanzettis aus den Zeitungen erfahre. Vielleicht wird zu der Zeit, in der diese Zeilen Ihren Lesern vor die Augen kommen, der Zusammenhang zwischen dem Mord in Amerika und dem größten Diener der Gerechtigkeit in Frankreich nicht mehr so natürlich wie mir in diesem Augenblick und etwas willkürlich konstruiert erscheinen. Erlauben Sie mir dennoch, von dem Gedanken auszugehen, der mich während der ganzen qualvollen Lektüre der Berichte verfolgt: Es gibt keinen Zola mehr in der Welt! . . . Ich weiß nicht, ob er heute (nach dem Krieg) und in Amerika (dem Land der unbegrenzten Unmenschlichkeiten) den Mord verhindert hätte. Aber daß kein einziger Schriftsteller »von Weltruhm« sich gerührt hat, ist für uns, Genossen dieser Zeit, mehr als beschämend: Es könnte fast unsere Hoffnungen vernichten. Die Überzeugung, daß die Gerechtigkeit tot ist – in Amerika und in Europa –, muß alle Herzen kalt und starr gemacht haben. Zola aber hätte auch den Mut gehabt, für eine aussichtslose Sache zu kämpfen. Denn es war sein Glaube, daß die Zukunft die Sünden der Gegenwart rächt – um sie auszulöschen; und daß diese Zukunft den Armen von heute gehört, den Elenden.
Nur Blinde können glauben, daß mit der »rein literarischen« Wirkung eines Mannes nicht eng zusammenhängen: seine Leidenschaft, an der sogenannten »Aktualität« teilzunehmen; seine Liebe zum Tag und alles, was zu ihr gehört: das Volk, die Bitterkeit der Armut und die Härte des Reichtums und seiner Gesetze. Niemand kann sich über die Erde erheben, auf der er lebt. Es gibt keine Grenze zwischen einer Stellungnahme zu den öffentlichen Gemeinheiten und einer tapferen, »zur Ewigkeit hingewendeten« Arbeit. Ein Mensch, den ein Zei-

tungsbericht über eine Schändung der Menschlichkeit nicht unmittelbar zur Tat ruft, kann nicht mehr das Recht haben, über Gesichter und Handlungen von Menschen zu schreiben. Zola hat aus leidenschaftlicher Achtung für die Wirklichkeit die Grenze zwischen dem »Profanen« und dem »Edlen« aufgehoben. Jene verlogene Grenze, von den ewigen Reaktionären errichtet. Denn es ist ihre Eigenschaft, »Heiligtümer« zu errichten, um Eintrittskarten zu verkaufen. Zola war der erste europäische Schriftsteller ohne Schreibtisch als Instrument der Eingebung, der erste Romancier mit dem Notizbuch. Der erste Dichter auf der Lokomotive.

Ich glaube, daß er dadurch gerade Deutschland ein Beispiel sein kann. Denn unsere Autoren sind die Dichter am Schreibtisch. Wir haben die Fabel von den blinden Sehern und dem Fluch der professionellen Ästhetiker. Wer von den deutschen berühmten Schriftstellern hat sich um schwarze Reichswehr, massakrierte Arbeiter, bayerische Justiz, Pommern und die Herren von Kähne gekümmert? Wie viele Dreyfus-Affären hatten wir seit 1918? Wer von den berühmten Männern hat schon einen Lokomotivführer angeschaut? Konstruiert haben sie sich manchmal einen.

Nicht sie haben das Recht, den Zolaschen »Naturalismus« »flach« zu nennen. Er war die literarische Form eines starken Glaubens an die Kraft der Wirklichkeit. Nur durch eine minutiöse Beobachtung der Wirklichkeit kommt man zur Wahrheit.

Ich bitte Sie und Ihre Leser um Entschuldigung für diese hastigen Sätze und bin mit kameradschaftlichem Gruß Ihr

Joseph Roth

Egon Erwin Kisch
DEBÜT BEIM MÜHLENFEUER
(1942)

Was für ein reizvolles Sujet: Der weltberühmte Reporter Kisch schreibt über seine gar nicht so ruhmreichen Anfänge. Er tut das natürlich mit der Virtuosität des Könners, der mit liebevoller Vertrautheit auf den Reporter-Eleven Kisch zurückblickt.
Kokett beginnt die Reportage, wenn Kisch um Nachsicht bittet, weil es ihm an Übung mangle, er ja immerhin zum erstenmal seine Memoiren schreibe. Er wisse nicht, ob er es richtig mache. Der Leser kann ihn schon nach wenigen Zeilen der Lektüre beruhigen: Er macht es richtig.
Als jüngster Lokalreporter war er der erste, der in der »Frankfurter Zeitung« mit einer in Prag ohnedies schon mehrfach abgehandelten Geschichte nachgedruckt wurde. Er hatte sie besser als andere geschrieben. Der leichte Erfolg nährte in ihm den Glauben, daß es genüge, die hölzernen Polizeiberichte entsprechend zu literarisieren, um als Reporter Erfolg zu haben. Daß dies ein Irrtum war, erkannte er bei seinem ersten Einsatz vor Ort. Als er beim Brand der Schittkauer Mühlen ankam, waren die anderen Reporter längst schon da und mitten in der Arbeit.
Angesichts des Ereignisses wußte er nicht, was er schreiben, nicht, was er fragen sollte. Im Redaktionsstreß, der ihm immerhin 150 Zeilen abverlangte, begann der junge Kisch dann, nicht die Wahrheit, nicht das, was er gesehen, sondern das, was er sich dramatisiert ausdachte, niederzuschreiben. Alle wußten, daß er gelogen hatte. Und dennoch war sein Artikel die Sensation. Das schreibt Kisch.
Geht man dieser Geschichte genauer nach, dann zeigt sich ein differenzierteres Bild, als Kisch es schildert:
Die Schittkauer Mühlen in Prag brannten tatsächlich. Es war der 9. Dezember 1912. Kisch arbeitete bereits seit sechs Jahren für die »Bohemia«. Am nächsten Tag, dem 10. Dezember 1912, steht auf Seite 5 ein nichtsignierter Bericht mit dem Titel: »Die Schittkauer Mühlen in Flammen«. Der Text beginnt mit dem Satz: »Das Firmament über Prag war gestern abend vom blutigen Rot überdacht, und die Feuerwehren, die von allen Seiten die Straßen durchfuhren, trugen dazu bei, die Aufregung in der Stadt zu erhöhen . . .« Der Text enthält viele Zwischenüberschriften, sie heißen: »Das brennende Objekt –

Maschinengießerei und Metallwarenfabrik – Die Entdeckung des Brandes – Die Tätigkeit der Feuerwehren – Vortronka – Vor Schrecken ohnmächtig – Wimmern eines Hundes – Ein großer Hund – Der Schaden – Am Brandplatze.«
In diesem Beitrag lag also durchaus einiges an Recherche, einiges an genauer Beobachtung und wohl auch an Befragung anwesender Personen. Möglicherweise hat Kisch aber einige Details tatsächlich erfunden (vgl. dazu Josef Poláček: Zu Egon Erwin Kischs »Debüt beim Mühlenfeuer«. In: Philologica Pragensia, 12. Jg./1969, Nr. 4, S. 245–250). Die Bedeutung dieser Kurzmemoiren liegt allerdings vor allem in der Botschaft, daß Kisch damals den »sportlichen Entschluß« gefaßt habe, sich fürderhin ausschließlich der Wahrheit und der Suche nach ihr zu verpflichten. Es sollte der Beginn eines faszinierenden Lebensprojektes sein.

Es ist zum erstenmal, daß ich meine Memoiren schreibe, mir mangelt die Übung, und ich weiß nicht, ob ich's richtig mache. Immer wenn ich eine Begegnung oder eine Begebenheit erwähne, greife ich nicht nur zurück, sondern auch vor. So kennt mich der Leser bereits in Situationen, die mir noch nicht zukommen. Bin ich doch erst am Beginn meiner Reportertätigkeit.
Auf der Börse war man unzufrieden, weil meine Zeitung als Nachfolger des Herrn Melzer, der mit den rangältesten Polizeibeamten die Schulbank gedrückt hatte, einen so jungen Hund wie mich entsandte. In der Redaktion war ich nur ein Reporter.
Und die Tatsache, daß meinen Anfängen ein sogenannter Erfolg beschieden war, vollzog sich unter Umständen, welche die anderen Redakteure der »Bohemia« nicht für mich einnehmen konnten. Meine erste Notiz schilderte meinen Besuch am Krankenbett eines Freundes, der vor Jahresfrist in einem Duell einen Studenten getötet hatte und selbst lebensgefährlich verletzt worden war. Neben ihm im Spital lag ein Akrobat, der, gleichfalls lange vor meinem Berufsantritt, vom fliegenden Trapez ins Publikum gestürzt war. Der andere Bettnachbar, ein Knabe, war am Weihnachtsabend vor der Villa des ehemaligen Bürgermeisters Bielsky von desen Wachhunden überfallen und gebissen worden.
Jede dieser drei Begebenheiten war zu ihrer Zeit journalistisch zu Tode gehetzt worden, und es waren demnach »olle Kamellen«, die

ich zu einer Notiz zusammenschweißte. Aber die »Frankfurter Zeitung« druckte sie nach.
Seit langem war es das erstemal, daß etwas aus einem Prager Blatt Gnade fand vor der Schere des allwissenden und unfehlbaren Fedor Mamroth in Frankfurt. (»Mamroths Schere reimt sich auf Ehre«, pflegte der Feuilletonchef des »Prager Tagblatts« selbstgefällig zu reimen, wenn die »Frankfurter Zeitung« einmal das gleiche ausgeschnitten hatte wie er.)
Die Zitierung unserer Zeitung hätte demnach so empfunden werden müssen, als sei der ganze Redaktionsstab im Tagesbefehl zitiert. Wenn nur die dekorierte Leistung nicht gerade vom jüngsten jungen Mann, dem Lokalreporter, vollbracht worden wäre und dieser Lobspruch nicht wie ein Tadel für die übrigen geklungen hätte. »In der Prager ›Bohemia‹«, so leitete der Oberste Richter in Frankfurt den Abdruck ein, »findet sich nachstehende, ungewöhnlich gut geschriebene Notiz . . .«
Mein neuer Beruf schien mir kinderleicht zu sein. Ich hatte auf der Polizei und auf unserer Börse Nachrichten zu holen und sie zu stilisieren. Je mehr ich sie durch plaudernde Wendungen ausschmückte, desto mehr hatten sie Anspruch, als Schmucknotizen gewertet zu werden, die man zwar Schmocknotizen nannte, aber immerhin – wie man gesehen hat – eher einen anerkennenden Nachdruck fanden als ein simpel berichtetes Faktum.
So machte ich meine Arbeit bis zu der Nacht, in der ich mich zum erstenmal an einem Schauplatz erproben sollte. Die Schittkauer Mühlen standen in Flammen. Ich rannte hin. Das Feuer war im Begriff, den ganzen Komplex der Mühlen, ein Wahrzeichen der Stadt seit urdenklichen Zeiten, in Schutt und Asche zu verwandeln. Und was weit schlimmer war, die anderen Reporter waren schon da und mitten in der eifrigsten Arbeit.
Auf einem Hydrantenwagen unter einer Laterne, alles überblickend und allen sichtbar, saß Papa Vejvara. Er schrieb und schrieb. Polizei- und Feuerwehrbeamte liefen auf ihn zu, gaben ihm Informationen und eilten wieder davon. Von Zeit zu Zeit erschienen Boten seiner Redaktion auf Fahrrädern. Papa Vejvara reichte ihnen Manuskriptblätter und schrieb weiter.
Ich aber, ich wußte nichts zu schreiben. Keine Zeile verstand ich von dieser Wagenburg der Dampfspritzen, von diesem Kreuzfeuer aus

Wasserstrahlen, von diesem Manövrieren der Feuerwehr. Ich drängte mich durch den Kordon, es dauerte eine halbe Stunde, bevor ich den ganzen Bezirk der brennenden Mühlen abgegangen hatte, um irgendwie irgendwo irgend etwas zu erurieren. Kein Wort eruierte ich.
Mir blieb nichts anderes übrig, als, ein demütiger Bittsteller, mich den Stufen des bronzenen Thrones zu nahen, auf dem Papa Vejvara waltete. Er neigte sich zu mir herab, ich reckte mich hoch, spitzte Zehen und Ohren, um keinen Ton von der Sensation zu verlieren, die er mir anvertrauen wollte. Aber was er mir zuflüsterte, war dieses:
»Es brennt.«
Meine Verzweiflung zwang mich, den Hohn zu überhören. Ich bat ihn, mir doch ein paar Details zu geben. Er wies auf die Flammen: sähe ich da nicht Details genug?
Nein, ich sah keine Details. Ich sah nur die Flammen, die beschäftigte Feuerwehr und meine noch beschäftigteren Kollegen. Wie ein Spritzenschlauch schlängelte sich der bleiche Schnüffeles zwisches den Löschapparaten und Wasserstrahlen, überall war er gleichzeitig. Er maß mich mit Siegermiene. »Nun, Sie Schönschwätzer, zeigen Sie jetzt, was Sie können.«
Am Fuß der Feuerleiter traf sich die Chodiera-Börse und tauschte Informationen aus. Ich pirschte mich heran, etwas zu erlauschen. Sie bemerkten mich und verstummten, einige lachten. Der bleiche Schnüffeles bekam geradezu Lachkrämpfe.
Sie konnten lachen, ich konnte weinen.
Entschlossen arbeitete ich mich zum Feuerwehrkommandanten durch. Aber als ich vor ihm stand, fiel mir ein: ich weiß nicht einmal, was ich ihn fragen soll. Schöner Reporter, der nicht einmal weiß, was er fragen soll.
Ich fragte nach der Ursache des Feuers.
»Noch nichts festgestellt.«
So wie bei mir. Nichts hatte ich festgestellt, leer war mein Notizblock. Tränen vermochten meine Beschämung nicht zu löschen. Selbst wenn Dampfspritzen in meinen Augen aufgefahren wären, hätten sie nicht vermocht, meine Beschämung zu löschen. Nie, nie hätte ich mir eine derartige Unfähigkeit zugemutet. Schluß mit meinem Versuch, das Mühlenfeuer zu beschreiben! Schluß mit der Reportage!
Erhaben, auf strahlendem bronzenem Siegeswagen, umgeben von behelmten Mannen, fährt der Berufene in die Ruhmeshalle der Jour-

nalistik ein ... und unten schleicht geduckt und gedemütigt einer davon, der vieles unternehmen wollte und nichts gekonnt.
Durch die Masse der Neugierigen, finstere, nächtliche Gestalten, zwängte ich mich immer weiter nach hinten. Nur weg von hier!
Wohin? Auf keinen Fall in die Redaktion zurück. Wozu mir dort das Toben anhören, weil ich nichts bringe, wozu mich noch beschimpfen lassen, bevor ich entlassen werde?
Allerdings, fair ist es nicht, die Redaktion einfach sitzenzulassen. Mutiger wär's, hinzugehen und mein Fiasko einzugestehen.
Langsam ging ich durch die Straßen. Was wird man auf der Börse sagen? Mir fielen die Anekdoten ein, mit denen man sich dort selbstgefällig unterhielt, die Anekdoten von unfähigen Reportern.
Ein aus der Provinz engagierter Journalist war zur Erhebung eines Vorfalls an die Peripherie der Stadt geschickt worden. Er recherchierte alles genau – aber er fand nicht in die Redaktion zurück, dieser findige Reporter. Hahaha!
Einer wurde zur Hochzeit des berühmten Schauspielers M. entsandt. Er kam zurück und schrieb nichts. »Wo ist der Bericht über die Hochzeit?« fragte man ihn. »Es gibt keinen. Der Bräutigam kam nicht, die Gäste warteten vergebens, die Hochzeit fand nicht statt. Also kann ich doch nichts schreiben.« Hahahaha!
Das ist doch gar nichts! Beim größten Brand unserer Zeit, als die Schittkauer Mühlen niederbrannten, war ein Reporter dabei – Kisch hieß er –, er wußte nicht eine Zeile zu berichten. Hahahahaha!
So geht mein Name in die Geschichte der Reportage ein!
»Gott sei Dank, daß Sie endlich kommen«, empfing mich der Nachtredakteur schon auf dem Treppenflur, »ich habe Ihnen anderthalb Spalten reserviert. Schreiben Sie schnell, damit wir recht viel davon noch in die Postauflage bekommen!« Und so rasch, wie es ihm seine siebzig Jahre erlaubten, humpelte er in den Setzersaal.
Anderthalb Spalten – das waren hundertfünfzig Zeilen! Ich hatte nicht einmal eine. Oder doch, eine hatte ich: den Titel: »Brand der Schittkauer Mühlen«. Der stand fest. Unter ihm klaffte leere Öde ... hundertfünfzig Zeilen tief.
Da gab's keine Wahl, ich mußte mich hinablassen in die öde Leere. Ich schrieb ... schrieb von den Flammen und wieder von den Flammen ... ich ließ sie lodern, leuchten, züngeln, prasseln, aufflakkern ... das Gebälk ließ ich knistern, krachen, bersten ... die Mehl-

säcke ließ ich glimmen und platzen und qualmen und dampfen und rauchen . . . die Wasserstrahlen ließ ich stechen wie Dolche und niedersausen wie Säbelhiebe . . . und all das zusammen, all das zusammen ergab erst zwanzig Zeilen.
Der Metteur en page riß sie mir aus der Hand. »Schnell, schnell das Weitere«, schärfte er mir ein und war verschwunden.
Das Weitere! Das Weitere gab's nicht, obwohl noch hundertdreißig Zeilen dafür frei gehalten waren, der Metteur, der Setzer, der Nachtredakteur auf sie warteten.
Ich lutschte an meinem Bleistift. Entlutschte ihm, daß das Städtische Nachtasyl in der Nähe der Schittkauer Mühlen lag. Mein Bleistift trieb eine Gruppe von Obdachlosen zum Brandplatz. Mein Bleistift sah, wie sie fasziniert sich gegen den Feuerherd vorschoben, mein Bleistift half ihnen, sich dem Kordon der Polizisten zu nähern, denen sie sonst eilig und in weitem Bogen auszuweichen pflegen. Die Polizei, von dichtem Dunkel umgeben, sah nicht, was mein Bleistift sah, sah nicht, welcher Art die sich heranwälzende Menge war. Nur wenn eine Feuergarbe ihr grelles Licht anstatt zum Himmel aufwärts seitlich warf, wurden die Gestalten sichtbar, die der Unterwelt entstiegen schienen, aber in Wirklichkeit meinem Bleistift entstiegen: Landstreicher mit gegerbten Gesichtern, wirren Bärten, struppigen Haaren und starr auf das Feuertheater gerichteten Augen.
Mein Bleistift – weit stärker beobachtend als sein Herr – beobachtete in einem solchen Moment flammender Beleuchtung, wie ein Polizist und ein vierschrötiger Riese einander gegenüberstanden. Wahrscheinlich kennt der Polizist den Mann, vielleicht ist es ein Gewalttäter, der ihm bei der Verhaftung Widerstand geleistet hat und entkommen war. Oder vielleicht war der Gewalttäter nicht entkommen und hat dem Polizisten Rache geschworen, der jetzt in seiner Reichweite steht. Gleich wird der Flammenkegel wieder dem Dunkel Platz machen, einem undurchdringlichen Dunkel gefährlicher Gelegenheit. Solcherlei schrieb und beschrieb mein Bleistift, bis ihn die hundertfünfzigste Zeile stoppte.
Sonst pflegte ich, wenn ich eine größere Notiz geschrieben hatte, in die Setzerei hinüberzugehen, um dort angeblich den Bürstenabzug zu korrigieren, eigentlich aber, um von den Setzern ein Urteil über mein Produkt zu hören.
Diesmal verließ ich die Redaktion ohne das. Nichts wollte ich wissen,

am meisten befürchtete ich, man könnte mein Verlegenheitsgefasel loben. Daß ich einen »Bericht« zusammengebracht, änderte kein Jota daran, daß er nicht einmal enthielt, wie der Brand verlaufen war und was sich an Zwischenfällen zugetragen. Wahrscheinlich hatte es sogar Tote und Verletzte gegeben.

Der Entschluß, meine Demission zu geben, war ebenso wie die Möglichkeit, entlassen zu werden, noch da.

Am nächsten Morgen sah ich in unsrem Blatt meine Phantasien noch vergröbert. Der Nachtredakteur hatte meinen Titel geändert. Mit Riesenbuchstaben, die mir wie brennende Balken vorkamen, spannten sich die Worte »Ansturm von Obdachlosen bei einer Feuersbrunst« über die Spalten.

Was die anderen Reporter gestern auf dem Brandplatz erfahren hatten, erfuhr ich heute aus ihren Blättern. Sie hatten alle Details erhoben, die mir verschlossen geblieben waren. Zumeist allerdings waren diese Details von der Art, die man in der Zunft als »interessant, aber langweilig« charakterisierte: Nach einigen Berichten war das Feuer um acht Uhr sechzehn abends von einer in der Nähe wohnenden Metzgersgattin bemerkt worden, nach anderen Berichten Schlag neun Uhr von einem zufällig des Weges kommenden Bauern aus Südböhmen. Laut »Nationalzeitung« war es die Löschmannschaft der Vorstadt Karolinenthal, die mit dem Spritzenmeister Soundso und zwei dreispännigen Dampfspritzen zuerst an der Brandstelle eintraf; der »Volksgemeinschaft« zufolge aber war die Feuerwache Sokolstraße mit der neuen automatischen Feuerleiter als erste zur Stelle gewesen. Übereinstimmend war nur die Feststellung, daß in kurzen Intervallen alle Feuerwehrstationen auf der Brandstätte eintrafen. In den meisten Blättern stand, der Brand sei auf dem ebenerdigen Schüttboden ausgebrochen, der bleiche Schnüffeles vom »Prager Tagblatt« hatte jedoch erhoben, daß das Feuer im ersten Stockwerk mehr als eine Stunde lang gewütet und erst nachher die Räume im Parterre ergriffen habe.

Als ich in die Redaktion kam, standen im Vorzimmer, das in der Frühstücksstunde eine Art Klubraum war, einige Redakteure beisammen.

»Dieses Gedränge der Obdachlosen«, sprach mich der Kunstkritiker an, »das muß ja wie ein Gemälde von Breughel gewesen sein. Ich habe Ihren Bericht interessiert gelesen.«

»Er hat ja nichts weiter aufgeschrieben, als was er gesehen hat«, sagte Doktor Dykschy.
Vielleicht um den geringschätzigen Ton Doktor Dykschys abzuschwächen, wandte der Kunstkritiker ein, ich hätte immerhin gut beobachtet.
»Eben nur beobachtet. Was hätte ein Dichter daraus gemacht! Einen Elendenkirchweih im Feuerschein! Heilige Hermandad und Briganten stehen einander unvermutet gegenüber! Aber dieser junge Mann merkte gar nicht, daß er eine Dramenszene in Händen hielt. Nun, schließlich ist das auch nicht seines Amtes.«
Ich hatte gute Lust, ihm zu enthüllen, daß ich den Stoff sehr wohl zu würdigen wisse, denn er entstamme meiner Phantasie. Jedoch dann hätte Doktor Dykschy nur wiederholt, und die anderen hätten ihm beigestimmt, daß das nicht meines Amtes sei.
Ehe der Tag zu Ende ging, an dem mich Doktor Dykschy den Unwert der Wahrheit fühlen ließ, bekam ich eine Lektion über den Wert der Unwahrheit.
»Ich habe Ihnen anzukündigen, daß Sie aus der Börse ausgeschlossen werden, wenn Sie noch einmal in dieser Art schreiben«, empfing mich Papa Vejvara, als ich abends auf die Börse kam.
»In welcher Art habe ich denn geschrieben?«
»In der Art eines Lügners«, brach er los. »Lauter unverschämte Lügen! Sie werden eine gesalzene Berichtigung vom Städtischen Nachtasyl bekommen – bei Nacht kann niemand aus dem Gebäude, weil es abgesperrt ist und jeder beim Eintritt seine Kleider abgeben muß.«
»Ich habe nicht geschrieben, daß es die Insassen des Städtischen Asyls waren. Ich habe nur von Obdachlosen im allgemeinen gesprochen, die Nähe des Asyls habe ich erwähnt, ohne zu sagen, daß die Leute von dort kamen.«
Über diesen Trick wurde Papa Vejvara noch wilder. Er hatte nämlich von der Asylleitung ein Dementi meines Berichts verlangt, aber den Bescheid erhalten, daß infolge der Stilisierung nichts gegen meinen Bericht unternommen werden könne. Warum hatte Papa Vejvara das getan? Er verheimlichte es nicht.
»Mit Ihren Lügen bringen Sie uns um die Existenz. Heute morgen schnauzt mich der Chefredakteur an, wieso ich die Obdachloseninvasion auf der Brandstätte nicht einmal mit einem einzigen Wort erwähnt habe.«

»Sie konnten ihm doch sagen, Herr Vejvara, daß das erfunden ist.«
»Ich verbitte mir Ihre Ratschläge.«
Kollege Wenzel Vilde mischte sich ein: »Wenn man diesen Klebstoffjournalisten sagt, daß ein Konkurrent lügt, so glauben sie, das sei eine Ausrede.«
Papa Vejvara bestätigte das, indem er beide Fäuste auf den Tisch schlug; sein Chefredakteur habe ihm wörtlich gesagt: »Komisch, daß sich die anderen immer die interessantesten Lügen ausdenken und Sie immer nur die langweiligste Wahrheit wissen.« Papa Vejvara fiel aus der Höhe der Wut in die Tiefe der Bitterkeit: »Das muß ich mir sagen lassen im dreißigsten Jahr meiner Tätigkeit.«
»Wegen eines solchen Rotzbengels«, sagte Ritter Wuk von Rosenberg, nur um nicht unhöflich zu erscheinen.
»Was sollte ich denn machen?« wandte ich ein, »ich hatte doch überhaupt keine Details. Als ich Sie bat, Herr Vejvara, mir etwas zu sagen, haben Sie geantwortet: Es brennt.« Diese höhnische Antwort von Papa Vejvara wurde stillschweigend mißbilligt.
Fromm und milde riet mir Herr Adalbert Betzek, mich immerdar nach der Religion zu richten: »Du sollst nicht lügen, steht in den Zehn Geboten, und wenn Sie sich schon so eine faustdicke Lüge ausdenken, so müssen Sie sie uns telefonieren, damit wir sie auch bringen können und nicht dastehen wie die törichten Jungfrauen.«
Auf der Chodiera-Börse erschien an diesem Abend Herr Tschuppik statt des »bleichen Schnüffeles«, der vom »Prager Tagblatt« seines Posten enthoben worden war.
Was war das alles?
Solange ich Vortragsreferate und Schmucknotizen verfaßte, war ich nie ratlos gewesen, hatte nie, selbst wenn ich vom Thema wenig verstand, einen Bericht aus der Luft gegriffen und nie die Stellung eines Kollegen gefährdet.
Offenbar ist die direkte Beschreibung der Wirklichkeit weit schwieriger. Kein Kritiker wird bei der Besprechung eines Buches, einer Aufführung oder einer Ausstellung jemals von solch einem Gefühl beruflicher Ohnmacht befallen werden wie ich gestern im Schein des Mühlenfeuers. Und dennoch behandeln die Redakteure der Kulturrubriken den Reporter als etwas Untergeordnetes, wie einen, der in den Beinen haben muß, was er nicht im Kopf hat.
Ein paar Tage vorher war ich dem künstlerlockigen Feuilletonchef,

an dessen Namen ich mich nicht mehr erinnere, in den Weg gelaufen. Er sprach mir sein Mißfallen darüber aus, daß ich Reporter geworden. »Ich hatte anderes mit Ihnen im Sinn«, sagte er, »ich wollte Ihnen einen Namen machen.«

Auch Doktor Dykschy fand das verächtlich, was meines Amtes war. Gewiß, er war konsequent. In seinen Literaturkritiken anerkannte er als Kunst nur das Übersprudelnd-Launische, das Traumhaft-Zerfließende, das Ungebunden-Absurde, das Sprunghaft-Unlogische oder das Irrational-Mystische. Streng lehnte er den »phantasielosen Rationalismus und öden Materialismus der schnell veralteten französischen Schule« ab, worunter er Balzac, Flaubert und vollends Zola verstand. Dem Doktor Dykschy, der meinem unseligen Lyrikband seinerzeit eine kritische Ermunterung gegeben, konnte die Obdachlosenszene nicht gefallen, weil er sie für Realität hielt.

Aber Chefredakteure, Journalisten an verantwortlicher Stelle, mußten sie nicht Realität schätzen? So wirkungsvoll formuliert die Antithese war, die der Chef des Papa Vejvara gebraucht – durfte er eine Lüge fordern, weil sie interessant war? Durfte er sie einer Wahrheit vorziehen, und wäre es der sterbenslangweiligsten?

Diese Fragen waren beileibe keine rhetorischen, es gab Antworten auf sie.

Manche Herausgeber, der große Gordon Bennett zum Beispiel, haben eingestanden, daß Zeitungen, ob sie nun dem Geschäft oder der Verbreitung einer Gesinnung dienen, eine ihre Ziele begünstigende Unwahrheit vorziehen müssen einer Wahrheit, die ihren Zielen zuwiderläuft. Ein Zyniker tat gar den Ausspruch: »Eine falsche Nachricht ist mir die liebste, denn erstens hat man sie allein, und zweitens bekommt man eine Berichtigung, die man wieder allein hat.«

Die Begründung ist falsch, denn nichts wird so prompt, so gründlich und so energisch dementiert wie gerade die Wahrheit. Um so mehr kann diesen Grundsatz des Zynikers auch ein Zeitungsherausgeber akzeptieren, der keine Berichtigungen wünscht.

Und der Leser? Welche Wichtigkeit hat es für ihn, zu erfahren, ob der zweite oder erst der vierte Schuß des Mörders tödlich war? Daß beim Sturm auf Port Arthur nicht fünftausend, sondern nur fünfhundert Japaner fielen? Daß sich das Feuer in den Schittkauer Mühlen nicht auf dem Schüttboden ausbreitete, sondern zunächst im ersten Stock?

Der Stein der Wahrheit, der nur um hohen Preis zu erwerben ist, ist von seiner billigen Imitation nicht zu unterscheiden. Kein Leser hatte in meiner Erzählung vom lokalen und öffentlichen Ereignis des Mühlenbrandes gemerkt, daß ihr nichts zugrunde lag. Wie sollte bei einem weniger erhellten Tatbestand, wie erst bei einem auswärtigen Vorfall die Phantasie von der Realität unterschieden werden? Wenn man gar das Gebot des frommen Herrn Adalbert Betzek befolgte, jede Erfindung den Kollegen weiterzugeben, fiele auch die letzte Entlarvungsmöglichkeit weg.
Ich definierte mir, was der Bericht überhaupt darstellt. Er ist eine Form der Äußerung, vielleicht sogar eine Kunstform, obschon nur eine kleine wie die Bänkel des blinden Methodius oder die Tätowierungen im Arrestgebäude.
Spezifisch ist dem Bericht, daß ein wirklicher Vorfall sein Thema bildet. Könnte nicht bloß vorgespiegelt werden, daß der Vorfall sich ereignet hat? Nein. Wenn die Begebenheit erfunden ist, mag es der Leser merken oder nicht, ist ihre Darstellung kein Bericht. Romanschriftsteller, Novellisten und Anekdotenerzähler behaupten oft, daß ein von ihnen geschildertes Ereignis sich tatsächlich abgespielt habe. Es schädigt den Dichter nicht, es erhebt ihn sogar, wenn der Leser diese Behauptung nicht glaubt. Aber ein Chronist, der lügt, ist erledigt.
Die Behandlung des Sujets birgt allerdings eine Alternative: Entweder man nimmt das Ereignis zum Ausgangspunkt für ein Phantasieprodukt (was ich gestern beim Mühlenbrand getan), oder man bemüht sich, die Zusammenhänge und Details so zu ermitteln, daß das Ergebnis mindestens in gleichem Maße interessant ist wie das Phantasieprodukt. (Ich hätte die Obdachlosenszene entdecken müssen, nicht sie erfinden dürfen.)
Zum obigen Entweder hatte ich mein Geschick, zum obigen Oder mein Ungeschick bewiesen, aber ich mußte den zweiten Teil der Alternative wählen.
Oh, nicht etwa aus moralischen Gründen! Da war jene Dantesche Neugier. Von Kindheit an brachte ich infolge dieser Neugier von jedem Weg zum Kaufmann oder zum Postschalter eine solche Fülle von Erzählenswertem heim, daß man es zumindest für Übertreibung hielt. Mich verdroß diese Verdächtigung, weil ich es nicht nötig hatte zu erfinden, sah und hörte ich doch überall so viel Unglaubhaftes,

das dennoch Wahrheit war. Wie konnte es sein, daß die mir selbstverständlichen Erlebnisse den anderen unmöglich schienen?
Gestern hatte ich zum erstenmal etwas erfunden, und alle hatten es geglaubt . . . Sollte ich also bei der Lüge bleiben? Nein.
Gerade weil mir bei der ersten Jagd nach der Wahrheit die Wahrheit entgangen war, wollte ich ihr fürderhin nachspüren. Es war ein sportlicher Entschluß.

Alfred Polgar
KARL KRAUS
NACHRUF
(1936)

Karl Kraus, dieser unerbittliche, radikale und oft haßerfüllte Zeit-, Gesellschafts- und Journalismuskritiker, war zu seiner Zeit und ist auch heute noch eine heftig umstrittene Figur. Die Belege dafür lassen sich auch im Werk der in diesem Band versammelten Journalisten finden. Von dem »Einfluß der dauernden Hochspannung«, die von diesem Mann ausging, ist Polgars Nachruf ganz frei. In knappen Sätzen und dichten Metaphern, bewegt von der Todesnachricht, wird diese Miniatur einem Leben und einem Werk gerecht, dessen Singularität im Kanon des modernen Journalismus unstrittig ist.

Das Einzigartige an der Erscheinung des großen Wiener Publizisten Karl Kraus – von dem Genialischen dieser Erscheinung abgesehen – war die vollkommene Deckung von Mann und Werk. Er schrieb (wie Börne dies Jean Paul nachrühmte) »mit dem Blut seines Herzens und dem Saft seiner Nerven«, sein Leben war Vorarbeit zur Arbeit und deren Ergänzung, diente in nie erlahmender Leidenschaft der Bekräftigung des Werkes, für das er, mit hinreißendem Temperament, an vielen hundert Abenden auch im Vortragssaal eintrat. Diesen nützte er später vor allem dazu, sein Verstehen und Erfühlen hoher Kunst und Dichtung in vollendeter rezitatorischer Wiedergabe der geliebten Werke (Shakespeare, Nestroy, Raimund, Offenbach) dem Mißverstehen, dem Verfälschen und Verflachen durch das zeitgenössische Theater entgegenzusetzen. Hierzu legitimierten ihn glänzende schauspielerische Begabung, Musikalität, ein affektgeladenes Organ, der zartesten lyrischen Schattierungen wie des großen dramatischen Ausdrucks fähig. Seine Kampfschrift, »Die Fackel« (in den letzten 20 Jahren schrieb er sie völlig allein), diente zum größten Teil der Reinigungsmission, zu der er sich berufen fühlte, nämlich der Aufgabe, die Flecken, die ihm sein Welt-Traumbild verhäßlichten, die großen wie die winzigsten, mit der scharfen Säure seines Hohns und Witzes anzugehen. Daneben gedieh eine reiche lyrische und aphoristische Produktion und ein bedeutsames dramatisches Œuvre, als dessen Gipfel »Die letzten Tage der Menschheit« erscheinen, eine danteske Fahrt durch die geistige Höllenlandschaft des Krieges. Kraus hatte den schärfsten Blick für das Niedrige, Lächerliche, Verlogene, Armselige, das sich in Drucklettern, in Buch und Zeitungen, manifestiert und eine überlegene Kunst, es in satirisches Licht zu rücken, in ein Licht von erbarmungsloser, zerstörender Grellheit. Er war sich das Maß aller Dinge; mußte sich das wohl sein, um als orthodoxer Einzelgänger sein Gleichgewicht unerschüttert zu bewahren. Schwäche und Fehlbarkeit schloß er für seine Person aus; und ließ sie bei den andern nicht als Milderungsgründe gelten. Er verstand es, im zweifachen Sinn des Wortes, sich Feinde zu »machen«, er modellierte sie in schöpferischer Haß-Phantasie um zu gültigen Typen des Erbärmlichen und Verderblichen, das er mit nie befriedigtem Haß ein Leben lang bekämpfte, hierbei wenig beirrt von den Einflüssen so nebuloser Sternbilder, wie es »Objektivität« und »Gerechtigkeit« sind. Tiefer als er ist kaum ein Zeitgenosse in den Zaubergarten der Sprache eingedrungen. An dem geheimnisvollen Sich-Verflechten und Ineinanderwachsen dessen, was dort in nie zu erschöpfendem Reichtum blüht, hatte er sein ungemessenes Entzücken.

Er war Hüter im Bezirk des Geistes, eifervoll bis zum Berserkerhaften im Attackieren und Abweisen derer, die ihm den geheiligten Bezirk zu verunreinigen schienen. Er rächte das Ideal an der Wirklichkeit, Liebe für das Große nährte seinen Haß gegen das Kleine, auch wenn dieses gar nicht anders sein wollte als klein. Der Sache, an die er glaubte, diente er als ebenso treuer wie tyrannischer Diener. Die ihm nahe kamen, unterlagen dem Einfluß der dauernden Hochspannung, in der sein Geist und sein Wille lebten, und die ihr Bedrohliches wie ihr Bezauberndes hatte. Vielleicht war es dies, das seine Erscheinung so verführerisch, für Haß und Liebe so unwiderstehlich anziehend machte.

Mit Karl Kraus trat vom Theater des Lebens ein Mann ab, dem nachgerühmt werden darf, daß er »den Besten seiner Zeit genug getan« hat; und, die Wendung anders verstanden, den Schlechten wahrlich auch!

Epilog

Joseph Roth
DAS AUTODAFÉ DES GEISTES
(1933)

Im literarischen wie im journalistischen Werk von Joseph Roth gibt es viele Zeugnisse dafür, wie prophetisch er die Folgen des verbrecherischen Naziregimes kommen sah. Deshalb gab es für ihn auch keinen Zweifel an der Notwendigkeit zu emigrieren. Er reiste Ende Januar 1933 nach Paris, einige Tage später schrieb er an Stefan Zweig: »Inzwischen wird es Ihnen klar sein, daß wir großen Katastrophen zutreiben. Abgesehen von den privaten – unsere literarische und materielle Existenz ist ja vernichtet –, führt das Ganze zum neuen Krieg. Ich gebe keinen Heller mehr für unser Leben. Es ist gelungen, die Barbaren regieren zu lassen. Machen Sie sich keine Illusionen. Die Hölle regiert« (David Bronsen: Joseph Roth. Eine Biographie. München 1981, S. 420).

Während viele Zeitgenossen in diesen ersten Monaten den Hitlerismus noch für einen vorübergehenden Spuk hielten, wußte Joseph Roth, was auf Europa zukam. Die Bitternis dieses Wissens spricht auch aus dem ein halbes Jahr später geschriebenen Artikel, der in französischer Sprache erschien und mit dem Joseph Roth zu Protokoll gab, daß in diesem Jahr 1933 und noch lange vor dem Holocaust und vor dem Kriege eine Kulturepoche ihr Ende fand (Bücherverbrennung 10. Mai 1933).

Übrigens blieb Joseph Roth trotz dieser Zeitumstände, die ihn noch mehr als schon in seinem bisherigen Leben zum – wie er selbst sagte – »Hotelbürger« machten, höchst produktiv. Er starb, noch nicht 45 Jahre alt, und wie sein Biograph David Bronsen meint, »hat er mit verhaltener Ungeduld seinen eigenen Untergang beschleunigt«. »Das alte Österreich, so dachte er während der Emigration, sei vorzeitig zusammengebrochen, es hätte noch viele Jahre dauern können. Auf seinen eigenen Tod hätte Roth jedoch nicht viel länger warten können, denn eine Internierung beim Einmarsch der Deutschen hätte er nicht überlebt. Der Tod sei ›nicht vorzeitig, nicht rechtzeitig, sondern eher zu spät‹ gekommen, hatte er über Grillparzer geschrieben. Es waren Worte der Einfühlung eines *Alter ego*« (Bronsen, S. 608).

Wenige Beobachter in aller Welt scheinen sich darüber Rechenschaft abzulegen, was die Bücherverbrennung, die Vertreibung der jüdischen Schriftsteller und all die anderen wahnwitzigen Versuche des Dritten Reiches, den Geist zu zerstören, bedeuten. Der blutige Einbruch der Barbaren in die perfektionierte Technik, der furchtbare Zug der mechanisierten Orang-Utans, bewaffnet mit Handgranaten, mit Giftgasen, Ammoniak, Nitroglyzerin, mit Gasmasken und Flugzeugen, der Aufstand der Nachkommen aus dem Geiste (wenn nicht aus dem Blute) der Kimbern und Teutonen, all dies bedeutet in weit größerem Ausmaße, als es die bedrohte und terrorisierte Welt glauben will: Man muß es erkennen und offen aussprechen: Das geistige Europa kapituliert. Es kapituliert aus Schwäche, aus Trägheit, aus Gleichgültigkeit, aus Gedankenlosigkeit (es wird Aufgabe der Zukunft sein, die Gründe dieser schändlichen Kapitulation genau zu erforschen).

Wir deutschen Schriftsteller jüdischer Abstammung müssen in diesen Tagen, da der Rauch unserer verbrannten Bücher zum Himmel steigt, vor allem erkennen, daß wir besiegt sind. Erfüllen wir, die wir die erste Welle der Soldaten bilden, die unter dem Banner des europäischen Geistes gekämpft haben, die edelste Pflicht der in Ehren besiegten Krieger: Erkennen wir unsere Niederlage.

Ja, wir sind geschlagen.

Es wäre unwürdig, schon den Lorbeer unserer künftigen Siege zu ergreifen. Es wäre kindisch, im voraus den endgültigen Sieg des menschlichen Geistes über die augenblicklich siegreiche Macht der Fauna der »Leuna-Werke«, der »I. G. Farbenwerke« und anderer chemotechnischer Urwälder zu verkünden. Wir sind stolz auf unsere Niederlage. Wir standen im ersten Glied der Verteidiger Europas, und wir wurden als erste geschlagen. Unsere Kameraden »arischen Geblüts« können noch auf Begnadigung hoffen (vorausgesetzt, daß sie, und sei es nur in geringfügigem Maße, die Bereitschaft zeigen, sich in der Sprache von Goebbels und Göring auszudrücken). Es ist sogar möglich, daß die Vandalen des Dritten Reiches sich »arische« Schriftsteller von großem literarischen Renommee, wie Thomas Mann und Gerhart Hauptmann (zur Zeit verfolgt), vorläufig nutzbar zu machen versuchen, um die Menschheit zu hintergehen und sie mittels einer Kriegslist glauben zu lassen, daß auch der Nationalsozialismus den europäischen Geist respektiere. Aber wir Schriftstel-

ler jüdischer Herkunft sind, Gott sei gedankt, vor jeder Versuchung, uns der Seite der Barbaren anzunähern, geschützt. Wir sind *die einzigen Repräsentanten Europas,* die nicht mehr nach Deutschland zurückkehren können. Selbst wenn sich in unseren Reihen ein Verräter fände, der aus Ehrgeiz, Dummheit oder Blindheit mit den Zerstörern Europas einen schändlichen Frieden schließen wollte – er könnte es nicht! Das »asiatische« und »orientalische« Blut, das uns die gegenwärtigen Machthaber des Deutschen Reiches vorwerfen, gestattet uns mit Bestimmtheit nicht, aus den noblen Reihen der europäischen Armee zu desertieren. Gott selbst – und wir sind stolz darauf – läßt uns Europa, die Christenheit und das Judentum nicht verraten. Gott ist mit den Besiegten, nicht mit den Siegern! In einer Zeit, da Seine Heiligkeit, der unfehlbare Papst der Christenheit, einen Friedensvertrag, »Konkordat« genannt, mit den Feinden Christi schließt, da die Protestanten eine »Deutsche Kirche« gründen und die Bibel zensieren, bleiben wir Nachkommen der alten Juden, der Ahnen der europäischen Kultur, die einzigen legitimen deutschen Repräsentanten dieser Kultur. Dank der unerforschlichen göttlichen Weisheit sind wir physisch unfähig, sie an die heidnische Zivilisation der Giftgase, an den mit Ammoniak bewaffneten germanischen Kriegsgott zu verraten.
Haben sich die deutschen Schriftsteller jüdischer Abstammung – und selbst die deutschen Schriftsteller im allgemeinen – jemals im Deutschen Reich zu Hause gefühlt? Der historisch wohl begründete Verdacht erhebt sich, daß die deutschen Literaten, jüdischer oder nichtjüdischer Herkunft, zu allen Zeiten nur Fremde in Deutschland waren, Emigranten auf heimatlichem Boden, verzehrt von Heimweh nach einem wahren Vaterland, selbst wenn sie sich innerhalb seiner Grenzen befanden. Seit der Zeit, als das »Zweite Reich« Bismarcks die Vorherrschaft der physischen, materialistischen und militärischen Kräfte über das geistige Leben anordnete, als der Typ des »Korporals« verkündet und von der Welt als der Prototyp des Deutschen anerkannt wurde, fühlten sich die deutschen Schriftsteller moralisch vertrieben und verbannt. Hinter dem Korporal stand der Ingenieur, der ihm die Waffen lieferte, der Chemiker, der das Giftgas verbesserte, um das menschliche Gehirn zu zerstören, und gleichzeitig das Pyramidon mischte, um die Migräne zu erleichtern; der deutsche Professor, den die humoristischen Zeitschriften fälschlich als harm-

losen Träumer darstellen, der seinen Regenschirm vergißt und der in Wirklichkeit der gefährlichste (weil der dogmatischste) Feind der europäischen Zivilsation ist; der Erfinder des Giftgases selbst auf dem Gebiet der Philologie, der bezahlt wird, um die Idee der preußischen Überlegenheit zu propagieren, der Unteroffizier der Universität, die unter Wilhelm II. zur Kaserne wurde.

Im neuen »Deutschen Reich« waren die einzigen Freien und Unabhängigen, somit Revolutionäre im wahren Sinne des Wortes, allein die wahren Schriftsteller. Deshalb fühlten sie sich, lange vor Hitler, als Emigranten und Vaterlandslose im Königreich der Technik, der Korporale, des Parademarsches und des Strammstehens. Wenn man das kürzliche Autodafé der Bücher verstehen will, muß man das gegenwärtige »Dritte Reich« als eine natürliche Folge des preußischen Reiches Bismarcks und der Hohenzollern begreifen und nicht als eine Reaktion gegen die arme deutsche Republik mit ihren schwachen deutschen Demokraten und Sozialdemokraten. Preußen, die Beherrscherin Deutschlands, war dem Geist immer feindlich gesinnt, den Büchern, dem Buch der Bücher, d. h. der Bibel, Juden und Christen, dem Humanismus und Europa gegenüber. Das »Dritte Reich« Hitlers schreckt die europäische Welt nur deshalb, weil es die Kühnheit besessen hat, das zu vollenden, was Preußen schon immer vorhatte, nämlich: die Bücher zu verbrennen, die Juden totzuschlagen und das Christentum zu verfälschen.

Der große geschichtliche Irrtum der in Deutschland heimisch gewordenen Jugend bestand darin, daß sie sich dem preußischen Korporal unterwarfen, anstatt sich mit dem wahren deutschen Geist zu verbünden. Um 1900 tauchte in Deutschland eine Kategorie von Juden auf, die man als »Juden Kaiser Wilhelms« oder »jüdische Preußen« oder auch »jüdische Leutnants der Reserve«, kurz als »Sonntagsjuden« bezeichnen könnte. Ohne auf ihre Religion zu verzichten, versuchten sie, diese in eine Art Protestantismus umzuwandeln und aus ihren Tempeln preußische Kasernen zu machen. Sie nannten sich »deutsche Staatsbürger jüdischen Glaubens«, und die Tatsache, daß sie den Namen »deutsche Staatsbürger« anstatt einfach »Deutsche« annahmen, beweist: Sie selbst fühlten, daß die Staatsbürgerschaft noch keine Verschmelzung mit Volk und Nation bedeutete. Sie hatten gerade noch so viel Willenskraft, um sich nicht von der jahrtausendealten Tradition ihrer Väter zu trennen, aber sie waren zu kraftlos, diese Tradition nicht zu verfälschen. Weil sie nicht den Mut besaßen, selbst zu konvertieren, *zogen sie es vor, die gesamte jüdische Religion zu taufen.* So entstanden jüdische Priester mit protestantischem Benehmen und in protestantischer Verkleidung; »reformierte israelitische Gemeinden«, die den Sonntag statt den Sabbat heiligten; Juden, die sich am Yom-Kippur-Tag in luxuriösen Kaleschen in der Uniform des Reserve-Leutnants der preußischen Regimenter zum Tempel – dem Haus eines verratenen Gottes – begaben; Juden, die schließlich dahin kamen, die »jüdische Konfession« als eine vom Staat eingeräumte Konzession an Jehova als einen preußischen Zwillingsgott anzusehen... Sie fühlten sich berechtigt, die »deutsche Zivilisation« in Pacht zu nehmen; unbeständig und schwankend wie sie waren, literarische und andere »Moden« einzuführen und zu bevorzugen; kritiklos, *novarum rerum cupidissimi,* wie sie geworden waren, alle Versuche von Korruption in Literatur, in den bildenden Künsten, im Theater zu bewundern, weil sie Jehova vergessen hatten; sich zum Liberalismus und zur Freigeisterei zu bekennen. Man kann sagen, daß seit etwa 1900 diese »Oberschicht« der deutschen Juden zu einem großen Teil das künstlerische Leben Deutschlands bestimmt, wenn nicht beherrscht hat. Gerechterweise muß man feststellen, daß sie sowohl Qualitäten und Tugenden als auch Fehler hatten. Selbst ihre Irrtümer waren manchmal heilsam. Im ganzen weiten Reich mit einer Bevölkerung von sechzig Millionen Menschen, unter all den vielen Industriellen, gab es, von individuellen Ausnahmen natürlich abgesehen, keine einzige Schicht, die aktives Interesse an Kunst und Geist bekundet hätte. Was die preußischen »Junker« angeht, so weiß die zivilisierte Welt, daß sie gerade lesen und schreiben können; einer ihrer Repräsentanten, der deutsche Reichspräsident Hindenburg, hat öffentlich bekannt, *daß er in seinem Leben niemals ein Buch gelesen hat.* Doch, nebenbei bemerkt, es war dieses Standbild, uralt seit seiner ersten Jugend, das die Arbeiter, Sozialdemokraten, Journalisten, Künstler, Juden während des Krieges vergötterten und das deutsche Volk (Arbeiter, Juden, Journalisten, Künstler, Sozialdemokraten) nach dem Krieg zweimal nacheinander zum Reichspräsidenten wählte. Ist ein Volk, das als Staatsoberhaupt ein Standbild wählt, das niemals ein Buch gelesen hat, so weit davon entfernt, selbst die Bücher zu verbrennen? Und haben die jüdischen Schriftsteller, Gelehrten und Philosophen, die Hindenburg wählten, wirklich das

Recht, sich über den Scheiterhaufen zu beschweren, auf dem jetzt unsere Gedanken verbrennen?
Was die Industriellen betrifft – sie beschäftigen sich mit Stahl und Eisen, mit Kanonen und »Dicken Bertas«, sie schmiedeten die modernen »Siegfriedsschwerter«. Die großen Geschäftsleute stellten den billigen Schund »Made in Germany« her, mit dem sie die unglückliche Welt überschwemmten. *Allein die deutschen Juden (Ärzte, Rechtsanwälte, Kleinhändler, Eigentümer großer Kaufhäuser, Handwerker oder Fabrikanten) interessierten sich für Bücher, das Theater, Museen, die Musik.* Selbst wenn sie hier und da in einen Snobismus des schlechten Geschmacks verfielen, Tatsache ist, daß sich in ganz Deutschland niemand fand, der fähig gewesen wäre, sie zu korrigieren und ihre Irrtümer richtigzustellen. Zeitschriften und Zeitungen wurden von Juden herausgegeben, von Juden bezahlt, von Juden gelesen! Ein ganzer Schwarm intellektueller jüdischer Kritiker und Interpreten entdeckte und förderte zahlreiche »rein arische« Dichter, Schriftsteller, Schauspieler! Gibt es jetzt, da Theater und Literatur »gereinigt« sind, einen einzigen bemerkenswerten Schauspieler oder Literaten, der nicht schon zu einer Zeit ausgezeichnet und anerkannt worden wäre, als Kritik und öffentliche Meinung von den Juden gefördert wurden? Das Dritte Reich zeige uns einen einzigen »rein arischen« Dichter, Schauspieler, Musiker von Talent, der von den Juden unterdrückt und von Herrn Goebbels befreit worden wäre! Allein schwache Dilettanten entfalten sich unter dem Schatten des Hakenkreuzes, unter dem blutigen Widerschein der Scheiterhaufen, von denen wir auflodern . . .
Seit Beginn des 20. Jahrhunderts haben folgende Schriftsteller – Juden, Halbjuden und Vierteljuden (»semitischer Herkunft«, um in der Sprache des Dritten Reiches zu reden) – ihren Beitrag zur deutschen Literatur geleistet!
Der Wiener *Peter Altenberg,* ein Troubadour des 20. Jahrhunderts, der feinfühlige Dichter der unaufdringlichsten und verschwiegensten Frauenschönheit, der seit langem von den Barbaren der Rassentheorie als »dekadenter Pornograph« beschimpft wird; *Oscar Blumenthal,* der Verfasser feinsinniger Komödien ohne Größe, aber voll Geschmack; *Richard Beer-Hofmann,* ein nobler Schmied der deutschen Sprache, Erbe und Interpret der biblischen Überlieferung; *Max Brod,* der selbstlose Freund Franz Kafkas, ein Erzähler aus großer

Tradition, voll Eifer und Gelehrsamkeit, der die großartige Gestalt des Tycho Brahe wiederbelebte; *Alfred Döblin,* der als erster in der deutschen Literatur den Typus des volkstümlichen Berliners entdeckt und verkörpert hat, eine der originellsten Schöpfungen der intellektuellen Welt; *Bruno Frank,* ein gewissenhafter Handwerker des Wortes, ein erfahrener Dramatiker, ein Pazifist und Sänger von Preußens Vergangenheit; *Ludwig Fulda,* ein lyrischer Dichter und Verfasser von Komödien voll Charme und Scharfsinn; *Maximilian Harden,* der unermüdliche und vielleicht einzige wirkliche deutsche Publizist; *Walter Hasenclever,* einer der glühendsten Dramatiker; *Georg Hermann,* ein einfacher und wahrhaftiger Erzähler des Kleinbürgertums; *Paul Heyse* (Halbjude), der erste deutsche Nobelpreisträger; *Hugo von Hofmannsthal,* einer der edelsten Lyriker und Prosaiker, der klassische Erbe der katholischen Schätze des alten Österreich: *Alfred Kerr,* ein Theaterkritiker, der von Phantasie überströmte; *Karl Kraus,* der große Polemiker, ein Meister der deutschen Literatur, ein Fanatiker der Reinheit der Sprache, ein fast unangreifbarer Apostel des Stils; *Else Lasker-Schüler,* eine Dichterin: man wagt nicht, ihr ein anderes Epitheton zu geben, dieses genügt; *Klaus Mann* (Halbjude, Sohn von Thomas Mann), ein verheißungsvoller junger Erzähler, begabt mit einem beachtlichen stilistischen Talent; *Alfred* und *Robert Neumann,* beachtenswerte epische Schriftsteller; *Rainer Maria Rilke* (Vierteljude), einer der größten Lyriker Europas; *Peter Panter,* der vor Geist sprühende Polemiker; *Carl Sternheim,* einer der scharfsinnigsten Erzähler und Dramatiker; *Ernst Toller,* der Dichter des Schwalbenbuches, ein revolutionärer Dramatiker, der, weil er die Freiheit des deutschen Volkes liebte, sieben Jahre in einer bayerischen Festung verbrachte; *Jakob Wassermann,* einer der ersten Romanschriftsteller Europas; *Franz Werfel,* ein lyrischer Dramatiker, Erzähler, ein großartiger Dichter; *Karl Wolfskehl,* der große und noble Bauarbeiter der Mythen; *Carl Zuckmayer,* ein kraftvoller Dramatiker; *Arnold Zweig,* der Verfasser vom großartigen »Sergeant Grischa« und von »De Vriendt kehrt heim«, ein Romancier und Essayist von Gottes Gnaden. Eine ganz unvollständige Liste der Soldaten des Geistes, die vom Dritten Reich geschlagen wurden! Der Leser braucht von ihnen nicht Name für Name Kenntnis zu nehmen. Er begnüge sich gleich uns damit, sie zu grüßen, jene und andere jüdische Schriftsteller, die zu meinen liebsten Freunden zählen und die meine Freundschaft mit einem Epitheton zu schmücken fürchtet: *Stefan Zweig, Hermann Kesten, Egon Erwin Kisch, Ernst Weiss, Alfred Polgar, Walter Mehring, Siegfried Kracauer, Valeriu Marcu, Lion Feuchtwanger,* der verstorbene *Hermann Ungar* und der verehrte Prophet und Seher *Max Picard.*

Die anderen deutsch-jüdischen Schriftsteller, deren Namen sich nicht auf dieser Liste finden, mögen mir verzeihen, daß ich sie vergessen habe. Mögen diejenigen, die hier vorgestellt wurden, sich der Nachbarschaft des einen oder anderen Feindes nicht widersetzen. Sie alle sind auf dem Ehrenfelde des Geistes gefallen. Sie alle haben in den Augen der deutschen Mörder und Brandstifter einen gemeinsamen Makel: *das jüdische Blut und den europäischen Geist.*

Die bedrohte und terrorisierte Welt muß sich darüber Rechenschaft ablegen, daß das Eindringen des Gefreiten Hitler in die europäische Zivilisation nicht nur den Beginn eines neuen Kapitels auf dem Gebiet des Antisemitismus bedeutet: weit gefehlt! Was die Brandstifter sagen, ist wahr, aber in einem anderen Sinne; dieses Dritte Reich ist der Beginn des Untergangs! Indem man die Juden vernichtet, verfolgt man Christus. Zum erstenmal werden die Juden nicht deshalb totgeschlagen, weil sie Jesus gekreuzigt haben, sondern weil sie ihn hervorgebracht haben. Wenn man die Bücher der jüdischen oder als solche verdächtigen Autoren verbrennt, legt man in Wirklichkeit Feuer an das Buch der Bücher: an die Bibel. Wenn man die jüdischen Richter und Rechtsanwälte vertreibt oder einsperrt, wendet man sich im Geiste zugleich gegen Recht und Gerechtigkeit. Wenn man die Schriftsteller von europäischem Renommee exiliert, bekundet man auf diese Art die Verachtung, die man gegen England und Frankreich hegt. Wenn man die Kommunisten martert, bekämpft man die russische und slawische Welt, weitaus eher diejenige Tolstois und Dostojewskis als die Lenins und Trotzkis. Wenn man Österreich lächerlich macht, verspottet man auf diese Weise den Katholizismus der Deutschen; und wenn man es erobern will, zielt man auf die gesamte Adria. Mussolini täuscht sich, er kennt noch nicht die kimbrischen und teutonischen Krieger; vor Zeiten ließ sich ein anderer Römer von den Barbaren täuschen; Mussolini sollte die Geschichte Roms besser kennen! Indem man sich der Freundschaft der Faschisten versichert, verachtet man das »Römische Recht«. Eines Tages wird die Welt mit Erstaunen feststellen, daß sie von einem Gefreiten (der schon einen

Feldmarschall unter seiner Befehlsgewalt hat!) besiegt wurde. Wir deutschen Schriftsteller jüdischer Abstammung sind als erste für Europa gefallen. Torheiten und Gewissensbisse sind uns erspart worden. Uns bleibt nur noch die Ehre . . .!

Das unbestreitbare Verdienst der jüdischen Schriftsteller für die deutsche Literatur besteht in der Entdeckung und literarischen Auswertung des Urbanismus. Die Juden haben die Stadtlandschaft und die Seelenlandschaft des Stadtbewohners entdeckt und geschildert. Sie haben die ganze Vielschichtigkeit der städtischen Zivilisation entschleiert. Sie haben das Kaffeehaus und die Fabrik entdeckt, die Bar und das Hotel, die Bank und das Kleinbürgertum der Hauptstadt, die Treffpunkte der Reichen und die Elendsviertel, die Sünde und das Laster, den städtischen Tag und die städtische Nacht, den Charakter des Bewohners der großen Städte. Diese Richtung war den jüdischen Talenten vorgegeben durch das städtische Milieu, woher die meisten von ihnen stammten, wohin ihre Eltern aus gesellschaftlichen Gründen getrieben worden waren, und auch durch ihre besser entwickelte Sensibilität und die den Juden eigene kosmopolitische Begabung. Die Mehrzahl der deutschen Schriftsteller nichtjüdischer Herkunft beschränkte sich auf die Beschreibung der Landschaft, die ihre Heimat war. In Deutschland gibt es, in weitaus größerem Maße als in irgendeinem anderen Land, eine auf Regionen, Landschaften, Stämme verteilte »Heimatliteratur«, oft von hohem literarischem Wert, aber dem Europäer zwangsläufig unzugänglich. Für das Ausland gab es nur das »Deutschland«, *dessen literarische Interpreten in der Mehrzahl jüdische Schriftsteller waren.* Fast alle erläuterten dem Franzosen, dem Engländer, dem Amerikaner die deutsche Wirklichkeit. Diese Fähigkeiten jedoch warfen die beschränkten nationalistischen Kritiker und Historiker den jüdischen Schriftstellern als Verbrechen vor. Auf kindischste und anfängerhafteste Weise hielt man den Gegenstand, das Thema für den persönlichen Charakter des Autors. Ein jüdischer Schriftsteller war »fern von der Scholle«, wenn er die Stadt beschrieb; ein »Kaffeehausliterat«, wenn er die Bars entdeckte; ein »Vaterlandsverräter«, wenn er die Welt repräsentierte; ein »oberflächlicher Schwätzer«, wenn er der abstrakten Sprache, die die Deutschen oft ihren Dilettanten aus der Provinz beibringen, eine sinnliche Form gab; ein »Feuilletonist«, wenn er Charme und Leichtigkeit besaß; ein »Spaßmacher«, wenn er Geist hatte; und wenn er sich an die Beschreibung der Landschaft wagte, entdeckte man sofort, daß er »mit dem Verstand« anstatt mit dem Herzen sah. Man mißachtete das rührende Bekenntnis Jakob Wassermanns, »Mein Weg als Deutscher und Jude«; man vergaß das einzige deutsche Kriegslied, das von einem österreichischen Juden, der auf dem Schlachtfeld gefallen ist, verfaßt wurde, dem Leutnant *H. Zuckermann;* man dachte nicht mehr an die patriotischen Gedichte *Ernst Lissauers;* man verleugnete das rheinische Dramenwerk des Halbjuden *Zuckmayer,* das vom Publikum günstig aufgenommen worden war.

Einen literarischen Antisemitismus gibt es in Deutschland seit 1900. Der rassistische Antisemit Adolf Barthels, der gemäßigte Antisemit Paul Fechter und viele andere bekämpften heftig, oft mit persönlichem Haß, das literarische Werk der jüdischen Schriftsteller. Gewiß findet man auch unter den jüdischen Pamphletisten grobe und geschmacklose Menschen. Aber immer sie gerade werden als die charakteristischen Vertreter der jüdischen Schriftsteller ausgegeben! Seit 1918 fragten die Provinzbuchhandlungen, bevor sie ein Buch im Schaufenster ausstellten, selbst bevor sie es gelesen hatten, ob der Verfasser Jude sei. Aber noch niemals – obwohl der literarische Antisemitismus immer stärker wird – hat ein jüdischer Schriftsteller darüber öffentlich ein Wort gesagt. Eine enge, oft tiefe Kameradschaft verbindet die jüdischen deutschen Schriftsteller mit den besten unter den nichtjüdischen. Ein großer deutscher Stilist wie Hans Carossa (Nichtjude) wurde entdeckt und gefördert von einem beachtenswerten jüdischen Schriftsteller (der, wie ich weiß, unter diesen Umständen nicht genannt zu werden wünschte). Erinnern wir bei dieser Gelegenheit, daß Hans Carossa *der einzige nichtjüdische deutsche Schriftsteller* ist, der es abgelehnt hat, der Akademie des »Dritten Reiches« anzugehören. Die deutschen Zeitungen haben diese Tatsache mit Schweigen übergangen, und so ist es im Ausland unbekannt geblieben.

Viele von uns sind während des Krieges im Felde gewesen, viele sind gefallen. Wir haben für Deutschland geschrieben, wir sind für Deutschland gestorben. Wir haben unser Blut für Deutschland in zweifacher Weise vergossen: das Blut, das unser physisches Leben nährt, und dasjenige, mit dem wir schreiben. Wir haben Deutschland besungen, das wahre Deutschland! Deshalb werden wir heute von Deutschland verbannt!

Anhang

BIOBIBLIOGRAPHISCHE NOTIZEN

Friedrich Austerlitz

Friedrich Austerlitz wurde am 25. April 1862 im böhmischen Hochlieben geboren. Nach Absolvierung der Volks- und Bürgerschule machte er eine Kaufmannslehre und übte diesen Beruf 1879 bis 1887 aus. Bereits als Kaufmannsgehilfe war er nebenbei journalistisch tätig, ab 1888 vollberuflich. Unter Victor Adler übernahm Friedrich Austerlitz schon 1895 die Chefredaktion der sozialdemokratischen Wiener »Arbeiter-Zeitung«. Daneben war er auch jahrelang Wien-Korrespondent des Berliner »Vorwärts«.

In der damals üblichen Verbindung von Journalismus und Politik geriet Austerlitz immer wieder in aktuelle politische Auseinandersetzungen, so im Jahre 1907 im Kampf um das allgemeine Wahlrecht in Österreich.

Als Chefredakteur schrieb er täglich lange Leitartikel, recherchierte nebenbei und redigierte selbst die ganze Zeitung. Austerlitz verstand seinen Beruf als Berufung, sein journalistisches Engagement nahm ihn derart in Anspruch, daß er so gut wie kein Privatleben hatte.

Wie auch andere politische Publizisten jener Zeit war Friedrich Austerlitz im Jahre 1919 Mitglied der Konstituierenden Nationalversammlung. 1920 wurde er Abgeordneter zum Nationalrat, sein großes politisches Anliegen war die Bekämpfung der Presse-Korruption. Außerdem arbeitete er – obwohl er kein »studierter« Jurist war – als Mitglied des Verfassungsgerichtshofes entscheidend am österreichischen Pressegesetz mit.

Ab Mitte der zwanziger Jahre gewann Oscar Pollak in der Chefredaktion der »Arbeiter-Zeitung« immer größere Bedeutung. Aufgrund von Auffassungsunterschieden über Organisation und Arbeitsstil der Zeitung stellte sich Pollak in diesem »Generationenkonflikt« gegen Austerlitz. Er überließ Oscar Pollak – ob freiwillig oder nicht – nach und nach die Leitung der »Arbeiter-Zeitung«.

Kurz nach dem »Schattendorfprozeß« und dem damit in Verbindung stehenden Justizpalastbrand von 1927 schrieb Austerlitz seinen letzten großen Leitartikel am 23. Juli 1927.

Am 30. Juni 1931 wurde Friedrich Austerlitz ins Lainzer Krankenhaus (Wien) eingeliefert. Noch am Abend desselben Tages bereitete der Redakteur Otto Bauer einen Nachruf vor. Offensichtlich war er von den Ärzten über den hoffnungslosen Zustand informiert worden. Als die Ausgabe der »Arbeiter-Zeitung« vom 5. Juli bereits angedruckt war, kam um ein Uhr nachts die Nachricht, daß Friedrich Austerlitz verstorben sei. Mit Mühe gelang es noch, auf der Titelseite die Todesmeldung unterzubringen. Otto Leichter fast vierzig Jahre später: »... der eigenwillige Austerlitz – wie kaum ein anderer um die Drucklegung der Zeitung besorgt – starb zu einer Stunde, in der es für den Nachruf, der bereit lag, zu spät war« (O. Leichter, AZ, 12. 9. 1969).

Literatur:

Austerlitz spricht. Ausgewählte Aufsätze und Reden von F. A. Im Auftrage der Sozialdemokratischen Arbeiterpartei Deutschösterreichs, herausgegeben von Julius Braunthal. Wien 1931.

Peter Pelinka / Manfred Scheuch: 100 Jahre AZ. Die Geschichte der Arbeiter-Zeitung. Wien–Zürich 1989.

Moriz Benedikt

Moriz Benedikt wurde am 27. Mai 1849 im mährischen Kwassits geboren. Sein Vater, ein Kaufmann, der viel auf umfassende Bildung hielt, schickte ihn schon in jungen Jahren nach Wien, wo er das Schottengymnasium besuchte. Unter seinen Mitschülern war der spätere Finanzminister und Nationalökonom Eduard Böhm-Bawerk, mit dem ihn dann in späteren Jahren eine enge Freundschaft verband. Benedikts Interesse für Politik erwachte nach der Schlacht von Königgrätz (1866), als er die zurückkehrenden verwundeten Soldaten sah.

Er inskribierte mehrere Studienrichtungen an der Wiener Universität, am intensivsten beschäftigte er sich mit Volkswirtschaft. Man sagte ihm nach, sich im Laufe der Jahre ein geradezu enzyklopädisches Wissen erworben zu haben.

Als 23jähriger trat er in die Redaktion der »Neuen Freie Presse« ein, zunächst als Reporter. Außer mit Wirtschaftsthemen befaßte er sich in seinen Artikeln in zunehmendem Maße mit Kommunalpolitik. Innerhalb weniger Jahre avancierte Benedikt zu einem der besten Leitartikler Wiens. Knapp über dreißig Jahre alt, wurde er schon zum Mitherausgeber befördert.

Als angesehener Publizist hatte Benedikt auch großen Einfluß in der Staats- und Kommunalpolitik und wurde für politische Finanzfragen als Berater hinzugezogen.

Als Benedikt ab Anfang des 20. Jahrhunderts praktisch uneingeschränkt die Leitung der Zeitung innehatte, führte er einige Änderungen durch, um die »Neue Freie Presse« zu modernisieren. Den Anlaß dazu hatte die Gründung der »Zeit« (1896 als Wochenzeitung gegründet, ab 1904 als Tageszeitung geführt) gegeben, die schon bald ein ernster Konkurrent geworden war. Um das Prestige der Zeitung zu erhöhen, warb er Prominente an, die gegen hohe Gagen für die »Neue Freie Presse« publizierten. Die günstige finanzielle

Lage der Zeitung erklärt sich aus den Verbindungen zum Hause Rothschild und zur »Creditanstalt«.

Als Herausgeber hatte Benedikt durchaus moderne Managerqualitäten, er setzte »seine ganze Kraft, sein riesenhaftes Wissen, seine erstaunliche Gedächtniskraft ein, um das Blatt auf der Höhe zu halten . . .« (Nachruf von Gustav Kolmer, NFP, 23. 3. 1920). So wie Friedrich Austerlitz lebte Benedikt ganz für seine Zeitung.

Die »Neue Freie Presse« war zu Beginn des Ersten Weltkrieges stets konform mit der amtlichen Publizistik gegangen. Sie, die »jeden Sieg bejubelt und jede Niederlage bagatellisiert hatte, stellte sich (ca. ab 1916) nun auf die Seite der Friedensförderer und unterstützte ihre Bestrebungen in zahlreichen Leitartikeln . . . So sehr die ›Neue Freie Presse‹ aber für einen Verständigungsfrieden eintrat, lehnte sie bis zum Zusammenbruch einen Frieden um jeden Preis . . . ab« (Ingrid Walter: Moriz Benedikt und die »Neue Freie Presse«. Wien, Dissertation, 1950, S. 55 f.). Um umfassende Berichterstattung bemüht, hatte Benedikt viele seiner besten Mitarbeiter, unter ihnen auch Roda Roda, im Kriegspressequartier.

Etwa zur gleichen Zeit wurde er vom Kaiser in das Herrenhaus berufen und war somit der erste und einzige Journalist, dem diese Ehre zuteil wurde. Nicht zuletzt deswegen erhielt er den Beinamen »Großvasall des Kaisers« (vgl. Adam Wandruszka: »Großvasall des Kaisers«. Vor 50 Jahren starb M. B. In: Die Presse, 18. 3. 1970).

Die Zeit nach dem Friedensschluß von St.-Germain galt den Bestrebungen um einen Wiederaufbau Österreichs, für den er vehement eintrat.

Nach fast 50jähriger Tätigkeit für eine einzige Zeitung erlag Moriz Benedikt am 18. März 1920 den Folgen einer akuten Lungenentzündung.

Literatur:

Adam Wandruszka: Geschichte einer Zeitung. Das Schicksal der »Presse« und der »Neuen Freien Presse« von 1848 bis zur Zweiten Republik. Wien 1958.

Franz Endler: Österreich zwischen den Zeilen. Die Verwandlung von Land und Volk seit 1848 im Spiegel der »Presse«. Wien 1973.

Eine Sicherung der Primärquellen erweist sich bei Benedikt als problematisch, da seine Artikel meist nicht namentlich gekennzeichnet waren.

Else Feldmann

Else Feldmann wurde am 25. Februar 1884 als Tochter jüdischer Eltern geboren und wuchs in ärmlichen Verhältnissen in Wien auf.

Mit 16 Jahren besuchte sie für kurze Zeit eine Seminarschule, um als Lehrerin

ausgebildet zu werden, doch als ein knappes Jahr später ihr Vater arbeitslos wurde, nahm sie, um die Familie unterstützen zu können, Arbeit in einer Fabrik an. Ihre Eindrücke von damals schilderte sie Jahrzehnte später in dem autobiographischen Artikel »Die ersten Tage in der Fabrik« (»Arbeiter-Zeitung«, 31. 12. 1929).
Nach dem Ersten Weltkrieg nahm Else Feldmann an der Resozialisierungsarbeit im Jugendheim Judenau teil. Es war dies – wie sie immer wieder betonte – die glücklichste Zeit in ihrem Leben, das von beruflicher und sozialer Unsicherheit geprägt war.
Ab dem Jahr 1923 publizierte sie immer häufiger journalistische Artikel zu sozialpolitischen Themen. Schließlich wurde sie ständige Mitarbeiterin der »Arbeiter-Zeitung«. Diese Stellung erlaubte ihr, ihren eigentlichen Beruf als Autorin finanziell einigermaßen unabhängig auszuüben.
Bei der Gründung der »Vereinigung sozialistischer Schriftsteller« im Jahre 1933 wurde Else Feldmann zusammen mit Marie Jahoda (Mitarbeiterin der berühmten Studie »Die Arbeitslosen von Marienthal«, 1933) in den Vorstand gewählt. Gleichzeitig konnte sie mit einer Veröffentlichung in Fortsetzungen ihres neuen Romans »Martha und Anton« in der »Arbeiter-Zeitung« vorübergehend ihre Existenz sichern.
Die Niederschlagung der Sozialdemokratie durch die Austrofaschisten 1934 hatte für Else Feldmann verhängnisvolle Folgen. Der Sozialistin war es nun kaum mehr möglich zu publizieren. Sie mußte auf bescheiden bezahlte Gelegenheiten warten, meist handelte es sich nur um Nachdrucke bereits vor dem Februar 1934 erschienener Artikel.
Nach dem Einmarsch Hitlers in Österreich wurde ihr die Gemeindewohnung, die sie mit der Mutter und dem arbeitslosen Bruder bewohnte, gekündigt und drei Wochen danach zwangsgeräumt.
Die Mutter starb im November 1940 in Wien, ein Jahr später, im Dezember 1941, wurde ihr Bruder Richard Heinrich nach Riga verschickt.
Else Feldmann wurde am 14. Juni 1942 mit einem Transport, der ursprünglich in das Durchgangslager Izbica führen sollte, ins Vernichtungslager Sobibor deportiert und wurde in jenen Tagen ein Opfer des Holocaust.

Literatur:

Herbert Exenberger: Auf den Spuren von E. F. Eine Wiener Schriftstellerin – Opfer des Holocaust. In: Dokumentationsarchiv des österreichischen Widerstandes: Jahrbuch 1990. Wien 1990.

Texte von Else Feldmann wurden in die folgenden Anthologien aufgenommen:

Friedrich G. Kürbisch (Hg.): Dieses Land schläft einen unruhigen Schlaf. Sozialreportagen 1918–1945. Ein Lesebuch. Berlin – Bonn 1981.

Sigrid Schmid / Hanna Schnedl: Totgeschwiegen. Texte zur Situation der Frau von 1880 bis in die Zwischenkriegszeit. Wien 1982.
Anna Rheinsberg: Bubikopf. Aufbruch in den Zwanzigern. Texte von Frauen. Darmstadt 1988.

Bruno Frei

Bruno Frei (d. i. Benedikt Freistadt) kam am 11. Juni 1897 in Bratislava (Preßburg) zur Welt. Er war der älteste Sohn der Kaufleute Michael und Berta Freistadt.

Er studierte ab 1916 in Wien Philosophie und promovierte 1920. Schon während seines Studiums schrieb Frei für verschiedene, vor allem literarische Zeitungen und Zeitschriften. Ab 1917 war er Mitarbeiter bei der Tageszeitung »Der Abend«. Unter dem Einfluß politischer Ereignisse, etwa des Prozesses gegen Friedrich Adler, der russischen Oktoberrevolution und der Wiener Streiks im Januar 1918, näherte er sich der sozialistischen Idee und wurde Mitglied der Sozialdemokraten. Neben seiner journalistischen Tätigkeit arbeitete er in der Wiener Sozialfürsorge.

Seine Berliner Jahre (1923–1925) waren von zahlreichen Kontakten mit berühmten Journalisten, u. a. Egon Erwin Kisch, geprägt. Zusammen mit Leo Lania gründete er in Berlin die »Presseagentur ABC«, die als Tarnorganisation der kurzfristig verbotenen KPD fungierte.

1925 bis 1929 war Frei wieder in Wien als Redakteur des »Abend« beschäftigt, daneben schrieb er Beiträge für die Berliner »Weltbühne«. 1928 bereiste er die UdSSR. Wegen uneingeschränkt positiver Berichterstattung wurde gegen ihn ein Parteiordnungsverfahren eingeleitet. Anfang der dreißiger Jahre wurde Frei Chefredakteur der neu gegründeten Tageszeitung »Berlin am Morgen«.

Nach dem Reichstagsbrand Ende Februar 1933 mußte er aus Berlin nach Prag flüchten. Dort arbeitete er am berühmten »Braunbuch über Reichstagsbrand und Hitlerterror« mit. In den folgenden Jahren belieferte er als politischer Korrespondent in- und ausländische Blätter sowie Exilzeitungen.

1939 bis 1941 wurde Frei in Le Vernet interniert. Nach der französischen Kapitulation erhielt er ein Visum für Mexiko. Trotz einer Fahndung durch die deutsche Polizei konnte er von Marseille aus entkommen. Nach halbjähriger Reise (Trinidad, Ellis Island) erreichte er schließlich im Herbst 1941 Mexiko, wo er unverzüglich politisch und publizistisch aktiv wurde (»Freies Deutschland«, »Alemania Libre« und andere Emigrantenzeitschriften).

Im Frühjahr 1946 konnte Bruno Frei, inzwischen KPÖ-Mitglied, nach langwierigen politischen Bemühungen wieder nach Österreich einreisen, wo er

im Rundfunk mitarbeitete. Ab 1947 war er auch Mitglied der Journalistengewerkschaft im ÖGB und des Österreichischen Schriftstellerverbandes.
Zwischen 1948 und 1956 redigierte er als Chefredakteur wieder den »Abend«. 1956 verteidigte er den Standpunkt der UdSSR während des »Ungarn-Aufstandes« (wie auch 1968 bei der Niederschlagung des »Prager Frühlings«) und wurde deshalb kurzfristig aus dem Schriftstellerverband und dem PEN-Club ausgeschlossen.
1957 bis 1958 lebte er als Fernost-Korrespondent für die kommunistische »Volksstimme« in China. Nach seiner Rückkehr edierte er gemeinsam mit Ernst Fischer und Viktor Matejka das »Österreichische Tagebuch«. Nach kontrovers geführten Diskussionen um das Selbstverständnis europäischer kommunistischer Parteien trat er von dieser Funktion zurück.
1976 wurde er für sein publizistisches Werk mit dem Berufstitel »Professor« geehrt. Bruno Frei verbrachte seinen Lebensabend meist in Wien. Wenige Wochen vor seinem 91. Geburtstag starb er, von der Öffentlichkeit völlig unbeachtet, am 21. Mai 1988. Sein umfangreicher Nachlaß wird von der Österreichischen Nationalbibliothek verwaltet.

Literatur:

Zahlreiche Buchveröffentlichungen seit 1918, darunter eine Autobiographie: Der Papiersäbel. Frankfurt/M. 1972.

Theodor Herzl

Theodor Herzl wurde am 2. Mai 1860 in Budapest geboren.
Nach der Reifeprüfung 1878 übersiedelte er mit seiner Familie nach Wien, wo er das Studium der Rechte belegte. Er promovierte im Mai 1884 und absolvierte anschließend in Wien und Salzburg das Rechtspraktikum.
Schon mit 20 Jahren schrieb Herzl Theaterstücke; ab 1885 wurde das Schreiben zum Hauptberuf. 1886 arbeitete er für das »Berliner Tageblatt«, das »Fremdenblatt« und die Hamburger »Lustigen Blätter«. Nach einer Italienreise 1887 übernahm er den Posten des Feuilletonredakteurs in der »Wiener Allgemeinen Zeitung«. 1887/88 erschienen Herzls Feuilletonbände »Neues von der Venus« und »Buch der Narrheit«. Im Laufe der Jahre folgten weitere Feuilletonbände und politische Schriften.
Mit der Aufführung von »Der Flüchtling« am Wiener Burgtheater gelang ihm 1889 ein beachtlicher Erfolg als Bühnenautor. Seine Reisefeuilletons über eine Pyrenäenreise im Jahr 1891 fanden großen Beifall und dürften dafür verantwortlich gewesen sein, daß er als Paris-Korrespondent der »Neuen Freien Presse« engagiert wurde. Artikel seiner Pariser Zeit sind in seinem Buch »Das Palais Bourbon« (1895) enthalten.

Im Herbst 1895 kehrte Herzl nach Wien zurück, um ständig in der Feuilletonredaktion der »Neuen Freien Presse« zu arbeiten.
Spätestens ab diesem Zeitpunkt befaßte sich Herzl publizistisch wie politisch mit der »Judensache«, aus der er die Idee zum Zionismus entwickelte. Sie fand mit seinem 1896 erschienenen Buch »Der Judenstaat« weiteste Verbreitung.
Am 4. Juni 1897 erschien erstmals die von Herzl gegründete zionistische Zeitschrift »Die Welt«. Wenige Wochen später fand der von ihm initiierte »Zionisten-Kongreß« in Basel statt.
Die weiteren Jahre waren von intensiven politischen Bemühungen um die Anerkennung und Verbreitung des Zionismus gekennzeichnet. Anfang des 20. Jahrhunderts unternahm Herzl zahlreiche politische Reisen in Europa und Afrika. Mitte August 1903 erhielt er schließlich offiziell Großbritanniens »Uganda-Angebot« zur Schaffung eines Zionisten-Staates, das aber wenige Tage darauf beim Zionisten-Kongreß auf Ablehnung stieß und zu schweren Konflikten führte.
Auch als Journalist war Herzl weiterhin sehr produktiv, 1903 gab er eine zweibändige Feuilletonsammlung heraus.
1904 war das letzte Lebensjahr Theodor Herzls. Seine politischen Bemühungen manifestierten sich in Besuchen beim italienischen König und in einer Audienz bei Papst Pius X.
Das jahrelang geführte Tagebuch Herzls endet mit einer Eintragung am 16. Mai.
Am 3. Juli 1904 starb Theodor Herzl im Sanatorium Edlach/Niederösterreich.

Literatur:
I. Unger: T. H., der Wiener. Leben, Idee, Wirklichkeit. Jerusalem–Wien 1965.
Norbert Leser: T. H. und das Wien des Fin de siècle. Wien 1984.
Klaus Dethloff (Hg.): T. H. oder Der Moses des Fin de siècle. Wien–Köln–Graz 1986.

Egon Erwin Kisch

Kisch wurde am 29. April 1885 als Sohn eines wohlhabenden jüdischen Textilhändlers in Prag geboren. Als 20jähriger absolvierte er, der sich schon seit seiner Kindheit für Journalismus interessiert hatte, ein Volontariat beim renommierten »Prager Tagblatt«. Daneben besuchte er eine private Journalistenschule. 1906 bis 1913 schrieb Kisch für die »Bohemia«; schon dieses journalistische Frühwerk fiel sprachlich sowie durch die Qualität investiga-

tiver Recherche auf. Legendäres Beispiel aus dieser Zeit ist die Aufdeckung des Spionagefalles »Redl«. Neben der »Bohemia« belieferte Kisch auch das »Berliner Tageblatt«.
Während des Krieges kämpfte Kisch als Freiwilliger zuerst in Serbien und dann in den Karpaten, versah ein Jahr Etappendienst und kam schließlich ins Kriegspressequartier nach Wien.
Ende 1917 wurde als direkte Reaktion auf die russische Oktoberrevolution der illegale Arbeiter- und Soldatenrat gegründet, zu dessen führendem Mitglied Kisch gewählt wurde. Am 1. November 1918 wurde er Kommandant der »Roten Garde« in Wien. Er gab diese Funktion zwar bereits nach wenigen Tagen zurück, blieb aber für sie dennoch publizistisch tätig. 1919 wurde er zu drei Monaten Haft verurteilt und ausgewiesen; 1920 hielt er sich in Frankreich auf.
1921 übersiedelte Kisch nach Berlin, wo er bis zur NS-Machtergreifung blieb. Es war dies Kischs reichste Schaffensperiode als Journalist, Theaterautor und Regisseur. Er schrieb gleichzeitig für die sozialistische, kommunistische und die bürgerliche Presse, weil er wegen seiner journalistischen Kompetenz in allen politischen Lagern respektiert wurde. Daneben unternahm Kisch, teils legal, teils illegal, Reisen in Europa, nach Asien und Amerika.
Eine besondere editorische Leistung war die Herausgabe der Anthologie »Klassischer Journalismus« (1923), für die Kisch Meisterwerke des Journalismus von der Antike bis zur Gegenwart sammelte. Ab 1918 beschäftigte er sich intensiv mit Problemen der Journalismus-Theorie (wichtigste Aufsätze: »Wesen des Reporters«, »Von der Reportage«, »Dogma von der Unfehlbarkeit der Presse«).
Die zwanziger Jahre waren durch heftige Diskussionen über die Rolle des Journalismus in der Gesellschaft gekennzeichnet; Kisch trat als Verfechter der »Neuen Sachlichkeit« auf, die nicht nur den Journalismus, sondern auch die zeitgenössische Photographie, Literatur und Kunst nachhaltig beeinflußte.
1931 übernahm er eine Gastprofessur für Journalistik an der Universität Charkow.
In der Nacht des Reichstagsbrandes, am 28. Februar 1933, hielt sich Kisch in Berlin auf, wurde als ein »Hauptverdächtiger« verhaftet und nach Spandau gebracht. Aufgrund heftiger Interventionen von Freunden und der tschechischen Regierung wurde er im März entlassen und nach Prag abgeschoben. Fortan lebte Kisch in Prag und Paris, dann für kurze Zeit auch in Ostende.
Weltberühmtheit erlangte Egon Erwin Kisch 1934, als er als Delegierter des Pariser Weltkomitees gegen Krieg und Faschismus wegen seiner kommunistisch-sozialistischen Gesinnung nicht nach Australien einreisen durfte. Kurz entschlossen sprang Kisch vom Dampfer auf die etliche Meter tiefer gelegene Hafenmole, wobei er sich schwer verletzte.

Nach Kriegsausbruch befand sich Kisch in Frankreich. Im Dezember 1939 mußte er in die USA flüchten, dabei gingen wichtige Materialien für neue Buchausgaben verloren. In New York war er unerwünscht, erhielt aber ein Durchreisevisum nach Mexiko.
1940 bis 1946 lebte Kisch im Exil in Mexiko. Nach seiner Rückkehr nach Prag (1946) kam er zu politischen Ehren, wurde zum Stadtrat gewählt, blieb aber weiterhin journalistisch und publizistisch tätig.
Ende 1947 erkrankte Kisch plötzlich; am 31. März 1948 starb er in Prag.

Literatur:

E. E. K.: Gesammelte Werke. 10 Bände. Berlin und Weimar 1960 ff.
E. E. K. (Hg.): Klassischer Journalismus. Berlin und Weimar 1982 (Erstausgabe Berlin 1923).

Karl Kraus

Karl Kraus wurde am 28. April 1874 in der nordböhmischen Stadt Gitschin als Sohn jüdischer Eltern geboren. Schon als Kind kam er nach Wien, wo er nach der Reifeprüfung Philosophie und Rechte studierte.
Im April 1899 gründete er die Zeitschrift »Die Fackel«, die er bis zu seinem Tod weiterführte. Sie machte ihn bald weit über die Grenzen Wiens hinaus bekannt. Bis zum Jahre 1911 publizierten darin eine Reihe führender Autoren, später schrieb er sie ganz alleine.
Während des Ersten Weltkrieges nahm er, als einer der ersten vehement und häufig die Grenzen der Zensurbestimmungen überschreitend, gegen diesen Krieg Stellung, er nannte Verantwortliche und attackierte die kriegshetzerische Presse aufs schärfste.
Im Gegensatz zu anderen Journalisten seiner Epoche vermied er es, auf publizistischer Ebene parteipolitisch aktiv zu werden. Karl Kraus kämpfte in seinen messerscharfen und oft polemischen Aufsätzen gegen den Verfall sprachlicher, politischer und moralischer Kultur, dessen Niederschlag er im Journalismus seiner Zeit erkannte und den er zum Ziel seiner satirischen Angriffe machte. Diese Kritik brachte ihm die Feindschaft zahlreicher journalistischer Kollegen ein. Als Beispiele seien seine langjährigen Fehden mit Moriz Benedikt, dem »allmächtigen« Herausgeber der »Neuen Freien Presse«, und mit dem »Tinterl« Anton Kuh, gegen den er auch prozessierte, genannt. Benedikt rächte sich für die polemischen Angriffe von Karl Kraus in der »Fackel«, indem er ihn in seiner »Neuen Freien Presse« totschweigen ließ.
Karl Kraus war der Sprachpurist seiner Zeit. Die besondere Leistung seiner Sprachkritik liegt darin, daß er neben der philosophischen, kritischen und historischen Betrachtung des Phänomens Sprache vor allem die künstleri-

sche Auseinandersetzung mit ihr propagierte. Mens sana in lingua sana: »Wer nichts der Sprache vergibt, vergibt nichts der Sache« (Karl Kraus: Über die Sprache).

Im Alter von 62 Jahren starb Karl Kraus, nachdem er über dreieinhalb Jahrzehnte »Nacht für Nacht mit der Sprache gespielt und gerungen hatte« (Heinrich Fischer), am 12. Juni 1936.

Die Herausgabe sämtlicher Werke von Karl Kraus wurde 1952 mit der »Dritten Walpurgisnacht« begonnen. Heinrich Fischer sicherte in den folgenden Jahren dreißig Jahrgänge der »Fackel«, acht Bände »Worte in Versen«, vier Bände Epigramme, Sprüche und Aphorismen, zehn Bände Zeitsatiren und Kulturkritiken, dazu Umdichtungen von Nestroy, Offenbach und Shakespeare und Kraus' berühmtestes Werk, das Pandämonium »Die letzten Tage der Menschheit«, das Kraus in den Jahren des Ersten Weltkrieges geschrieben hatte.

Literatur:

K. K.: Über die Sprache. Glossen, Aphorismen und Gedichte. Auswahl und Nachwort von Heinrich Fischer. Frankfurt/M. 1987.

K. K.: Schriften. Herausgegeben von Christian Wagenknecht. 12 Bände. Frankfurt/M. 1987 ff.

Sigurd Paul Scheichl / Edward Timms (Hg.): K. K. in neuer Sicht. Londoner Kraus-Symposium. München 1986.

Paul Schick: K. K. Reinbek/Hamburg 1965.

Anton Kuh

Anton Kuh wurde am 12. Juli 1890 als Sohn einer jüdischen Prager Familie geboren, die in den achtziger Jahren nach Wien übersiedelt war.

Anton verbrachte seine Kindheit und Jugend in Wien. Schon kurz nach der Reifeprüfung ergriff er die Gelegenheit, als Journalist zu arbeiten. Sein Großvater, der Prager Politiker und Journalist David Kuh, der unter dem Pseudonym Emil Dornau publizierte, dürfte für diese Berufswahl sein Vorbild gewesen sein.

Ab 1909 war Kuh für die 1905 in Wien gegründete humoristische Zeitschrift »Die Muskete« tätig. Seine Satiren befaßten sich durchwegs mit brisanten politischen Themen.

1912 starb sein Vater Emil Kuh, der zeitweise für das »Prager Tagblatt« geschrieben hatte. Noch im selben Jahr trat er dessen Nachfolge in dieser Zeitung an. Auch als Redner und Vortragender führte er die Tradition seines Vaters und Großvaters fort.

1915 wurde Anton Kuh zum Kriegsdienst eingezogen, aber es gibt Hinweise darauf, daß er, ähnlich wie Egon Erwin Kisch oder Joseph Roth, schon zuvor »Einjährig-Freiwilliger« gewesen war. Bereits nach wenigen Wochen wurde Kuh vom Kriegsdienst wieder freigestellt. Dies erklärte er mit der Anekdote, daß er wegen eines nervösen Augenzuckens ein Monokel habe tragen müssen. Dies habe ihn derart lächerlich gemacht, daß man ihn als invalid einstufte und entließ.

Ab 1917 war er regelmäßig als politischer Journalist bei der jüdischen Wochenzeitung »Der Morgen« tätig.

Nach dem Ersten Weltkrieg gab es eine Wiener journalistische Kultur, die vor allem von der jüdischen Mittel- und Oberschicht getragen wurde, zu der auch Anton Kuh zählte. Als Kaffeehausliterat (Kuh: »Ein Mensch, der Zeit hat, im Kaffeehaus darüber nachzudenken, was die andern draußen nicht erleben«) wurde Kuh zum Peter-Altenberg-Jünger und war u. a. mit Robert Musil, Franz Werfel, Hermann Broch, Joseph Roth und Gustav Grüner befreundet, zumeist saß er aber in der »Alfred-Polgar-Loge«.

Aus Kuhs Bekanntschaft mit Franz Kafka wurde inspirierende Freundschaft; so lieferte Kuh Ideen, die für das Entstehen von Kafkas Roman »Das Schloß« von Bedeutung waren.

Ab 1923 schrieb Kuh für »Die Stunde« und die Theaterzeitschrift »Die Bühne«.

Legendär ist bis heute seine öffentlich ausgetragene Feindschaft mit Karl Kraus. Während Kraus Anton Kuh in der »Fackel« attackierte, replizierte dieser bei Stegreifreden (z. B. »Der Affe Zarathustras« im Wiener Konzerthaus) und in einer Reihe Kraus-feindlicher Medien.

1926 verließ Kuh Wien und übersiedelte für einige Jahre nach Berlin, um der »provinziellen Atmosphäre in Wien« zu entgehen. Dort arbeitete er vor allem für Ossietzkys »Weltbühne«.

Ab 1930 trat der »Sprechsteller« Kuh wieder öfter in Wien in Erscheinung und feierte mit seinen Stegreifreden große Erfolge.

Nach 1933 machte er häufig die NS-Herrschaft in Deutschland zum Thema seiner publizistischen Arbeit.

Am 11. März 1938 reiste er von Prag nach Wien, um an der geplanten Volksabstimmung teilzunehmen, mußte sich aber noch am selben Abend vor den einmarschierenden Nationalsozialisten nach Brünn in Sicherheit bringen. Er flüchtete nach Frankreich und England, emigrierte schließlich nach New York und führte dort seine politische Aufklärungsarbeit gegen das Naziregime fort.

Am 18. Januar 1941 starb Anton Kuh in New York an den Folgen eines Herzinfarkts.

Literatur:

A. K.: Von Goethe abwärts. Aphorismen, Essays, Kleine Prosa. Wien 1963.

A. K.: Luftlinien. Wien 1981.
A. K.: Zeitgeist im Literatur-Café. Wien 1985.
A. K.: Hans Nebbich im Glück. Feuilletons, Essays, Publizistik. Zürich 1987.
A. K.: Metaphysik und Würstel. Feuilletons, Essays, Publizistik. Zürich 1987.

Käthe Leichter, geb. Pick

Als Tochter einer wohlhabenden Familie wurde Käthe Pick am 20. August 1895 in Wien geboren. Sie studierte Staatswissenschaften an der Wiener Universität, eine Promotion war ihr aber als Frau verwehrt. Als sie versuchte, nach Deutschland auszureisen, um in Heidelberg das Doktorat zu erwerben, verweigerte man ihr die Einreise wegen ihrer politischen Gesinnung als Sozialistin und Pazifistin. Im Sommer 1918 erhielt sie schließlich doch eine auf drei Wochen beschränkte Genehmigung, sich in Heidelberg aufzuhalten. Diese Möglichkeit nützte sie, um mit Auszeichnung zu promovieren.
Käthe Leichters zahlreiche politische Aktivitäten standen stets auf einer fundierten politiktheoretischen Grundlage. Daß ihre Kompetenz anerkannt wurde, zeigt die Tatsache, daß sie gleich nach ihrer Promotion mit dem Nationalökonomen Josef Schumpeter und mit Minister Otto Bauer zusammenarbeitete. Mit Wilhelm Ellenbogen war sie einige Jahre im Verband für Gemeinwirtschaft tätig. Im Wiener Kreisarbeiterrat gehörte sie zu jenen, die Friedrich Adlers Attentat auf Graf Stürgkh kritisierten.
1921 heiratete sie den sozialistischen Journalisten Dr. Otto Leichter, aus dieser Ehe gingen zwei Söhne hervor.
1924 übernahm Käthe Leichter das Referat für Frauenarbeit in der Wiener Arbeiterkammer. Weitere politische Funktionen waren die Mitgliedschaft im sozialistischen Frauenzentralkomitee und der Posten des sozialistischen Bezirksobmanns im Bezirk »Innere Stadt«.
Politik und Journalismus waren in der frühen österreichischen Sozialdemokratie kaum voneinander zu trennen. So wundert es nicht, daß sich Käthe Leichter neben zahlreichen politiktheoretischen und wissenschaftlichen Publikationen auch im Journalismus betätigte, wobei sie vor allem durch politische Nonkonformität und durch vehementes Auftreten gegen den Faschismus auffiel. Zu ihren bekannteren Arbeiten zählen »Frauenarbeit und Arbeiterinnenschutz in Österreich« (1927), »Wie leben die Wiener Heimarbeiter?« (1928), »So leben wir . . . 1320 Industriearbeiterinnen berichten über ihr Leben« (1933) usw.
Wegen der politischen Ereignisse vom Februar 1934 emigrierte die Familie Leichter für einige Monate nach Zürich, aber bereits im August kehrte Käthe

Leichter zurück und übernahm als Mitbegründerin die politische Schulungsarbeit der »Revolutionären Sozialisten«, deren Nachrichtendienst-Leiterin sie 1936 wurde.
Beim Einmarsch der NS-Truppen in Österreich 1938 konnte sie ihrem Mann zur Flucht verhelfen, sie selbst wurde im August 1938, als sie ihrerseits flüchten wollte, denunziert und von der Gestapo verhaftet. 1939 wurde sie in das Konzentrationslager Ravensbrück gebracht und am 17. März 1942 in der Nähe von Magdeburg in einem Eisenbahnwaggon vergast. Mit ihr starb die wohl bedeutendste politische Intellektuelle der Ersten Republik.

Klara Mautner

Klara Mautner wurde am 20. März 1879 in Wien-Leopoldstadt geboren. Sie stammte aus einer altösterreichischen jüdischen Familie, ihr Vater war zunächst Volksschullehrer, dann Direktor. Nach der Grundschule besuchte sie die Bürgerschule, jeweils im Bezirk Wien-Leopoldstadt.
Von 1893 bis 1900 studierte sie Klavier am Konservatorium für Musik und darstellende Kunst. Sie scheint sehr begabt gewesen zu sein, ihre Noten waren fast immer »ausgezeichnet«, außerdem erhielt sie vier Jahre lang ein Stipendium. Während der letzten beiden Jahre besuchte Klara Mautner auch den Lehrerbildungskurs. Im Juni 1900 legte sie ihre Reifeprüfung mit Auszeichnung ab.
1907 heiratete Klara Mautner in der Wiener Israelitischen Kultusgemeinde den aus Galizien stammenden Arzt Jakob Mannheim. Gleich nach der Hochzeit übersiedelte das Ehepaar nach Triest.
1909 erschien ihr erster Artikel in der »Neuen Freien Presse«. Ihre finanzielle Situation erlaubte es ihr offenbar, als freie Journalistin zu arbeiten, ohne vertraglich an ein bestimmtes Blatt gebunden zu sein. Mit dem Ausbruch des Ersten Weltkrieges wurde das Ehepaar aus Italien vertrieben und kehrte nach Wien zurück. Jakob Mannheim mußte kurz darauf als Militärarzt zum Kriegsdienst.
Während des Krieges unternahm Klara Mautner-Mannheim weite Reisen, um ihren Mann besuchen zu können. Wenn sie dazwischen in Wien war, verdiente sie ihren Lebensunterhalt mit privatem Klavierunterricht.
Über die Zeit nach dem Krieg ist wenig bekannt. Klara Mautner publizierte nur sporadisch und arbeitete längere Zeit an der Übersetzung und Herausgabe norwegischer Märchen.
Ihre großen Leidenschaften waren das Reisen und das Erlernen von Fremdsprachen. Sie beherrschte fast alle romanischen Sprachen, daneben auch Englisch, einige skandinavische Sprachen und etwas Polnisch. Ihre Reiseberichte veröffentlichte sie vor allem in der »Arbeiter-Zeitung«.

Ab 1928 tauchte der Name Klara Mautner wieder häufiger in der »Arbeiter-Zeitung«, im linksliberalen »Abend« und im sozialdemokratischen »Arbeiterwillen« (Graz) auf.
In der Zeit des Ständestaates wich Klara Mautner auf Zeitungen wie die »Neue Freie Presse« und das »Neue Wiener Tagblatt« aus, da die sozialdemokratischen Blätter verboten waren.
Erst ein Jahr nach dem Einmarsch der Hitler-Truppen in Österreich schaffte es das Ehepaar Mannheim-Mautner, über Umwege nach England zu emigrieren. Am 25. Juli 1949 kehrten sie nach Österreich zurück. Schon zuvor hatte Klara Mautner fallweise Artikel, vor allem Sozialreportagen, nach Österreich geschickt, die in der »Arbeiter-Zeitung« publiziert wurden. Nun schrieb sie wieder – unregelmäßig – kleinere Reisefeuilletons, vor allem aber autobiographische Artikel. Ihr letzter Beitrag erschien, als sie mit ihrem Mann bereits im Altersheim Lainz wohnte, am 24. September 1959. Einen Monat später, am 22. Oktober 1959, starb Klara Mautner.

Alfred Polgar

Als drittes Kind von Josef und Henriette Polak kam Alfred Polgar am 17. Oktober 1873 in Wien zur Welt. Nach dem Schulabschluß erlernte er zunächst den Beruf seines Vaters, »Claviermeister«.
Polgars journalistische Laufbahn begann 1895 in der Feuilleton- und Kulturredaktion der »Wiener Allgemeinen Zeitung«. Als »Peter-Altenberg-Jünger« widmete er sich der großen Tradition des Wiener Feuilletons und galt bereits nach kurzer Zeit als einer der führenden zeitgenössischen Wiener Feuilletonisten und Theaterkritiker.
Polgar schrieb gleichzeitig für eine Vielzahl von renommierten in- und ausländischen Blättern, so unter anderem für das »Neue Wiener Journal«, die »Wiener Allgemeine Zeitung«, den »Wiener Morgen«, den »Neuen Tag«, »Die Schaubühne« usw. Seine Kritiken, Feuilletons und Essays erschienen gesammelt in Buchform und machten ihn bald zum »Meister der kleinen Form«.
1914 ließ Alfred Polak eine offizielle Namensänderung vornehmen. Polgar, sein journalistisches Pseudonym, wurde legalisiert. Den Militärdienst versah er im Ersten Weltkrieg 1915 bis 1917 zusammen mit anderen Literaten (Stefan Zweig, Franz Theodor Csokor u. a.) im Kriegsarchiv.
1919 publizierte Polgar in dem Sammelband »Kleine Zeit« pazifistische und sozialkritische Prosa, die auch in der »Weltbühne« und im »Prager Tagblatt« veröffentlicht wurde. In diesem Jahr übernahm er einen Redakteursposten beim »Neuen Tag«, an dem auch Joseph Roth als junger Journalist mitarbeitete.

Mitte der zwanziger Jahre übersiedelte Polgar nach Berlin, wo er im führenden Kulturblatt »Weltbühne«, das von Siegfried Jacobson und Carl von Ossietzky herausgegeben wurde, und im »Berliner Tageblatt« seine Theaterkritiken veröffentlichte.
Nach der Machtergreifung Hitlers mußte Alfred Polgar emigrieren und kehrte für einige Jahre nach Österreich zurück. 1938 flüchtete er nach Paris und 1940, nach der Besetzung Frankreichs durch die Deutschen, weiter über Spanien in die USA, wo er später die amerikanische Staatsbürgerschaft annahm.
Erst viereinhalb Jahre nach Kriegsende, im Oktober 1949, bereiste Polgar wieder Österreich und Deutschland.
Im Mai 1951 erhielt er als erster den »Preis für Publizistik der Stadt Wien« für sein Lebenswerk. Polgar blieb aber trotz dieser Geste nicht in Österreich, sondern lebte weiterhin in New York.
Am 24. April 1955, wenige Tage vor der Unterzeichnung des österreichischen Staatsvertrages, starb Alfred Polgar, der »freiwillige« Emigrant, im 80. Lebensjahr in Zürich.

Literatur:

A. P.: Kleine Schriften. 6 Bände. Herausgegeben von Marcel Reich-Ranicki in Zusammenarbeit mit Ulrich Weinzierl. Reinbek 1982 ff.
Ulrich Weinzierl: A. P. Eine Biographie. Wien – München 1985.

Marianne Pollak, geb. Springer

Marianne Springer wurde am 29. Juli 1891 als Tochter eines Vertreters in Wien geboren. Sie studierte englische und französische Sprache und war nach dem Staatsexamen zunächst als private Sprachlehrerin tätig. 1914 trat sie der Sozialdemokratischen Arbeiterpartei bei. Ein Jahr später heiratete sie den sozialistischen Journalisten Oscar Pollak.
1923 bis 1925 war sie Sekretärin von Friedrich Adler bei der SAI (Sozialistischen Arbeiter-Internationale) in London. Nach ihrer Rückkehr nach Wien arbeitete sie als Redakteurin der sozialdemokratischen Zeitung »Das Kleine Blatt« (1927–1934) und als freie Mitarbeiterin für das sozialistische Parteiorgan »Arbeiter-Zeitung«. Weitere Medien, in denen Marianne Pollak veröffentlichte, waren »Der Kampf« und »Sozialistische Erziehung«. Daneben publizierte sie etliche Bücher, meist zu politischen und pädagogischen Fragen. Marianne Pollak schrieb über sämtliche Gesellschaftsprobleme, angefangen von der Kindererziehung über Mode, Sexualität usw. bis zu Frauenrechts-Fragen.
Nach den Februar-Ereignissen von 1934 hielt sich Marianne Pollak – nunmehr

illegal – in Wien auf und arbeitete im »Schattenkomitee«, das aus ehemaligen Parteiaktivisten und Mitarbeitern der »Arbeiter-Zeitung« bestand, sowie – wie auch Käthe Leichter – für die »Revolutionären Sozialisten«. Im folgenden Jahr verließ sie Österreich und ging nach Brünn, wo sie in der Auslandsorganisation der Sozialdemokraten Arbeit fand.

1936 bis 1938 nahm Marianne Pollak wieder ihre Tätigkeit für die SAI auf, diesmal in Brüssel. Die Jahre 1938–1940 verbrachte sie im Pariser Exil. Im Sommer 1940 mußte Marianne Pollak mit ihrem Mann vor den Deutschen flüchten und erreichte über Südfrankreich und Spanien endlich Lissabon, wo sie zwar ein Visum für die USA erhielt, sich jedoch entschloß, nach London zu gehen, wo sie bis zum Ende des Zweiten Weltkrieges blieb. In London nahm Marianne Pollak wieder politische Aktivitäten auf, z. B. für den »Austrian Labour Club«, das »Londoner Büro der österreichischen Sozialisten in Großbritannien« und die »Anglo-Austrian Democratic Society«. Für einige Zeit arbeitete sie auch mit dem luxemburgischen Minister für Arbeit, Peter Kreier, zusammen. Nach Kriegsende bis zu ihrer Rückkehr nach Wien (November 1945) war sie außerdem als Korrespondentin der »Arbeiter-Zeitung« tätig.

In Wien wurde Marianne Pollak Redakteurin der Wochenzeitung »Die Frau«, bald darauf deren Chefredakteurin. Daneben schrieb sie weiter für die »Arbeiter-Zeitung«.

Nun griff Marianne Pollak auch aktiv in die Parteipolitik ein. 1945 bis 1959 war sie Nationalratsabgeordnete der SPÖ, außerdem zeitweise Vorstandsmitglied der Journalistengewerkschaft und der »Vereinigung sozialistischer Journalisten und Schriftsteller« sowie Mitglied des SPÖ-Frauen-Zentralkomitees. 1957 bis 1959 war sie außerdem Mitglied in der Beratenden Versammlung des Europarates in Straßburg.

Marianne Pollak ging am 30. August 1963, zwei Tage nach dem Tod ihres Mannes, in den Freitod.

Literatur:

Bettina Hirsch: Marianne. Ein Frauenleben an der Zeiten Wende. Wien 1970.

Norbert Leser: O. und M. P. (1893–1963, 1891–1963) In: ders.: Grenzgänger. Wien – Köln 1982, S. 171–189.

Oscar Pollak

Oscar Pollak wurde am 7. Oktober 1893 als Sohn einer wohlhabenden jüdischen Kaufmannsfamilie in Wien geboren. Hier absolvierte er auch die Realschule.

Das Erlebnis des Ersten Weltkrieges, in dem er als Offzier seinen Kriegs-

dienst versah, prägte seine spätere pazifistische und sozialistische Haltung.
1915 heiratete er die um zwei Jahre ältere Sprachlehrerin Marianne Springer. Nach dem Krieg beendete Oscar Pollak sein Studium an der Wiener Universität und promovierte 1919 zum Doktor der Rechtswissenschaft.
Seine journalistische Laufbahn begann als Redaktionssekretär in der politischen Zeitschrift »Kampf«. Später wurde er Redakteur der Wiener Rathauskorrespondenz.
Anfang der zwanziger Jahre übersiedelte er mit seiner Frau nach London. Während er als England-Korrespondent für die Wiener »Arbeiter-Zeitung« tätig war, übernahm Marianne Pollak einen Sekretariatsposten bei Friedrich Adler im Londoner Büro der SAI (Sozialistische Arbeiter-Internationale).
Mitte der zwanziger Jahre kehrte das Ehepaar Pollak nach Wien zurück, wo Oscar Pollak im Auslandsressort der »Arbeiter-Zeitung« als Redakteur angestellt wurde.
Zweifellos aufgrund seiner redaktionellen Erfahrungen in England begannen nun seine Bemühungen, die Redaktionsorganisation der »Arbeiter-Zeitung« zu modernisieren. Dies führte zu großen Konflikten zwischen ihm und dem langjährigen Herausgeber Friedrich Austerlitz. Oscar Pollak konnte jedoch im Laufe der Zeit immer mehr Kollegen für sich gewinnen und bestimmte Reformen durchsetzen.
Ab 1927 übernahm er inoffiziell und schrittweise die eigentliche Funktion des Chefredakteurs. Entscheidungen wurden immer öfter von ihm selbst gefällt, Friedrich Austerlitz zog sich, nicht zuletzt auch aus gesundheitlichen Gründen, sukzessive zurück. Nach dem Tod von Friedrich Austerlitz im Juli 1931 trat Oscar Pollak offiziell dessen Nachfolge an.
Pollaks Zeit in der »Arbeiter-Zeitung« war eine der schwierigsten in der Geschichte dieses Mediums (Vorzensur und dann Verbot durch das »Ständestaat«-Regime, nach 1945 Einschränkungen durch die Besatzungsmächte). Bereits im Februar 1934 mußte er nach dem Verbot der Partei in den Untergrund, ein knappes Jahr später verließ er zusammen mit seiner Frau Österreich, emigrierte in die Tschechoslowakische Republik und später nach Brüssel. Zeitweise arbeitete er im Sekretariat der Sozialistischen Internationalen. Daneben war Oscar Pollak eines der führenden Mitglieder der Sozialisten im Ausland sowie Sekretär der Vertretungskörperschaft in London, der alle österreichischen politischen Gruppen mit Ausnahme der Kommunisten und Monarchisten angehörten.
Wenige Monate nach dem Ende des Zweiten Weltkrieges kehrte er im September 1945 nach Wien zurück und übernahm bis 1961 wieder die Leitung der »Arbeiter-Zeitung«.
Er starb am 28. August 1963.

Literatur:
O. P.: Im Schützengraben des Klassenkampfes. Wien 1929.
O. P.: Der neue Humanismus. Geist und Gesellschaft an der Zeitenwende. Wien usw. 1962.
O. P.: Kämpfer für Freiheit und Recht. Eine Auswahl seiner Aufsätze. Herausgegeben und eingeleitet von Karl Ausch. Wien 1964.
Peter Pelinka / Manfred Scheuch: 100 Jahre AZ. Die Geschichte der Arbeiter-Zeitung. Wien – Zürich 1989.
Norbert Leser: O. und M. P. (1893–1963, 1891–1963) In: ders.: Grenzgänger. Wien – Köln 1982, S. 171–189.
Friedrich Scheu: O. P. (1893–1963) In: Neue österreichische Biographie ab 1815. Bd. 21. Wien – München 1982, S. 22–29.
Richard Grunberger: Jews in Austrian Journalism. In: Joseph Fraenkel (Ed.): Essays on their Life, History and Destruction. London 1967, S. 83–95.

Eduard Pötzl

Eduard Pötzl wurde am 17. März 1851 als Sohn einer Wiener Advokatenfamilie geboren. Kindheit und Jugend verbrachte er in Wien und Wiener Neustadt.

Nach dem Schulabschluß wurde er als »Eleve« bei der Kaiser-Franz-Josephs-Bahn angestellt, blieb dort aber nur kurze Zeit in Ausbildung (1869–1871). In Wiener Neustadt, wo er jetzt hauptsächlich wohnte, bekam er bald eine Stelle als verantwortlicher Redakteur bei der »Wiener Neustädter Zeitung«.

1874 übersiedelte Eduard Pötzl wieder nach Wien und trat in die Redaktion des »Neuen Wiener Tagblatts« ein. Bei dieser Zeitung blieb der Journalist und Schriftsteller bis zu seinem Tod im Jahr 1914 in den verschiedensten redaktionellen Funktionen. 1878 bis 1884 war er vor allem Gerichtssaalreporter. Pötzl (Pseudonym: Kleinpetz) verstand es, die oft nichtigen Anklagen in den Bezirksgerichten als geistreiche Gerichtssaalhumoresken darzustellen. Sie fielen durch Sprachwitz und detaillierte Personenbeschreibungen auf, die mitunter an Charles Dickens erinnern. Ein besonderes Merkmal seiner Reportagen und später auch seiner Feuilletons war die Verwendung der direkten Rede im Wiener Dialekt.

Nach zehn Jahren journalistischen »Handwerks« übernahm er 1884 die Feuilletonredaktion. Drei Jahre lang, 1905 bis 1908, bekleidete Eduard Pötzl außerdem die Funktion eines Vizepräsidenten des Schriftsteller- und Journalistenverbandes »Concordia«.

Pötzls journalistisches Hauptinteresse galt der Beschreibung Wiens und seiner vielfältigen Bevölkerung. Ein sozialreformerischer Hintergrund, wie

etwa bei Adler oder Winter, ist dabei kaum festzustellen. Pötzls Städtebilder sind Feuilletons der »alten Schule«, bei denen die positiven und harmonischen Aspekte der Großstadt eindeutig überwiegen.
Ein weiteres Gebiet, dem sich Pötzl widmete, war die Kunstkritik, durch die er – in konservativer, in seiner Auseinandersetzung mit der Kunst der »Wiener Sezession« sogar reaktionärer Tendenz – die kulturelle Ausrichtung des »Neuen Wiener Tagblatts« entscheidend mitprägte. Der österreichische Schriftsteller Peter Rosegger, ein Freund Eduard Pötzls, charakterisierte dessen Arbeit folgendermaßen: »... dieser teils liebenswürdige, teils auch gesalzene Sarkasmus, mit dem Du die Torheiten Deiner Zeitgenossen gezüchtigt, mag späteren Bewohnern der herrlichen Stadt und unseres Vaterlandes zeigen, daß nicht alle mit der falschen Gemütlichkeit, dem Schlendrian und der geistigen Versumpfung unserer Tage einverstanden gewesen sind.«
Pötzls Feuilletons waren ähnlich wie die Artikel von Daniel Spitzer sehr populär und erschienen auch in Buchform. Ab 1906 wurde vom Wiener Robert-Mohr-Verlag eine 18bändige Gesamtausgabe ediert.
Als »Meister der Kleinform« führte Pötzl die große Wiener Feuilletontradition, die Pezzl, Gräffer, Schlögl, Speidel und Spitzer begonnen hatten, bis ins 20. Jahrhundert fort.
Eduard Pötzl starb 63jährig am 21. August 1914 im niederösterreichischen Ort Mödling.

Joseph Roth

Joseph Roth wurde am 2. September 1894 in Schwabendorf bei Brody geboren. Brody war eine mittelgroße Stadt in Galizien, dem Grenzgebiet Österreich-Ungarns zu Rußland, dessen Bevölkerung aus Deutschen, Russen, Polen, Ruthenen und vor allem Juden bestand. Auch Roth war jüdischer Abstammung. Obwohl die zionistische Bewegung allgemein große Zustimmung fand, schloß sich Roth ihr nicht an, er bezeichnete sich selbst als »Assimilant«. Im Laufe seines Lebens entfernte sich Roth immer mehr vom Judentum, war zunächst Skeptiker, dann, als Beschwörer des Vielvölkerstaates, radikaler Monarchist und konvertierte schließlich zum Katholizismus. Trotzdem spielen jüdische Motive in seinem Werk eine wichtige Rolle.
Roths erste schriftstellerische Versuche fielen noch in seine Schulzeit in Brody und wurden von seinem Deutschlehrer gefördert. In Wien und Lemberg begann Joseph Roth nach der Matura das Studium der Philosophie und Germanistik, schloß es aber nicht ab.
Nachdem er bereits zweimal als untauglich zurückgestellt worden war, meldete er sich als Einjährig-Freiwilliger und war ab 1917 überwiegend in Galizien stationiert, wo er, zumeist anonym, in einer Soldatenzeitung publi-

zierte. Einige seiner Artikel erschienen auch im »Prager Tagblatt« und im »Frieden«.
Nach dem Krieg schrieb Joseph Roth u. a. für das Wiener Blatt »Der neue Tag« und »Die Filmwelt«. Daneben publizierte er auch Lyrik und Kurzprosa. In jener Zeit schloß er Freundschaft mit Polgar, Kuh, Kisch und anderen Publizisten. Vor allem Polgar war für Roth ein großes Vorbild, an dem er die »sprachliche Behutsamkeit« bewunderte.
Innerhalb kürzester Zeit avancierte Joseph Roth zum gefeierten Feuilletonisten und wurde zu einem der bestbezahlten Autoren seiner Zeit, dennoch litt er aufgrund seinens unregelmäßigen Lebenswandels stets an Geldmangel.
In den zwanziger Jahren wohnte Roth zeitweise in Berlin, Frankfurt, Wien und Paris. In Berlin schrieb er vor allem für den »Berliner Börsen-Courier«, das »8-Uhr-Abendblatt« und für den »Vorwärts«. 1923 bis 1932 hatte er einen Vertrag mit der renommierten »Frankfurter Zeitung«. Für diese Arbeiten bereiste er weite Teile Europas.
Als Romancier trat Joseph Roth 1923 mit dem in der Wiener »Arbeiter-Zeitung« publizierten Fortsetzungsroman »Das Spinnennetz« zum erstenmal in Erscheinung. In der Ankündigung wurde Roth irrtümlich als deutscher Autor vorgestellt (AZ, 6. 10. 1923), doch schon bald machten ihn »Die Rebellion« (1924), »Hotel Savoy« (1924), »Die Flucht ohne Ende« (1927) sowie andere Romane und Erzählungen zum berühmten österreichischen Literaten. Die beiden Romane »Hiob« (1930) und »Radetzkymarsch« (1932) bildeten einen »künstlerischen Höhepunkt« seines literarischen Schaffens (Bronsen, S. 381 ff.).
Nachdem er bei der »Frankfurter Zeitung« gekündigt hatte, nahm er ein sehr lukratives Angebot der »Münchner Neuesten Nachrichten« an, kehrte aber nach kurzer Zeit wieder zur »Frankfurter Zeitung« zurück. Später publizierte er in Blättern wie die »Literarische Welt«, die »Neue Rundschau« oder »Das Tagebuch« (eine Pariser Exil-Zeitschrift). Schon in den zwanziger Jahren begann Roth fast ausschließlich gegen Honorar-Vorauszahlungen zu schreiben, manchmal wechselte er wegen finanzieller Differenzen Verlag und Zeitung.
1922 hatte Roth Frederike Reichler geheiratet, zu einem bürgerlichen Leben mit festem Wohnsitz kam es aber nicht. Ab Ende der zwanziger Jahre litt Frederike Roth an Schizophrenie und verlebte die dreißiger Jahre vor allem in Sanatorien und Heilanstalten. 1940, ihre Familie war längst ausgewandert, wurde sie von den Nationalsozialisten im Rahmen des Euthanasieprogramms zur Vernichtung »lebensunwerten Lebens« ermordet.
1933 mußte Joseph Roth aus Deutschland emigrieren. Sein Exil verbrachte er an verschiedenen Orten. Er lebte in Salzburg, Wien, Marseille, Nizza, Amsterdam, Ostende und Brüssel. Weitere Stationen waren Lemberg, Warschau und Zürich. Einen »festen« Wohnsitz fand er erst in Paris. Auch dort

war Joseph Roth journalistisch aktiv. Seine Artikel erschienen in österreichischen Blättern und in Emigranten-Zeitschriften wie »Die Zukunft«. Zu Roths literarischen Exilwerken zählen »Der Antichrist« (1934), »Beichte eines Mörders, erzählt in einer Nacht« (1936) und vor allem der 1938 publizierte Roman »Die Kapuzinergruft«.
Seine beiden letzten literarischen Publikationen waren 1939 »Die Geschichte von der 1002. Nacht« sowie »Die Legende vom Heiligen Trinker« (bereits postum). Diese Erzählung bezeichnete Roth selbst als sein »Testament« (vgl. Bronsen, S. 582).
Im Herbst 1938 erlitt Roth einen Herzinfarkt. Am 23. Mai 1939 erfuhr er vom Selbstmord seines Freundes Ernst Toller, der in den USA scheinbar schon in Sicherheit gewesen war. Diese Nachricht verkraftete Joseph Roth nicht. Er brach im Pariser Café Tournon zusammen und wurde in ein Armenhospital gebracht, wo er vier Tage später, ohne adäquate medizinische Betreuung erhalten zu haben, am 27. Mai 1939 starb.

Literatur:

J. R.: Werke. 6 Bände. Herausgegeben von Klaus Westermann. Köln – Amsterdam 1989 ff.

David Bronsen: J. R. Eine Biographie. München 1981.

Nach der »Wende« stieß man in der ehemaligen DDR auf eine Sammlung mit Briefen Joseph Roths. Diese werden zur Zeit bearbeitet. Roth-Forscher Westermann vermutet außerdem noch weiteres publizistisches Material Joseph Roths, aber auch anderer Autoren, in Archiven des ehemaligen Ostblocks.

Therese Schlesinger, geb. Eckstein

Therese Eckstein kam am 6. Juni 1863 in Wien zur Welt. Sie stammte aus einer wohlhabenden bürgerlichen Familie, die soziales Verständnis für die Probleme der Arbeiterschaft hatte. So hatte ihr Vater, ein Papierfabrikant, in seiner Firma bereits damals eine Krankenversicherung geschaffen.
Therese Schlesingers Leben war von zahlreichen Schicksalsschlägen gekennzeichnet: Ihr Vater starb, als sie noch sehr jung war. Bald nachdem sie im Alter von 25 Jahren geheiratet hatte, kam ihre Tochter Anna zur Welt. Bereits nach wenigen Jahren starb ihr Mann, kurz darauf auch ihr Bruder Gustav, ein brillanter Wirtschaftstheoretiker und sozialdemokratischer Ökonom, sowie eine ihrer Schwestern. Am tiefsten traf sie jedoch der Freitod ihrer Tochter Anna Frey-Schlesinger, einer lebensfrohen, begabten Studentin, der eine große Zukunft in der sozialistischen Jugendbewegung vorausgesagt worden war.

Schon zuvor hatte Schlesingers politisches Engagement begonnen. Im Gegensatz zu anderen Aktivisten näherte sie sich aber nur langsam der Politik. Sie trat zunächst dem »Allgemeinen Österreichischen Frauenverein« bei. Ihre publizistische Laufbahn begann mit Artikeln in der »Volksstimme« des Demokraten Ferdinand Kronawetter, in denen sie sich vor allem für die Rechte der Arbeiterschaft und für eine offene Bildungspolitik einsetzte. Sie selbst besuchte als – gezwungenermaßen – außerordentliche Hörerin zahlreiche Vorlesungen an der Wiener Universität.
1896 arbeitete Therese Schlesinger mit der »Ethischen Gesellschaft« zusammen, um eine Enquete zur Situation der Wiener Arbeiterinnen durchzuführen. Noch im selben Jahr referierte sie beim ersten bürgerlichen Internationalen Frauenkongreß über die Ergebnisse der Enquete. In diesem Zusammenhang lernte sie Victor Adler, Engelbert Pernerstorfer und die Arbeiterführerinnen Adelheid Popp und Anna Boschek kennen. Dies war der Beginn einer intensiven Auseinandersetzung Schlesingers mit der Sozialdemokratie.
Im Wahljahr 1897 trat sie dann in die sozialdemokratische Partei ein. Therese Schlesinger wurde für eine ganze Reihe von politischen Organisationen aktiv, vor allem in Vereinen, die sich mit Frauen- und Jugendproblemen auseinandersetzten.
Als freie Journalistin publizierte sie in zahlreichen österreichischen und deutschen Zeitungen wie »Der Kampf«, »Lichtstrahlen«, »Neue Zeit« und in der feministischen Presse. Als gewandte Rednerin und Polemikerin nahm sie an Kongressen und internationalen Konferenzen der Sozialisten teil.
Während des Ersten Weltkrieges gehörte sie den pazifistischen »Kriegslinken« um Friedrich Adler an und trat vorbehaltlos für diesen ein, als er das Attentat auf Graf Stürgkh verübte. Vom 5. bis zum 12. September 1917 nahm Therese Schlesinger als Abgesandte an der dritten Konferenz der Sozialistischen Internationale in Stockholm teil.
Schlesingers politische Laufbahn entwickelte sich nach dem Ende des Krieges sehr rasch. 1919 bis 1923 war sie Mitglied des Nationalrates der Ersten Republik, 1923 bis 1930 Bundesrätin. Ihre journalistische Arbeit konzentrierte sich in diesen Jahren auf Fragen der Erziehung, der Psychologie, der Literatur und der politischen Bildung. Daneben half sie bei der Entwicklung des »Linzer Programms« der österreichischen Sozialdemokratie mit. 1921 gab Therese Schlesinger eine Broschüre mit dem Titel »Wie will und wie soll das Proletariat seine Kinder erziehen?« heraus.
1938, kurz nach dem Einmarsch der NS-Truppen in Österreich, emigrierte Therese Schlesinger ins französische Blois, wo sie am 5. Juni 1940 starb – nicht einmal eine Woche, bevor die Deutschen in Paris einmarschierten.

Literatur:

Alfred Magaziner: Die Wegbereiter. Aus der Geschichte der Arbeiterbewegung. Wien 1975.

Daniel Spitzer

Daniel Spitzer wurde als Sohn mährischer Juden am 3. Juli 1835 in Wien geboren. Sein Vater war ein kleiner Fabrikant im graphischen Gewerbe. Die Gymnasialzeit (1845–1853) absolvierte er am Wiener Akademischen Gymnasium, danach begann er das Studium der Rechte. Im Laufe seines siebenjährigen Studiums belegte er drei Rigorosen mit »günstigem Erfolg«, zum vierten Rigorosum trat er nicht mehr an.

In den sechziger Jahren war Spitzer Konzipist bei der Niederösterreichischen Handels- und Gewerbekammer. In jener Zeit der »fürchterlichsten Langeweile« versuchte sich Spitzer während der Arbeitszeit immer wieder als Satiriker (Spitzer: ». . . interessant, daß die meisten österreichischen Dichter früher Beamte waren – ja, Müßigkeit ist aller Laster Anfang«). Natürlich karikierte er dabei auch seine Kollegen und Vorgesetzten, was ihn in größte Schwierigkeiten brachte. Schließlich schied er nach achtjähriger Beamtenlaufbahn aus der Handelskammer aus.

Als Mitarbeiter verschiedener in- und ausländischer Zeitungen hatte er sich schon als Student einen Namen gemacht. So schrieb er für die Münchner »Fliegenden Blätter«, die Berliner »Gegenwart« und das Witzblatt »Kladderadatsch«. In Wien war er für die politische Tageszeitung »Der Wanderer« und für die »Deutsche Zeitung« tätig. Als 1857 das humoristische Wochenblatt »Figaro« gegründet wurde, trug er von Anfang an mit satirischer Prosa und Gedichten zur Popularität dieser Zeitschrift bei. Hier entstanden auch Figuren wie die »Baronesse Fetzenberg und Freiin von Schwindelau«, der »Muckerlich« und der »Buckerlich« und der »Börsenjude Itzig Kneipeles«. Den jiddischen Sprachschatz für seine Humoresken erlernte Spitzer von seiner Großmutter.

Weithin bekannt wurde Daniel Spitzer als Feuilletonist. Fast drei Jahrzehnte, vom 25. Juni 1865 an bis zu seinem Tod im Jahre 1893, publizierte er in der »Neuen Freien Presse« und anderen Zeitungen seine geistreichen, sprachlich brillanten »Wiener Spaziergänge«. Unter diesem Rubrikentitel glossierte Spitzer politische, soziale und kulturelle Ereignisse des kaiserlichen Wien. Spitzer wurde dafür international bekannt, sogar in der Türkei gab es Nachdrucke. Die Popularität der »Spaziergänge« führte schließlich dazu, daß sie ab 1869 in Buchform erschienen. »Letzte Wiener Spaziergänge« wurde 1894 von der »Literarischen Gesellschaft in Wien« als Abschluß der siebenbändigen Ausgabe ediert. Spitzers gesammelte Schriften erschienen dann 1912.

Seitdem werden die »Wiener Spaziergänge« in regelmäßigen Abständen bis zum heutigen Tag herausgegeben.
Im Februar 1891 erkrankte Daniel Spitzer an Gesichtskrebs. Obwohl die Krankheit, wie es hieß, »gutmütig« war, mußte er sich gut vierzig Operationen unterziehen. Anfang 1893 verbesserte sich sein Gesundheitszustand ein wenig. Diese Gelegenheit nahm er wahr, um zur Erholung ins Gebirge zu fahren, doch schon wenige Tage darauf, am 11. Januar 1893, starb Spitzer in Meran.

Literatur:

D. S.: Wiener Spaziergänge (1896 ff.). Verschiedene Auflagen, u. a. Wien 1986.
D. S.: Hereinspaziert ins alte Wien. Heiter-Satirisches aus der Donaumonarchie. Herrenalb 1967.

Max Winter

Max Winter wurde am 9. Januar 1870 in Tarnok bei Budapest, also im ungarischen Teil der k. u. k. Monarchie geboren, seine Jugend verbrachte er in Wien. Bereits mit zwanzig Jahren publizierte er erste Artikel. Wenige Jahre später wurde der sozialdemokratische Politiker und Journalist Victor Adler auf ihn aufmerksam. Die Bekanntschaft mit Adler führte schließlich dazu, daß Max Winter am 1. Januar 1895, noch nicht 25jährig, in den Redaktionsstab der Wiener »Arbeiter-Zeitung« aufgenommen wurde.
Winters Journalismus war eine Pionierleistung. Als einer der ersten beschrieb er das Leben der untersten Gesellschaftsschichten mit der Methode der Sozial- und Rollenreportage. Als Bettler verkleidet, ließ er sich von der Polizei verhaften, um authentisch über die Gefängnisse berichten zu können. Er suchte Zuflucht im Obdachlosenheim, um aus eigener Erfahrung zu schildern, wie 160 Männer vor der nächtlichen Kälte Schutz suchen. Die eigenen Beobachtungen untermauerte Max Winter, und das war ebenfalls eine Besonderheit seiner Arbeiten, mit wissenschaftlich recherchierten Daten.
Winter veröffentlichte zahlreiche Bücher, die meist im Zusammenhang mit seinen journalistischen Recherchen stehen: »Zwischen Iser und Neisse. Bilder aus der Glaskleinindustrie Böhmens« (1900), »Großstädtisches Elend« (1902) usw. Sein bekanntestes Buch, »Im dunkelsten Wien«, erschien 1904 und ist bis heute Lehrbuch der Sozial- und Metropolenreportage. Im Gegensatz zu vielen anderen sozialistischen Journalisten ließ sich Winter niemals auf lautstarke Polemik ein, sein Interesse war zwar von sozialreformerischen Ideen geprägt, diese dominierten aber niemals seinen erzählenden Journalismus.

In Vergessenheit geraten sind die zwei Bühnenstücke, die Winter verfaßt hat: »Eine g'sunde Person« entstand in Zusammenarbeit mit dem in Paris und Berlin lebenden Wiener Kulturjournalisten Stefan Grossmann, »Bettelleut« schrieb er alleine. Beide Stücke gingen mit einigem Erfolg über mehrere zeitgenössische Bühnen.

Als Anton Afritsch in Graz die Bewegung der »Kinderfreunde« ins Leben rief, übernahm Max Winter ihre Organisation für die Sozialdemokratie und erweiterte sie mit großem Erfolg. In der Folge wurde er Obmann der Kinderfreunde-Bewegung und Präsident der Sozialistischen Erziehungs-Internationale.

Als Politiker kam Winter im Jahre 1911 in den österreichischen Reichsrat. Nach dem Ersten Weltkrieg wurde er 1919 Wiener Vize-Bürgermeister und war 1925 bis 1933 Bundesrat. 1919 bewies Max Winter seine Sympathie für die sozialdemokratische Frauenrechtsbewegung, indem er die Zeitschrift »Die Unzufriedene« als eine der ersten politischen Frauenzeitschriften gründete.

1930 wurde Max Winter zum »Bürger von Wien« ernannt, doch schon nach wenigen Jahren war er dort nicht mehr erwünscht: Nach den Februar-Ereignissen von 1934, die zur Zerschlagung der Sozialdemokratie führten, verließ er Österreich und wurde 1935 dann auch offiziell ausgebürgert. Die Zeit seiner Emigration war von intensiver Aufklärungsarbeit über die politischen Zustände in Österreich geprägt. Als Foren dienten ihm etwa die Amerikanische Sozialistische Konferenz im Juni 1934 in Detroit oder der Gewerkschaftskongreß im Oktober 1934 in San Francisco.

Verarmt und einsam blieb Max Winter die letzten Jahre seines Lebens als Drehbuchautor in Hollywood, wo er am 10. Juli 1937 starb.

Literatur:

Das schwarze Wienerherz. Sozialreportagen aus dem frühen 20. Jahrhundert. Herausgegeben von Helmut Strutzmann. Wien 1982.

Stefan Riesenfellner: Der Sozialreporter. Max Winter im alten Österreich. Wien 1987.

Winters Bücher, die in den ersten drei Jahrzehnten des Jahrhunderts erschienen, wurden meist nicht wieder aufgelegt, der Großteil seines journalistischen Werkes muß über Originalquellen, v. a. in der »Arbeiter-Zeitung«, eruiert werden.

QUELLENNACHWEISE

Austerlitz, Friedrich: Kriegsschuld und Dolchstoß (1924) 74–88
Aus: Der Kampf, Jg. 17/7, Juli 1924, S. 249–256

Austerlitz, Friedrich: Die Mörder von Schattendorf freigesprochen! (1927) 89–95
Aus: Arbeiter-Zeitung (Wien), 15. 7. 1927

Benedikt, Moriz: Ein Gespräch mit dem Fürsten Bismarck (1892) 27–37
Aus: Neue Freie Presse, Morgenblatt (Wien), Nr. 9997, 24. 6. 1892, S. 1 f.

Benedikt, Moriz: Journalisten (1899, Nachdruck: 1920) 363–369
Aus: Neue Freie Presse (Wien), Nr. 19958, 20. 3. 1920, S. 1–3

Feldmann, Else: Kinderelend und Jugendverbrechen. Das Jugendheim in Judenau (1921) 162–166
Aus: Neue Freie Presse (Wien), Nr. 20557, 21. 11. 1921

Feldmann, Else: Märchen der Wirklichkeit. In der Taubstummenschule der Gemeinde Wien (1928) 283–289
Aus: Arbeiter-Zeitung (Wien), Nr. 183, 3. 7. 1928

Feldmann, Else: Ballett der Straße. Ein Entwurf für Jazzmusik (1930) 332–336
Aus: Kunst und Volk (Wien), Nr. 9, Mai 1930, S. 291–295

Feldmann, Else: Die Wärmestuben sind eröffnet! (1932) 255–259
Aus: Arbeiter-Zeitung (Wien), 29. 11. 1932

Frei, Bruno: Menschen im Elend. Menschenschutz (1919) 236–239
Aus: Der Abend (Wien), 1. 7. 1919

Frei, Bruno: Skizzen vom Untergange (1919) 232–235
Aus: Der Abend (Wien), Nr. 281, 10. 12. 1919

Frei, Bruno: Vor dem Jugendrichter. Das Verbrechen der Verwahrlosung (1921) 167–170
Aus: Der Abend (Wien), Nr. 157, 6. 7. 1921

Herzl, Theodor: Die Brücke von Neuville (1893) 38–47
Aus: Theodor Herzl: Das Palais Bourbon. Bilder aus dem französischen Parlamentsleben. Verlag von Duncker & Humblot, Leipzig 1895, S. 4–15

Herzl, Theodor: Die Schule der Journalisten (1895) 339–348
Aus: Theodor Herzl: Das Palais Bourbon. Bilder aus dem französischen Parlamentsleben. Verlag von Duncker & Humblot, Leipzig 1895. S. 240–251

Herzl, Theodor: Französische Zustände (1897) 357–362
Aus: Die Welt, 24. 12. 1897; nachgedruckt in: Klaus Dethloff: Theodor

Aus: Anton Kuh, Luftlinien, hrsg. von Ruth Greuner, © 1981 by Löcker Verlag, Wien

Kuh, Anton: Das Hofauto (1921) 65–67
Aus: Anton Kuh, Luftlinien, hrsg. von Ruth Greuner, © 1981 by Löcker Verlag, Wien

Leichter, Käthe: Wie leben unsere Hausgehilfinnen? (1926) 260–267
Aus: Arbeiter-Zeitung (Wien), Nr. 177, 29. 6. 1926

Leichter, Käthe: Frauen im Kampf. Bei den streikenden Gruhner-Arbeiterinnen (1928) 249–254
Aus: Arbeiter-Zeitung (Wien), Nr. 275, 3. 10. 1928

Mautner, Klara: In der Tuberkulösenfürsorgestelle (1919) 268–276
Aus: Arbeiter-Zeitung (Wien), 6. 7. 1919, S. 7 f.

Mautner, Klara: Wiener Arbeitslosenfürsorge (1919) 240–248
Aus: Arbeiter-Zeitung (Wien), 26. 10. 1919, S. 7 f.

Polgar, Alfred: Im dunkelsten Wien. »Strottgänge« von Max Winter (1904) 349–351
Aus: Alfred Polgar, Kleine Schriften, Band 4 (Literatur), hrsg. von Marcel Reich-Ranicki in Zusammenarbeit mit Ulrich Weinzierl, © 1984 by Rowohlt Verlag, Reinbek/Hamburg, S. 196–198

Polgar, Alfred: Das Wiener Feuilleton (1906) 352–356
Aus: Alfred Polgar, Kleine Schriften, Band 4 (Literatur), hrsg. von Marcel Reich-Ranicki in Zusammenarbeit mit Ulrich Weinzierl, © 1984 by Rowohlt Verlag, Reinbek/Hamburg, S. 200–205

Polgar, Alfred: Geräusche (1918) 62–64
Aus: Alfred Polgar, Kleine Schriften, Band 1 (Musterung), hrsg. von Marcel Reich-Ranicki in Zusammenarbeit mit Ulrich Weinzierl, © 1982 by Rowohlt Verlag, Reinbek/Hamburg, S. 27–29
Erstveröffentlichung in »Der Friede«, 22. 2. 1918, S. 118 f.

Polgar, Alfred: Theorie des »Café Central« (1926, in »An den Rand geschrieben«) 326–331
Aus: Alfred Polgar, Kleine Schriften, Band 4 (Literatur), hrsg. von Marcel Reich-Ranicki in Zusammenarbeit mit Ulrich Weinzierl, © 1984 by Rowohlt Verlag, Reinbek/Hamburg, S. 254–258

Polgar, Alfred: Der Kriegsberichterstatter (1919 in »Kleine Zeit«, Nachdruck 1929 in »Hinterland«) 59–61
Aus: Alfred, Polgar, Kleine Schriften, Band 1 (Musterung), hrsg. von Marcel Reich-Ranicki in Zusammenarbeit mit Ulrich Weinzierl, © 1982 by Rowohlt Verlag, Reinbek/Hamburg, S. 60–61

Polgar, Alfred: Karl Kraus. Nachruf (1936) 385–386
Aus: Alfred Polgar, Kleine Schriften, Band 4 (Literatur), hrsg. von Marcel Reich-Ranicki in Zusammenarbeit mit Ulrich Weinzierl, © 1984 by Rowohlt Verlag, Reinbek/Hamburg, S. 46–53

Pollak, Marianne: Bei den Frauen des Elendsviertels (1924) 200–204
Aus: Arbeiter-Zeitung (Wien), Nr. 20, 20. 1. 1924

Pollak, Marianne: Die Geschichte einer Zigarre (1927) 227–231
Aus: Das kleine Blatt (Wien), Nr. 194, 15. 9. 1927

Pollak, Oscar: Der blutige Tag (1928) 96–101
Aus: Arbeiter-Zeitung (Wien), Nr. 195, 15. 7. 1928

Pötzl, Eduard: Am Kaffeehausfenster (1906) 297–301
Aus: Eduard Pötzl, Gesammelte Skizzen, Band 3 (Rund um den Stephansturm, 1. Teil), Verlag Robert Mohr, Wien o. J. (Das Vorwort von Peter Rosegger ist mit 19. 3. 1906 datiert.)

Pötzl, Eduard: Die Polizei ist da! (1906) 113–116
Aus: Eduard Pötzl, Gesammelte Skizzen, Band 5 (Hoch vom Kahlenberg), Wien, Verlag Robert Mohr (1906?)

Roth, Joseph: Die Insel der Unseligen (1919) 277–282
Aus: Joseph Roth, Werke I (Das journalistische Werk 1915–1923), hrsg. von Klaus Westermann, © 1989 by Kiepenheuer & Witsch, Köln, und Allert de Lange, Amsterdam, S. 23–27
Erstveröffentlichung in »Der Neue Tag«, 20. 4. 1919

Roth, Joseph: Lebende Kriegsdenkmäler (1920) 68–73
Aus: Joseph Roth, Werke I (Das journalistische Werk 1915–1923), hrsg. von Klaus Westermann, © 1989 by Kiepenheuer & Witsch, Köln, und Allert de Lange, Amsterdam, S. 347–352
Erstveröffentlichung in »Neue Berliner Zeitung – 12-Uhr-Blatt«, 31. 8. 1920

Roth, Joseph: Das Schiff der Auswanderer (1923) 290–294
Aus: Joseph Roth, Werke I (Das journalistische Werk 1915–1923), hrsg. von Klaus Westermann, © 1989 by Kiepenheuer & Witsch, Köln, und Allert de Lange, Amsterdam, S. 931–934
Erstveröffentlichung im »Prager Tagblatt«, 18. 2. 1923

Roth, Joseph: Emile Zola – Schriftsteller ohne Schreibtisch (1927) 370–372
Aus: Joseph Roth, Werke II (Das journalistische Werk 1924–1928), hrsg. von Klaus Westermann, © 1989 by Kiepenheuer & Witsch, Köln, und Allert de Lange, Amsterdam, S. 823–825
Erstveröffentlichung in »Die Neue Bücherschau«, 1927

Roth, Joseph: Merseburger Zauberspruch (1930) 101–111
Aus: Joseph Roth, Werke III (Das journalistische Werk 1929–1939), hrsg. von Klaus Westermann, © 1989 by Kiepenheuer & Witsch, Köln, und Allert de Lange, Amsterdam, S. 275–281
Erstveröffentlichung in »Frankfurter Zeitung«, 25. 12. 1930

Roth, Joseph: Das Autodafé des Geistes (1933) 389–398
Aus: Joseph Roth, Werke III (Das journalistische Werk 1929–1939),